丝绸之路历史文化研究书系

第三辑　杨富学　主编

由松漠暨流沙
——辽金历史初探

国家出版基金项目
NATIONAL PUBLICATION FOUNDATION

国家社会科学基金项目
（课题编号 15BZJ003）资助

杨富学　著

甘肃文化出版社

图书在版编目（CIP）数据

由松漠暨流沙：辽金历史初探 / 杨富学著. -- 兰州：甘肃文化出版社，2023.9
（丝绸之路历史文化研究书系 / 杨富学主编. 第三辑）
ISBN 978-7-5490-2617-3

Ⅰ. ①由… Ⅱ. ①杨… Ⅲ. ①中国历史－研究－辽金时代 Ⅳ. ①K246.07
中国国家版本馆CIP数据核字(2023)第032271号

由松漠暨流沙——辽金历史初探
YOU SONGMO JI LIUSHA LIAOJIN LISHI CHUTAN

杨富学 ｜ 著

项目策划	郧军涛
项目统筹	周乾隆　贾　莉　甄惠娟
责任编辑	何荣昌　丁庆康
封面设计	马吉庆

出版发行	甘肃文化出版社
网　　址	http://www.gswenhua.cn
投稿邮箱	gswenhuapress@163.com
地　　址	兰州市城关区曹家巷1号 ｜ 730030（邮编）
营销中心	贾　莉　王　俊
电　　话	0931-2131306
印　　刷	北京联兴盛业印刷股份有限公司
开　　本	787毫米×1092毫米　1/16
字　　数	340千
印　　张	27.5
版　　次	2023年9月第1版
印　　次	2023年9月第1次
书　　号	ISBN 978-7-5490-2617-3
定　　价	128.00元

版权所有 违者必究（举报电话：0931-2131306）
（图书如出现印装质量问题，请与我们联系）

总 序

丝绸之路是一条贯通亚、欧、非三洲经济文化交流的大动脉。自古以来，世界各地不同族群的人都会在不同环境、不同传统的背景下创造出独特的文化成就，而人类的发明与创造往往会突破民族或国家的界限，能够在相互交流的过程中获得新的发展。丝绸之路得以形成的一个重要原因，就在于东西经济文化的多样性和互补性。

在中西交往的经久历程中，中国的茶叶、瓷器及四大发明西传至欧洲，对当时的西方社会带来了影响，至今在西方人的生活中扮演着重要角色。反观丝绸之路对中国的影响，传来的大多是香料、金银器等特殊商品，还有胡腾舞、胡旋舞等西方文化。尽管这些西方的舶来品在考古现场有发现，在壁画、诗词等艺术形式上西方的文化元素有展示，但始终没有触及中华文明的根基。

早在远古时期，虽然面对着难以想象的天然艰险的挑战，但是欧亚大陆之间并非隔绝。在尼罗河流域、两河流域、印度河流域和黄河流域之北的草原上，存在着一条由许多不连贯的小规模贸易路线大体衔接而成的草原之路。这一点已经被沿路诸多的考古发现所证实。这条路就是最早的丝绸之路的雏形。

草创期的丝绸之路经历了漫长的历史演进，最初，首要的交易物资并不是丝绸。在公元前15世纪左右，中原商人就已经出入塔克拉玛干沙漠边缘，购买产自现新疆地区的和田玉石，同时出售海贝等沿海特产，同中亚地区进行小规模贸易交流。而良种马及其他适合长距离运输的动物也开始不断被人们所使用，于是大规模的贸易往来成为可能。比如阿拉伯地区经常使用的耐渴、耐旱、耐饿的单峰骆驼，在公元前11世纪便用于商旅运输。而分散在亚欧大陆的游牧民族据传在公元前4世纪左右才开始饲养马。双峰骆驼则在不久后也被运用在商贸旅行中。另外，欧亚大陆腹地是广阔的草原和肥沃的土地，对于游牧民族和商队运输的牲畜而言可以随时随地安定下来，就近补给水、食物和燃料。这样一来，一支商队、旅行队或军队可以在沿线各强国没有注意到他们的存在或激发敌意的情况下，进行长期、持久而路途遥远的旅行。

随着游牧民族的不断强盛，他们同定居民族之间不断争斗、分裂、碰撞、融合，这使原始的文化贸易交流仅存于局部地区或某些地区之间。不过，随着各定居民族强国的不断反击和扩张，这些国家之间就开始了直接的接触，如西亚地区马其顿亚历山大的东征，安息王朝与罗马在中亚和地中海沿岸的扩张，大夏国对阿富汗北部、印度河流域的统治以及促使张骞动身西域的大月氏西迁。这些都说明上述地区之间进行大规模交通的要素已经具备，出入中国的河西走廊和连通各国的陆路交通业已被游牧民族所熟知。

丝路商贸活动的直接结果是大大激发了中原人的消费欲望，因为商贸往来首先带给人们的是物质（包括钱财等）上的富足，其次是来自不同地域的商品丰富了人们的精神文化生活。"紫驼载锦凉州西，换得黄金铸马蹄"，丝路商贸活动可谓奇货可点，令人眼花缭乱，从外奴、艺人、歌舞伎到家畜、野兽，从皮毛植物、香料、颜料到金银珠宝、矿石金属，从器具、牙角到武器、书籍、乐器，几乎应有尽有。而外来工艺、宗教、风俗等随商人进入更是不胜枚举。这一切都成了中原高门大户的消费对象与消费时尚。相对而言，唐代的财力物力要比其他一些朝代强得多，因此他们本身就有足够的能力去追求超级消费，而丝路商贸活动的发达无非是为他们提供了更多的机遇而已。理所当然的就有许许多多的人竭力囤积居奇，有钱人不仅购置珍奇异宝而且还尽可能在家里蓄养宠物、奴伎。诚如美国学者谢弗所言：7世纪的中国是一个崇尚外来物品的时代。当时追求各种各样的外国奢侈品和奇珍异宝的风气开始从宫廷中传播开来，从而广泛地流行于一般的城市居民阶层之中。古代丝绸之路的开辟，促进了东西方的交流，从而大大推动了世界各国的经济、政治发展，丰富了各国人们的物质文化生活。

丝绸之路上文化交流，更是繁荣昌盛。丝绸之路沿线各民族由于生活的环境不同，从而形成不同的文化系统，如印度文化系统、中亚诸族系统、波斯—阿拉伯文化系统、环地中海文化系统、西域民族文化系统、河西走廊文化系统、黄河民族文化系统、青藏高原文化系统等等。而在这其中，处于主导地位的无疑是中原汉文化、印度文化、希腊文化和波斯—阿拉伯文化。

季羡林先生曾言："世界上历史悠久、地域广阔、自成体系、影响深远的文化体系只有四个，即中国、印度、希腊和伊斯兰……目前研究这种汇流现象和汇流规律的地区，最好的、最有条件的恐怕就是敦煌和新疆。"这两个地方汇聚了四大文化的精华，自古以来，不仅是多民族地区，也是多宗教的地区，在丝绸之路沿线流行过的宗教，如萨满教、祆教、佛教、道教、摩尼教、景教、伊斯兰教，甚至还有印度教，以及与之相伴的各种文化，都曾在这里交汇、融合，进而促成了当地文化的高度发展。尤其是摩尼教，以其与商人的特殊关系，始终沿丝绸之路沿线传播。过去，学术界一般认为摩尼教自13世纪始即已彻底消亡，而最近在福建霞浦等地发现了大批摩尼教文献与文物，证明摩尼教以改变了的形式，在福建、浙江一带留存至今。对霞浦摩尼教文献的研究与刊布，将是本丛书的重点议题之一。

季先生之所以要使用"最好的"和"最有条件"这两个具有限定性意义的词语，其实是别有一番深意的，因为除了敦煌和新疆外，不同文明的交汇点还有许多，如张掖、武威、西安、洛阳及至东南沿海地带的泉州，莫不如此。新疆以西，这样的交汇点就更多，如中亚之讹答剌、碎叶（今吉尔吉斯斯坦托克马克）、怛罗斯、撒马尔罕、布哈拉、塔什干、花剌子模，巴基斯坦之犍陀罗地区，阿富汗之大夏（巴克特里亚）、喀布尔，伊朗之巴姆、亚兹德，土耳其之以弗所、伊斯坦布尔等，亦都概莫能外，其中尤以长安、撒马尔罕和伊斯坦布尔最具有典型意义。

西安古称长安,有着1100多年的建都史,是中华文明与外来文明的交流的坩埚,世所瞩目的长安文明就是由各种地域文化、流派文化融汇而成的,其来源是多元的,在本体上又是一元的,这种融汇百家而成的文化进一步支撑和推动了中央集权制度。在吸收整合大量外域文化之后,长安文明又向周边广大地域辐射,带动了全国的文明进程,将中国古代文化的发展推向高峰,并进一步影响周围的民族和国家;同时中国的商品如丝绸、瓷器、纸张大量输出,长安文明的许多方面如冶铁、穿井、造纸、丝织等技术都传到域外,为域外广大地区所接受,对丝绸之路沿线各地文明的发展产生了重大影响,体现出长安文化的扩散性和长安文明的辐射性。这是东西方文化长期交流、沟通的结果。在兼容并蓄思想的推动下,作为"丝绸之路"起点的长安,不断进取,由此谱写了一部辉煌的中外文化交流史。长安文化中数量浩繁的遗存遗物、宗教遗迹和文献记载,是印证东西方文化交流、往来的重要内容。

撒马尔罕可谓古代丝绸之路上最重要的枢纽城市之一,其地连接着波斯、印度和中国这三大帝国。关于该城的记载最早可以追溯到公元前5世纪,其为康国的都城,善于经商的粟特人由这里出发,足迹遍及世界各地。这里汇聚了世界上的多种文明,摩尼教、拜火教、基督教、伊斯兰教在这里都有传播。位于撒马尔罕市中心的"列吉斯坦"神学院存在于15—17世纪,由三座神学院组成,他们虽建于不同时代,但风格相偕,结构合理,堪称中世纪建筑的杰作。撒马尔罕的东北郊坐落着举世闻名的兀鲁伯天文台,建造于1428—1429年,系撒马尔罕的统治者、乌兹别克斯坦著名天文学家、学者、诗人、哲学家兀鲁伯所建,是中世纪具有世界影响的天文台之一。兀鲁伯在此测出一年时间的长短,与现代科学计算的结果相差极微;他对星辰位置的测定,堪称继古希腊天文学家希巴尔赫之后最准确的测定。撒马尔罕北边的卡塞西亚,原本为何国的都城,都城附近有重楼,北绘中华古帝,东面是突厥、婆罗门君王,西面供奉波斯、拂菻(拜占庭)等国帝王,这些都受到国王的崇拜。文化之多样性显而易见。

伊斯坦布尔为土耳其最大的城市和港口，其前身为拜占庭帝国（即东罗马帝国）的首都君士坦丁堡，地跨博斯普鲁斯海峡的两岸，是世界上唯一地跨两个大洲的大都市，海峡以北为欧洲部分（色雷斯），以南为亚洲部分（安纳托利亚），为欧亚交通之要冲。伊斯坦布尔自公元前658年开始建城，至今已有2600年的历史，其间，伊斯坦布尔曾经是罗马帝国、拜占庭帝国、拉丁帝国、奥斯曼帝国与土耳其共和国建国初期的首都。伊斯坦布尔位处亚洲、欧洲两大洲的结合部，是丝绸之路亚洲部分的终点和欧洲部分的起点，其历史进程始终与欧亚大陆之政治、经济、文化变迁联系在一起，见证了两大洲许许多多的历史大事。来自东方的中华文明以及伊斯兰教文化和基督教文化在这里彼此融合、繁荣共处，使这里成为东西方交流的重要地区。

综上可见，丝绸之路上的文化多元、民族和谐主要得益于宗教信仰的自由和民族政策的宽松——无论是中原王朝控制时期，还是地方政权当政期间，都不轻易干涉居民的宗教信仰和民族之间的文化交流。丝绸之路上各种思想文化之间相互切磋砥砺，在这种交互的影响中，包含着各民族对各种外来思想观念的改造和调适。"波斯老贾度流沙，夜听驼铃识路赊。采玉河边青石子，收来东国易桑麻。"通过多手段、多途径的传播与交流，中西文化融会贯通，构成一道独具魅力、异彩纷呈的历史奇观。从这个意义上说，丝绸之路可称得上是一条东西方异质经济的交流之路和多元文化传播之路，同时又是不同宗教的碰撞与交融之路。

为了进一步推进"丝绸之路"历史文化价值的研究，本人在甘肃文化出版社的支持与通力合作下策划了"丝绸之路历史文化研究书系"，得到全国各地及港澳台学者的支持与响应。幸运的是，该丛书一经申报，便被批准为国家出版基金资助项目。

"丝绸之路历史文化研究书系"为一套综合性学术研究丛书，从不同方面探讨丝绸之路的兴衰演进及沿线地区历史、宗教、语言、艺术等文化遗存。和以往的有关丝绸之路文化方面的论著相比，本套丛书有自身个性，即特别注重于西北少数民族文献与地下考古资料，在充分掌握大量的最新、最前沿的研究动态和学术成果的基础上，在内容的选取和研究成果方面，具有一定的权威性和前沿性。整套丛书也力求创新，注重学科的多样性和延续性。

杨富学

2016 年 8 月 23 日于敦煌莫高窟

序

以内亚的视阈，研判辽金时期中国北方地区民族社会及政治发展之具体状况，已成为当今学术研究的主流，更成为边疆学科体系建设的重要组成部分。

从10世纪初契丹人建立契丹辽王朝到12世纪初女真人建立金朝，直到13世纪30年代金朝被蒙古人建立的政权取代为止，其间经历了300余年的历史发展过程。这个过程，就是于此所述的"辽金时期"。其中，契丹统治者采取的"以国制治契丹，以汉制待汉人"的"因俗而治"策略，已经成为后来金、元两朝统治者借鉴不疑的治国良策，成为此期封建社会体制建设的鲜明特色。政治上既如此，客观上便将北方游牧民族与中原农耕民族的生产生活方式联结起来，经济上推动了北方社会的生产发展，从而促进了南、北方区域间的经济文化交流与民族交融。

金朝继承了契丹人的一些治国理念，海陵王时期（1149年12月—1161年10月在位）便将政治中心迁移到南京析津府，更名为中都。因为，金朝人认为：

> ［南京］地处雄要，北倚山险，南压区夏，坐若堂隍，俯视庭宇。本地所生，人马勇劲。亡辽虽小，止以得燕，故能控制南北，坐致宋币。燕，盖京都之选首也。（《金史》卷96《梁襄传》）

金朝为何以"坐若堂隍"之态,构拟燕京为"天下之中",且元、明、清以来都沿袭不变,其作用与意义何在?说得深刻一些,这都是史观和史识的问题。元朝人刘因曾经写过几首以"白沟"为题的诗文,其一名为《过白沟》,曰:

> 东北天高连海屿,太行蟠蟠如怒虎。一声霜雁界河秋,感慨孤怀几千古。只知南北限长江,谁割鸿沟来此处?三关南下望风云,万里长风见高举。莱公洒落近雄才,显德千年亦英主。谋臣使臣强解事,枉着渠头污吾鼓。十年铁砚自庸奴,五载儿皇安足数?当时一失榆关路,便觉燕云非吾土。更从晚唐望沙陀,自此横流穿一缕。

鸿沟即指界限,这里喻指白沟。刘因的史识是超前的,尤其"更从晚唐望沙陀,自此横流穿一缕"的主张,是将晚唐至五代十国、辽、宋、夏、金诸朝代,以一线贯穿的眼光来对待,真可谓是前无古人!

但刘因的认识毕竟有时代的局限,今天反观那个遥远的时代,豁然明朗:我国的一大特色,区别于世界其他民族,即政治重心与经济重心的脱离,肇始于此!这是任何民族或国家都难以做到的事情,而古代中国通过民族交融已经达到了这一步,并延续成为中国特色的历史本源。

以元朝时期版图之辽阔,诸方文化交流之密集,物产荟萃之丰富,堪称远超汉唐时期,但刘因仍在另一首题名《白沟》的诗文中,留下这样的诗句:"万国山河有燕赵,百年风气尚辽金。"肯定了辽金对于元朝社会发展的开辟性作用和意义,即辽金封建体制建设的开辟性作用以及远被四方的强大影响力,是后世得以继续发展的基础。

近三十年来,关于辽金制度、文化交流及其影响方面的研究,屡有新论及新著面世,却都囿于专论或较为零散的篇章。杨富学先生将数十年精研之作的某一方向,凝聚成集,定名为《由松漠暨流沙——辽金历史初探》,并嘱咐为序,故敢披陈如下:

杨富学先生研究领域相当广泛,辛勤笔耕,著述颇丰,向以多产高产著称,每有新作,皆有惠赐,笔者拜读亦多有收获,感佩不已。

其一,此集面世,将数十年非主攻方向之精品熔于一炉,化零散于总一,凝为一体,堪称填补空白之作,颇具画龙点睛、引入胜途之功!令人不禁有竖画三寸当体千仞之高的慨叹。是当前辽金史研究所必须瞩重的突破方向。

其二,文集中专门辟出"契丹回鹘篇""契丹内亚篇"等,都予人耳目一新感觉,且拜读之后,史料之翔实,论证之贴切,识论之广博,都定会征服读者,读者增益无限。

其三,"辽金西夏篇",以史料为依据,广征博引,精研佛论,从而得出辽朝佛学在西夏境内广为传播的结论,尤其是对黑水城出土夏金榷场贸易文书的精湛研究,受到国内外学术界的诸多重视,足振聋发聩,势必会引导学界就契丹辽朝文化传播能力和夏金贸易关系方面的探讨走向深入。

其四,"辽金史拾遗篇""辽金丝路篇"紧扣当前学术研究的焦点问题论述,所胪列诸篇,无不事关契丹辽朝研究的本质与特色,抓住了契丹辽文化研究的基点。譬如关于辽朝文殊信仰的研究文字,无疑为世人全面了解辽代观音信仰世俗化过程提供了可供参考的范本。尤其是对陕西岐山明代女真遗民完颜氏世系碑的公刊及其对相关问题的研究,既宏阔又深入,对西北女真遗民的研究可谓牖启户名。"辽金丝路篇"紧扣辽代"草原丝绸之路"的走向与交流频率等基本问题进行讨论,启迪心智,受益无穷。

总之,《由松漠暨流沙——辽金历史初探》一书,对于辽金契丹女真史研究者而言,具有重大的启示作用,犹如一盏灯为学子指明方向!

最后,愿杨富学先生仍然一如既往地以学者的敏感去研究、观察和解读中国的历史及其文化成果,有更多的新著问世!

是以为序。

任爱君

2020 年 7 月 16 日于白甫书屋

目 录

引 言 …………………………………………………………………… 1

契丹回鹘篇

第一章 契丹族源传说借自回鹘论 ………………………………… 9
第一节 契丹、回鹘祖源传说之比较 …………………………… 9
第二节 木叶山方位在传说中的游移 …………………………… 14
第三节 契丹"天女"传说与回鹘之关联 ……………………… 17

第二章 论回鹘文化对契丹的影响 ………………………………… 22
第一节 回鹘社会生活对契丹的影响 …………………………… 23
第二节 回鹘职官制度对契丹的影响 …………………………… 30
第三节 回鹘宗教对契丹的影响 ………………………………… 34
第四节 回鹘语文对契丹的影响 ………………………………… 39

第三章 回鹘与辽上京 ……………………………………………… 48
第一节 回鹘与契丹的早期联系 ………………………………… 48
第二节 上京回鹘营的设立及其意义 …………………………… 51
第三节 回鹘与上京关系的纽带——萧氏家族 ………………… 58

第四章　西瓜由高昌回鹘入契丹路径问题考辨 …… 64
 第一节　西瓜产自高昌回鹘说 …… 64
 第二节　西瓜由高昌回鹘传入契丹 …… 68
 第三节　西瓜由漠北回纥传入说辨误 …… 75
 第四节　西瓜由高昌回鹘传入辽朝路线 …… 79
 第五节　结　论 …… 85

契丹内亚篇

第五章　论辽朝的西疆经略 …… 89
 第一节　辽朝西部疆域的扩张及其所辖部落 …… 89
 第二节　西南面、西北路招讨司的设立及其西部经略 …… 93

第六章　辽朝与大食帝国关系考论 …… 98
 第一节　辽与大食帝国的贸易与贡赐关系 …… 98
 第二节　辽与大食贸易中的陶瓷 …… 102
 第三节　辽与大食贸易之影响 …… 104
 第四节　结　论 …… 107

第七章　耶律大石征服东部喀喇汗王朝史事新探 …… 109
 第一节　耶律大石西征路线诸说辨析 …… 109
 第二节　高昌回鹘叛附与耶律大石之西征 …… 113
 第三节　耶律大石对八剌沙衮的占据及其意义 …… 116
 第四节　耶律大石征服东部喀喇汗王朝过程考异 …… 120
 第五节　结　论 …… 126

第八章　耶律大石对西喀喇汗王朝的征服 …… 128
 第一节　耶律大石对西域尤其是高昌回鹘的占领 …… 129
 第二节　耶律大石对河中的攻伐 …… 134
 第三节　降辽"回回国王"为西喀喇汗王朝君主说 …… 139
 第四节　耶律大石"西至起儿漫"新解 …… 145

第九章　西辽在西伯利亚南部活动觅踪 ………………………… 150
　　第一节　耶律大石北行黠戛斯地区的路线 ………………………… 150
　　第二节　耶律大石对谦谦州的经略 ………………………… 153
　　第三节　西辽与阿尔泰诸部之关系 ………………………… 156

辽金史拾遗篇

第十章　契丹媵婚制考略 ………………………… 163
　　第一节　我国历史上的媵婚制 ………………………… 163
　　第二节　媵婚制在契丹中的存在 ………………………… 165
　　第三节　契丹公主的媵地 ………………………… 168
　　第四节　契丹公主的媵臣户 ………………………… 171
　　第五节　辽政府对媵地的管理 ………………………… 172

第十一章　辽朝经幢及相关问题初探 ………………………… 175
　　第一节　辽代经幢总目 ………………………… 175
　　第二节　辽代经幢的形制及特点 ………………………… 199
　　第三节　辽代经幢的种类 ………………………… 202
　　第四节　辽代经幢之刻文 ………………………… 206
　　第五节　辽代经幢的功用 ………………………… 210

第十二章　考古资料所见辽代之文殊信仰考屑 ………………………… 214
　　第一节　辽代的文殊信仰与五台山崇拜 ………………………… 215
　　第二节　与文殊信仰相关的建筑 ………………………… 219
　　第三节　辽代文殊信仰与华严经典 ………………………… 221
　　第四节　辽代文殊信仰流行之历史原委 ………………………… 223

第十三章　陕西岐山女真遗民完颜氏世系碑及相关问题 ………………………… 230
　　第一节　岐山完颜氏世系碑文 ………………………… 230
　　第二节　岐山完颜氏世系碑镌立缘起 ………………………… 234
　　第三节　碑文所载岐山完颜氏世次及职衔 ………………………… 238

第四节　岐山完颜氏族人之"元帅"职权 …………………… 239
　　第五节　岐山完颜氏高祖考辨 …………………………… 245
　　第六节　岐山完颜氏四世祖完颜也先帖木儿考实 …………… 251
　　第七节　岐山完颜氏五世祖完颜福得与洮岷地区 …………… 257
　　第八节　岐山完颜氏与岷州虎氏之婚姻关系 ………………… 259
　　第九节　结　语 ………………………………………… 262
第十四章　甘肃榆中女真遗民的调查与研究 …………………… 265
　　第一节　甘肃榆中女真遗民汉氏 …………………………… 266
　　第二节　甘肃榆中女真遗民蒲氏 …………………………… 272

辽金西夏篇

第十五章　辽金佛教与西夏佛教之关联 ……………………… 279
　　第一节　《契丹藏》在西夏境内的流播 …………………… 280
　　第二节　辽朝佛教思想在西夏境内的流播与影响 …………… 282
　　第三节　辽朝造像艺术对西夏的影响 ……………………… 289
　　第四节　西夏与金朝的佛教文化交流 ……………………… 297
第十六章　黑水城出土夏金榷场贸易文书研究 ………………… 304
　　第一节　夏金榷场贸易相关文书 …………………………… 306
　　第二节　文书的年代与性质 ………………………………… 318
　　第三节　作为价值尺度的"绢"与"干姜" ………………… 324
　　第四节　文书所见河西的商户 ……………………………… 329
　　第五节　文书所见夏金榷场贸易与物色 …………………… 331

辽金丝路篇

第十七章　辽鎏金双龙银冠及其所反映的辽与敦煌之关系 …… 337
　　第一节　辽鎏金双龙银冠及其佛教意蕴 …………………… 337
　　第二节　从辽鎏金双龙银冠看辽与敦煌之关系 …………… 342

第十八章　辽朝东北亚丝路及其贸易考实 …… 347
　第一节　辽与东北亚各地的交通路线 …… 347
　第二节　辽朝和女真的贸易往来 …… 355
　第三节　辽和五国部的往来贸易 …… 357
　第四节　辽朝和东部诸国的经贸往来 …… 359

第十九章　"黑龙江"名称溯源兼及民族语文对历史研究之贡献 …… 365
　第一节　"黑龙江"名出阿尔泰语考 …… 365
　第二节　民族语文与民族史研究 …… 370

参考文献 …… 379
后　记 …… 419

引　言

　　本书是我二十余年来研习契丹女真辽金历史及其与周边关系问题的一个小结,主体内容主要由两部分组成,其一为契丹女真辽金历史的本身,其二为辽金与内亚关系,其中又以契丹与内亚的关系最为集中,也是本书能够成立的基点所在。

　　内亚,英语写作 Inner Asia,拉丁语作 Asia Interior,顾名思义,就是"亚洲内陆"的意思,所涵盖的范围比较模糊,无清晰定义,大体而言,指西起伏尔加河,东至兴安岭之间的广袤区域,涵盖中亚部分地区、俄罗斯部分亚洲领土、蒙古国、中国东北部分地区、内蒙古、新疆与西藏地区,这些地区的共同的特点就是远离海岸线,深居内陆,以牧业文化,尤其以游牧文化为主。

　　"内亚"概念最早是由俄罗斯地质学家和旅行家莫希凯托夫(И. В. Мушкетов)提出的,[1]而将这一概念进一步学术化的则首推美国学者拉铁摩尔(Owen Lattimore),他于 1940 年出版的《中国亚洲内陆边疆》一书奠定了西方研究中国边疆的基础。拉铁摩尔以长城边疆为出发点来阐释中国历史,将长城沿线的边疆地区(东北、新疆、内蒙古、西藏)视为中国历史发展的"贮存地"。[2]美国知名

---

[1] И. В. Мушкетов, *Туркестан. Геологические и орографические описания по данным, собраному во времени путешествий с 1884 до 1880 года*, Вып. I. Санкт-Петербург 1886г.
[2] Owen Lattimore, *Inner Asian Frontiers of China*, New York, 1940, p.248;[美]拉铁摩尔著,唐晓峰译:《中国的亚洲内陆边疆》,南京:江苏人民出版社,2005 年,第 162 页。

中亚史专家苏塞克(Svat Soucek)《内亚史》则认为内亚是指在历史地理概念下欧亚核心地区的这一整片区域,按现代地理区划,主要包括七个国家和地区:乌兹别克斯坦、哈萨克斯坦、塔吉克斯坦、土库曼斯坦、吉尔吉斯斯坦、蒙古国和中国西部部分区域。此外还有其他八个行政区,其中七个属于俄罗斯,包括鞑靼斯坦共和国、巴什科尔托斯坦共和国、卡尔梅克自治共和国、戈尔诺-阿尔泰自治州、图瓦自治共和国、布里亚特自治共和国、雅库特自治共和国,另一个属于中国,是内蒙古自治区。①

与"内亚"相比,更广泛为人使用的是"中亚"(Central Asia)。但中亚也是一个概念较为模糊的称呼,狭义而言,一般指苏联时代的中亚五国,即乌兹别克斯坦、哈萨克斯坦、塔吉克斯坦、土库曼斯坦和吉尔吉斯斯坦,广义则相当于亚洲大陆的全部内陆部分。20世纪七八十年代,联合国教科文组织编撰《中亚文明史》,专门对"中亚"一词作了说明,界定为狭义的中亚,明确指出其地域"包括今位于阿富汗、中国西部、印度北部、东北伊朗、蒙古、巴基斯坦以及苏联诸中亚共和国境内的各个地区",但同时又声明:"本书所用的'中亚'一名,也可以视作'内亚'的异名。"②苏塞克《内亚史》同时使用"内亚"和"中亚"两词,对两者做了区分:"中亚只指内亚的西部。"③而国内学者在使用中亚一词时,则往往把西人概念中现属我国的部分排除在外,另行叙述。④

拉铁摩尔《中国的亚洲内陆边疆》从生态环境、民族活动、生产方式、社会形态、历史演进等方面进行了深入的考察,揭橥了中国内地与四个边疆地区(东北、新疆、内蒙古、西藏)各自不同的互动依存关系,阐述了中国内陆边疆历史的丰富多样性,由是而展现出各边疆区域独特的历史价值,指出了中国多民族社会文化的整合特征。⑤这一观点为美国人类学家巴菲尔德(Thomas J. Barfield)所

---

① Svat Soucek, *A History of Inner Asia*, Cambridge: Cambridge University Press, 2000, Preface, pp. xi-xii.
② Ahmad Hasan Dani, *History of Civilization of Central Asia*, Paris: NESCO, 2005, Ediion.
③ Svat Soucek, *A History of Inner Asia*, Cambridge: Cambridge University Press, 2000, Preface, p. xi.
④ 常绍民:《何为内亚? 内亚史何为? ——由新近引进的几部内亚史专著说起》,《文汇报》2021年8月4日第7版。
⑤ Owen Lattimore, *Inner Asian Frontiers of China*, New York, 1940;[美]拉铁摩尔著,唐晓峰译:《中国的亚洲内陆边疆》,南京:江苏人民出版社,2005年。

继承,以拉铁摩尔之中国边疆范式作为出发地,将近现代中国北部边疆划分为四个关键的生态和文化区域,即蒙古高原、华北地区、东北地区及西域地区。他以独特的视角将游牧者作为历史主体进行抒写,进而从游牧民族之"内部、外部边界战略"模式出发论述游牧民族的自身发展规律,从外部边界战略转向内部边界战略,再复归外部边界战略,形成一个战略周期。不管他们选择的是内部还是外部边界战略,都有其自身和中原王朝两方面的原因。[1]狄宇宙(Nicola Di Cosmo)进一步把两千多年来漠北及其周边游牧民族、游牧政权的政治制度及其兴衰历史总结为四个阶段,认为每个阶段的兴衰都与中原王朝息息相关。[2]

"内亚史观"最初由部分西方学者提出后,部分日本学者也跟进做了解读与跟进,如杉山正明、森安孝夫、冈田英弘、杉山清彦、志茂硕敏等皆如是。[3]近年来多国学术界开始兴起以卫星视角来解读全球历史的风潮,力求打破固有思维和国族主义的桎梏。例如跳脱本国视角来解读本国史(比方说将本国史放在区域史中来解读),以及跳脱"欧洲中心主义"或"中国中心主义"的视角来解读世界历史,"内亚史观"则为其中之一环。客观来说,这种史观的确或多或少地平衡了我们的既有视角,淡化了汉本位主义与华夷思想的潜在影响,也为我们更加客观地看待整个中国和欧亚历史提供了思路。

就本书所论及的辽金而言,一方面他们属于内亚本身的一部分,同时二者又可归于中原王朝,具有比较独特的二重性。辽朝有五京,分别为上京临潢府(今内蒙古自治区赤峰市巴林左旗林东镇)、中京大定府(今内蒙古自治区赤峰市宁城县大明镇)、东京辽阳府(今辽宁省辽阳市)、南京析津府(今北京市)、西京大同府(山西省大同市),五京中上京临潢府为正式首都,其余四京为陪都。金朝同样有五京,分别为上京会宁府(今黑龙江省哈尔滨市阿城区南)、中京大

---

[1] Thomas J. Barfield, *The Perilous Frontier: Nomadic Empires and China*, Cambridge, Mass.: Basil Blackwell, 1989;[美]巴菲尔德著,袁剑译:《危险的边疆:游牧帝国与中国》,南京:江苏人民出版社,2011年。

[2] Nicola Di Cosmo, State Formation and Periodization in Inner Asian History, *Journal of World History*, Vol. 10, No. 1(Spring, 1999), pp.1—40.

[3] 钟焓:《重写以"中央欧亚"为中心的"世界史"——对日本内亚史学界新近动向的剖析》,《文史哲》2019年第6期,第5—25页。

定府(内蒙古自治区赤峰市宁城县大明镇)、西京大同府(今山西省大同市)、东京辽阳府(今辽宁省辽阳市)、南京开封府(今河南省开封市),都城先后有三,最早为上京会宁府(今黑龙江省哈尔滨市阿城区东南,1115—1153),次为中都大兴府(又称中京、燕京,今北京市西南,1153—1214),其三为汴京开封府(又称南京,今河南省开封市,1214—1234)。元代从大一统立场出发纂修"正史",将辽、金与两宋并立,将三个朝代置于平等地位,却独不为"立国二百余年,抗衡辽、金、宋三国,俯仰无常,视三国之势强弱以为异同"①的西夏国纂修出一部分量同样足观的纪传体专史,只是在三史的外国传(即《辽史·西夏外纪》一卷、《宋史·外国传·夏国传》二卷、《金史·外国传·西夏传》一卷)中以少许篇幅专载西夏史事,究其原因,盖与西夏偏居西北一隅而未能将势力深入中原腹地息息相关。作为中原王朝,辽、金对内亚历史文化都产生了一定的影响,尤其是辽及后来立足中亚的西辽,对内亚的历史文化影响巨大。本书取"内亚"二字为题,主要动因即出乎此。

辽金居地,古称松漠。《魏书》载:"库莫奚国之先,东部宇文之别种也。初为慕容元真所破,遗落者窜匿松漠之间。"②《辽史·营卫志》云:"契丹之先,曰奇首可汗,生八子。其后族属渐盛,分为八部,居松漠之间。"③南宋人洪皓(1088—1155)于建炎三年(1129),奉高宗之命赴金,被羁留十五年,于绍兴十二年(1142)被释归宋,将居金国时之所见所闻撰成一书,名曰《松漠纪闻》。对"松漠"一词,丁谦有如下解释:

> 松漠间谓松山西、沙漠东中间之地,今克什克腾旗西南地也。松山为漠水发源处,《辽史》所谓"平地松林"是也。其山之西正多伦诺尔厅北碛卤之地,故曰松漠之间。④

由是以观,自北魏始,辽金所居之地即有松漠之谓,唐朝置松漠都督府以

---

① 《金史》卷一三四《西夏传赞》,北京:中华书局,1974年,第2877页。
② 《魏书》卷一〇〇《库莫奚传》,北京:中华书局,1974年,第2222页。
③ 《辽史》卷三二《营卫志中》,北京:中华书局,1975年,第378页。
④ 丁谦:《魏书各外国传地理考证》,《浙江图书馆丛书第一辑》,1915年,第8页正面。

羁縻契丹，汉人因以"松漠"代称契丹与辽朝，南宋以后仍以"松漠"指代女真与金朝。英年早逝的著名辽史专家刘浦江教授专著《松漠之间——辽金契丹女真史研究》（中华书局，2008年）即取此意。至于著名考古学专家林梅村教授专著《松漠之间——考古新发现所见中外文化交流》（生活·读书·新知三联书店，2007年），诚如副标题所示，意在论述考古新发现所见中外文化交流，与本书主旨不存在直接关联，可另当别论。

至于"流沙"，在我国古代史书中多见，《中国历史地名大辞典》有二解。一者泛指我国西北方之沙漠地区，二者指今新疆境内白龙堆沙漠一带。① 这应是目前学术界比较一致的观点。前者如《尚书·禹贡》："导弱水，至于合黎，馀波入于流沙。"②《汉书·地理志》载："居延泽[张掖郡居延县]在东北，古文以为流沙。"③ 后者如《晋书·张骏传》："[张骏]又使其将杨宣将众越流沙，伐龟兹、鄯善，于是西域并降。"④《新唐书·西域传》载吐谷浑"西北有流沙数百里，夏有热风，伤行人"。⑤ 本文所言"流沙"，其范围与上述二说的范围有所扩大，延及中亚的沙漠地区。这一用法非本人的发明，《元史·地理志》在描述元朝的疆域时曾言：

> 北逾阴山，西极流沙，东尽辽左，南越海表……汉唐极盛之际，有不及焉。盖汉东西九千三百二里，南北一万三千三百六十八里，唐东西九千五百一十一里，南北一万六千九百一十八里，元东南所至不下汉、唐，而西北则过之，有难以里数限者矣。⑥

这里的流沙，学术界一般都解释为塔克拉玛干沙漠，恐未妥，因为这种说法明显是把地跨今新疆与中亚诸地的察合台汗国和窝阔台汗国割裂了，同时

---

① 史为乐主编：《中国历史地名大辞典》，北京：中国社会科学出版社，2005年，第2225页。
② [清]阮元校刻：《十三经注疏·尚书正义》，北京：中华书局，1980年，第151页。
③ 《汉书》卷二八下《地理志下》，北京：中华书局，1962年第1613页。
④ 《晋书》卷八六《张骏传》，北京：中华书局，1974年，第2237页。
⑤ 《新唐书》卷二二一上《西域传上》，北京：中华书局，1975年，第6224页。
⑥ 《元史》卷五八《地理志一》，北京：中华书局，1976年，第1345页。

又把金帐汗国和伊尔汗国排除在元朝之外了。四大汗国是大蒙古国和元朝的组成部分。作为大汗宗藩,各汗国君主的废立名义上都是由蒙古大汗(元朝皇帝)制定的,不得擅自更改。大汗有权对各汗国的军队和属民加以抽调。各汗国君主虽具相对独立性,但名义上始终处于大汗的统辖制约之下。《元史》所言汉唐的疆域东西九千余里,显然是以帕米尔高原作为西部疆界的。而元朝的疆域"西北则过之,有难以里数限者矣",明显是说元朝的疆域在葱岭以西极远的地方。可以肯定,《元史》所谓的"西极流沙"是包括中亚与西亚地区的四大汗国的。是耶非耶?有待诸君子教焉。

关于辽金与内亚的关系,是国外学术界长期关注和重视的问题,但是中国学术界关注较少,成果也较为薄弱。[①]本人二十余年来虽对辽金历史及其与内亚之关系持续保持关注,但由于各种原因,始终未能将这一问题置于研究工作的重点,只是在涉及回鹘或西北出土文物、文献时,出于时需而断断续续有所旁及,日积月累,搜得论文、札记共二十余篇。这些文字有的发表于不同刊物,有的见诸各种文集,历时日久,有的已难以觅得,包括我自己也难免搜求之苦。今将诸文裒为一辑,一者敝帚自珍,二者利于同道检索。嘤其鸣矣,求其友声,冀识者赐教。

本书所收论文22篇,根据内容整合为十九章。在这些论文中,又以《论辽朝的西疆经略》为时最早,刊于《社会科学辑刊》1998年第4期,转眼已有24年矣。其间行文风格可以说几乎没有什么大的变化,只是注释体例颇不统一,既有不同刊物、不同出版社、不同编辑的要求各有千秋这一原因,也有个人见闻未广、主张前后不一的因素,兹借整理出版之机予以统一,基本原则是正文内容除了改正错别字、地名改以最新名称者外,其余皆一仍其旧,尤其是观点方面,一遵旧文,未采纳时彦之新发明。并非不愿接受新事物、新观点也,而是出于尊重历史计,个人的学术观点也有一个由不成熟而至成熟的过程,新资料又在不断涌现,旧文重刊时以不改变旧观点为善。否则,很多不同观点的争论,也就难以明其踪迹了。如有不妥,敬请见谅。

---

① 魏志江、杨立中:《论辽与内陆亚洲的关系》,《江海学刊》2019年第2期,第163—171页。

契丹回鹘篇

第一章　契丹族源传说借自回鹘论

第一节　契丹、回鹘祖源传说之比较

在我国古代北方阿尔泰语系诸族中，不少民族有关族源的传说都不无一致或近似性，如乌孙、突厥、薛延陀、回鹘乃至蒙古都认为其祖先与狼有关，而夫余、鲜卑、回鹘、蒙古的传说则称其为感光而生，突厥、黠戛斯又有传说称其祖先为牛种。诸如此类，不一而足，学界论之者已多，而对本文所论回鹘、契丹族源传说的相同性问题，前贤则尚未言及。今不揣谫陋，略做探讨，不妥之处请指正。

对回鹘族源的传说，中外古代史籍均有记载。元代虞集《道园学古录》卷二四《高昌王世勋之碑》载：

> 畏吾而之地，有和林山，二水出焉，曰秃忽剌，曰薛灵哥。一夕有天光降于树，在两河之间，国人即而候之，树生瘿，若人妊身（娠）然，自是光恒见者。越九月又十日，而瘿裂，得婴儿五，收养之，其最稚者，曰卜古可罕。

既壮,遂能有其民人土田,而为之君长。①

波斯志费尼著《世界征服者史》也记载说:

> 源出哈剌和林诸山之秃忽剌(Tougola)、薛灵哥(Selenge)二水会流处,有地名忽木兰术(Coumland jou),有二树相邻……增长既成,忽开一门,中有五室,有类帐幕,上悬银网,各网有一婴儿坐其中,口上有悬管以供哺乳。诸部落酋见此灵异,向前瞻礼。此五婴儿与空气接触,即能行为,已而出室……畏兀儿人以为诸子为天所赐,决奉其一人为主。不可[的斤]美而慧,较有才,尽通诸国语,畏兀儿人遂奉之为汗。②

两相对照,不难发现,虞集与志费尼所载回鹘先世的传说是完全相同的,当出自同一来源。大致相同的说法又见于古波斯史家拉施特的记载:

> 据说,畏兀儿斯坦地区有两座非常大的山:一座名为不黑剌秃—不思鲁克(buqratu-buzluq),另一座名为兀失浑—鲁克—腾格里(aus-qun-luq-tankrim);哈剌和林山位于两山之间。窝阔台合罕所建的城,也用那座山的名字来称呼。两山之旁有一座名为忽惕——塔黑(qut taq)的山。这些山区内,有地叫十河(温河),另一地曰九河(脱古思河)。在古代,畏兀儿诸部就驻在这些河流沿岸的山里和平原上。沿十河居住者称十(aun)畏兀儿,沿九河居住者称为九(tuguz)畏兀儿。③

---

① 碑石已残,上半段已佚,下半段今存甘肃省武威市博物馆。详见黄文弼《亦都护高昌王世勋碑复原并校记》,《考古》1964年第2期,第34—39页及录文与附图。
② [波斯]志费尼著,何高济译:《世界征服者史》,呼和浩特:内蒙古人民出版社,1981年,第63—64页;[瑞典]多桑著,冯承钧译:《多桑蒙古史》,北京:商务印书馆,1936年,第180页。相对而言,冯译文约而意达,故本书以之为准。
③ [波斯]拉施特主编,余大钧、周建奇译:《史集》,北京:商务印书馆,1983年,第239—240页。本处引文与之略有不同,原译将aun译为十条河,tuguz译为九条河,其中量词为译者所增补,但不甚妥。

其内容基本相同,只是河名有所变化。

我们这里再看一看有关契丹族源的传说。宋叶隆礼《契丹国志·契丹国初兴本末》载:

> 契丹之始也,中国简典所不载。远夷草昧,复无书可考,其年代不可得而详也,本其风物,地有二水。曰北乜里没里,复名陶猥思没里者,是其一也,其源出自中京西马盂山,东北流,华言所谓土河是也。曰袅罗个没里,复名女古没里者,又其一也,源出饶州西南平地松林,直东流,华言所谓潢河是也。至木叶山,合流为一。古昔相传:有男子乘白马浮土河而下,复有一妇人乘小车驾灰色之牛,浮潢河而下,遇于木叶之山,顾合流之水,与为夫妇,此其始祖也。①

大致相同的记载又见于《辽史·地理志》《东斋纪事》《东都事略》及《望炊楼丛书》所收之《烬余录》中,②只是内容较为简略。

将回鹘、契丹的族源传说作一对照,不难看出二者都称自己的祖先出自一山二水之汇流处。前者有两种说法:(一)和林山、秃忽剌河、薛灵哥河;(二)和林山、九河、十河。其中的秃忽剌河即今土拉河,薛灵哥河为今色楞格河,十河则相当于温昆河(在突厥—回鹘语中,十写作 aun 或 on),即今鄂尔浑河(图1-1)。史书的记载和考古发现都已证明,此三河流域正是古代回鹘文化的发祥地。至于"九河"一名,有点令人费解,但巧的是,该河又可与契丹族传说中之陶猥思河相联系。

契丹族所说之一山二水也有两种写法:(一)木叶山、潢河、土河;(二)木叶

---

① [宋]叶隆礼:《契丹国志·契丹国初兴本末》,上海:上海古籍出版社,1985年,第1页。
② 契丹的这一传说,又直接影响到贝加尔湖南岸的蒙古系布里雅特人,他们的族源传说称:有男女两个孩子,从天上降到伊尔库特河与图喀河合流处附近的山上。男女两个孩子被野猪养育成人,后来远徙南方,人口增殖,被尊为祖先。这一对男女生了八个儿子,其子孙即为布里雅特的八个种族。见[日]蒲田大作著,赵冬晖、冯继钦译《释契丹古传说——萨满教研究之一》,王承礼主编《辽金契丹女真史译文集》,长春:吉林文史出版社,1990年,第299页。

山、北乜里没里,袅罗个没里。这里的"没里"即 müri,相当于蒙古语 müren,为"河"之意。北乜里没里,"华言所谓土河",①即今老哈河;袅罗个没里,复名女古没里。《辽史·国语解》曰:"女古,金也。"金为黄色,故女古没里实为"黄

图 1-1　鄂尔浑河(杨富学摄)

水""潢河"之意。在两《唐书》中,该二河就被称作"黄水",今蒙古语称之为西拉木伦河,其实仍为"黄水"之意。而色楞格(Salanga)呢?导源于古代突厥—回鹘语之 Sarïγ,其意亦为黄。北乜里没里,又称陶猥思没里。该河隋代称托纥臣水,唐代称土护真水或吐护真河,都是古代突厥—回鹘语托古斯水(Toquz suv)之音转,意为"九河",与回鹘传说中的"九河"恰巧同名。②原来,蒙古国的土拉河(秃忽剌河)和内蒙古东部的老哈河(土河)在历史上都曾被称为"九河"。如是,便形成了下列对应关系:

回鹘	契丹
和林山	木叶山
薛灵哥河	潢河(袅罗个没里,复名女古没里)
秃忽剌河	土河(北乜里没里,复名陶猥思没里)
九河	鄂尔浑河
十河	无

---

① 德国学者福赫伯认为"土河"乃"混浊而多沙"之意。见 Herbert Franke, Bemerkungen zu den sprachlichen Verhältnissen in Liao-Reich, *Zentralasiatische Studien* 3, 1960, S. 24-26. 窃以为这种解释似有望文生义之嫌。

② 在云南契丹后裔语中,"九"写作 te,而达斡尔语作 is,蒙古语则作 jisu,均与突厥—回鹘语之 toquz 不同。参见孟志东《云南契丹后裔研究》,北京:中国社会科学出版社,1995 年,第 116 页。

这里还应注意"二水"汇流处的山。上文在引用波斯拉施特之记载时，即已提到九河与十河交汇处的和林山，该山被尊称为 qut-taq，意为"福山"。《元史》对此有着较为详尽的记载：

> 又有山曰天哥里于答哈(Tängri Ötükän)，言天灵山也。南有石山曰胡力答哈(Qutluγ Taγ)，言福山也。唐使与相地者至其国，曰："和林之盛强，以有此山也。盖坏其山，以弱其国。"乃告诸的斤曰："既为婚姻，将有求于尔，其与之乎？福山之石，于上国无所用，而唐人愿见。"的斤遂与之石，大不能动，唐人以烈火焚之，沃以浓醋，其石碎，乃輂而去。国中鸟兽为之悲号。后七日，玉伦的斤卒，灾异屡见，民弗安居，传位者又数亡，乃迁于交州。①

同样的记载又见于虞集《道园学古录》卷二四《高昌王世勋之碑》。这表明直到元代，回鹘人心目中仍将漠北时代的这一福山视为当时其国家繁荣昌盛、人民安居乐业的依凭；后来，因失去它而导致了公元9世纪中叶国家破亡、人民离散之悲剧。契丹则特别崇拜木叶山（图1-2），在山上"建契丹始祖庙，奇首可汗在南庙，可敦在北庙，绘塑二圣并八子神像"②。

图1-2 契丹祖陵所在地木叶山（杨富学摄）

---

① 《元史》卷一二二《巴而术阿而忒的斤传》，北京：中华书局，1976年，第2999—3000页。
② 《辽史》卷三七《地理志一》，北京：中华书局，1974年，第445页。

契丹贵族不管行军打仗，还是郊游狩猎，都要祭木叶山。①如果身不能至，辽主也要望木叶山而祭。史称"辽国以祭山为大礼"②。此"大礼"，指的就是"礼木叶山之仪"③。与回鹘比较，不难看出，他们都将二河汇流处的山视为圣山。

第二节　木叶山方位在传说中的游移

按照传说，木叶山之位置应在土河与潢河之汇流处，地当今内蒙古翁牛特旗大兴境内。然观此地呈一扇形平川，地势坦荡，最高处海拔高度也不超过300米，根本就无山可言。距其最近的山是白音他拉古城（永州）西160里的海金山（图1-3）。但不管从其位置，还是从山上之辽代文化遗物看，都不像是契丹所崇木叶山之所在。那么木叶山应何在呢？《契丹国志》卷一《太祖本纪》云：

图1-3　内蒙古翁牛特旗海金山（杨富学摄）

天显二年（927）九月，葬太祖于木叶山，置州坟侧，名曰"祖州"，今有庙。

此外，《资治通鉴》《新五代史》《旧五代史》等也都称木叶山在祖州。尤其值得注意的是宋朝

---

① 《辽史》卷三七《地理志一》，北京：中华书局，1974年，第445页。
② 《辽史》卷五六《仪卫志二》，北京：中华书局，1974年，第905页。
③ 《辽史》卷一一六《国语解》，北京：中华书局，1974年，第1539页。

出使契丹的使节对木叶山的记载。《册府元龟》卷九八〇载,天成元年(辽天显元年,926)九月,幽州赵德钧奏,先差军将陈继威使契丹还,称:"继威见契丹部族商量,来年正月,葬阿保机于木叶山下。"①宋真宗天禧四年(1020),宋绶出使契丹,在其行程录中亦云:"木叶山本阿保机葬处。"②这些亲到契丹的使者之见闻更是推定木叶山在祖州的可靠依据。③

1996年夏初,在内蒙古巴林左旗林东镇辽上京遗址(图1-4)南塔山坡上,出土了一方辽代高僧圆慧大师的墓志铭。碑文称:慧大师是辽代著名高僧,拥有渊博的学识和崇高的威望,深受辽道宗的敬重,常驻锡于木叶山前的顺孝寺,一生"贤助之质,意气刚直,守志饱学,精修道德,上不趋名,下不逐利,嚣哗不至,荣辱不及"④。圆慧大师年54圆寂,于寿昌六年(1100)葬于上京南佛教徒丛葬地。这一记载对确定木叶山的所在不无参考价值。按照惯例,佛僧死后一般都葬于佛寺附近或一个区域内专门的丛葬地,南塔附近佛教丛葬地的墓主

图1-4 辽上京遗址全景

---

① [北宋]王钦若等编:《册府元龟》卷九八〇《外臣部·通好》,北京:中华书局,1960年,第11519页。
② [宋]李焘:《续资治通鉴长编》卷九七"天禧五年(1021)九月甲申"条,北京:中华书局,1985年,第2254页。
③ 对木叶山位置的考证,可参见孙继民《试论契丹祀木叶山崇黑山》,《昭乌达蒙族师专学报》1990年第1期,第12页;李健才《东北史地考略》(续集),长春:吉林文史出版社,1995年,第142—143页。
④ 张松柏:《木叶山考古的新发现》,《赤峰日报》1998年8月21日第3版。

均应为上京（或由外地旅居上京）的僧侣或佛徒，以此可知顺孝寺当离上京不远。而圆慧大师一生主要活动于上京，也表明他居住在上京附近。推而论之，顺孝寺距祖州城亦应不远，而木叶山位处顺孝寺后，则可证木叶山位处祖州而非永州的海金山。

上京一带居民大多为渤海移民，以崇佛闻名，在一定程度上促进了当地佛教的发展，目前上京城外尚有部分宗庙、寺院遗址，另有砖塔二座，俗称南塔、北塔。①而海金山一带漫布黄沙，人烟稀少，缺少佛教活动的群众基础，山上大多为祭祀契丹先祖的宗庙，每逢大祭方有人烟，单纯的民间庙宇是不大可能位列其中的。圆慧大师墓志铭的发现，既补辽史之遗漏，又为木叶山位置的确定提供了依据，值得重视。

祖州在辽亡后遭金人洗劫，渐成废墟，今所存遗址位于内蒙古巴林左旗哈达英格乡石房子村（图1-5）。葬太祖之祖陵即位于祖州遗址西侧之祖山中。《辽史·地理志》称：

有祖山，山有太祖天皇帝庙，御靴尚存……东偏有圣踪殿，立碑述太祖游猎之事。殿东有楼，立碑以纪太祖创业之功。皆在州西五里。天显中太宗建。②

图1-5 木叶山下石房子（杨富学摄）

---

① 项春松：《辽代历史与考古》，呼和浩特：内蒙古人民出版社，1996年，第40页；黄凤岐：《契丹史研究》，赤峰：内蒙古科学技术出版社，1999年，第96页。
② 《辽史》卷三七《地理志一》，北京：中华书局，1974年，第442—443页。

可见,木叶山,亦即辽代所称之祖山,今名仍之,其地与土、潢汇流处尚相距三百里以上。

第三节　契丹"天女"传说与回鹘之关联

那么,契丹之族源传说何以将木叶山东移呢?

契丹传说称其祖先为骑白马的神人和驾青牛车的"天女"。《辽史·地理志》载:

> 永州……东潢河,南土河,二水合流,故号永州①……相传有神人乘白马,自马盂山浮土河而东,有天女驾青牛车由平地松林泛潢河而下。至木叶山,二水合流,相遇为配偶,生八子。②

在云南施甸县甸阳镇长官司保存的《施甸长官司族谱》之卷首,插有一幅男骑白马、女骑青牛的明代契丹秘画,并附有一首七言四段秘诗,所描绘的内容实际上就是上述传说。③

类似的传说在回鹘中亦有:

> 一夜,不[古]可汗卧帐中,见一神灵至,作幼女形。汗畏,伪睡而不敢与之言。次夜亦然,第三夜从其大臣言,随此女灵(即天女)至福山(Couttag)中,共话至于天明。嗣后每夜如是,计阅七年六月二十二日。末夜,女灵与不[古]可汗诀别,而语之曰:"自东至西,全世界皆归汝治理,可完成

---

① 《辽史》卷一一六《国语解》:"永州,其地居潢河、土河二水之间,故名永州,盖以字从二、从水也。"
② 《辽史》卷三七《地理志一》,北京:中华书局,1974年,第445—446页。
③ 孟志东:《云南契丹后裔研究》,北京:中国社会科学出版社,1995年,第40—45页。

汝之命运,善治汝民。"言毕而去。①

比较二传说,可以看出,前者"天女"曾与神人婚配,并生有八子,而回鹘之传说仅谓不古可汗与"女灵"共话,而未婚配。这里,契丹可汗生八子的传说,使我不由又将其与回鹘联想到一起。《旧唐书·回纥传》载:

  一曰药罗葛,即可汗之姓;二曰胡咄葛;三曰咄罗勿;四曰貊歌息讫;五曰阿勿嘀;六曰葛萨;七曰斛嗢素;八曰药勿葛;九曰奚耶勿。②

此为"内九姓"。与之相应的"外九姓"在《唐会要》卷九八《回纥》中是这样记载的:

  其九姓:一曰回纥,二曰仆固,三曰浑,四曰拔曳固,五曰同罗,六曰思结,七曰契苾。以上七姓部,自国初以来,著在史传。八曰阿布思,九曰骨仑屋骨。恐此二姓天宝后始与七姓齐列。③

这九个部落,回纥部为统治者。被这又与契丹之传说何其相似。此外,回鹘还有一传说,也称其可汗乌古斯(据考,即不古可汗)曾与"天女"婚配,并生有三子:

  有一天,乌古斯可汗正在祈祷上天,这时,夜幕降临了。忽然,从天上降下一道蓝光,这光比太阳还光灿,比月亮还明亮。蓝光中有一位少女,独自坐着……乌古斯可汗看到她时,就情不自禁地爱上了她,于是娶了她,一

---

① [波斯]志费尼著,何高济译:《世界征服者史》,第 46 页。此处引自冯承钧译《多桑蒙古史》,第 18 页。
② 《旧唐书》卷一九五《回纥传》,北京:中华书局,1975 年,第 5198 页。
③ [宋]王溥:《唐会要》卷九八《回纥》,北京:中华书局,1955 年,第 1744 页。

起生活,如愿以偿。少女怀了孕,一日日、一夜夜过去了,她临盆分娩,一胎生下三个男孩。①

类似的传说不仅见于回鹘、契丹,如果再继续向前追溯,我们还发现这些传说在我国北方民族中其实早已有之。鲜卑有传说云:

> 初,圣武帝尝率数万骑田于山泽,欻见辒辌自天而下。既至,见美妇人,侍卫甚盛。帝异而问之,对曰:"我,天女也,受命相偶。"遂同寝宿。旦,请还,曰:"明年周明,复会此处。"言终而别,去如风雨。及期,帝至先所田处,果复相见。天女以所生男授帝曰:"此君之子也,善养视之。子孙相承,当世为帝王。"语讫而去。子即始祖也。②

此传说突厥也有,只不过是将其中的"天女"换成了"海神女"而已。传说云:

> 突厥之先曰射摩舍利海神,神在阿史德窟西。射摩有神异,海神女每日暮,以白鹿迎射摩入海,至明送出,经数十年。后部落将大猎,至夜中,海神女谓射摩曰:"明日猎时,尔上代所生之窟,当有金角白鹿出。尔若射中此鹿,毕形与吾来往,或射不中,即缘绝矣。"至明入围,果所生窟中有金角白鹿起,射摩遣其左右固其围,将跳出围,遂杀之。射摩怒,遂手斩呵尔首领,仍誓之曰:"自杀此之后,须人祭天。"即取呵尔部落子孙斩之以祭也。至今,突厥以人祭纛,常取呵尔部落用之。射摩既斩呵尔,至暮还,海神女报射摩曰:"尔手斩人,血气腥秽,因缘绝矣。"③

---

① 耿世民译:《乌古斯可汗的传说》,乌鲁木齐:新疆人民出版社,1982年,第17页。
② 《魏书》卷一《序纪》,北京:中华书局,1974年,第2—3页。
③ [唐]段成式:《酉阳杂俎》前集卷四,北京:中华书局,1981年,第44—45页。

这些说明北方民族中有关"天女"的传说是由来已久的。

有辽一代，在统治集团中，以耶律皇族和述律后族最为尊贵。前者为契丹人，后者为回鹘人。《辽史·外戚表》载：

> 辽史耶律、萧氏十居八九，宗室、外戚势分力敌，相为唇齿……至辽太祖，娶述律氏。述律，本回鹘糯思之后。①

后族最初分为二帐，即审密氏的乙室和拔里家族。至阿保机，娶回鹘述律氏，并于建国后立为皇后。述律氏家族在遥辇晚期已经是契丹社会中迅速崛起的一个强大家族，述律后本人及其家族在辽朝的创建和巩固过程中，曾经起到过一系列重大作用，协助辽太祖统一诸部，取代遥辇，西并奚族，东灭渤海，并平定诸弟叛乱，后来又扶立太宗耶律德光，一直在朝廷中参与决策。在其之后，辽朝帝后大多也都出自回鹘述律（萧氏）。②述律氏号"应天大明地皇后"，有传说云，一次，"后……尝至辽、土二河之会，有女子乘青牛车，仓卒避路，忽不见。未几，童谣曰：'青牛妪，曾避路。'盖谚谓地祇为青牛妪云"③。此传说中述律氏已俨然为契丹上神，就连契丹的地祇——青牛妪都必须为之让路。这里的青牛妪自然又会使人联想到《辽史·地理志》中所谓骑白马的神人和驾青牛车的天女。剔除其附会的成分，不难看出，在耶律氏发展、壮大并取得了统治地位后，便有意将自己神化成了传说中的"神人"，而将述律氏附会成"天女"。这样，耶律氏成了白马的驾驭者，而述律氏则成了青牛的驾驭者。述律氏本为回鹘人，自然熟悉回鹘族源的传说。回鹘发源于二河相会处，而契丹之发祥地正好也位于二河汇流处至木叶山一带，更巧的是，其中一条河名潢河，正好与色棱格河同名，另一条河名土河，又与秃忽刺河（九河）音近意同，述律氏为神化自己，便

---

① 《辽史》卷六七《外戚表》，北京：中华书局，1974年，第1207页。
② 述律氏在契丹中地位甚高，被比作萧相国，故其后人遂以萧为姓。见谭其骧《长水集》（上），北京：人民出版社，1987年，第502页。
③ 《辽史》卷七一《后妃传》，北京：中华书局，1974年，第1199页。

不虑土、潢汇流处有山无山,而径直地将其祖先固有的传说照搬到契丹中去。特受尊崇的木叶山,故在传说中之位置便被东移三百余里,附会于二河汇流处,以保持与回鹘传说之一致。人们可能会问,既然河名相同及二河之会是巧合,那么他们如此相似之族源传说是否亦应属一种偶然巧合呢?笔者认为,假若土、潢汇流处确有一山,那么我们就难以排除这种巧合的可能性了,问题是这里并没有山。推而论之,我们就只能将这一传说的来源归之于回鹘了。

第二章　论回鹘文化对契丹的影响

契丹是辽朝的建立者，他们自唐伊始就与当时游牧于漠北的另一古老民族——回鹘（今维吾尔族与裕固族的共同祖先）有了相当密切的接触。9世纪中叶，漠北回鹘汗国灭亡，部众远离故土，西迁至中亚、西域及河西走廊一带，先后建立了哈喇汗王朝（10世纪中叶—1212）、高昌回鹘王国（848或856—1238）、甘州回鹘国（9世纪末—1028）与沙州回鹘国（1036—1070？）。尽管二者相隔万里之遥，但他们之间的政治、经济、文化联系从未间断，构成我国北方民族关系史上的一种奇特现象。对此，学界已经有了比较充分的研究，涌现出丰富的研究成果，荦荦大端者有王日蔚《契丹与回鹘关系考》（《禹贡》第4卷第8期，1935年，第631—639页）、李符桐《回鹘与辽朝建国之关系》（台北：文风出版社，1968年，收入《李符桐论著全集》第2册，台北：学生书局，1992年，第263—405页）、肖之兴《回鹘后裔在辽朝"共任国事"》（《民族研究》1980年第4期，第22—25页）、苏北海《回鹘族在辽代的贡献》（《新疆大学学报》1986年第2期，第15—22页）、程溯洛《论辽金与回鹘的关系》（《辽金史论集》第1辑，上海古籍出版社，1987年，第79—89页）、张云《回鹘与辽的关系》（《西北历史研究》1988年号，西安：三秦出版社，1990年，第84—100页）、刘正民《辽代杰出的回鹘后妃》（《新疆师范大学学报》1990年第2期，第11—16页）、于宝林《回鹘建政及其对契丹的影响》（《契丹古代史论稿》第3章第3节，合肥：黄山书社，1998年，第152—163页）、李红侠《从两族关系上看回鹘对契丹的影响》

(《阜新辽金史研究》第 5 辑,北京:中国社会出版社,2002 年,第 174—177 页),等。但是,由于史料所囿,这些研究都主要侧重于政治、经济方面,至于二者间的文化关系,却一直无人问津。十余年前,我国著名北方民族史研究专家程溯洛即以"契丹文化与回鹘文化的交流资料很少,研究也未开始"[1]为憾,呼吁研究,但迄今仍无大的进展。1997 年 8 月,"中国北方民族文化第二届国际学术研讨会"在赤峰召开,会上笔者与张碧波同时提交了研究回鹘与契丹族源及传说的论文。张先生重点考察回鹘与契丹在族源文化上的异同,笔者则论述契丹族源传说对回鹘的借用。[2]这些无疑将契丹—回鹘文化关系的研究向前大大地推进了一步。近年读书时,在族源传说外又偶有心得,现笔录于后,请对这一问题感兴趣的雅博君子批评指教。

第一节　回鹘社会生活对契丹的影响

回鹘与契丹发生联系,最早可追溯到唐朝。漠北回鹘汗国极盛时,东役奚、契丹,北辖九姓,西抵黠戛斯(即今新疆柯尔克孜族和中亚吉尔吉斯人的祖先)汗国,南邻唐,尽有漠南、漠北相当广大的地区。

回鹘强盛时,契丹为其臣属,回鹘遣使"监护其国,责以岁遗"[3]。《资治通鉴》亦载:"初,奚、契丹羁属回鹘,各有监使,岁督其贡赋。"[4]直到会昌二年(842),在奚和契丹中仍有"回鹘监使等八百余人"。其酋长的印信也由回鹘颁给,直到 9 世纪中叶漠北回鹘汗国灭亡后才改由唐朝颁发:

---

[1] 程溯洛:《论辽金与回鹘的关系》,《辽金史论集》第 1 辑,上海:上海古籍出版社,1987 年,第 88 页。
[2] 张碧波:《契丹与回鹘族源文化异同论》,《西北民族研究》1999 年第 1 期,第 145—156 页(收入高延青主编《北方民族文化新论》,哈尔滨:哈尔滨出版社,2001 年,第 302—320 页);杨富学:《契丹族源传说借自回鹘论》,《历史研究》2002 年第 2 期,第 150—153 页(同收入《北方民族文化新论》,哈尔滨:哈尔滨出版社,2001 年,第 272—281 页)。
[3] [唐]李德裕著,傅璇琮、周建国校笺:《李德裕文集校笺》卷二《幽州纪圣功碑铭并序》,石家庄:河北教育出版社,2000 年,第 13 页。
[4] 《资治通鉴》卷二四六,北京:中华书局,1963 年,第 7967 页。

会昌二年(842)九月,制:"契丹新立王屈戍,可云麾将军,守右武卫将军员外置同正员。"幽州节度使张仲武上言:"屈戍等云,契丹旧用回纥印,今恳请闻奏,乞国家赐印。"许之,以"奉国契丹之印"为文。①

契丹王屈戍,武宗会昌二年(842)授云麾将军,是为耶澜可汗。幽州节度使张仲武奏契丹旧用回鹘印,乞赐圣造,诏以"奉国契丹"为文。②

有的契丹人沦为回鹘的奴属,"为回纥牧羊":

传曰:契丹旧为回纥牧羊,达靼旧为回纥牧牛。回纥徙甘州,契丹、达靼遂各争长攻战。③

漠北回鹘汗国的强盛持续了近一个世纪,至9世纪30年代开始很快由盛转衰。统治阶级内部的斗争严重地削弱了汗国的基础,当时回鹘宰相拥兵自重,互相残杀,造成"种落未安,君长之间,互相疑阻"④的混乱局面;也正在这个时候,漠北又频频发生自然灾害,造成严重的饥荒,瘟疫流行,"又大雪,羊马多死"⑤,给汗国以沉重的打击,这些天灾人祸直接造成了汗国的衰亡。840年,回鹘宰相句录末贺勾结黠戛斯击杀回鹘可汗,直接导致了汗国的灭亡。于是,其部众分崩离析,四散外逃:"有回鹘相馺职者,拥外甥庞特勤及男鹿并遏粉等兄弟五人、一十五部西奔葛逻禄,一支投吐蕃,一支投安西。又有近可汗牙十三部,以特勤乌介为可汗,南来附汉。"⑥其中大多西徙至新疆、中亚及河西走廊等地,先后建立了哈喇汗王朝、高昌回鹘王国、甘州回鹘及沙州回鹘政权。

---

① 《旧唐书》卷一九九下《契丹传》,北京:中华书局,1975年,第5354页。
② 《辽史》卷六三《世表》,北京:中华书局,1974年,第956页。
③ [宋]王明清:《挥麈录·前录》卷四《王延德〈使高昌记〉》,上海:中华书局上海编辑所,1961年,第36页。《宋史》卷四九〇所录无此段文字。
④ [唐]李德裕著,傅璇琮、周建国校笺:《李德裕文集校笺》卷八《授历支特勤以下官制》,石家庄:河北教育出版社,2000年,第133页。
⑤ 《新唐书》卷二一七下《回鹘传下》,北京:中华书局,1975年,第6132页。
⑥ 《旧唐书》卷一九五《回纥传》,北京:中华书局,1975年,第5213页。

回鹘部众外迁后,其旧地遂为契丹所占有。经离乱折磨的回鹘人势力大衰,虽各有其国,但已无法与昔日的辉煌同日而语了,于是乎反主为客,回过头来又称臣于契丹,并不断地向其朝贡:

> [太祖七年(913)冬十月]戊寅,和州回鹘来贡。①
> [天赞三年(924)九月],回鹘霸里遣使来……十一月乙未朔,获甘州回鹘都督毕礼遏,因遣使谕其主毋母主可汗。②
> [天赞四年(925)四月]癸酉,回鹘毋母主可汗遣使贡谢。③

自907年契丹族首领耶律阿保机(916—926年在位)自立为汗,并于916年在今内蒙古西拉木伦河称帝立国至1125年辽朝灭亡,回鹘与其朝贡关系一直不曾中断。《契丹国志》记载说:

> 契丹时,三年一次朝贡,进献玉、珠、乳香、斜合里皮、褐里丝等。④

据《辽史》《辽史纪事本末》的有关记载统计,有辽一代219年间,回鹘向契丹朝贡的次数为64次,平均每三年零四个月一次。⑤为了安置来人,辽政府在上京南城之南门东侧置"回鹘营。回鹘商贩留居上京,置营居之"⑥。而且,当时似乎有不少回鹘人在辽廷也得到了重用:

> 道宗清宁九年(1053)……回鹘海邻、裹里、耶律挞不也、阿厮、官分人急里哥、霞抹、乙辛、只鲁并加上将军。诸护卫及士卒、庖夫、弩手、伞子等

---

① 《辽史》卷一《太祖纪上》,北京:中华书局,1974年,第8页。
② 《辽史》卷二《太祖纪下》,北京:中华书局,1974年,第20页。
③ 《辽史》卷二《太祖纪下》,北京:中华书局,1974年,第21页。
④ [宋]叶隆礼:《契丹国志》卷二六《高昌》,上海:上海古籍出版社,1985年,第246页。其中"斜合里皮",原文误作"斜合、黑皮",今改。这是西域出产的一种獐子的皮,宋人笔记又写作"徐吕皮"。
⑤ 王日蔚:《契丹与回鹘关系考》,《禹贡》第4卷第8期,1935年,第633—634页。
⑥ 《辽史》卷三七《地理志一》,北京:中华书局,1974年,第441页。

三百余人,各授官有差。①

回鹘地区生产的西瓜及所谓的"回鹘豆"也都传入契丹之中。胡峤《陷北记》述其北行时曾见上京一带有西瓜种植:

> 自上京东去四十里,至真珠寨,始食菜。明日东行,地势渐高,西望平地松林,郁然数十里。遂入平川,多草木,始食西瓜。云:契丹破回纥得此种,以牛粪覆棚而种,大如中国(指中原地区)冬瓜而味甘。②

依其描述,此西瓜当为吐鲁番等地生产的哈密瓜之类。《松漠纪闻》和《契丹国志》则详尽地记述了"回鹘豆":

> 回鹘豆,高二尺许,直干,有叶无旁枝,角长二寸,每角止两豆,一根才六七角,色黄,味如栗。③

这些作物的传入,加上前引《契丹国志》所载回鹘以朝贡名义向辽朝贡奉的玉、珠、犀、琉璃器、宾铁、兵器、斜合里皮、门得丝、帕里阿褐里丝等物,无疑地会丰富契丹民族的社会经济生活。

回鹘的医药也通过进贡的方式流入辽朝,常见的有硇砂、琥珀、乳香等。④其中,硇砂(Sal ammnniac)是一种盛产于古代西域的氯化氨矿物,在金岭(今天山)、龟兹的阿羯山(今哈玛木山)和高昌(今吐鲁番市)、北庭(今吉木萨尔县)、于阗(今和田地区)等地的煤田中都有出产。981年王延德出使高昌时,即载"北庭山中出硇砂"。产硇砂的矿床下面,常有一个洞,里面堆积着青泥状质体,一

---

① 《辽史》卷二二《道宗纪二》,北京:中华书局,1974年,第262—263页。
② [宋]胡峤:《陷北记》,载叶隆礼《契丹国志》卷二五,上海:上海古籍出版社,1985年,第238页。
③ [宋]洪皓著,翟立伟标注:《松漠纪闻》,长春:吉林文史出版社,1986年,第42页;[宋]叶隆礼:《契丹国志》卷二七,第256页。
④ [宋]叶隆礼:《契丹国志》卷二一、二六,上海:上海古籍出版社,1985年,第205、246页。

且被开采出洞,与空气接触,发生氧化后,即变成硇砂。宋代苏颂《图经本草》称:"西戎来者,颗块光明,大者入拳,重三五两,小者如指面,入药最良。"①

琥珀是由碳、氢、氧组成的有机物,产于煤层之中,西域多有出产,是地质时代中植物树脂经过石化的产物,有化瘀、利尿、安神之效,外敷可治疮疡。

乳香,又名陆熏香,是由松树脂结成的块状白胶,可作药用,在于阗一带多有出产。在北宋时运往内地的很多,有的年份能达数万斤。

这些回鹘医药被大量运往辽地,如实地反映了回鹘医药在当地受欢迎的程度。

在社会习俗方面,回鹘对契丹也不无影响,有迹可循的就是契丹可汗的"楼居"习惯。《新五代史》载:

> [阿保机]以其所居为上京,起楼其间,号西楼,又于其东千里起东楼,北三百里起北楼,南木叶山起南楼,往来射猎四楼之间。②

诸如此类的记载,在《辽史·国语解》和洪皓《松漠纪闻》中都可以看到。宋人刘跂在《易学集》卷三《使辽诗》中,更是讲契丹有"岁岁作楼居"之俗。这里的楼,与今天所谓的楼阁完全不是一码事,有人径释之为"斡鲁朵(Ordu)"一词的省译或异译③,当是不无道理的。

契丹作"楼居"始于阿保机,由此向前追溯,最早可推至北魏鲜卑拓跋氏于平城宫所筑的"白楼"。《南齐书》卷五七《魏虏传》载:

> 自佛狸至万民,世增雕饰。正殿西筑土台,谓之白楼。万民禅位后,常

---

① [宋]唐慎微撰,尚志钧等校点:《证类本草》卷五引《图经本草》,北京:华夏出版社,1993年,第124—125页。
② 《新五代史》卷七四《四夷附录一·契丹》,北京:中华书局,1974年,第888页。
③ 任爱君:《回鹘"楼居"与契丹"四楼"之关系研究》,《西北民族研究》1997年第2期,第138—145页;任爱君:《对敦煌遗书"楼上"一词的释义——兼谈敦煌文化在研究游牧民族的文化传承中的贡献》,《敦煌研究》1999年第1期,第90—95页。

游观其上。①

从中不难看出,拓跋氏所筑白楼,无非就是一个土台子而已。在北魏之后,回鹘亦有"作楼居"之俗,《新五代史》即载甘州回鹘"其可汗常楼居"②。对于这一历史现象,任爱君氏曾做过深入而细致的研究,他正确地指出:

> 回鹘之"楼"与鲜卑之"楼"一样,具备着"丹墀陛阶"的台殿建筑和"宫垣"的围护,而且,还有"花门"之制。③

契丹"楼居"之意义与鲜卑、回鹘完全相同,显而易见,契丹的"楼居"之俗应是从他们那里继承来的。考虑到阿保机初兴时,鲜卑人已经影响不再,故我们只能将其来源与回鹘联系起来。

契丹与回鹘的联系在辽朝灭亡(1125)后并未中断。1130 年,耶律大石率领军队西征,曾致书高昌回鹘王毕勒哥,称"昔我太祖皇帝北征,过卜古汗城,即遣使至甘州,诏尔祖毋母主……今我将西至大食,假道尔国,其勿致疑"。不仅借道成功,而且还受到了毕勒哥的款待。临行时,毕勒哥又"献马六百,驼百,羊三千",并表示"愿质子孙为附庸"④。1132 年,当耶律大石在叶密立(今新疆维吾尔自治区额敏县)站稳脚跟后,率军南下,再次进入高昌。回鹘未作抵抗,便归顺了西辽。吐鲁番市西交河故城出土西辽时期的汉文写本残片证明了这种附庸关系的存在。该写本现藏柏林德国国家图书馆,编号为 T Ⅱ Y 62(Ch 3716),在《佛名经》与《千字文》之后有尾题 3 行,曰:

> 天禧年十三,岁次辛未,冬月之伴分廿三日,交河胜泉都通,兹无头

---

① 《南齐书》卷五七《魏虏传》,北京:中华书局,1972 年,第 986 页。
② 《新五代史》卷七四《四夷附录三·回鹘》,北京:中华书局,1974 年,第 916 页。
③ 任爱君:《契丹史事揭要》,哈尔滨:哈尔滨出版社,2001 年,第 196 页。
④ 《辽史》卷三〇《西辽始末》,北京:中华书局,1974 年,第 356 页。

《千字文》有头，置将来学习敬口执诵，不祸咎。①

文中的"天禧"为西辽末主耶律直鲁古之年号，天禧十三年，即1190年。其中来自交河的胜泉都通，无疑为回鹘人，其名又见于吐鲁番出土的回鹘文《慈悲道场忏法（Kšanti qïɣuluq nom bitig)》卷九（编号为 TII, Mainz 304），写作 Singtsön Tutung，为该抄本的施主。②值得注意的是，在写本的右下角写有5个草体回鹘文数字：bir、iki、üč、tört、biš(一、二、三、四、五)。其中第五字，不仅使用了回鹘文(biš)，而且书有粟特文(pnc)（图2-1）。此外，还出土有契丹文—回鹘文合璧的文献残片(柏林藏 Ch. 3586)③（图2-2）。

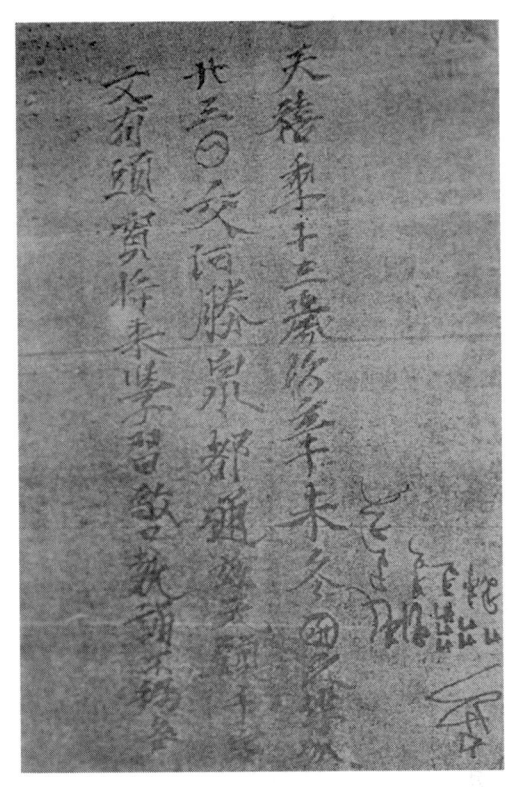

图 2-1　吐鲁番交河故城出土汉文—回鹘文—粟特文合璧写本残片

---

① Th. Thilo, Ein Chinesischer Turfan-text aus der Zeit der Qara-Qitay, *Scholia. Beiträge zur Turkologie und Zentralasienkunde. A. von Gabain zum 80. Geburtstag am 4. Juli 1981*, Wiesbaden, 1981, pp. 201—205; W. Sundermann -P. Zieme, Sogdisch-Türkische Wortlisten, *Scholia. Beiträge zur Turkologie und Zentralasieskunde* (*Festschrift A. Von Gabain zum 80. Geburstag am 4, Juli 1981 dargestell von Kollegen. Freunden und Schulern*), Wiesbaden, 1981, S. 193, Taf. 5; 杨富学：《回鹘文献与回鹘文化》，北京：民族出版社，2003年，第438—439页。

② P. Zieme, *Religion und Gesellschaft im Uigurischen Königreich von Qočo. Kolophone und Stifter des alttürkischen buddhistischen Schrifttums aus Zentralasien* (=Rheinisch-Westfälischen Akademie der Wissenschaften Bd. 88), Kleve, 1992, pp.31-32.

③ WANG Ding, Ch 3586-ein khitanisches Fragment mit uigurischen Glossen in der Berliner Turfansammlung, Desmond Durkin-Meisterernst, Simone-Christiane Rashmann, Jens Wilkens, Marianne Yaldiz, Peter Zieme (eds.), *Turfan Revisited-The First Century of Research into the Arts and Cultures of the Silk Road*, Edited by Dietrich Reimer Verlag, Berlin, 2004, p. 371.

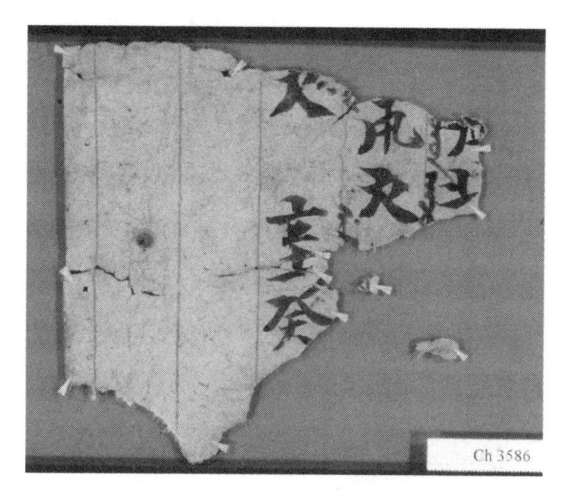

图 2-2 吐鲁番出土契丹文—回鹘文文献残片

第二节　回鹘职官制度对契丹的影响

回鹘的职官制度对契丹也产生过深刻的影响，集中表现在两个方面。首先表现在官号的借用上。笔者是辽—契丹史的外行，对辽代职官制度全无了解，凭感觉对《辽史·国语解》《辽史·百官志》和《契丹国志》等相关文献进行了初步搜检，有幸从中找到了不少与突厥—回鹘相通的官号。有些尚无把握，有待于进一步研究，有些大致可确定其源流关系。这里仅将自认为比较有把握的部分标举如下：

1. 可敦。《辽史·后妃传》："辽因突厥，称皇后曰'可敦'。"[1]这里的突厥，实指回鹘。显然，该词为回鹘语 qatun 的音译，二者词义完全相同。《突厥语大词典》即称："qatun 可敦，夫人。"[2]唐初，该术语又写作可贺敦，对应于 qaɣatun。其实，该词最早很可能起源于鲜卑人或吐谷浑人。

2. 夷离堇又作夷离巾、移里堇、俟斤等。《辽史·国语解》："夷离堇，统军马大官。"[3]契丹立国前，该官即已存在，权力很大。《南齐书》称北魏有官号俟勤（即俟斤），其职"比尚书"。[4]职掌与契丹有异，但在拥有实权这一点上是相同的。笔者以为，该词当借自突厥—回鹘官号俟斤（Irkin/Erkin/Erkan，"智慧"之意）。王民信更进而推定其最初来源为匈奴语之"奥鞬"[5]，自为得的之论。

3. 惕隐。《续资治通鉴长编》卷九七引宋绶《上契丹风俗》谓："惕隐若司宗

---

[1] 《辽史》卷七一《后妃传》，北京：中华书局，1974年，第1198页。
[2] 麻赫默德·喀什噶里著，校仲彝等译：《突厥语大词典》第1卷，北京：民族出版社，2002年，第432页。
[3] 《辽史》卷一一六《国语解》，北京：中华书局，1974年，第1534页。
[4] 《南齐书》卷五七《魏虏传》，北京：中华书局，1972年，第985页。
[5] 王民信：《辽史"契丹语官名"杂考》，氏著《契丹史论丛》，台北：学海出版社，1973年，第140页。

之类。"①余靖《武溪集·契丹官仪》称:"惕隐司,掌宗室。"《辽史·国语解》:"惕隐,典族属官,即宗正职也。"②一般由皇族,而且是皇族中最亲近的人物担任此官。③该官号无疑来源于回鹘之特勤(狄银,Tegin,指可汗的弟弟或儿子),只是词义有所变化。《突厥语大词典》称:"Tegin,这个词的原意是'奴隶'……后来,这个词为可汗家族的子弟们所专用。"④

4. 于越。《辽史·国语解》称:"于越,贵官,无所职。其位居北、南大王上,非有大功德者不授。"⑤该官职在《宋史》卷四和《辽史》卷四九〇中都可见到,而且常见于敦煌出土的9—11世纪的于阗语、回鹘语文献中。《辽史》载:统和八年(990)六月,"阿萨兰回鹘于越、达剌干各遣使来贡"⑥。很显然,契丹语于越一职当借自回鹘,原作 Ügä 或 Ögä,意为"尊敬的""贤明的"⑦。

5. 达剌干"长官"意。《辽史·太宗纪》:"诏以……达剌干为副使……县达剌干为马步。"⑧《国语解》又谓:"达剌干,县官也,后升副使。"⑨该词为突厥—回鹘语"达干(Tarqan)"(职官名)的借用。在突厥、回鹘中,它是一种统领兵马的武官,地位十分显赫。据考,应系汉语"达官"一词的音转。⑩契丹借用时,意义有所改变,后又为蒙古语所转借。⑪

6. 夷离毕(移离毕)。《续资治通鉴长编》卷九七引宋绶《上契丹风俗》谓:

---

① [宋]李焘:《续资治通鉴长编》九七"真宗天禧五年(1021)九月甲申"条,北京:中华书局上海,1985年,第2254页。
② 《辽史》卷一一六《国语解》,北京:中华书局,1974年,第1534页。
③ 王民信:《辽史"契丹语官名"杂考》,氏著《契丹史论丛》,台北:学海出版社,1973年,第156页。
④ 麻赫默德·喀什噶里著,校仲彝等译:《突厥语大词典》第1卷,北京:民族出版社,2002年,第416—417页。
⑤ 《辽史》卷一一六《国语解》,北京:中华书局,1974年,第1535页。
⑥ 《辽史》卷一三《圣宗纪四》,北京:中华书局,1974年,第140页。
⑦ H. W. Bailey, Turks in Khotanese Texts, *Journal of the Royal Asiatic Society*, 1939, p.91; F. W. K. Müller, Zwei Pfahlinschriften aus den Turfanfunden, *Abhandlungen der Preussischen Akademie der Wissenschaften, Phil.-hist. Klasse*, Berlin, 1915.
⑧ 《辽史》卷四《太宗纪下》,北京:中华书局,1974年,第45页。
⑨ 《辽史》卷一一六《国语解》,北京:中华书局,1974年,第1537页。
⑩ [日]羽田亨:《回鹘文摩尼教徒祈愿文的断简》,《羽田博士史学论文集》下卷《言语·宗教篇》,京都:同朋舍,1975年,第331页。
⑪ 于宝林:《契丹古代史论稿》,合肥:黄山书社,1998年,第274—275页。

"蕃官有夷离毕参闻国政。"①余靖《武溪集·契丹官仪》:"藩官有参知政事,谓之夷离毕。"《辽史·国语解》:"夷离毕,即参知政事,后置夷离毕院以掌刑政。"②唐代"毕""发"读音相近。故可知该官称显系回鹘俟利发(俟力发、颉利伐、Eltäbir、Iltäbir)的假借。

7. 详稳。《辽史·国语解》:"详稳,诸官府监治长官。"③在《百官志》中,记有详稳司百余个,其官职高低随机构不同而变动。该词有时又被写作相温、详温或桑昆等,究其最原始来源,当为汉语"将军"之借词,但并非直接借自汉语,而应是从回鹘官号相温(Sangun/Sängün)转借的。

8. 挞林(闼林、挞领)。《辽史·国语解》:"挞林,官名。后二室韦部改为仆射,又名司空。"④余靖《武溪集·契丹官仪》称:"其东北有挞领相公,掌黑水等边事。"挞林者,当乃回鹘官号铁林(Tärim)之借用。后唐同光四年(924),甘州回鹘权知可汗仁美遣"都督李引释迦、副使田铁林、都监杨福安等六十人陈方物"⑤。其中的铁林成为人名的一部分。铁林(Tärim)者,当系 Tängrim 的派生词⑥,在 11 世纪成书的维吾尔族语言学名著《突厥语大词典》中,对该词是这样解释的:"Tärim,对特勤、出身于阿夫拉西亚普王族的可敦及其各代王子门的专用词。除国王的儿子们以外的其他人,不论身份有多高,都不能对他们用这个词。"⑦二者名号相通,身份都很高,但词义已有所变化。回鹘专用于王子,契丹却不同,可用于对司空或边疆巡视官员的称呼。在女真语中,该词亦指边将,当为契丹术语的借用。

9. 梅里(梅李)。《辽史·国语解》:"梅里,贵戚官名。"⑧享有此官号者常受遣

---

① [宋]李焘:《续资治通鉴长编》九七"真宗天禧五年(1021)九月甲申"条,北京:中华书局,1985年,第2253页。
② 《辽史》卷一一六《国语解》,北京:中华书局,1974年,第1535页。
③ 《辽史》卷一一六《国语解》,北京:中华书局,1974年,第1537页。
④ 《辽史》卷一一六《国语解》,北京:中华书局,1974年,第1536页。
⑤ [北宋]王钦若等编:《册府元龟》卷九七二《外臣部·朝贡五》,北京:中华书局,1960年,第11420页。
⑥ P. Pelliot, Tängrim>Tärim, *T'oung Pao* 37, 1944, pp. 165—185.
⑦ 麻赫默德·喀什噶里著,校仲彝等译:《突厥语大词典》第1卷,北京:民族出版社,2002年,第436—437页。
⑧ 《辽史》卷一一六《国语解》,北京:中华书局,1974年,第1544页。

出使，如《新五代史·晋出帝纪》即载："契丹使梅李来。"究其来源，很可能就是回鹘官称密六（媢禄、密禄、Biruq）的假借，其原意为"国王侍从""相"，在契丹中意转为"贵戚官"意。

诸如此类，不一而足。笔者通过对辽朝立国前后官号的使用与演变情况的比较，从中看出这么一种现象：以916年契丹——辽国建立为界，早期官号以契丹本土风貌为主，后期官号则广泛借用回鹘术语，尤其是朝官与显贵称号，这一现象体现了契丹立国前后，回鹘影响的逐步加大、加深。

其次是回鹘"左右杀"制度对契丹南、北二院制的影响。关于回鹘的左杀、右杀制度，《旧唐书·回纥传》有简略记载：

> 开元中承宗、伏帝难并继为酋长，皆受都督号以统蕃州，左杀、右杀分管诸部。①

将可汗汗庭直辖区以外的地方划分为左右二部，分别派遣左杀、右杀进行管理，这种制度是有其悠久历史传统的。如匈奴的左、右贤王之设，突厥的左设（即回鹘之杀）、右设之置，莫不如此。这种制度，对契丹影响甚大。据载，早在大贺氏部落联盟时代，契丹即已出现了"二衙"之分，这种畛域至遥辇氏部落联盟时期又演变为"二府"，进而衍生出辽朝立国后的南北二院。②《辽史·百官志》载：

> 至于太宗，兼制中国，官分南、北，以国制治契丹，以汉制待汉人。国制简朴，汉制则沿名之风固存也。辽国官制，分北、南院。北面治宫帐、部族、属国之政，南面治汉人州县、租赋、军马之事。因俗而治，得其宜矣。③

---

① 《旧唐书》卷一九五《回纥传》，北京：中华书局，1975年，第5198页。
② 黄凤岐：《契丹史研究》，赤峰：内蒙古科学技术出版社，1999年，第101页。
③ 《辽史》卷四五《百官志》，北京：中华书局，1974年，第685页。

在契丹之后，行类似制度的还有西夏（汉、蕃两面官制）、蒙古（左、右万户）等。看来，这类划分应是北方民族的传统之一。然就契丹而言，应直接沿袭自回鹘的官制，因为当契丹二院制形成之时，匈奴、突厥早已销声匿迹了。

第三节　回鹘宗教对契丹的影响

回鹘与契丹之间关系密切，且长期保持，个中原因值得探讨。固然，政治上的需要和经济上的互通有无是其原动力，但另外一个因素似乎亦不应忽视，那就是契丹后族所出的述律（萧氏）本身就是回鹘遗民的后裔。之所以这样说，并非出自笔者的杜撰，而是于史有据的。《辽史·后妃传》就辽太祖应天皇后的家世记载说：

> 其先回鹘人糯思，生魏宁舍利，魏宁生慎思梅里，慎思生婆姑梅里，婆姑娶匀德恝王女，生后于契丹右大部。婆姑名月碗，仕遥辇氏为阿扎割只。①

《辽史·外戚表》亦曰：

> 辽史耶律、萧氏十居八九，宗室、外戚势分力敌，相为唇齿……至辽太祖，娶述律氏。述律，本回鹘糯思之后。②

同样的记载又见于《辽史·地理志》：

> [上京仪坤州（治广义县，今内蒙古克什克腾旗）]，回鹘糯思居之，至

---

① 《辽史》卷七一《后妃传》，北京：中华书局，1974年，第1199页。
② 《辽史》卷六七《外戚表》，北京：中华书局，1974年，第1027页。

四世孙容我梅里,生应天皇后述律氏,适太祖。①

由这些记载推定应天皇后为回鹘后裔,殆无疑义。应天皇后生于879年,时距840年漠北回鹘汗国灭亡将近40年。应天皇后为糯思第五代孙,说明早在回鹘汗国灭亡之前糯思子孙就已经定居契丹地区了。

述律氏家族在遥辇晚期已经是契丹社会中迅速崛起的一个强大势力,应天皇后"简重果断,有雄略"②,在辽朝的创建和巩固过程中,曾经起过一系列重大的作用:协助辽太祖统一诸部,取代遥辇,西并奚族,东灭渤海,并平定诸弟叛乱,后来又扶立德光,一直在朝廷中参与决策,故在辽代历史上享有崇高的声望。在其之后,辽朝帝后大多都出自她的家族。只因其内侄"小汉"被辽太宗赐名萧翰,从此她家改为萧姓。在《辽史·后妃传》记载的10个皇后中,有9人即出自该家族。除淳钦外尚有以下8位:

1. 太宗靖安皇后萧氏,小字温,淳钦皇后弟室鲁之女,生穆宗;
2. 世宗怀节皇后萧氏,小字撒葛只,淳钦皇后弟阿古只之女,生景宗;
3. 景宗睿智皇后萧氏,讳绰,小字燕燕,北府宰相思温女;
4. 圣宗仁德皇后萧氏,小字菩萨哥,睿智皇后弟萧隈因之女,统和十九年(1001),册为齐天皇后;
5. 圣宗钦哀皇后萧氏,小字耨斤,淳钦皇后弟阿古只五世孙;
6. 圣宗仁懿皇后萧氏,小字挞里,钦哀皇后弟萧孝穆之长女;
7. 道宗宣懿皇后萧氏,小字观音,钦哀皇后弟枢密使萧惠之女;
8. 天祚皇后萧氏,小字夺里懒,宰相萧继先五世孙。

另有一人族出不详,但也不排除出自同一家族的可能。③

契丹统治者素重佛,王族耶律氏如此,后族述律(萧氏)也同样如此,他们都

---

① 《辽史》卷三七《地理志一》,北京:中华书局,1974年,第446页。
② 《辽史》卷七一《后妃传》,北京:中华书局,1974年,第1199页。
③ 关于上述后妃的历史活动与贡献,可参见孟凡云、陶玉坤《辽代后妃参政现象考略》,北京:国际华文出版社,2001年。

可谓虔诚的佛门弟子。辽朝立国期间,也正是回鹘佛教的繁荣昌盛之时。当时,回鹘人已西迁西域与河西一带,与有着高度发达佛教文化的民族,如汉族、吐蕃等有了广泛的接触,焉耆、龟兹等地的佛教信徒又被回鹘融入,故而佛教得到迅猛的发展,声名远播,对分布于今宁夏与河西走廊一带的西夏人产生了深广影响。西夏皇帝广延回鹘高僧讲经说法,翻译经典,吐蕃以及中原诸王朝也都与回鹘佛教界发生了各种各样的联系。作为草昧初开的游牧民族,契丹佛教的发展水平远远不如上述诸民族,以此之故,他们对回鹘佛教的向往自然比上述诸族更为强烈。史书上有这么一条记载,是颇为耐人寻味的:

[咸雍三年(1067)]冬十一月壬辰,西夏遣使进回鹘僧、金佛、《梵觉经》。[1]

从这一记载可知,西夏统治者曾将回鹘佛僧和金佛像、佛经一道作为贡品奉献辽朝。以佛像、佛经为贡品,是不足为怪的,但将回鹘的和尚当作贡品来奉献,以讨辽朝统治者的欢心,是闻所未闻之举。窃以为,此举当非西夏统治者的独出心裁,而应当是为响应辽朝统治者的要求而为。若此推测不误,则足证辽国朝野对回鹘佛教的推崇。

早在辽朝建元之前,耶律阿保机即与佛教有所接触,并于902年修建了开教寺[2],还曾与其后回鹘人述律月理朵于弘福寺共施观音画像。后来,太宗亦于此寺为其后靖安皇后萧氏饭僧。[3]

辽朝早期的宗教政策基本上遵循唐制,行儒、佛、道三教论衡之策,而以儒为先。自辽圣宗(983—1031年在位)始,崇佛之风渐盛,以佛为先,与回鹘佛教界的联系也变得更加密切。统和十九年(1001)正月"甲申,回鹘进梵僧、名医"[4]。那么,由太祖制定并得到长期执行的三教论衡之策何以至此有所改变

---

[1]《辽史》卷二二《道宗纪二》,北京:中华书局,1974年,第267页。
[2]《辽史》卷一《太祖纪上》,北京:中华书局,1974年,第2页。
[3]《辽史》卷四《太宗纪下》,北京:中华书局,1974年,第37页。
[4]《辽史》卷一四《圣宗纪五》,北京:中华书局,1974年,第156页。

呢？笔者认为似乎与圣宗的佞佛,其后钦哀的推波助澜,尤其是她在圣宗驾崩后执国家牛耳时推行的崇佛政策不无关系。

辽代的后族势力很大,其中声威最隆,对辽朝国策的制定影响也最大的除辽太祖后述律月理朵之外即首推圣宗钦哀皇后了。钦哀之佞佛在辽朝历史上是颇有些名气的,史称此氏"普全六行之余,洞达三乘之意,动必协于人心,静必从于佛意"。①

六行即六度,指行法的六种:一、布施,二、持戒,三、忍辱,四、精进,五、禅定,六、智慧。三乘即引导教化众生达到解脱的三种方法、途径或说教,一般以声闻、缘觉、菩萨(或佛)为"三乘"。她信佛虔诚,身体力行,以六行和三乘为其行为规范,恪守佛教教规。钦哀摄政四年,将"先朝所行制度变更殆尽",取消三教论衡之策,独崇佛教,使佛教很快在辽朝取得了独尊的地位。日后辽朝皇帝佞佛之风日烈,根基就在于此。上行下效,崇奉佛教的风气很快弥漫辽朝全国。

除了回鹘后族之外,辽朝的回鹘贵族也以自己的方式在辽朝宣扬佛教,曾位至宰相之尊的孩里即为其代表:

> 孩里,字胡辇,回鹘人。其先在太祖时来贡,愿留,因任用之……孩里素信浮图。清宁初,从上猎,堕马,愦而复苏。言始见二人引至一城,宫室宏敞,有衣绛袍人坐殿上,左右列侍,导孩里升阶。持牍者示之曰:"本取大腹骨欲,误执汝。"牍上书"官至使相,寿七十七"。须臾还,挤之大壑而寤。道宗闻之,命书其事。后皆验。②

孩里所述地狱之见闻,自为虚妄,然竟为道宗所称信,可见此时辽朝统治者之崇佛之盛到了痴迷的程度。

在辽代佛教史上有一显著特点,即见于史册的女性信徒特别多。上自皇

---

① [辽]道宗:《圣宗钦爱皇后哀册》,陈述辑校《全辽文》,北京:中华书局,1982 年,第 36 页。
② 《辽史》卷九七《孩里传》,北京:中华书局,1974 年,第 1408 页。

后、公主,下自黎民百姓,吃斋念佛者难以数计。有不少契丹妇女参加了社邑组织,有的还以社邑长的身份组织佛教信徒集资兴建寺院、塔幢等。①这些使人不难将其与后族萧氏的影响联系起来。

这里,我们还应提及天津市蓟州区独乐寺观音阁(图 2-3)的修建工作。据考,景宗回鹘睿智皇后及其女观音奴都曾与谋其事。值得注意的是,这里的观音造像与安西榆林窟第 39 窟的回鹘风观音造像接近,而北京易县八佛洼的辽代罗汉造像又与榆林窟 39 窟的罗汉相似,它们在风格上都属创新,且同时发生在中国的东北和西北。这种巧合恐怕不能仅以"纯属偶然"来解释,而应该是有所联系的,他们之间的共同纽带舍回鹘佛教难以有他。②

除佛教外,回鹘人信奉的景教似乎对契丹人也有所影响。辽上京遗址曾出土有十字形链饰一件,从其形制看,显然是由西北地区回鹘人输入的物品。③但

图 2-3　独乐寺观音阁

---

① 武玉环:《试论辽代妇女崇佛》,中国辽金史学会编《辽金史论集》第 5 辑,北京:文津出版社,1991 年。
② Marilyn Gridley, A Study of Uighur Patronage at Yulin and Uighur (Xiao Clan) Patronage of Buddhist Art under the Liao, M. Ghose and L. Russell-Smith (2ds.), *From Nisa to Niya. New Discoveries and Studies in Central and Inner Asian Art and Archaeology*, ed. London:Saffron Press. Spiro, Melford E. 1978;葛雾莲著,杨富学译:《榆林窟回鹘画像及回鹘萧氏对辽朝佛教艺术的影响》,杨富学《中国北方民族历史文化论稿》(附录),兰州:甘肃人民出版社,2001 年,第 310—317 页;杨富学、杜斗城:《辽鎏金双龙银冠之佛学旨趣——兼论敦煌与辽之历史文化关系》,《北方文物》1999 年第 2 期,第 21—25 页。
③ [日]居龍藏:《景教に關する畫像石》,《考古学雜誌》第 27 卷第 2 期,1937 年,第 39—46 页。

受资料所囿，我们很难对此道出一个具体的子丑寅卯来。

此外，回鹘国教——摩尼教当对契丹也有一定影响。吾人固知，契丹本为一尚黑的民族，他们自称哈喇契丹。哈喇者，本意即为黑也，后来才引申出"伟大""高大""壮观"等意。他们尊崇察罕木伦河（即辽代之黑河）以东的黑山，以之为灵魂之归处，大致相当于汉人所谓的泰山和酆都。他们同时又祭拜该河以西的黑岭，以之为神山，故圣宗、兴宗、道宗之陵都建于该山之上。[①]值得注意的是，这样一个尚黑的民族，却又与白似乎有着无法割舍的关系，如辽朝统治者将白衣观音奉为家神[②]，他们喜雕塑着白衣的佛像，更爱建造白色的佛塔。笔者注意到，契丹尚白的例证多与佛教密切相关，何以如此？会不会是因为受回鹘摩尼教徒尚白习俗的影响而致呢？这些一直是笔者萦绕脑际而又百思不得其解的问题。毋庸置疑，回鹘摩尼教是一种佛化甚深的宗教[③]，长期与佛教保持着极为密切的关系，二者和平相处，互相杂糅，甚至其宗教绘画常共绘于同一个石窟或同一幅画卷中，而且，崇信摩尼教的回鹘可汗及其他王室成员又常常充当着佛教艺术与石窟的慷慨施主。这些虽然都是耳熟能详的史实，但要从中摸排出回鹘摩尼教徒尚白习俗影响契丹的确切证据来却又谈何容易。这里姑录个人的一点很不成熟的推想，以便引起方家的关注。

第四节　回鹘语文对契丹的影响

说到回鹘语文对契丹的影响，我们首先都会想到《辽史》卷六四《皇子表》的有关记载：

[①] ［日］鸟居龙藏：《契丹黑山黑岭考》，《燕京学报》第 28 期，1940 年，第 161—174 页。
[②] Karl A. Wittfogel and Feng Chia-Sheng, *History of Chinese Society: Liao*(907—1125), Philadelphia, 1949, pp. 308-309. 作者将这种现象直接归因于受摩尼教影响所致。
[③] 杨富学：《回鹘之佛教》，乌鲁木齐：新疆人民出版社，1998 年，第 58—65 页。

> 回鹘使至,无能通其语者,太后谓太祖曰:"迭剌聪敏可使。"遣迓之。相从二旬,能习其言与书,因制契丹小字,数少而该贯。①

从该记载知,辽太祖时,有回鹘使者从西域来,但无人通其语言。萧太后建议遣太祖弟迭剌随回鹘使者学习其言语与文字。为了加强与回鹘的交流,太祖准奏。迭剌博闻强记,随回鹘使者学习二旬,便学会(若解释为"理解"当更合适,详后)了回鹘的语言与文字,并据以创制出自己的文字——契丹小字,其时在天赞四年(925)。

这条记载长期以来一直受到国内外学术界的重视。早期学者(如王静如、陈述、李符桐等)多以这一记载为依据来阐述契丹小字的形成,认为契丹小字是根据回鹘文创制的。后来,随着用契丹小字书写的相关文献的不断发现(尤其是1950年锦西西孤山出土《萧效忠墓志》的发现与研究)与研究的逐步深入,这种说法开始受到挑战并最终被否认。②

吾人固知,回鹘文形成于8世纪左右,是一种音素文字,其字母先为18个符号,后发展成23个。在23个字母中,5个用来表示8个元音,18个用来表示21个辅音。字母的写法有字头、字中、字尾之分,形式不一。其写法最初由右向左横书,后可能受汉文的影响而改为自上而下直行竖写。这种文字在历史上影响很大,宋元时代一度是通行于河西走廊、西域、中亚诸地的文字之一,被广泛应用于书写诏诰敕令、宗教典籍、文学作品、契约文牍和历法医籍等,并被蒙古人采用以创制自己的文字——回鹘式蒙古文,通行至今,这种文字又间接影响到满文与锡伯文的创制。

契丹本无文字,在辽朝建立后,由于受汉文化的影响,加上当时社会发展的需要,耶律阿保机才于920年命突吕不和鲁不古创制契丹文字(图2-4、图

---

① 《辽史》卷六四《皇子表》,北京:中华书局,1974年,第968页。
② 但其影响长期存在,采其说者不乏其人,如程溯洛《论辽金与回鹘的关系》,《辽金史论集》第1辑,上海:上海古籍出版社,1987年,第89页;李红侠《从两族关系上看回鹘对契丹的影响》,李品清主编《阜新辽金史研究》第5辑,北京:中国社会出版社,2002年,第176页。

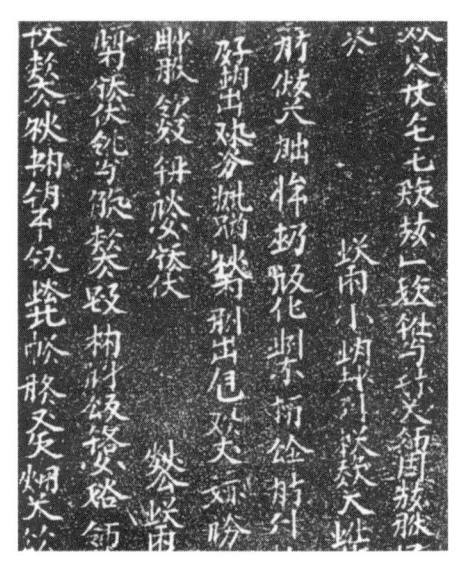

图 2-4　契丹大字墓志拓片　　　　图 2-5　契丹小字墓志拓片
(原图采自李卫《辽金钱币》,第 56—57 页)

2-5)。《新五代史·契丹传》记载说:"至阿保机……多用汉人,汉人教以隶书之半,增损之,作文字数千,以代刻木之约。"《五代会要》卷二九也记载道:"契丹本无文纪,唯刻木为信,汉人陷蕃者以隶书之半,就加增减,撰为胡书。"无疑,这里所说"文字"指的应为契丹大字。从今天所知的文献看,这种文字正如史书记载的那样,是增减汉字笔画而成的,如"天"下加土或"大"上加"八"表示天;"大"上加ワ表示大;有时甚至直接借用汉字,如日、月、太王、皇帝、太后等。与回鹘文字母全无干系。

这种大字笔画复杂,书写不便,尤其是汉字所表达的汉语与契丹语之间差别较大,除了汉语"词序"与契丹语迥异外,契丹语词汇大多是多音节的,其语法关系一般用粘着和变化附加成分来表示,这些都使契丹大字的应用会遇到重重障碍。①这些因素的交合作用又引致了随后"数少而该贯"的小字的问世。

那么,契丹小字与回鹘文之间存在着怎样的关系呢? 这是多年来一直困扰

---

① 清格尔泰、刘凤翥、陈乃雄、于宝林、邢复礼:《契丹小字研究》,北京:中国社会科学出版社,1985 年,第 11 页。

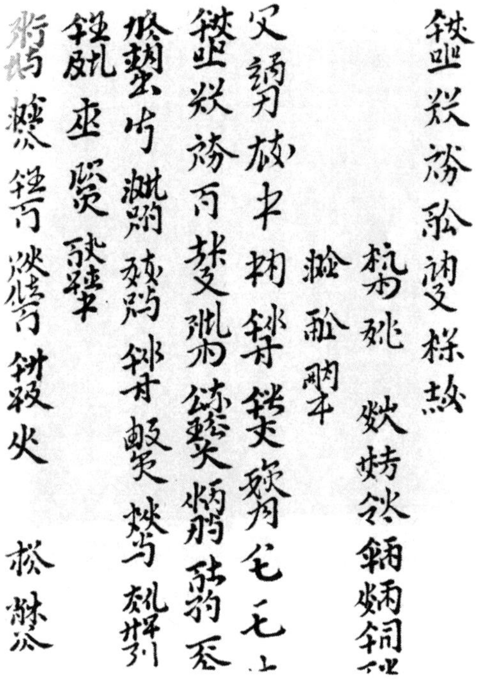

学界的问题。

在排除契丹小字系因袭回鹘文而来这一说法的基础上,契丹文研究专家厉鼎煃根据契丹字哀册(图 2-6)所用的纪年方法同回鹘历法的一致性,以及回鹘语与契丹语语法特征的相似性,认为契丹小字"是和古回鹘文息息相通的"①。尽管作者采用了比较折中的说法,不言"息息相通"的程度,但仍然受到学界的批评。原因很简单,契丹文小原字(契丹小字之最小读写单位)之字形与"如惊蛇屈蚓,如天书符箓,如曲谱五"②的回鹘文字母迥然有别,根本看不出他们在笔法上的内在联系,却明显与汉文字形非常接近。故更多的研究者认为:契丹小字是在参照汉字和契丹大字字形的基础上,同时参考了回鹘语拼音法,两相有机结合而构成的新文字。

图 2-6　辽道宗宣懿皇后哀册(契丹小字行楷)

笔者认为,后一种说法当更为切合实际,否则,迭剌即使再聪明,仅仅跟随回鹘使者学习二旬,就想学会一种新的语言与文字,无论如何都是不可能的,更遑论进一步以之为据来创制新文字了。

从记载看,迭剌所创小字的特点是"数少而该贯"。"数少",既可解释为原字数量较少,也可解释为笔画较为简单;"该",即"赅"之通假,意为完备,"贯","贯通"意。质言之,这种文字是比较简便的,由于是拼音文字,可以用 350 多个

---

① 厉鼎煃:《试用古回鹘文比较研究契丹文字》,《中山大学学报》1957 年第 2 期,第 174—177 页。
② [宋]彭大雅:《黑鞑事略》,王国维《蒙鞑备录黑鞑事略笺证》,北平:文殿阁社,1936 年,第 67 页。

原字拼出无数的单词，却能做到包容一切，把契丹语完全贯通。①大概正是由于小字之简约，在辽宁建平县出土的大安六年（1090）李谦贞撰《郑恪墓志铭》中又被称为"小简字"。②920年制定的契丹大字是以汉字为基础的词符文字，《大辽大横帐兰陵郡夫人建静安寺碑》《故太师铭石记》《萧忠孝墓志》属之，5年后新创的契丹小字是表音拼音文字，《庆陵哀册》《萧令公墓志》《许王墓志》属之。

这里我们必须对目前颇有市场的"契丹字仿突厥字母说"略作辨证。该说系日本学者村山七郎所提出，认为迭剌所学习的回鹘语言文字是古代突厥文字，从而把《庆陵哀册》上的契丹文字同突厥文字比较对证，最后认定契丹文字来源于突厥文。③其文既出，很快便引起了学术界的强烈反响，日本东洋史专家田村实造对其褒扬有加，称颂此文"成功地解决了多年的疑难问题……是值得我们向全世界夸耀的"。④果真如此吗？非也。我国学者于宝林已从契丹字之字形、契丹语与蒙古语的关系及契丹文与突厥文的迥异等诸多角度撰文详加辨证，匡误纠谬。⑤足备参考，毋庸赘述。其实，仅就突厥文字的行用历史而言，亦不难看出该说的难以成立。

突厥文是突厥汗国（552—744）所使用的文字，实至名归，但西人以"这种文字在外形上和古日耳曼人的卢尼文有些相似"而先入为主地将其称作"卢尼文"了。⑥在回鹘文创制和普遍流行之前，漠北回鹘汗国（744—840）使用的主要也是这种文字。840年回鹘西迁后，突厥卢尼文逐步为回鹘文所取代，在蒙古高原不复流行，但在敦煌（图2-7）和新疆（图2-8）、中亚地区一直流行到10世纪

---

① 刘凤翥、于宝林：《契丹字研究概况》，《中国民族古文字研究》，北京：中国社会科学出版社，1984年，第322页；清格尔泰、刘凤翥、陈乃雄、于宝林、邢复礼：《契丹小字研究》，北京：中国社会科学出版社，1985年，第10页。

② 陈述辑校：《全辽文》卷九，北京：中华书局，1982年，第236页；向南编著：《辽代石刻文编》，石家庄：河北教育出版社，1995年，第428页。

③ [日]村山七郎：《契丹字解読の方法》，《言語研究》第17—18期合刊，1951年，第47—70页。

④ [日]田村實造：《契丹文字の發見から解讀まで——村山七郎〈契丹字解讀の方法〉》，《民族学研究》第16卷第1期，1951年，第46—48页。

⑤ 于宝林：《略论〈契丹文字的解读方法〉》，中国民族古文字研究会编《中国民族古文字研究》，北京：中国社会科学出版社，1984年，第329—344页。

⑥ A. von Le Coq, *Buried Treasures of Chinese Turkestan*, London, 1928, p. 59.

甚至更久。① 假使当时入契丹的不是回鹘使者,而是一位学识渊博又兼善复古的学者,说不定会有些许可能授迭剌以突厥文。问题是连这样的假设都是不存在的。我们很难想象,作为一国之使,会主动舍弃自己所熟悉的国书——回鹘文不用,而选择当时已灭亡或行将灭亡的文字向契丹人传授。况且,该使者在925年时是否还认识突厥卢尼文字

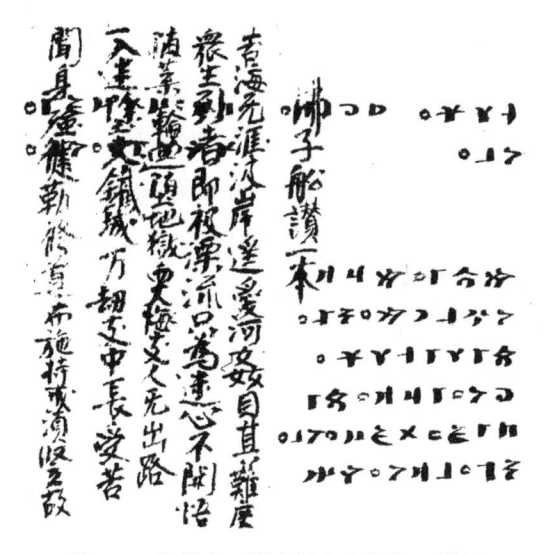

图 2-7 敦煌本突厥卢尼文占卜书,9 世纪

图 2-8 和田出土突厥卢尼文木牍,10 世纪

也是颇值得怀疑的(其身份毕竟不是一位学者)。西方学者常将回鹘文称作突厥文。如果仅是名称上的差异,倒也无妨,但村山七郎用以和契丹文字比对的

---

① Talat Tekin, *Irk Bitig. The Book of Omens*, Wiesbaden: Harrasowitz Verlag, 1993;白玉冬、杨富学:《新疆和田出土突厥卢尼文木牍初探——突厥语部族联手于阗对抗喀喇汗朝的新证据》,《西域研究》2016 年第 4 期,第 39—49 页。

明明是突厥卢尼文字母(而非回鹘文字母)。这就让人匪夷所思了。①

综上所述,可以认为,契丹小字的制成与回鹘关系密切,首先是回鹘使者传授的结果,同时又受到了回鹘语拼音法规则的直接影响。但必须承认,契丹小字与回鹘文字母本身并无多少直接关系,更谈不上与突厥卢尼文字母之间的关联了。

此外,回鹘的语言也有可能对契丹语有所影响。据考,辽太祖耶律阿保机的名号即有可能来源于回鹘语。著名学者饶宗颐曾谓:

> 余按辽太祖阿保机,或云:"阿保之义为头,机为唯一。"是犹殷契之称"余一人"也;然保机或与 bögü 音近有关。②

所谓 bögü,即突厥—回鹘语之"圣明"。突厥卢尼文《暾欲谷碑》第 34 行有言:

bögüqaγan banγaru anča ayüdmüs
bögü 可汗对我如此说了。③

这里的 bögü 显然不是可汗的名字,而是尊称或尊号,bögüqaγan 在这里应为"圣明可汗"之谓。bögü 一词在敦煌、吐鲁番出土的回鹘语文献中更是频频出现。漠北回鹘汗国第三代君主移地健(759—780 年在位)受唐册封为英义建功可汗,回鹘语称之为 bögüqaγan,汉文牟羽可汗即其音译,意思是"圣明",与今天蒙古语之 bögü 为同一字。④契丹语与回鹘语、蒙古语一样同属阿尔泰语系,

---

① 此说在我国学界也有一定影响,如高路加《契丹小字的制作与突厥文》(载《吉林大学学报》1981 年第 2 期)即采纳这一理论。
② 饶宗颐:《说占卜》,《饶宗颐东方学论集》,汕头:汕头大学出版社,1999 年,第 145 页。
③ С. Е. Малов, Памятники Древнетюркской Письменности. Тексты и исследования, М.—Л., 1951, стр. 63.
④ 刘义棠:《维吾尔研究》(修订版),台北:正中书局,1997 年,第 124—125 页;杨富学:《西域敦煌宗教论稿》,兰州:甘肃文化出版社,1998 年,第 11—30 页。

故将"保机"一词与 bögü 联系起来考虑当非为无稽之议。更值得深思玩味的是，阿保机于天显元年(926)驾崩后，就先后被谥为"大圣大明天皇帝"和"大圣大明神烈天皇帝"[①]。看来，"圣明"二字与阿保机"缘分"不浅。

回鹘语对契丹的影响还体现在契丹对回鹘术语的借用上。在《辽史》中，我们常可见到一个不见于前代文献的术语——铁不得。《辽史》卷二〇《兴宗纪》载："[重熙十七年(1048)三月]丁卯，铁不得国使来，乞以本部军助攻夏国，不许。"对同一事件的记载又见于《辽史》卷三六《兵卫志》和卷七〇《属国表》中。同书卷四六《百官志》中还出现有"铁不得国王府"。"校勘记"对该术语是这样解释的：

> 铁不得即吐蕃，此与上文西蕃、大蕃等并是当时吐蕃不同部分朝贡于辽者，故以不同名称存于史册。[②]

说明"铁不得"与《辽史》中出现的"西蕃""大蕃"一样，其实都是"吐蕃"的音译。我们知道，吐蕃是汉文史籍对古代藏族的称谓，而藏族则自称 Bod，即"蕃"。那么，汉语称谓中的"吐"字何来呢？长期以来一直不得正解。近期，学者们通过缜密分析，指出汉语"吐蕃"其实是从突厥—回鹘语对藏族的称谓 Tüpüt 一词转借而来的。[③] 此说既新颖而又有说服力，可以信从。

那么，"铁不得"一词是直接借自突厥—回鹘语还是转借自汉语的呢？笔者认为，借自前者的可能性更大，因为汉语"吐蕃"音译的只是 Tüpüt 中的 Tüp-，但省去了尾音 -üt。而"铁不得"显然是 Tüpüt 的全译。考虑到突厥早已退出历史舞台，而回鹘却与契丹之间存在着千丝万缕的联系，故可以认为，契丹对吐蕃的

[①]《辽史》卷二《太祖纪下》，北京：中华书局，1974年，第24页。
[②]《辽史》卷四六《百官志》"校勘记"，北京：中华书局，1974年，第768页。
[③] 安瓦尔·巴依图尔、克由木·霍加：《关于"吐蕃"一词的语源考证》，《新疆社会科学》1982年第3期，第122—124页；尹伟先：《维吾尔族与藏族历史关系研究》（《中国西北文献丛书续编·别卷》1），兰州：甘肃文化出版社，1999年，第35—51页。

称谓"铁不得"是直接从回鹘语那里借用过来的。

  总之,回鹘文化对契丹的影响是多方面的、深远的。尽管史书的记载极端匮乏,但通过认真的分析、研究,我们还是可以透过各种点点滴滴的现象从而在一定程度上探询出历史的影子。鉴于这一工作的复杂性,在披沙拣金的功夫之外,多学科间的密切配合显得尤为重要。

第三章　回鹘与辽上京

第一节　回鹘与契丹的早期联系

回鹘与契丹发生联系，最早可追溯到唐朝。有唐一代，回鹘主要活动于漠北，天宝三载(744)，回鹘首领骨力裴罗(744—747年在位)自称骨咄禄毗伽可汗，以乌德鞬山(今鄂尔浑河上游杭爱山之北山)为中心建立了雄强一时的漠北回鹘汗国(744—840)。

漠北回鹘汗国的强盛持续了近一个世纪。极盛时，它东役奚、契丹，北役九姓，西接黠戛斯(即今新疆柯尔克孜族和中亚吉尔吉斯人的祖先)汗国，南邻唐，尽有东突厥汗国故地，至9世纪30年代开始由盛转衰。

回鹘强盛时，奚、契丹均为其臣属，史言"契丹旧为回纥牧羊，达靼旧为回纥牧牛。回纥徙甘州，契丹、达靼(即室韦)遂各争长攻战"[①]。回鹘管理契丹事务的行政措施之一，是遣使"监护其国，责以岁遗"[②]。《资治通鉴》也记载说："初，

---

①［宋］王明清:《挥麈录·前录》卷四王延德《使高昌记》，上海：中华书局上海编辑所，1961年，第36页。《宋史》卷四九〇《高昌传》所录无此段文字。
②［唐］李德裕著，傅璇琮、周建国校笺:《李德裕文集校笺》卷二《幽州纪圣功碑铭并序》，石家庄：河北教育出版社，2000年，第13页。

奚、契丹羁属回鹘,各有监使,岁督其贡赋。"①《新唐书》卷二一九《契丹传》称:"天子恶其[契丹]外附回鹘,不复官爵渠长。"②这些史料说明,契丹一度降附于回鹘。回鹘的职官制度也对契丹产生了影响,《册府元龟》卷九七二《外臣部·朝贡第五》载:"[元和]八年(813)十一月,契丹达干、可葛等二十九人朝贡。"③翌年"十一月,契丹大首领梅落鹘劣来朝"④。又同书卷九七六《外臣部·褒异第三》载元和八年"十二月壬辰,帝御麟德殿,召见契丹使达干、可葛等,赐锦采有差"⑤。契丹氏族长老所遣入唐朝贡的使者中有达干、梅落,这两个称号虽然在回鹘汗国前已为突厥人所使用,但契丹兴起时突厥帝国早已烟消云散,故不可能借自突厥,而应来自回鹘语官号达干(Tarkan)和梅禄(Biruq)。⑥契丹酋长的印信也由回鹘颁给,直到9世纪中叶漠北回鹘汗国灭亡后才改由唐朝颁发。史载:

  会昌二年(842)九月,制:"契丹新立王屈戌,可云麾将军,守右武卫将军员外置同正员。"幽州节度使张仲武上言:"屈戌等云,契丹旧用回纥印,今恳请闻奏,乞国家赐印。"许之,以"奉国契丹之印"为文。⑦

  契丹王屈戌,武宗会昌二年(842)授云麾将军,是为耶澜可汗。幽州节度使张仲武奏契丹旧用回鹘印,乞赐圣造,诏以"奉国契丹"为文。⑧直到会昌二年(842)回鹘国灭亡以后,在奚和契丹中仍有"回鹘监使等八百余人"⑨,可见,当时在契丹人中回鹘势力之强盛。

  由上可见,在会昌二年(842)以前,契丹确实处于回鹘汗国的控制之下。但

---

① 《资治通鉴》卷二四六"会昌二年(842)九月"条,北京:中华书局,1963年,第7967页。
② 《新唐书》卷二一九《契丹传》,北京:中华书局,1975年,第6172页。
③ [北宋]王钦若等编:《册府元龟》卷九七二《外臣部·朝贡五》,北京:中华书局,1960年,第11417页。
④ [北宋]王钦若等编:《册府元龟》卷九七二《外臣部·朝贡五》,北京:中华书局,1960年,第11418页。
⑤ [北宋]王钦若等编:《册府元龟》卷九七六《外臣部·褒异第三》,北京:中华书局,1960年,第11464页。
⑥ 杨富学:《回鹘文献与回鹘文化》,北京:民族出版社,2003年,第441—442页。
⑦ 《旧唐书》卷一九九下《契丹传》,北京:中华书局,1975年,第5354页。
⑧ 《辽史》卷六三《世表》,北京:中华书局,1974年,第956页。
⑨ 《资治通鉴》卷二四六"会昌二年(842)九月"条,北京:中华书局,1963年,第7967页。

是，这并不意味着契丹从政治上完全依附于回鹘。因为，即使回鹘在契丹人那里派有监使，而且契丹也曾采用回鹘的一些职官称号，但是，契丹的氏族部落组织并没有因回鹘的统治而发生重大的变化，基本上仍处于独立的状态。①

大约自8世纪60年代始，回鹘与唐、吐蕃一样共遇相同的自然危机，即气候变冷。②8世纪80年代至10世纪20年代是一个总体上冷于现在的冷期，其中9世纪30年代正处于冷谷时期。③气候干冷变化对游牧地区及农牧交错地带的影响极为深远：连年的干旱对生产，尤其是对牧业生产的严重打击，使其生产量难以维持暖湿时期已经增长起来的人口的基本需求，国力下降，致使其既无法有效处理内部纷争，更无法抵挡外族的攻击。此时，漠北地区自然灾害频频发生，造成严重的饥荒，瘟疫流行，"又大雪，羊马多死"④，给汗国以沉重的打击。统治阶级内部的矛盾日益激化，宰相拥兵自重，互相残杀，造成"种落未安，君长之间，互相疑阻"⑤的混乱局面。这些天灾人祸直接促成了汗国的衰落。及至开成四年（839），宰相安允合及柴革欲杀可汗作乱，被可汗所杀。又有宰相掘罗勿荐公拥兵在外，引沙陀兵攻可汗，可汗自杀，国人力荐公为盍馺可汗，是为汗国第十三位可汗。荐公嗣立的第二年（840），回鹘将军句录末贺引黠戛斯十万兵攻回鹘，杀可汗，汗国灭亡。

汗国破灭后，部众分崩离析，分别向南向西两个方向外逃。其中，南下的有乌介可汗统领十三部，逃至唐朝北部边塞的错子山，以劫掠边境，侵扰百姓而被唐将张仲武击破，余众东窜，依附室韦。与乌介南下同时，又有嗢没斯、阿历支等也率部南下，依附于唐朝。⑥西迁回鹘诸部主要分为三支，一支奔至吐蕃统

---

① 蔡美彪：《契丹的部落组织和国家的产生》，《历史研究》1964年第5—6期，第178—179页。
② 满志敏：《关于唐代气候冷暖问题的讨论》，《第四纪研究》1998年第2期，第20页。
③ 葛全胜等：《中国历史时期温度变化特征的新认识》，《地球科学进展》2002年第4期，第312—313页。
④ 《新唐书》卷二一七下《回鹘传下》，北京：中华书局，1975年，第6130页。
⑤ ［唐］李德裕著，傅璇琮、周建国校笺：《李德裕文集校笺》卷八《授历支勤以下官制》，石家庄：河北教育出版社，2000年，第133页。
⑥ 王日蔚：《唐后回鹘考》，《国立北平研究院史学集刊》第1期，1936年，第19—69页；［日］森安孝夫：《ウイグルの西遷について》，《東洋学報》第59卷1—2号，1977年，第105—130页；［日］安部健夫著，宋肃瀛、刘美崧、徐伯夫译：《西回鹘国史的研究》，乌鲁木齐：新疆人民出版社，1986年，第169—179页。

治下的河西走廊,后来分别以甘州(今甘肃省张掖市)、沙州(今甘肃省敦煌市)为中心建立了自己的政权——甘州回鹘、沙州回鹘;另一支逃往中亚葛逻禄统治区,建立了哈喇汗王朝;第三支入新疆,以高昌(今新疆维吾尔自治区吐鲁番市)、北庭(今新疆维吾尔自治区吉木萨尔县北)为中心建立了高昌回鹘王国。

第二节　上京回鹘营的设立及其意义

会昌二年(842)回鹘汗国破亡后,契丹借机摆脱了回鹘的控制,转而内附唐朝,接受唐朝的封号。回鹘旧地也遂为契丹所占有。饱经离乱折磨的回鹘人势力大衰,虽在中亚、西域、河西等地各有其国,但已无法与昔日的辉煌同日而语了,于是乎反主为客,回过头来又称臣于契丹,并不断地向其朝贡。

> [太祖七年(913)冬十月]戊寅,和州回鹘来贡。[1]
> [天赞三年(924)九月]回鹘霸里遣使来……十一月乙未朔,获甘州回鹘都督毕礼遏,因遣使谕其主毋母主可汗。[2]
> [天赞四年(925)四月]癸酉,回鹘毋母主可汗遣使贡谢。[3]

自 907 年契丹族首领耶律阿保机(916—926 年在位)自立为汗,并于 916 年在今内蒙古西拉木伦河称帝立国至保大五年(1125)辽朝灭亡,回鹘与其朝贡关系一直不曾中断。《契丹国志》记载说:"契丹时,三年一次朝贡,进献玉、珠、乳香、斜合里皮、褐里丝等。"[4]据《辽史》《辽史纪事本末》的有关记载统计,

---

[1]《辽史》卷一《太祖纪上》,北京:中华书局,1974 年,第 8 页。
[2]《辽史》卷二《太祖纪下》,北京:中华书局,1974 年,第 20 页。
[3]《辽史》卷二《太祖纪下》,北京:中华书局,1974 年,第 21 页。
[4] [宋]叶隆礼:《契丹国志》卷二六《高昌》,上海:上海古籍出版社,1985 年,第 246 页。其中"斜合里皮",原文误作"斜合、黑皮",今改。这是西域出产的一种獐子的皮,宋人笔记又写作"徐吕皮"。

有辽一代219年间,回鹘向契丹朝贡的次数为64,平均每三年零五个月一次。[①]辽政府为接待来自回鹘的商旅,而特意在其都城上京设置了"回鹘营","回鹘商贩留居上京,置营居之"[②]。其主要目的就是为了获得西方的商品,特别是大食诸国商品。

回鹘人自唐代中叶以来,即以善于经商著称。回鹘人崛起朔漠,本为游牧民族,无经商之传统。但天宝十四年(755)安史之乱的骤然爆发,给回鹘社会,尤其是商业的发展带来了机遇。

宝应元年(762),回鹘应唐朝的请求,出兵平叛,帮助唐朝收复长安、洛阳二京。唐与回鹘因此而结下兄弟之好。当时,为平定叛乱,唐兵大批内撤,边防空虚,吐蕃乘势占领了陇右、河西,切断了唐与西域的联系。沟通西域与中原的道路——回纥道便应运而生了。史载:"至德、宝应间,中国多故,北庭、西州闭不通,朝奏使皆道出回纥,而虏多渔擷,尤苦之,虽沙陀之倚北庭者,亦困其暴敛。"[③]回鹘此后逐步控制了东西交通的命脉,成为陆路丝绸之路贸易的最大受益者。《资治通鉴》卷二二五大历十四年(779)七月庚辰条载:

> 诏回纥诸胡在京师者,各服其服,无得效华人。先是回纥留京师者常千人,商胡伪服而杂居者又倍之,县官日给饔饩,殖资产,开第舍,市肆美利皆归之,日纵暴横,吏不敢问。或衣华服,诱取妻妾,故禁之。[④]

文献中的"诸胡",指的主要是善于经商的粟特人。粟特人原为丝绸之路上最为活跃的商业民族,在安史之乱后,由于屡经战乱动荡与反复迁移,经济地位大降。而回鹘此时已控制了丝绸之路,同时受到唐政府的优遇,在内地享有许多特权,很快取代粟特人而成为丝绸之路的主宰,历晚唐五代至宋而不衰。

[①] 王日蔚:《契丹与回鹘关系考》,《禹贡》第4卷第8期,1935年,第633—634页。
[②] 《辽史》卷三七《地理志一》,北京:中华书局,1974年,第441页。
[③] 《新唐书》卷二一八《沙陀传》,北京:中华书局,1975年,第6154页。
[④] 《资治通鉴》卷二二五,北京:中华书局,1963年,第7265页。

洪皓在《松漠纪闻》中记载说,回鹘"多为商贾于燕",其人"尤能别珍宝,番汉为市者,非其人为侩,则不能售价"①。由此可以看出,回鹘商人能力之强,利之所在,无远弗届,对沟通中西商业贸易起到了非常重要的作用。

辽上京建成于918年,初名皇都,于938年改称上京,府名临潢。自918年至1120年上京被金兵攻占,204年间,这里一直充任辽朝首都。上京幅员辽阔,气势雄伟。有南北二城,北曰皇城,南曰汉城。二城相连,汉城北墙借皇城南墙修筑。回鹘营即设于汉城之内。《辽史·地理志》记载:

> 南城谓之汉城,南当横街,各有楼对峙,下列井肆。东门之北潞县,又东南兴仁县。南门之东回鹘营,回鹘商贩留居上京,置营居之。西南同文驿,诸国信使居之。驿西南临潢驿,以待夏国使。②

可见,皇城是契丹最高统治者的居住之所,皇城之南的汉城,是契丹贵族之外其他各族人等居住的区域。由于洪水冲刷等原因,汉城破坏严重,与之相连的皇城也被河水隔开。从今天所能见到的遗址探测,汉城呈方形,墙为土筑,残存三段,墙高4米,周长约5800米,面积210万平方米。墙低窄,无马面瓮城之设。除西门有门址外,其余不存。③汉城主要为当时汉人居住区。《旧五代史》卷一三七《契丹传》记载:"城南别作一城,以实汉人,名曰汉城,城中有佛寺三,僧尼千人。"④此外,城内西南门设有同文馆,以接待宋朝、西夏的往来使节。回鹘营设在南门之东。

汉城于1920年被辟为农田,今地貌不清,但高大建筑址尚依稀可辨,其中可确定的寺庙遗址有3处,与《旧五代史》的记载恰好相符。从出土物看,其中一处名福光寺。在这些寺庙遗址中,先后有铜佛与铜质器出土,可与史书的记载相印证。

---

① [宋]洪皓著,翟立伟标注:《松漠纪闻》,长春:吉林文史出版社,1986年,第15页。
② 《辽史》卷三七《地理志一》,北京:中华书局,1974年,第441页。
③ 王晴:《辽上京遗址及其出土文物记述》,王禹浪等编《东北辽代古城研究汇编》(上),哈尔滨:哈尔滨出版社,2007年,第388—391页。
④ 《旧五代史》卷一三七《外国列传一·契丹传》,北京:中华书局,1976年,第1830页。

至于当时为各国信使及商旅所建的驿馆，今天已了无痕迹可寻，但出土文物完全可以证实，汉城是手工业区和商业区域，正适合各国使节及商旅的生活、居住与贸易。辽上京遗址曾出土有十字形链饰一件，从其形制看，显然也是由西北地区回鹘人输入的物品。①宋元时期，高昌回鹘王国实行宗教宽容政策，扶持并奖掖各种宗教，使中原地区遭受会昌法难的景教徒终于找到了一个较好的传教环境。于是，一批在东西方均受迫害的景教徒来此传教、生活，相互聚积起来，并结成景教团体，使这里景教势力大涨，逐渐发展成为当时世界的景教一大中心。回鹘景教徒善于经商，西达波斯，东至中原，频繁进行贸易，为东西方的沟通起到了重要作用。②景教十字形链饰在上京的发现，正是回鹘景教入辽从事贸易的历史见证。

特别值得注意的是，在辽上京城内，随处可见盛产于我国西北干旱及半干旱地区的沙漠植物——骆驼蓬（图3-1）。骆驼蓬为多年生草本植物，主要分布在新疆、甘肃、宁夏、青海等地，在河北、山西、内蒙古、陕西等干旱及半干旱地区也有少量分布。此外，在蒙古国、俄罗斯、伊朗及北非地区多见这种植物。骆驼蓬较为耐旱、耐寒，多生于路旁、河岸等具备较好土壤和水分条件的地方，尤其对地下水有较高要求。一般高30~50厘米，根肥厚而长，往往长成半球状，大的一簇簇直径有一二米，一般的直径有半米左右。由于全株有特殊臭味，骆驼平时不食用，但经过霜冻之后，臭味消除，骆驼喜食之，成为骆驼过冬的主要食物之一。这种植物东北一带稀见，有趣的是唯有辽上京城内分布甚广，出

图3-1 辽上京皇城内的骆驼蓬（杨富学摄）

---

① ［日］鸟居龍藏：《景教に關する畫像石》，《考古学雜誌》第27卷第2期，1937年，第39—46页。
② 杨富学：《回鹘文献与回鹘文化》，北京：民族出版社，2003年，第238、244页。

城即无。由于汉城现已被辟为农田,故而这种植物仅在皇城能够看到。以理度之,原来汉城内当有更广泛的分布,因为回鹘营即设于汉城之内。

那么,为什么独有辽上京城内有这种植物,且生长极多,而周边地区却竟无所见呢?究其原因,可能存在以下几个方面的因素:

其一,骆驼蓬的种子粘在骆驼的身上,后脱落在上京城;

其二,骆驼蓬的种子不易消化,骆驼吃后,经由粪便大量存留在上京城;

其三,骆驼蓬的种子粘在商旅所用的毡毯等织物上,抖落在上京城。

由于骆驼长时间地在辽上京城停留,致使这种植物种子大量存留并有机会繁殖,而其他区域因为掉落的种子少,所以就未大量生长。或者,即使生长了,也在被当地植物的包围下慢慢地消失。在辽上京城中,骆驼蓬的种子大量的存在并不断得到补充,所以就欣欣向荣了。①

这一现象表明,上京城内的骆驼蓬的大量生长,当为918年建城以后之事。骆驼蓬种子被携入城内,应与回鹘商旅之活动密不可分。骆驼蓬在上京城内可得到繁荣的生长,原本可能事出偶然,但一旦生长起来,自然会被骆驼的养殖者所注意。夏季,可供骆驼食用的草料很多,但进入冬季,在东北地区,可供骆驼食用的草料就很有限了,而骆驼蓬恰好是骆驼冬季的喜食物。庶几可以想见,当时在上京城内居留的回鹘使节、商人数量应是不少的。

回鹘商人入辽朝贡、贸易的路线,史书未有记载。11世纪时,中亚木鹿(Maru,今土库曼斯坦之马累)伊斯兰学者马卫集(Sharaf al-Zamān Tāhir Marvazi,1046—1120)曾记载了从喀什噶尔,经叶尔羌(今新疆维吾尔自治区莎车县)、和田、沙州(今甘肃省敦煌市)、可敦城(位于今杭爱山支系乌德犍山)到辽上京(今内蒙古自治区巴林左旗林东镇东南郊)的路线。②该路线当即大食商人东行辽朝之道,回鹘商人入辽走得差不多亦应为这条路线。

按,由敦煌至上京,可行路线有二,一是由河西走廊东行至黄河,沿黄河至

---

① 关于上京骆驼蓬的来源问题,辽上京博物馆的王未想、巴林左旗政协王玉亭两位曾来函赐教,有独到见解,兹予采纳。

② V. Minorsiky,*Marvazi on China*,*the Turks and India*,London,1942,pp. 18,72.

丰州（今内蒙古自治区呼和浩特市赛罕区白塔村），比较便捷；二是由敦煌至额济纳，再至丰州。该路线当即大食商人东行辽朝之道，回鹘商人入辽走的差不多亦应为这条路线。米诺尔斯基根据马卫集的记载而考订的路线似可商榷。因为中亚商人既然已到敦煌，再绕道漠北，由漠北到上京，绕道甚远且难行，有不可取之处，除非出于某种特殊需要而有意绕行。

笔者认为，辽朝通往回鹘的道路大致有南北两条。其南部的一条，即由辽上京（今内蒙古自治区赤峰市巴林左旗林东镇）或辽中京（今内蒙古自治区赤峰市宁城县天义镇）出发，向西南经鸳鸯泊（今克什克腾旗达里湖）至多伦（今内蒙古自治区锡林郭勒盟东南部）；或由辽南京（今北京市）出发向西北至多伦，过辽西京（山西省大同市），再沿阴山向西，过居延，进入高昌回鹘王国，进而向西可入中亚、西亚。北部的一条则自上京出发，向西北经今蒙古乌兰巴托，折而南行，沿黑水至于张掖，与甘州回鹘进行贸易。沿河西走廊继续西行，可经由酒泉、敦煌而入高昌回鹘王国，再西行至于中亚、西亚。吐鲁番等地发现的《契丹藏》文献残片（图3-2），就证明了辽与高昌回鹘间的密切关系。

图 3-2　吐鲁番柏孜克里克石窟出土契丹藏《中阿含经》残片（编号 80TBI:500a-1）
（采自《吐鲁番柏孜克里克石窟出土汉文佛教典籍》，第 210 页）

1980年10月至1981年7月间,吐鲁番地区文管所对柏孜克里克石窟进行清理发掘,获得了不少汉文佛典残片,均刊于《吐鲁番柏孜克里克石窟出土汉文佛教典籍》①一书中。经学者比对,发现这些残片有的出自《开宝藏》②,也有的出自《金藏》③,而有更多的残片则出自《契丹藏》④。武海龙、彭杰通过对其中新发现的《囉嚩拏救疗小儿疾病经》残片,推定《契丹藏》传入吐鲁番的时间上限应在11世纪末至12世纪初,其下限应在12世纪末。⑤此外,德国柏林国立图书馆也有契丹藏《增壹阿含经》残片(编号为Ch.5555)收藏,背面写有不同笔迹的回鹘文题记,当为是13—14世纪的遗墨。⑥这些发现可以证明,高昌回鹘与辽朝曾有过相当密切的关系,而且《契丹藏》在回鹘中的使用,一直持续到蒙古时代。

随着回鹘与辽联系的不断加强,回鹘地区的物产也传到了辽上京。除上文提到的骆驼蓬外,回鹘地区生产的西瓜也传到那里。胡峤《陷北记》述其北行时曾见辽上京一带有西瓜种植:

> 自上京东去四十里,至真珠寨,始食菜。明日东行,地势渐高,西望平地松林,郁然数十里。遂入平川,多草木,始食西瓜。云:契丹破回纥得此种,以牛粪覆棚而种,大如中国(指中原地区)冬瓜而味甘。⑦

---

① 新疆维吾尔自治区吐鲁番学研究院、武汉大学中国三至九世纪研究所编:《吐鲁番柏孜克里克石窟出土汉文佛教典籍》,北京:文物出版社,2007年。
② 王丁:《初论〈开宝藏〉向西域的流传——西域出土印本汉文佛典研究》,初刊于《佛教文獻と文學——日台共同ワヘクショップの記録》,東京,2008年,第76—96页,后收录于束迪生、李肖、娜仁高娃主编《高昌社会变迁及宗教演变》,乌鲁木齐:新疆人民出版社,2010年,第160—190页。
③ 党宝海:《吐鲁番出土金藏考》,《敦煌吐鲁番研究》第四卷,北京:北京大学出版社,1999年,第103—125页。
④ 彭杰:《吐鲁番柏孜克里克石窟出土汉文佛教文书相关问题研究》,兰州大学博士学位论文,2016年,第172—173页;武海龙、彭杰:《吐鲁番博物馆所藏〈契丹藏〉佛经残片考释——从〈囉嚩拏说救疗小儿疾病经〉看〈契丹藏〉传入高昌回鹘的时间》,《西域研究》2019年第4期,第90—97页。
⑤ 武海龙、彭杰:《吐鲁番博物馆所藏〈契丹藏〉佛经残片考释——从〈囉嚩拏说救疗小儿疾病经〉看〈契丹藏〉传入高昌回鹘的时间》,《西域研究》2019年第4期,第96页。
⑥ [日]松井太:《契丹とウイグルの関係》,《アジア遊学》第160号,2013年,第66页;[日]松井太著,巩彦芬译,杨富学校:《契丹和回鹘的关系》,《河西学院学报》2018年第3期,第17页。
⑦ [五代]胡峤:《陷北记》,载叶隆礼《契丹国志》卷二五,上海:上海古籍出版社,1985年,第238页。

依其描述，可以看出，此西瓜当为吐鲁番、哈密等地生产的哈密瓜之类。

1995年，在赤峰市敖汉旗羊山1号辽墓内发现了一幅"西瓜图"（见第四章图4-3）。图中，墓主人坐在木椅上，左右各有侍者，在墓主人前面的供台上，绘有两个大果盘，一盘盛放石榴、杏、桃等水果，另一盘里竟然有三颗碧绿色的西瓜！据专家鉴定，这幅画是目前我国已知时代最早的西瓜图，对研究西瓜传入我国的历史具有重要资料价值。①

生产于新疆地区的"回鹘豆"也传入契丹境内，《松漠纪闻》和《契丹国志》对此有确切描述：

> 回鹘豆，高二尺许，直干，有叶无旁枝，角长二寸，每角止两豆，一根才六七角，色黄，味如栗。②

诸如此类作物的传入，加上前引《契丹国志》所载回鹘以朝贡名义向辽朝贡奉的玉、珠、犀、琉璃器、宾铁、兵器、斜合里皮、门得丝、帕里阿褐里丝等物，无疑地会丰富契丹民族的社会经济生活。

第三节　回鹘与上京关系的纽带——萧氏家族

《契丹国志》卷二一《外国贡进礼物》中，先列"新罗国贡进物件"，次列"西夏国贡进物件"，最后列"诸小国贡进物件"。在最后一项中记载道：

> 高昌国、龟兹国、于阗国、大食国、小食国、甘州、沙州、凉州，已上诸国

---

① 王大方：《敖汉旗羊山1号辽墓"西瓜图"——兼论契丹引种西瓜及我国出土古代"西瓜籽"等问题》，《内蒙古文物考古》1998年第1期，第40—44页。
② [宋]洪皓著，翟立伟标注：《松漠纪闻》，长春：吉林文史出版社，1986年，第42页；[宋]叶隆礼：《契丹国志》卷二七，上海：上海古籍出版社，1985年，第256页。

三年一次遣使,约四百余人,至契丹贡献。①

在上列向契丹朝贡的八个"诸小国"中,高昌国、龟兹国、甘州均为回鹘所据,前二者属高昌回鹘王国,后者属甘州回鹘王国。二大国则指新罗国和西夏国。其实,宋朝亦与辽朝时战时和,经常保持着比较密切的使节往来。回鹘既属向辽朝贡的小国,契丹统治者何以在上京专门为其设置"回鹘营",而其他小国,甚至像新罗、西夏、宋这样的大国却反而没有呢? 颇值得深究。

对这一问题的解释,固然与回鹘控制着丝绸之路,而契丹回鹘间又长期保持密切联系等因素不无关系,但另外一个原因似乎更应受到重视,那就是契丹后族所出的述律(萧氏)本身就是回鹘遗民的后裔。笔者之所以做出这样的推论,并非出自杜撰,而是于史有据的。《辽史》卷七一《后妃传》《外戚表》《地理志一》等都记载辽太祖应天皇后为回鹘糯思之后。②糯思很可能就是漠北回鹘汗国派往契丹"督其贡赋"的监使,后定居,逐步与契丹人水乳交融。至阿保机,娶回鹘述律氏,并于称帝建国后将其立为皇后。耶律氏与述律家族的联姻与同盟的形成,为辽朝的建立奠定了基石。从《辽史》的记载看,辽朝境内回鹘后裔的存在,还有其他来源,如《辽史》卷九七《孩里传》载:"孩里,字胡辇,回鹘人。其先在太祖时来贡,愿留,因任用之。"③这说明孩里的祖先本为回鹘使者,受遣入辽朝贡,自愿留下而未归。孩里后来曾官至宰相之位。

述律氏家族在遥辇晚期已经是契丹社会中迅速崛起的一个强大势力,应天皇后述律月理朵(汉名平,兴宗时追谥"淳钦皇后")"简重果断,有雄略"④,在辽朝创建和巩固的过程中,曾经起过一系列重大的作用:协助辽太祖统一诸部,取代遥辇,西并奚族,东灭渤海,并平定诸弟叛乱,后来又扶立德光,一直在朝廷中参与决策,故在辽代历史上享有崇高的声望。

---

① [宋]叶隆礼:《契丹国志》卷二一《外国贡进礼物》,上海:上海古籍出版社,1985年,第201页。
② 杨富学:《契丹族源传说借自回鹘论》,《历史研究》2002年第2期,第153页。
③ 《辽史》卷九七《孩里传》,北京:中华书局,1974年,第1408页。
④ 《辽史》卷七一《后妃传》,北京:中华书局,1974年,第1199页。

如第二章所述，辽代的帝王均出耶律氏，为契丹族，但皇后则多出回鹘述律氏。①其中声威最隆，对辽朝国策的制定影响也较大的除辽太祖后述律月理朵之外即首推圣宗钦哀皇后萧耨斤了。钦哀皇后是辽兴宗的生母，在兴宗即位后自立为皇太后。钦哀后把持朝政，采取各种手段排除异己，史称"钦哀后专权"。重熙二年（1034），钦哀后又密谋废兴宗而另立少子耶律重元，事败被废，幽禁于庆州（今内蒙古自治区巴林左旗），守圣宗陵寝。辽道宗庆宁三年（1057）十二月去世。翌年五月，辽道宗宝其谥号为钦哀皇后。

因为辽朝后族萧氏均为回鹘后裔，故对回鹘怀有一种特殊的感情。《契丹国志·初兴始末》记载了契丹发源于木叶山（图3-3）的祖源传说，与回鹘民族流传的回鹘人发源于秃忽喇（土河）和薛灵哥（黄河）的传说高度吻合，回鹘传说中的地理环境（二河夹一山）在契丹发源地是找不到的，故而可以确定，契丹的祖源传说是从回鹘那里借来的。这一传说有意抬高后族的地位，显然应是述律氏（萧氏）家族为了自身利益的需要而把回鹘族源传说照搬到契丹中了。②

图3-3　辽祖陵所在之木叶山，山脚下有石房子（杨富学摄）

---

① 述律氏在契丹中地位甚高，被比作萧相国（《辽史·后妃传》），故其后人遂以萧为姓。参见谭其骧《辽史札记》，《长水集》（上），北京：人民出版社，1987年，第502页。
② 杨富学《契丹族源传说借自回鹘论》，《历史研究》2002年第2期，第150—153页（维吾尔文版载《新疆地方志》2004年第1期，第30—40页）。

再如契丹文字的创制，也与回鹘萧氏密切相关。《辽史》卷六四《皇子表》记载：

> 回鹘使至，无能通其语者，太后谓太祖曰："迭剌聪敏可使。"遣迓之。相从二旬，能习其言与书，因制契丹小字，数少而该贯。①

从该记载知，辽太祖时，有回鹘使者从西域来，但无人通其语言。萧太后建议遣太祖弟迭剌随回鹘使者学习其语言与文字（图3-4）。为了加强与回鹘的交流，太祖准奏。迭剌博闻强记，随回鹘使者学习二旬，便学会了回鹘的语言与文字，并据以创制出自己的文字——契丹小字。其时史书无明确记载，据考应在天赞四年（925），比契丹大字制成的时代晚了五年。其实，契丹与汉文化早有接触，契丹小字的创制是在参照汉字和契丹大字字形的基础上，同时参考了回鹘语拼音法，两相有机结合而构成的新文字。只是运用了回鹘文的拼音法规则，而非回鹘文字母本身。契丹语与回鹘语同属阿尔泰语系，回鹘语属于典型的黏着语，契丹语中也普遍存在着用多音节词和黏着词尾表示语法的现象，而且与回鹘语一样，契丹语也有元音和谐的特点。故而，用回鹘语的拼音法规则，更易于表达契丹语的语法现象。受此启示，迭剌对根据汉文而创制的契丹大字进行

图 3-4　内蒙古巴林左旗辽上京城遗址出土契丹文银币

---

① 《辽史》卷六四《皇子表》，北京：中华书局，1974年，第968页。

改造，从而研制出书写更为方便、使用更加广泛的契丹小字。①史书对契丹小字创制过程的记载，不管准确与否，不管迭剌是否真的曾利用回鹘文以创制契丹小字，这一事件本身毫无疑问地反映出太祖后述律月理朵对回鹘文化的偏爱。天显十二年(937)"冬十月庚辰朔，皇太后永宁节，晋及回鹘、敦煌诸国皆遣使来贡。壬午，诏回鹘使胡离只、阿剌保问其风俗"②。皇太后述律月理朵不问晋及敦煌诸国使，而只诏回鹘使者询问其风俗，同样也体现了她对回鹘文化的关注。

述律氏家族的回鹘情结，直接影响到辽朝与瓜沙归义军政权的关系。

归义军政权建立于唐太中五年(851)，除管辖瓜(今甘肃省瓜州县)、沙(今甘肃省敦煌市)二州外，势力及于河西走廊及新疆东部。9世纪中叶以后，一部分回鹘人自漠北迁入瓜、沙一带。先为吐蕃所属，848年张议潮发动起义，推翻吐蕃统治，并建立归义军政权，回鹘归属之，但同时又保有自己旧有的部落组织——族帐。后来回鹘势力日益壮大，到归义军末主曹贤顺统治时期，瓜沙归义军政权已被回鹘人所控制，至少已部分被控制，故而《辽史》中竟有将归义军政权称作"沙州回鹘"的"奇怪"现象。如该书卷一五《圣宗纪六》载："开泰三年(1014)夏四月，沙州回鹘首领曹[贤]顺遣使来贡。"③同书卷一六《圣宗纪七》载："开泰九年(1020)七月，辽遣使赐沙州回鹘敦煌郡王曹[贤]顺衣物。九月，沙州回鹘敦煌郡王曹[贤]顺遣使来贡。"④又据《辽史》卷一二《圣宗纪三》记载：开泰六年(1017)六月"乙酉，夷离堇阿鲁勃送沙州节度使曹恭顺还，授于越"⑤。

上文出现的曹顺、曹恭顺，指的都是瓜沙归义军节度使曹贤顺，系《辽史》为避讳景宗耶律贤之讳而改。这条史料表明，辽朝曾派专使护送曹贤顺返回敦煌，是证在开泰六年六月之前，曹贤顺曾亲自到过上京。该事《辽史》原作"统和六年"，而当时瓜沙归义军节度使是曹延禄(图3-5)，而非曹贤顺。曹贤顺之继任归义军的具体日期不详，但可以肯定是在1002年曹延禄被杀之后。可见，

---

① 杨富学：《回鹘文献与回鹘文化》，北京：民族出版社，2003年，第450—452页。
② 《辽史》卷三《太宗纪上》，北京：中华书局，1974年，第41页。
③ 《辽史》卷一五《圣宗纪六》，北京：中华书局，1974年，第175页。
④ 《辽史》卷一六《圣宗纪七》，北京：中华书局，1974年，第187页。
⑤ 《辽史》卷一二《圣宗纪三》，北京：中华书局，1974年，第131页。

《辽史》将这次交聘活动系于统和六年(988)是不正确的,故而改为开泰六年(1017)。

曹贤顺本为汉人,却被辽朝称作回鹘人。乍看起来,不可思议,其实,这种称呼的出现,正是对当时辽与沙州历史关系的如实反映。至 11 世纪初期,敦煌及其周围地区在很大程度上已回鹘化了,而归义军政权由于内乱外患,处于风雨飘摇之中。为了得到回鹘的支持,曹贤顺不得不更弦易张,在某些场合下自称回鹘。值得注意的是,曹贤顺采用回鹘一称,只用于对辽朝的交往。天禧四年(1020)和天圣元年(1023),曹贤顺曾两次向宋廷进贡物品,均只称归义军节度使而不用沙州回鹘称号。这使人不难推想,曹贤顺入辽朝贡时用的沙州回鹘称号只不过是一种权宜之计而已,旨在讨取辽朝后族述律氏的欢心,通过回鹘以寻求辽朝的支持。

图 3-5 榆林窟第 16 窟着回鹘装曹延禄供养像(敦煌研究院数字中心供图)

第四章　西瓜由高昌回鹘入契丹路径问题考辨

第一节　西瓜产自高昌回鹘说

西瓜，顾名思义，应指由西部地区传来之瓜，乃相对于中原地区而言的。古之所谓"西"，多指西域、中亚、西亚，我国的新疆地区亦包括在内。

西瓜源自南非，至于何时传入我国，自 20 世纪 60 年代初以来，即争论不断，诸如浙江余姚河姆渡文化遗址、杭州水田坂良渚文化遗址、广西贵县罗泊湾西汉墓、江苏高邮邵家沟东汉墓等发掘报告称出土了西瓜种子，但均被一一否定，而所谓的西安西郊唐墓出土"唐三彩西瓜"，业已证明属于伪造。[1]目前学界基本以《新五代史》附录五所记《胡峤陷虏记》记载为依据，认为西瓜最早传入内地当辽代。胡峤记曰：

> 自上京东去四十里，至真珠寨，始食菜。明日东行，地势渐高，西望平地松林，郁然数十里。遂入平川，多草木，始食西瓜，云契丹破回纥得此种，

---

[1] 程杰：《西瓜传入我国的时间、来源和途径考》，《南京师大学报》（社会科学版）2017 年第 4 期，第 79—82 页。

以牛粪覆棚而种,大如中国冬瓜而味甘。又东行,至褢潭,始有柳木,水草丰美。①

胡峤本为后晋人,晋亡后,入辽为契丹宣武军节度使萧翰掌书记,时当947年。949年萧翰被杀后,胡峤继续在契丹留居七年,于后周太祖广顺三年(辽应历三年,953)逃归北周。一般认为,西瓜最初是由回鹘而东传入契丹的,乃天赞三年(924)辽太祖西征时从北庭所得。胡峤在947年被带到辽境,其描述的北行时间也以这一年或之后的某年为是,彼时辽朝和中亚、西亚之间尚未建立密切关系,因而其所谓的"西瓜"之"西"指新疆地区的可能性最大。

天山以南地区气候干燥炎热,日照时间长,古来即以生产瓜果著名。高昌回鹘王国境内出产葡萄、甜瓜、杏、梨、桃、石榴、野蔷薇果和西瓜。敦煌文书P.3672bis《都统大德致沙州宋僧政等书》(图4-1)中记载:

> 赏紫金印检校廿二城胡汉僧尼事内供奉骨都禄沓密施呜瓦伊难支都统大德面语,沙州宋僧正、索判官、梁教授,冬寒体气何似健好在否。自别已(以)后,已(迄)所年,人使来往不少,无一字尉问,人情极薄。昨近十月五日,圣天恩判补充,都统大德兼赐金印,统压千僧。为缘发书慰问。今因履使薄礼书信、西地瓢桃三课(颗)同一袋子,各取一课(颗)。今因使行,略付单书,不宣谨状。十一月十日。
>
> 随书僧管内大阇梨,借问沙州宋僧正、梁教授好在否。②

致书人为"赏紫金印检校廿二城胡汉僧尼事内供奉骨都禄沓密施呜瓦伊难支都统",收信者为沙州宋僧正、索判官、梁教授。发信者的头衔为"赏紫金印

---

① 赵永春辑注:《奉使辽金行程录》,北京:商务印书馆,2017年,第9页。
② 敦煌写本P.3672bis《都统大德致沙州宋僧政等书》,上海古籍出版社、法国国家图书馆编《法藏敦煌西域文献》第26册,上海:上海古籍出版社,2002年,第290页。

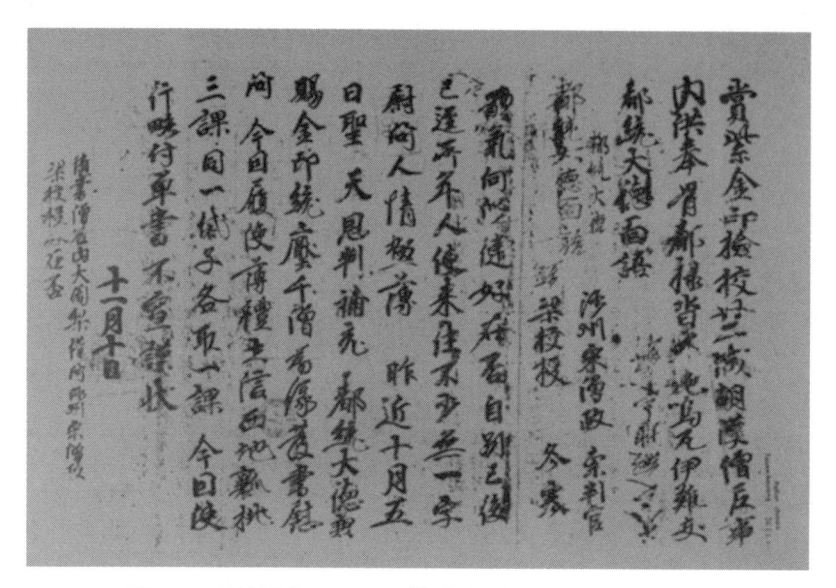

图 4-1　敦煌写本 P.3672bis《都统大德致沙州宋僧政等书》

检校廿二城胡汉僧尼事内供奉"。"廿二城"之说，汉文回鹘文史料皆有记载。据《旧唐书》，640 年唐灭麹氏高昌前，吐鲁番盆地有廿二城。① 在吐鲁番出土的回鹘语摩尼教文书中，同样言其疆域为廿二城："高昌国二十二城的幸运与守护之灵"②。11 世纪伽色尼王朝迦尔迪齐(AbūSa'id 'Abd-al-Haiy ibn Dahhākibn Mahmūd Gardīzī)著《纪闻花絮(Zainu 'l-axbār)》言高昌"由二十二个村庄和一处平原组成，冬天很冷，有雪但不大。夏季炎热。当地居民都修地窖，大部分人住在这些地窖里，到夏末才从那些地方转回家里。"③13 世纪初，高昌回鹘王亦都护归顺蒙古帝国后，变成了廿四城。④ 近期，日本学者松井太依据吐鲁番出土 9—14 世纪间的回鹘文、蒙古文文书中所见高昌回鹘地理信息，结合现代地名，

---

① 《旧唐书》卷一九八《高昌传》，北京：中华书局，1975 年，第 5295 页。
② A. von Le Coq, Türkische Manichaicaaus Chotscho III, APAW, Berlin, 1922, Nr. 2, S. 40.
③ A. P. Martinez, Gardīzī's Two Chapters on the Turks, Archivum Eurasiae Medii Aevi, II(1982), 1983, p. 136;[英]马丁奈兹著，杨富学、凯旋译：《迦尔迪齐论突厥》，《回鹘学译文集新编》，兰州：甘肃教育出版社，2015 年，第 259 页。
④ A. vonLe Coq, Türkische Manichaicaaus Chotscho III, APAW, Berlin, 1922, Nr. 2, S. 40;[日]森安孝夫：《ウイグル＝マニ教史の研究》，《大阪大学文学部紀要》第 31/32 卷合刊，1991 年，第 164 页。

对吐鲁番诸城名称进行考证,计有高昌(Qočo~Qara-Qočo=Qara-Khoja,或作亦都护城 Idikut-Schahri)、吐鲁番(Turpan=Turpan~Turfan)、鲁克沁(Lükčüng=Lukčun,柳中)、交河(Yar=Yarkhoto)、托克逊(Toqsïn~Toqẓïn=Toqsun,笃新)、七克台(Čïqtïn=Čiqtim,赤亭)、葡萄沟(Bïlayuq=Bulayiq~Buluyuq)、吐峪沟(Tiyoq=Toyoq,丁谷)、蒲昌(Pučang)、威神(Soim)、横截(Qongsir)、临川(Limčin,连木沁)、新兴(Singging,胜金)、宁戎(Nišüng)、南平(Nampï)和盐城(Yemši)。①

发信者名曰"骨都禄沓密施呜瓦伊难支都统",乃突厥—回鹘语的音译:

骨都禄=qutluγ,意为"幸运、吉祥";

沓密施=tapmiš,意为"供奉";

呜瓦=ögä,意为"顾问、长老";

伊难支=ïnanč,意为"可信赖者"。②

通过上述诸因素,可以确定,该文书乃由高昌回鹘王国发给敦煌的书信。森安孝夫考证其中提到的"瓢桃"指的是西瓜,将此事系于10世纪后期数十年间③,足资取信。唯官称与曹氏沙州归义军政权有不合处,故黄盛璋认为应为张氏归义军时期,即9世纪末与10世纪之间。④果如是,则彼时吐鲁番地区产西瓜,而且品质良好,否则就不会作为礼物远道送人。时至今日,新疆西瓜仍旧享有很高的美誉,既沙且甜,要好于内地的西瓜品种,推而论之,10世纪初年传入契丹自为情理中事。

---

① Dai MATSUI,Old UigurToponyms of the Turfan Oases,*Kutadgu Nom Bitig. Festschrift für JENS PETER LAUT zum 60. Geburtstag*,Wiesbaden,2015,pp. 275—303;[日]松井太著,杨富学、陈爱峰译:《吐鲁番诸城古回鹘语称谓》,《吐鲁番学研究》2017年第1期,第113—133页。

② [日]森安孝夫:《敦煌と西ウイグル王國——トゥルファンからの書簡と贈り物を中心に》,《東方学》第74辑,1987年,第61页;森安孝夫著,陈俊谋译:《敦煌与西回鹘王国——寄自吐鲁番的书简及礼物》,《西北史地》1987年第3期,第119页。

③ [日]森安孝夫:《敦煌と西ウイグル王國——トゥルファンからの書簡と贈り物を中心に》,《東方学》第74辑,1987年,第63—64页;森安孝夫著,陈俊谋译:《敦煌与西回鹘王国——寄自吐鲁番的书简及礼物》,《西北史地》1987年第3期,第121—123页。

④ 黄盛璋:《西瓜引种中国与发展考信录》,《农业考古》2005年第1期,第267页。

第二节　西瓜由高昌回鹘传入契丹

在辽宋时期,西瓜作为一种稀罕水果,只有上层社会才能享用。据上述《胡峤陷虏记》记载,其于947年北上辽朝记下了所见所闻。辽上京即今内蒙古自治区赤峰市巴林左旗林东镇南郊之辽上京遗址;真珠寨,据此四十里,今巴林左旗林东镇东39公里处有索贝山,汉译即为真珠,贾敬颜考为今新寨以东之地,或新寨以北二道山子东之地;地势渐高之地,为阿鲁科尔沁旗东南之天山;平川,为今乌力吉木伦河和西拉木伦河中间之旷野;裹潭,据贾敬颜研究位于今开鲁县西北之塔拉干泡子。①开鲁县位于内蒙古通辽市西部,介于东经120°25′~121°52′、北纬43°9′~44°10′之间,开鲁县属大陆性温带半干旱季风气候,年平均气温5.9℃,有西辽河中游的开鲁盆地。吉木萨尔县(北庭)位于新疆维吾尔自治区天山北麓东端,准噶尔盆地东南缘,东经88°30′~89°30′,北纬43°30′~45°,气候属温带大陆性气候,干旱少雨,昼夜温差大。地处盆地之中,四周高山环抱。虽然北庭与开鲁县相隔甚远,但二者在地理纬度上较为接近,并且同样是处于高山之下盆地之中,此地西边是大兴安岭南缘,南边是七老图山和努鲁尔虎山,中间有西拉木伦河、老哈河、乌力吉木伦河、教来河穿过,这些河流均在中下游区域穿越沙地和冲积平原,河道平缓,两岸有宽广的漫滩和阶地。因而河流含沙量较高,河床土地自然含沙量也高,到辽朝晚期,此地区内之科尔沁沙化益发严重。本地年平均降水量300—400毫升,并且80%以上集中在5月至9月。②现今的自然环境和辽朝时期大致相同,只是当时的草原更宽广一些。气候上有差异的一点是:一者属季风气候,一者属沙漠气候,把北庭西瓜种

---

① 贾敬颜:《五代宋金元人边疆行记十三种疏证稿》,北京:中华书局,2004年,第21—23页。
② 邹逸麟:《辽代西辽河流域的农业开发》,陈述主编《辽金史论集》第2辑,北京:书目文献出版社,1987年,第69页。

子带到开鲁县西部进行栽培,日照时间自然不及北庭、高昌等地,故而需通过牛粪来增加热度,有时还会罩上类似今天大棚之类的保暖物以提高温度。契丹人的种植方式在今天的东北、河北一带一仍其旧。至于胡峤所言其在开鲁县以西吃到了西瓜,此地纬度、气候和北庭相近,首选为培育西瓜之地乃情理中事,待培育技术逐步提高后,自然会在不同地区栽种,堪称合乎逻辑的一般选择。

唐末五代以来,战乱频仍,大量北方民众迁往西辽河流域。916 年,辽兴,太祖耶律阿保机在西辽河流域建立州县。据研究,迁入西辽河流域的汉人有十五六万,渤海人十六七万[①],主要集中在辽上京临潢府及其周围、河北长城以北至赤峰以南辽中京道以及辽宁中部和西部地区[②],从而使得西辽河流域迎来了前所未有的农业开发,这一现象的出现与当时气候向暖转化不无关系。及至辽末,科尔沁草原沙化逐步严重,不再适合农作物的种植。而开鲁县及其以西地区处于辽上京周围之地,农业的广泛发展也使得栽培西瓜品种成为可能。

辽上京城址一处金代普通民居附近的灰坑中,发现了一粒西瓜籽和两粒葡萄属果实种子,应该为当时人们的食余。在金上京遗址的一处灰沟中,同样也发现了一粒西瓜子(图 4-2)。两处城址发现的实物证据显示了辽代传入的西瓜,在金代时的北方地区应当已经相当普遍,并且可能已经为百姓们所食用。[③]

1941 年,开鲁境内西瓜子买卖很兴旺,年交易额达十万元,说明此地西瓜品种大且质量好,或可追溯至辽朝。其为西瓜的一种,因多籽著称,本地将其称为"黑瓜子",也称"打瓜子"。多在沙质土壤的沙沼地带种植,1949 年以前每年种植五六百亩。[④]内蒙古赤峰市巴林左旗有花加拉嘎乡。花加拉嘎,蒙古语今作 Huwa Jilagha,由 Ghuwa Jilagha 演变而来。Ghuga,即汉语"瓜"之音译,Jilagha 是

[①] 邹逸麟:《辽代西辽河流域的农业开发》,陈述主编《辽金史论集》第 2 辑,北京:书目文献出版社,1987 年,第 79 页。
[②] 满志敏:《中国历史时期气候变化研究》,济南:山东教育出版社,2009 年,第 387 页。
[③] 钟华:《从辽金都城遗址看历史时期开展植物考古研究的重要性》,https://www.sohu.com/a/518169822_121119016,2022—01—21。
[④] 耿璞等编:《开鲁县志》,海拉尔:内蒙古文化出版社,2001 年,第 407 页。

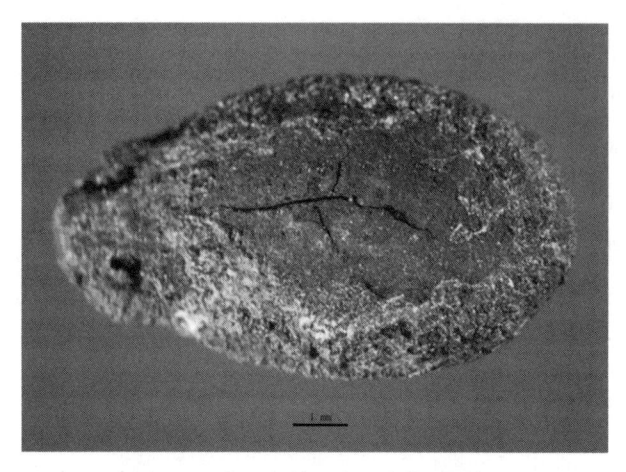

图 4-2 金上京城址出土炭化西瓜籽

图 4-3 内蒙古赤峰市巴林左旗花加拉嘎乡西瓜种植(李富摄)

山谷、山川的意思。《巴林左旗地名志》曰："'花加拉嘎'是'瓜加拉嘎'的音转，系蒙古语，意为：瓜川"(图4-3)。①今天兰州、民勤、古浪、永昌以及新疆塔城地区都有良好的品种出产，可见这些地方在光照、沙质土壤及其他方面有相似的种植条件。

1991年清理的敖汉旗下湾子5号辽墓壁画中就见有西瓜。东南壁的"备饮图"桌后右侧放一浅盘，盘内盛西瓜2个，桃子4个，石榴1个。左侧放一曲口浅盘，内放一盏(图4-4)。此约为辽中期墓葬。②1995年，在内蒙古赤峰市敖汉旗羊山一号辽墓东壁"墓主人宴饮图"中，墓主前置砖砌半浮雕式黑色小方桌，桌前侧放一带子母口的黑色圆盘，上盛3个西瓜，后放曲口竹编式浅盘，内盛石榴、桃子、枣子等水果，有的水果如桃、石榴的柄部尚带树叶(图4-5)。③据发掘者推断，墓主为辽代名臣刘祜之父刘匡善，生活于辽圣宗时

---

① 巴林左旗地名志编辑委员会编《巴林左旗地名志》，巴林左旗人民政府印制，1987年，第150页。
② 《敖汉旗下湾子辽墓清理简报》，《内蒙古文物考古》1999年第1期，第76页、81页。
③ 敖汉旗博物馆：《敖汉旗羊山1—3号辽墓清理简报》，《内蒙古文物考古》1999年第1期，第18页。

期，下葬时间约为太平六年（1026）或七年（1027）。①北京市门头沟斋堂辽晚期壁画墓也绘有西瓜图（图 4-6）。墓门内西侧彩绘两侍女，前者稍高，面带微笑，双手藏袖内托盘，盘内盛石榴、鲜桃、西瓜。后者稍矮，紧跟在前者之后，双手托盘，盘上置一高足碗。②这三幅墓葬壁画的瓜果图，均以西瓜、石榴、桃子、枣子为组合，和当时敦煌地区的外来水果相似。

俄藏黑水城文献中有《蒙学字书》，编号为 Дx.02822。其中，Дx.乃"敦煌"之俄文字母缩写，若仅观编号，当为敦煌文献。然将之与《西夏地形图》、西夏文《天盛改旧新定律令》、西夏文《三才杂字》等文献进行对比分析，不难发现，该文献实应为西夏仁孝时期（1139—1193）修订的字书抄本，依西夏境内流传的汉文实用识字教材改编而成，后留存于黑水城。③在俄藏文献中，有将黑水城文献窜入敦煌文献的情况，他们大多数是

图 4-4　赤峰市敖汉旗下湾子 5 号辽墓壁画中的瓜果图

图 4-5　赤峰市敖汉旗羊山 1 号辽墓西瓜图

---

① 敖汉旗博物馆：《敖汉旗羊山 1—3 号辽墓清理简报》，《内蒙古文物考古》1999 年第 1 期，第 31 页。
② 北京市文物事业管理局、门头沟区文化办公室发掘小组：《北京市斋堂辽壁画墓发掘简报》，《文物》1980 年 7 期，第 25 页。
③ 王使臻：《俄藏文献 Дx.2822 "字书"的来源及相关问题》，《西夏学》第 5 辑，上海：上海古籍出版社，2015 年，第 116—125 页。

图 4-6　北京斋堂辽墓墓门内西侧瓜果图

早年整理者把俄国从中国西北地区不同遗址中获得的少量汉文文献归并到较多的"敦煌汉文文献"当中的结果。①

由《蒙学字书》观之，至少可以说明在西夏晚期"番姓"中已经出现了"嵬名""没藏"等姓氏。字书中记载了许多黑水城外来商品的名称，其中果子部第十五记录了胡桃、石榴、柿子、橘子、南枣、越瓜、回鹘瓜、大食瓜等②，和西夏文献中汉文本 Дх.02822《杂字》实为同一个卷子。《杂字》一般认为是西夏晚期之作，其"果子部"下同样记载了"回纥瓜"和"大石瓜"词条。③其中的回鹘瓜（回纥瓜）指的是后世新疆吐鲁番等地所产"哈密瓜"。而大石瓜，史金波指为大食瓜，应由波斯一带引入。④王静如进而明确指其与汉文《杂字》药物部所记之安息香（Styraxbenzoin）一样都是来自波斯。⑤黄盛璋考订中亚西瓜最早为花剌子模人种于八九世纪之后传入新疆。⑥花剌子模的地处乌兹别克斯坦和土库曼斯坦之地，大食瓜很可能就是西瓜。而 Дх.2822《杂字》内容、体例与敦煌本《俗务要名林》相似。

《俗务要名林》出土自敦煌莫高窟藏经洞，收录 7 世纪百姓日常事务之要

---

① 荣新江：《〈俄藏敦煌文献〉中的黑水城文献》，沈卫荣、中尾正义、史金波主编《黑水城人文与环境研究——黑水城人文与环境国际学术研讨会文集》，北京：中国人民大学出版社，2007 年，第 534—548 页。
② 俄罗斯科学院东方文献研究所等编《俄藏敦煌文献》第 10 册，上海：上海古籍出版社，1998 年，第 61 页。
③ 史金波：《西夏汉文本〈杂字〉初探》，白滨等编《中国民族史研究》第 2 辑，北京：中央民族学院出版社，1989 年，第 180 页。
④ 史金波：《西夏汉文本〈杂字〉初探》，《中国民族史研究》第 2 辑，北京：中央民族学院出版社，1989 年，第 171 页。
⑤ 王静如、李范文：《西夏〈杂字〉研究》，《西北民族研究》1997 年第 2 期，第 73 页。
⑥ 黄盛璋：《西瓜引种中国与发展考信录》，《农业考古》2005 年第 1 期，第 266 页。

词，其中有蔬菜、水果之属，主要有 S.617、P.5001、P.2609、P.5579 等写卷，应为唐太宗至唐高宗时期的抄本。①其中，S.617 收录果子部，较全，但不见大石瓜和回纥瓜。P.2609 果子部中也未提大石瓜和回纥瓜。P.5001 只残存亲族部、宅舍部，男服部、女服部等，张涌泉认为此残片和 P.5579 可缀合成一部。②而 P.3776《俗务要名林》残存天部、阴阳部、年载部、地部、郡邑部、丈夫立身部，下残。类似《俗物要名林》的 S.6208《新商略古今字样撮其时要并行正俗释下卷》，残存□部、缬部、饮食部、乾味部、姜笋部、果子部、席部、布部、七事部、酒部，其中的果子部没有提及瓜类。职是之故，西瓜在唐代并没有传入内地大致可定。西夏晚期，西瓜在《杂字》中出现，说明西瓜向内地传播的时间段应在唐末至西夏晚期之间，庶几可定西瓜传入内地即是在 9 世纪末至 11 世纪早期，这一时间段内，只有辽朝初年明确记载了西瓜来自回鹘。黑水城出土《蒙学字书》《杂字》与敦煌遗书中之《俗务要名林》为西瓜的东传提供了重要佐证。

胡桃即是桃子，观其名即可知乃从西域或更远的中亚、西亚引进，石榴同之。而南枣、越瓜则来自南亚、东南亚地区。天津艺术博物馆藏敦煌文书津艺061（77·5·4402-5V）《信札》记载沙州节度使从回鹘地区带来"回鹘枣子五升"。③足证回鹘枣子在当时颇受欢迎。辽上京汉城西南角设有"回鹘营"，专供来自回鹘的使者、商旅使用。④上京遗址皇城南部厚 2.5~4 米的堆积层中，发掘到辽代"残碎的砖、瓦、陶瓷片、兽骨、铜钱、残铁块、西瓜子、香瓜子和粟、高粱等已腐朽的粮食"⑤。辽上京应非大面积作物、瓜果种植区，如此多的瓜子、粮食遗物出土，或可表明西瓜是被运至此地进行消费的。果若是，则上述证据当为回鹘西

---

① 张涌泉主编：《敦煌经部文献合集》第 7 册，北京：中华书局，2008 年，第 3611 页。朱凤玉：《敦煌写本〈俗务要名林〉研究》，《第二届国际唐代学术会议论文集》，台北：文津出版社，1993 年，第 682 页。
② 张涌泉主编：《敦煌经部文献合集》第 7 册，北京：中华书局，2008 年，第 3611 页。
③ 天津艺术博物馆编：《天津艺术博物馆藏敦煌文献》第 1 册，上海：上海古籍出版社，1996 年，第 308 页。
④ 杨富学：《回鹘与辽上京》，辽上京契丹·辽文化研究学会编《首届辽上京契丹·辽文化学术研讨会论文集》，海拉尔：内蒙古文化出版社，2009 年，第 128—139 页。
⑤ 内蒙古文物考古研究所：《辽上京城址勘查报告》，《内蒙古文物考古文集》第 1 辑，北京：中国大百科全书出版社，1994 年，第 516 页。

图4-7 恩施南宋引种西瓜摩崖石刻

瓜传入契丹的旁证。

胡峤于辽世宗时期亲尝辽上京附近的西瓜，辽朝中晚期，无论是敖汉下湾子4号、羊山1号辽墓还是北京斋堂辽墓壁画中都有西瓜图，说明西瓜已由上京地区传播至幽州（今北京）一带。由于古代的商品交换不若今天发达，商品可以在东南西北方向流通，但只有种植地附近才能品尝到新鲜的西瓜，因为稀少而显得弥足珍贵。由是以观，西瓜的种植，辽早期在西拉木伦河和乌力吉木伦河流域的平川之地，辽朝中期，南传至敖汉旗教来河流域，辽晚期又进一步南传至幽州之地。

湖北省恩施市舞阳坝街道办事处周河村二台坪有南宋引种西瓜的摩崖石刻（图4-7），记载了郡守秦姓将军到此栽养万桑及种西瓜事，并对西瓜的种类、引种时间、培植方法等进行了重点介绍，俗称"西瓜碑"。其中有言："郡守秦将军到此，栽养万桑、诸果园，开修莲花池，创立接官亭，及种西瓜……回回瓜，其身长大，自庚子嘉熙（1240）北游，带过种来。"[1]这说明南宋时代恩施郡守秦姓将军曾北游蒙古国境内，将北方的西瓜引种至恩施一带，此应为"回纥瓜"由北向南引种之一例。

---

[1] ［民国］郑永禧著，邓治凡、田发刚校注：《施州考古录》卷上《柳州城》，北京：新华出版社，2004年，第63页；刘清华：《湖北恩施"西瓜碑"碑文注译》，《碑文考古》2008年第1期，第183页。

第三节 西瓜由漠北回纥传入说辨误

西瓜原产南非洲[①]，而野生种西瓜，多分布于非洲中部的沙漠地带，最早栽培西瓜的是古埃及人，距今4000年埃及墓壁画所绘之西瓜图（图4-8）就是证明。西瓜从非洲传至希腊、罗马，并扩展至罗马帝国势力范围内的其他国家，而波斯帝国作为中转站，将西瓜栽培技术经过丝绸之路传到中国。[②]阿拉伯著名旅行家伊本·白图泰（Ibn Batūtah）在1345—1346年至中国福建、广州、杭州、北京等地游历，其提到中国的极好的西瓜品种与中亚花拉子模和伊朗伊斯法罕的很相似。[③]黄盛璋考订中亚西瓜最早为花剌子模人种于八九世纪，之后由此传入新疆。[④]这从侧面说明中国的优良西瓜是从中亚、西亚一带传过来的，经行路线大约是从非洲经伊朗高原，经中亚一带进入新疆，高昌故城α遗址摩尼教壁画彩绘祭供图（图4-9）[⑤]，最上黄金

图4-8 埃及法老墓壁画中的西瓜，距今4000年

[①] T. Laufer, *SINO-IRANICA. Chinese Contributions to the History of Civilization in Ancient Iran. With Special Reference to the History of Cultivated Plants and Products*, Chicago, 1919, p.438;［美］劳费尔著, 林筠因译：《中国伊朗编》, 北京：商务印书馆, 2001年, 第263页。

[②]［日］星川清亲著, 段传德等译：《栽培植物的起源与传播》, 郑州：河南科学技术出版社, 1981年, 第11页。

[③] H. Yule, *Cathay and the Way Thither: Being a Collection of Medieval Notices of China* Vol. Ⅳ, London, 1913, p.109.

[④] 黄盛璋：《西瓜引种中国与发展考信录》,《农业考古》2005年第1期, 第266页。

[⑤] ZauzsannaGulácsi, *Manichaean Art in Berlin Collections. A Comprehensive Catalogue of Manichaean Artifacts Belong to the Berlin State Museums of the Prussian Cultural Foundation, Museum of Indian Art, and the Berlin-Brandenburg Academy of Sciences. Deposited in the Berlin State Library of the Prussian Cultural Foundation*, Turnhout: Brepols, 2001, fig. 32. 1.

图 4-9 高昌故城 α 遗址摩尼教壁画彩绘西瓜

盘中放置带纹瓜和葡萄，可以认定为西瓜。①年代和 P.3672 相吻合，说明 9 世纪末 10 世纪初，西瓜在新疆地区是非常贵重的，后又传入敦煌地区。

传入内地的瓜被统称为西瓜。据《广群芳谱》卷一四说："旧传种来自西域，故名西瓜。"②按《广群芳谱》是康熙四十七年（1708）命汪灏等就明代王象晋的《群芳谱》改编而成，由此可知在明代时，西瓜的名词已被确定了，说明西瓜来自西域，而非漠北。

近期有学者撰文指西瓜应是从漠北回纥故城传入契丹的③，不敢苟同，兹略述己见于下。

首先，西瓜生长需要一定的自然条件。1. 喜暖不耐寒，温度要控制在 25℃以上（32℃以上最佳。蒙古高原冬季（11 月—次年 4 月）寒冷而漫长，最冷的 1 月平均气温在 -30℃至 -15℃，最低气温甚至可达 -40℃，并伴有大风雪；春季（5 月—6 月）和秋季（9 月—10 月）短促，并常有突发性天气变化，甚至秋季就会降大雪。2. 气候干燥、昼夜温差大，蒙古国的情况较为符合。夏季（7 月、8 月）昼夜温差大，光照充足，紫外线强烈，最高温度可达 35℃。3. 西瓜对土壤的适应性较广，在沙土、黏土、南方红壤土、海涂围垦田、山坡生荒地等土壤中都能生长结

---

① H.Härter-M.Yaldiz, *Along the Silk Routes, Central Asia Arts from the West, Berlin State Museums*, New York, 1982, p.177；[日]森安孝夫：《ウイグル＝マニ教史の研究》《大阪大学文学部紀要》第 31·32 卷合刊），大阪大学文学部，1991 年，第 81 页。
② 《御定广群芳谱》卷六七，摛藻堂钦定四库全书荟要本，第 22—23 页。
③ 程杰：《西瓜传入我国的时间、来源和途径考》，《南京师大学报》（社会科学版）2017 年第 4 期，第 83—91 页。

果。蒙古国只有干草原土壤带,至今都没有西瓜种植。4.就地理纬度而言,新疆地区纬度低,蒙古高原纬度高,在高纬度地区种西瓜,口感自然不如新疆等低纬度区,辽朝带回去的种子自然是口感极好的西瓜品种。西瓜对土质要求高,须是沙土地,且温差大,瓜才会沙瓤味甜。而耶律阿保机所至的哈拉和林一带长期充任蒙古高原的政治、经济、文化中心,也是漠北回鹘汗国的都城所在。这里只有昼夜温差大这一点符合种植西瓜的条件,其余各种条件都不适宜种植西瓜。本人曾二度出访哈拉和林一带,没有见到西瓜种植,为了能够得到实证,本人特请求长期在哈拉和林一带从事考古工作的萨仁毕力格研究员(内蒙古自治区博物院)和宋国栋研究员(内蒙古自治区文物考古研究所)协助调查。他们的答复是经过询问家中老人还有哈剌和林经营种植业的熟人,都说近几十年没有听说过在哈剌和林苏木周围种植西瓜的事,他们吃的西瓜主要是从中国进口的,其余主要来自蒙古西部的科布多省。科布多与新疆准噶尔盆地毗连,气候干燥,夏季平均温度9℃~23℃,经济以农牧业为主,种植西瓜差不多已有一二十年的历史。

其次,840年回鹘帝国崩溃,部众要么南迁入唐境,要么西迁至河西、新疆、中亚一带,鄂尔浑河流域沦为空地。唐宣宗大中十年(856)春颁布《议立回鹘可汗诏》,其中提到回鹘旧地,称"沙漠既空,井邑犹在"[1]。这说明回鹘外迁后漠北几已荒无人烟,延续千年的鄂尔浑传统中断。[2]至924年辽朝西征时,此地主要是漠北鞑靼所居,原来作为回鹘国教的摩尼教早因840年回鹘帝国的崩溃而在漠北灰飞烟灭。鞑靼人并不信仰摩尼教。职是之故,可以肯定地说,程杰所谓西瓜由漠北摩尼教徒传入,纯属无稽。[3]从《西州使程记》看,王延德从夏州

---

[1] [唐]宣宗:《议立回鹘可汗诏》,董诰编《全唐文》卷八〇,北京:中华书局,1983年,第841页;宋敏求编:《唐大诏令集》卷一二八,北京:中华书局,2008年,第693页。

[2] Michael R. Drompp, Breaking the Orkhon Tradition: Kirghiz Adherence to the Yenisei Region after A. D. 840, *Journal of the American Oriental Society* Vol. 119, No. 3, 1999, pp. 390–403.

[3] 程杰:《西瓜传入我国的时间、来源和途径考》,《南京师大学报》(社会科学版)2017年第4期,第89—90页。

(今陕西省榆林市横山区西北)出发,经唐代中受降城(今内蒙古自治区包头市南敖陶窑村古城)入回鹘路,穿越蒙古高原中部鄂尔浑河流域九族达靼居地,向西过杭爱山脉抵达伊州(今新疆维吾尔自治区哈密市)。① 途次九族鞑靼居地,全无摩尼教的踪影。

天赞三年(924)十月,辽太祖西征,"遣兵逾流沙,拔浮图城(今新疆维吾尔自治区吉木萨尔县北12公里处破城子),尽取西鄙诸部……十一月,乙未,朔,获甘州回鹘都督毕离遏,因遣使谕其主毋母主可汗"②。由于甘州回鹘长期与五代诸政权保持着密切的政治联系,甚至有联合起来共同对抗契丹的可能,是辽朝所不愿看到的。当辽太祖征西路过河西时,便发动了对甘州回鹘的突然袭击。俘获甘州回鹘的都督毕离遏,给甘州回鹘以强大威慑。此举果然奏效,第二年夏四月,"回鹘毋母主可汗遣使贡谢"③。

这一事件,在回鹘与辽朝之关系史上具有重要意义。辽朝灭亡前夕,即保大三年(1123),契丹贵族耶律大石率部西征,途次高昌回鹘地界,为得到高昌回鹘之谅解与支持,耶律大石曾致书高昌回鹘可汗毕勒哥,称:"昔我太祖皇帝北征,过卜古罕城,即遣使至甘州,诏尔主毋母主曰:'汝思故国耶?朕即为汝复之;汝不能返耶?朕则有之。在朕,犹在尔也。'尔祖即表谢,以为迁国于此,十有余世,军民皆安土重迁,不能复返矣。是与尔国非一日之好也。今我将西至大食,假道尔国,其勿致疑。"毕勒哥得其书札,即迎至官邸,大宴三日。④ 临行时,又献给相当数量的马、驼、羊,以示友好之意。这一记载足以说明辽太祖西征是确凿无疑的。

---

① 此为学界主流观点,以前田直典和岑仲勉先生为代表,见前田直典《十世纪时代の九族鞑靼:蒙古人の蒙古地方の成立》,《東洋学報》第32卷第1号,1948年,第63—71页(收入《元朝史研究》,東京:東京大学出版會,1973年,第235—242页);岑仲勉:《达怛问题》,《中山大学学报》1957年第3期,第120—124页。
② 《辽史》卷二《太祖纪下》,北京:中华书局,1974年,第20页。
③ 《辽史》卷二《太祖纪下》,北京:中华书局,1974年,第21页。
④ 《辽史》卷三〇《天祚皇帝本纪四》,北京:中华书局,1974年,第356页。

第四节　西瓜由高昌回鹘传入辽朝路线

《辽史》载："阻卜诸部,自来有之。曩时北至胪朐河,南至边境,人多散居,无所统一,惟往来抄掠。及太祖西征,至于流沙,阻卜望风悉降,西域诸国皆愿入贡。"[①]此足证辽太祖西征到达了西域,否则,和阻卜紧邻的西域怎么可能自愿入贡,如果只是到达居延海地区,对于西域诸国的威胁力明显不足以达到这个程度。

长泽和俊将辽太祖西征路线大致归纳为:从上京取道呼伦贝尔,沿克鲁伦河、土拉河到鄂尔浑河流域,太祖所遣之军最远及于浮图城,尧骨率军南下伐河曲(今内蒙古伊克昭盟)之地的党项,并在途中向甘州可汗派遣了使者。[②]此说为大多数学者所信从。但也有学者认为尧骨与阿保机并未分道而行,而是一直作为大军前锋行动的。契丹西征军东归道路的东段大体上是沿着黄河河套北部党项居住区向东行进至辽上京(今内蒙古自治区赤峰巴林左旗),而并非从漠北通过克鲁伦河进入契丹腹地的。[③]笔者同意后说。但要补充说明,辽太祖耶律阿保机在此次西征中,于天赞三年(924)十一月,诏谕遣使甘州回鹘政权,第二年四月,回鹘可汗乌母主即遣使贡谢,这应是辽朝为了保障契丹主力经过甘州政权辖境的一次有目的的行动,正如辽末耶律大石意欲假道高昌回鹘时所言:

> 昔我太祖皇帝北征,过卜古罕城(今蒙古国鄂尔浑河上游西岸哈拉巴

[①]《辽史》卷一〇三《萧韩家奴传》,北京:中华书局,1974年,第1447页。
[②] [日]長澤和俊:《シルク·ロード史研究》,東京:國書刊行會,1979年,第311页。程溯洛认为,辽朝此次分两路出兵,一路从居延进军至河西走廊,一路从阴山北面一直打到天山东部。见程溯洛《论辽金与回鹘的关系》,陈述主编《辽金史论集》第1辑,上海:上海古籍出版社,1987年,第80—81页。
[③] 孙昊:《10世纪契丹的西征及其与辖戛斯人的交通》,《欧亚学刊》新9辑,北京:商务印书馆,2019年,第128—129页。

拉哈逊故城遗址），即遣使至甘州，诏尔主乌母主曰："汝思故国耶？朕即为汝复之；汝不能返耶？朕则有之。在朕，犹在尔也。"①

这种看似要为甘州回鹘收复故地的言论实则是在向甘州回鹘宣告辽朝的强大实力，以便为其行军畅通打下基础，而乌母主可汗遣使说明辽朝达到了目的，至于当时的归义军政权，正处于曹议金统治时期，其所统治下的归义军政权极力拉拢甘州回鹘，并通过联姻方式增进二者的关系，因而得到了甘州回鹘的帮助，则从沙州经过则在其考虑范围之内，因而其回军要途经沙州、张掖一带成为一种选择。

论者之所以否认西瓜由高昌回鹘传入，首要理由是924年辽太祖西征浮图城"绝不可能，甚至近乎荒诞"②。史载：天赞三年十月丁卯辽太祖尚"军于霸离思山（今新疆维吾尔自治区哈密市北巴里坤山）"，至十一月乙未"获甘州（今甘肃省张掖市）回鹘可汗毕离遏"。论者认为，仅有一月时间，辽太祖何以能够西拔北疆浮图城（今新疆维吾尔自治区吉木萨尔县北12公里处）再返甘州呢？观其推论，看似言之凿凿，实则完全出于误解。为便于下文的探讨，兹不惮其烦，移录《辽史·太祖纪》的相关记载于下：

[天赞三年]夏五月丙午（6月13日），以惕隐迭里为南院夷离堇。是月，徙蓟州民实辽州地。渤海杀其刺史张秀实而掠其民。六月乙酉（7月22日），召皇后、皇太子、大元帅及二宰相、诸部头等诏曰："上天降监，惠及丞民。圣主明王，万载一遇。朕既上承天命，下统群生，每有征行，皆奉天意。是以机谋在己，取舍如神，国令既行，人情大附。舜论归正，遐迩无怨。可谓大含溟海，安纳泰山矣。自我国之经营，为群方之父母。宪章斯在，胤嗣何

---

① 《辽史》卷三〇《天祚皇帝纪四》，北京：中华书局，1974年，第356页。
② 程杰：《西瓜传入我国的时间、来源和途径考》，《南京师大学报》（社会科学版）2017年第4期，第86页。

忧? 升降有期,去来在我。良筹圣会,自有契于天人;众国群王,岂可化其凡骨? 三年之后,岁在丙戌,时值初秋,必有归处。然未终两事,岂负亲诚? 日月非遥,戒严是速。"

闻诏者皆惊惧,莫识其意。是日,大举征吐浑、党项、阻卜等部。诏皇太子监国,大元帅尧骨从行。秋七月辛亥,曷刺等击素昆那山东部族,破之。

八月乙酉(9月20日),至乌孤山,以鹅祭天。甲午(9月29日),次古单于国,登阿里典压得斯山,以麃鹿祭。

九月丙申朔(这里的九月应为八月之误,阴历为九月初一,朔日,相当于公历10月1日),次古加鹘城,勒石纪功。(九月)庚子(10月5日),拜日于蹛林。

丙午(10月11日),遣骑攻阻卜。南府宰相苏、南院夷离堇迭里略地西南。乙卯(10月20日),苏等献俘。丁巳(10月22日),凿金河水,取乌山石,辇致潢河、木叶山,以示山川朝海宗岳之意。癸亥(10月28日),大食国来贡。甲子(10月29日),诏砻辟遏可汗故碑,以契丹、突厥、汉字纪其功。是月,破胡母思山诸蕃部,次业得思山,以赤牛青马祭天地。回鹘霸里遣使来贡。冬十月丙寅(10月31日)朔,猎寓乐山,获野兽数千,以充军食。丁卯(11月1日),军于霸离思山。遣兵逾流沙,拔浮图城,尽取西鄙诸部。

十一月乙未朔(11月29日),获甘州回鹘都督毕离遏,因遣使谕其主乌母主可汗。射虎于乌刺邪里山,抵霸室山。六百余里且行且猎,日有鲜食,军士皆给。[①]

这里的古单于国,即《辽史·萧图玉传》之"龙庭单于城""窝鲁朵城",当为今和硕柴达木湖附近之一故城。古回鹘城则同于《辽史·耶律大石传》之"卜古罕城"和《辽史·太祖本纪》中的"回鹘单于城",相当于鄂尔浑河左岸的哈喇巴

---

① 《辽史》卷二《太祖纪下》,北京:中华书局,1974年,第19—20页。

喇哈逊。①西北路招讨司"辟遏可汗故碑"据考为鄂尔浑河畔的突厥《毗伽可汗碑》。②霸离思山，则很可能指的是今巴里坤湖附近的天山山脉。③而浮图城呢？肯定就是两《唐书》阿史那社尔本传中"可汗浮图城"之简称，为唐庭州之地，相当于今新疆济木萨尔北12公里处的北庭故城。

可见，辽太祖之西征是沿着唐代漠北回鹘路行进的，从上京出发，经呼伦贝尔地方，沿克鲁伦河、土拉河到达鄂尔浑河流域，越过流沙（指内蒙古与蒙古国间大戈壁），而一直推进到了新疆天山以北的北庭一带。在回师途中，太祖又派其次子、天下兵马大元帅尧骨（即辽太宗耶律德光）率军转道进攻党项，献俘阙下。至是，辽朝疆域的基本框架已初步形成，东起东海（今日本海），西至金山（今阿尔泰山），北抵薛灵哥河（今色楞格河）、胪朐河（今克鲁伦河）流域，南有燕云十六州（今山西、河北二省北部）。

对于《辽史》所载耶律阿保机的西征路线与时间，程杰先生做出如下推算：

> 6月18日出发，8月19日至肯特山，直线距离1000公里，用了整整两个月。8月28日至回纥汗城，距肯特山420公里，用了10天时间。此后的整个9月内，太祖的活动以回纥故都为中心，调兵遣将，对北、西、南三面用兵征讨。所谓"破胡母思山诸蕃部"、"次业得思山"、"猎寓乐山"、"军于霸离思山"，都只在9月底至10月2日的三四天中，如果都是太祖率兵所为，也应去回纥城不远。④

需要说明的是，程先生文中的时间虽用阿拉伯数字表示，指的却是阴历。

---

① ［日］田坂兴道：《漠北时代における回纥の诸城郭に就いて》，《蒙古学报》第2号，1941年，第201页。
② ［日］松井：《契丹可敦城考》，《满鲜地理历史研究报告》第1册，东京帝国大学文科大学，1915年；［日］松井著，冯家昇译：《契丹可敦城考》，《禹贡》第6卷11期，1937年，第53页。
③ ［日］長澤和俊：《シルク・ロード史研究》，東京：國書刊行會，1979年，第306页；［日］长泽和俊著，钟美珠译：《丝绸之路史研究》，天津：天津古籍出版社，1990年，第327—328页。
④ 程杰：《西瓜传入我国的时间、来源和途径考》，《南京师大学报》（社会科学版）2017年第4期，第85页。

为避免造成误解,使读者明晰时间,故而全部采用公历。依照程先生的推算,若10月底耶律阿保机尚在回纥城附近,至11月1日即"军于霸离思山",路程过于遥远,且其中尚有程先生所举诸事,只在三四天完成,显然不可能。程先生故而推定辽太祖西征浮图城之事也是"绝不可能"的。①此为程先生所谓西瓜并非来自西州回鹘的最重要理论依据。

其实,程先生对原文的理解当有误,原文"是月破胡母思山诸蕃部,次业得思山",就是说在这个月内做了这些事,但是具体日期是不太清楚的。就像《资治通鉴》按年月日记事,能够确定日期的都按顺序编排,不能确定日期、但是可以确定是哪个月或者哪一年的,就放在那个月或者那一年的最后,我们只能据此得知某事发生在某月或者某年,但是具体日期是不清楚的。程先生在这里似乎没有看到"是月",以为这几件事放在阴历九月的最后就一定是发生在阴历九月底,接下来的事又发生在阴历十月初,于是得出一个结论说所有这些事都是三四天内完成的。这显然存在对史料的误读。其实,自九月庚子(10月5日)拜日于蹛林至丁卯(11月1日)军于霸离思山(巴里坤山),将近一个月时间内发生的诸事,有的非耶律阿保机亲力亲为,故有的用"遣",有的用"诏"来表示。

当辽太祖驻军巴里坤山后,"遣兵逾流沙,拔浮图城",只是派兵攻取浮图城而非程杰所谓的辽太祖亲征浮图城。巴里坤在丝绸之路上地位重要,唐代的"回鹘路"就是由漠北西南行至巴里坤,然后再西行而连接北庭的。②由巴里坤东南行,经哈密、敦煌可至甘州(今张掖市甘州区),距离800公里左右,对于辽太祖所率契丹骑兵来说,一月时间到达,应是轻而易举之事。

英国学者米诺尔斯基(V. Minorsiky)依(Sharaf al-Zamān Tāhir Marvazi, 1046—1120)的记载,描述了契丹和沙州之间的道路,共有三段:第一段从沙州至 Khātūn-san(可敦墓)需要2月左右;第二段至 ūtkin,约需1月路程;第三程

---

① 程杰:《西瓜传入我国的时间、来源和途径考》,《南京师大学报》(社会科学版)2017年第4期,第86页。
② 陈俊谋:《试论回鹘路的开通及其对回鹘的影响》,《中央民族学院学报》(哲学社会科学版)1987年第2期,第27页。

即终点站 ūjam，约需 1 月路程。从 ūjam 到大海需要行走七天。①Khātūn-san，白玉冬认为是辽的镇州城（今蒙古国布尔干省青托罗盖古城）。②钟焓、康鹏认为 Khātūn-san 应指辽西南面招讨司的驻所——丰州（今内蒙古自治区呼和浩特市赛罕区白塔村）。③ūtkin，白玉冬和钟焓均考订为郁督军（ötükän），ūjam 为辽上京。④果如是，则由沙州出发及于契丹需要 4 个月时间。康鹏对 ūtkin 的认识不同，认为其即为"上京"，而 ūjam 很可能源自契丹语化的"御帐"（*ŋu-chaŋ）一词，指辽帝之行宫，从沙州至辽上京仅需 3 个月时间。

辽太祖之东返，应遵循如下路线：由巴里坤出发，东南行至沙州，再东行甘州，北行取道额济纳，再至其西南面招讨司驻所丰州，最后回到上京。西瓜传入辽朝庶几应沿此路线前行。

1419 年，帖木儿帝国遣使明朝，随行画家盖耶速丁撰《沙哈鲁遣使中国记》，从其记载来看，使团每日的行进速度为 25~30 公里。⑤这应该说是比较慢的。《穆天子传》《山海经》等先秦古籍虽然有些记载较为荒诞，但作为古代地理的参考具有重要的史料价值，据《穆天子传》记载，穆王每天的行进速度是 70 公里。⑥而"马是站着睡觉的动物，人类正常的步行时速为 5 公里，跑步时速为 10 公里，而一匹马的速度是人的两倍以上。马的行进速度大约每小时 20 公里，

---

① V. Minorsiky, *Sharaf Al-Zamān Ṭāhir Marvazī on China, The Turks and India*, London: The Royal Asiatic Society, 1942, p.18.
② 白玉冬：《十世紀における九姓タタルとシルロード貿易》，《史学雜誌》第 120 编第 10 号，2011 年，第 1—36 页；白玉冬：《九姓达靼游牧王国史研究（8—11 世纪）》，北京：中国社会科学出版社，2017 年，第 142—145 页。
③ 钟焓：《辽代东西交通路线的走向——以可敦墓地望研究为中心》，《历史研究》2014 年第 4 期，第 34—35 页；康鹏：《马卫集书中的契丹"都城"——兼谈辽代东西交通路线》，《民族研究》2017 年第 2 期，第 91 页。
④ 白玉冬：《十世紀における九姓タタルとシルロード貿易》，《史学雜誌》第 120 编第 10 号，2011 年，第 1—36 页；白玉冬：《九姓达靼游牧王国史研究（8—11 世纪）》，北京：中国社会科学出版社，2017 年，第 142—145 页；钟焓：《辽代东西交通路线的走向——以可敦墓地望研究为中心》，《历史研究》2014 年第 4 期，第 44—46 页。
⑤ [法]阿里·玛扎海里著，耿昇译：《丝绸之路：中国——波斯文化交流史》，乌鲁木齐：新疆人民出版社，2006 年，第 43 页。
⑥ 王贻樑、陈建敏选编：《穆天子传汇校集释》，上海：华东师范大学出版社，1994 年，第 67 页。

最快时速可达 60 多公里,可以连续奔跑 100 公里"[①]。蒙古国时期,拔都西征,每天平均行军速度达到 90~95 公里。从突击战而言,攻占北俄罗斯只用了两个月零五天,每天平均进攻速度达 85~90 公里;攻占南俄罗斯,只用了两个月零十天,每天进攻速度达 55~60 公里;攻占匈牙利和波兰,只用了 3 个月时间,每天进攻速度达 58~62 公里。速度快这一因素,促成了蒙古西征军对战略主动权的牢固把握。[②]蒙古骑兵行进速度是使团速度的 3 倍以上,而战时因受各种因素干扰,为使团行速的 2~3 倍,契丹骑兵的速度即使不及蒙古骑兵,也不会相差很远。果若是,则使者从沙州至契丹需要 3~4 个月,而骑兵之征战,仅需要 1~2 个月或更短的时间即可完成。再者,当时的漠北诸族均是分散的部族,从辽太祖西征的过程看,并没有遇到强烈抵抗,从辽上京至高昌回鹘,4 个月的时间是足够的。

第五节　结　论

从历史文献记载看,中国内地之西瓜种植始于辽朝,而辽朝的西瓜又来自"回纥"。至于"回纥"西瓜,到底产自哪里,学术界存在争议。尤其是近期,程杰发表专文,认为西瓜应产自漠北而非新疆地区,首要理由是"辽太祖西征不可能到达北疆浮图城",实则出于误解。《辽史》记载辽太祖于天赞三年十月驻军哈密北巴里坤山,至十一月到达甘肃张掖,仅有一月时间,辽太祖不可能亲征北疆浮图城。其实,史乘明确记载辽太祖是由巴里坤山派兵攻取浮图城的,而没有言亲征事。程先生的推论完全不能成立。据《马卫集论中国、突厥和印度》记载,使者由沙州出发至于契丹,需时 4 个月。辽太祖西征,从 924 年六月出发至十月到达巴里坤山,再派兵拔浮图城,同样历时四个月。众所周知,契丹骑兵

[①] 杜君立:《历史的细节——马镫、轮子和机器如何重构中国与世界》,上海:上海三联书店,2013 年,第 12—13 页。

[②] 罗旺扎布等:《蒙古族古代战争史》,北京:民族出版社,1992 年,第 240 页。

之速度远比使者要快得多，没有理由怀疑辽太祖及其军队到达高昌回鹘。再说，言称西瓜产自漠北，于史无证，史书记载，回鹘于 840 年西迁之后，其地遂空。既然漠北没有回鹘人居住，那么"回纥西瓜"产自漠北之说也就失去了支撑。况且，西瓜喜干热气候和沙质土壤，就漠北地区而言，这些条件都是不具备的。而敦煌文书 P.3672bis《都统大德致沙州宋僧政等书》明确记载高昌回鹘产"瓤桃"，即西瓜也，与胡峤《陷北记》所言耶律阿保机"破回纥得此种"的记载可互相印证，表明东传入契丹之西瓜原产于高昌回鹘当无可疑。耶律阿保机派兵破回鹘浮图城时当 924 年，然后由高昌回鹘境内的巴里坤山东返，东南下沙州（今甘肃省敦煌市），再东行至甘州，然后沿黑水北行，取道今内蒙古额济纳旗，再至西南面招讨司驻所丰州，最后东北行回到上京。西瓜传入辽朝自然应循此路东行而入于契丹。

　　回鹘西瓜之东传只是辽朝西部经略的一个缩影，诸如西方的金银器、玻璃器、玉器、琥珀等均随着辽朝的西部经略不断影响着辽朝人的生活，有关辽代金银器的研究最为深入，以张景明、朱天舒、王春燕、樊进等[①]为代表，从文化、考古、工艺等方面深入探讨了辽代金银器的西方因素。而辽墓中诸如陈国公主墓、耶律羽之墓中出土的精美的玻璃器、玉器、琥珀制品，充分证明了中亚、西亚因素对辽朝玻璃、玉器、琥珀工艺的影响。辽朝作为草原丝绸之路上的霸主，在其不断的西方经略中，不仅加深了对西域、中亚、西亚的影响，同时，反过来也受到西来文化的影响，推动了东西方文化交流。

　　（本文原刊沙武田主编《丝绸之路研究集刊》第 7 辑，商务印书馆，2021 年，第 257—268 页。收入文集时内容有大量增补）

[①] 张景明：《金银器与草原丝绸之路研究》，兰州：兰州大学出版社，2017 年；朱天舒：《辽代金银器》，北京：文物出版社，1998 年；王春燕：《辽代金银器研究》，北京：科学出版社，2020 年；樊进：《辽代金银器设计研究》，南京艺术学院博士学位论文，2017 年。

契丹内亚篇

第五章　论辽朝的西疆经略

第一节　辽朝西部疆域的扩张及其所辖部落

辽是916—1125年雄踞于我国北方的一个强大的封建王朝。建立者契丹人是我国北方古老的民族之一,源出鲜卑宇文部的别支,很早以来就繁衍生息于今西拉木伦和老哈河一带。唐初,契丹大贺氏部落联盟长窟哥"举部内附",唐太宗以契丹八部置松漠都督府(今内蒙古自治区巴林右旗南)。唐末,中原板荡,契丹迭剌部贵族耶律阿保机乘机称帝建国。

还在辽朝建立之前的唐天复元年(901),当时刚被推为迭剌部夷离堇的阿保机即已开始"专征讨,连破室韦、于厥及奚帅辖剌哥,俘获甚众"[①]。此后,连年征讨女真及黑车子室韦等部。唐天祐三年(906),攻河北刘仁恭,还兵途中"袭山北奚,破之",并"遣偏师讨奚、霫诸部及东北女直之未附者,悉破降之"。第二年又"征黑车子室韦,降其八部",接着征服了贝加尔湖一带的斡朗改部和奚、霫部之未归顺者,统一东北地区,形成了"东际海(今渤海)、南暨白檀(今北京市密云区东北)、西踰松漠(今西拉木伦河上源之平地松林)、北抵潢水(今西拉

[①]《辽史》卷一《太祖纪上》,北京:中华书局,1974年,第2页。

木伦河)"①的巨大辖区,为辽的形成建立了巩固的根据地。

耶律阿保机并未满足于现状,在他称帝的当年,便大规模展开了对其西部地区(即后来西南面招讨司、西北路招讨司的辖地)非契丹部族的军事征服。神册元年(916)秋,阿保机率领大军,"亲征突厥、吐浑、党项、小蕃、沙陀诸部,皆平之。俘其酋长及其户万五千六百,铠甲、兵仗、器服九十余万,宝货、驼马、牛羊不可胜算……十一月,攻蔚(今河北蔚县)、新(今河北涿鹿)、武(今河北宣化)、妫(今河北怀来)、儒(今河北延庆)五州,斩首万四千七百余级。自代北至河曲逾阴山,尽有其地。遂改武州为归化州,妫州为可汗州,置西南面招讨司……十二月,收山北八军"②。

由此可以看出,在辽太祖建国之初即把自己的势力伸展到了阴山以西,奄有代北、河曲之地,席卷了山北八军。接着,阿保机又于神册三年(918)遣其弟大内惕隐耶律安端率军,再次进攻云州(今山西省大同市)及西南诸部族。神册五年(920)秋,乘党项诸部叛乱之机,阿保机又亲统军马,以长子兀欲(即耶律倍)为先锋,西征党项,攻占了云内(今内蒙古自治区呼和浩特市托克托县云内州遗址)、天德(即丰州,遗址在今内蒙古自治区呼和浩特市赛罕区白塔村)之地,确立了辽在今土默特川(即西套)一带的统治。

天赞三年(924),辽太祖再次西征。从《辽史·太祖纪》可见到如下记载:

[天赞三年]六月乙酉……大举征吐浑、党项、阻卜等部。诏皇太子监国,大元帅尧骨从行……八月乙酉,至乌孤山,以鹅祭天。甲午,次古单于国,登阿里典压得斯山,以麃鹿祭。九月丙申朔,次古回鹘城,勒石纪功。庚子,拜日于蹛林。丙午,遣骑攻阻卜……甲子,诏砻辟遏可汗故碑,以契丹、突厥、汉字纪其功……冬十月丙寅朔,猎寓乐山,获野兽数千,以充军食。丁卯,军于霸离思山。遣兵逾流沙,拔浮图城,尽取西鄙诸部。十一月乙未

---

① 《辽史》卷一《太祖纪上》,北京:中华书局,1974年,第2—4页。
② 《辽史》卷一《太祖纪上》,北京:中华书局,1974年,第11页。

朔,获甘州回鹘都督毕离遏,因遣使谕其主乌母主可汗。①

这里的古单于国,即《辽史·萧图玉传》之"龙庭单于城""窝鲁朵城",当为今和硕柴达木湖附近之一故城。古回鹘城则同于《辽史·耶律大石传》之"卜古罕城"和《辽史·太祖本纪》中的"回鹘单于城",相当于鄂尔浑河左岸的哈喇巴喇哈逊。②西北路招讨司"辟遏可汗故碑"据考为鄂尔浑河畔的突厥《毗伽可汗碑》。③霸离思山,则很可能指的是今巴里坤湖附近的天山山脉。④而浮图城呢?肯定就是两《唐书》阿史那社尔本传中"可汗浮图城"之简称,为唐庭州之地,相当于今新疆济木萨尔北12公里处的北庭故城。

辽太祖的西征,使辽朝西部疆域急剧扩大,这里原有的或农耕或游牧的民族,如突厥、沙陀、吐浑、党项、墨离、小蕃、阻卜、梅急里、粘八葛、萌古等也都随之成了辽朝的属民。

突厥,原为阿尔泰山以南地区的古部落,后以郁督军山(今蒙古国杭爱山东段)为中心建立过强大的突厥汗国。744年,末主白眉可汗为回纥所杀,汗国灭亡,部众南徙,入幽、燕、云、代及河套地区,势力大衰,有辽一代,仅偶见于史册。

沙陀,为西突厥别支,原居于新疆北部地区。唐贞元之乱后,为避吐蕃攻击而东徙入定襄神武川之新城(今山西省怀仁县西)。唐末以降,势力大张,先后建立过后唐、后汉政权。后汉灭亡,其部族大多进入中原,为汉族所同化,仅有少数人仍居云、应等地,成为辽之部族之一。

吐浑,即吐谷浑,为辽东鲜卑族之一支,西晋时徙至今甘肃、青海间,于329年左右建吐谷浑国。唐至德年间,为吐蕃所败,族人流散。懿宗时有吐浑首领赫连铎,以镇压庞勋起义有功而"授振武(今山西省大同市)节度使",据有云州。

---

① 《辽史》卷二《太祖纪下》,北京:中华书局,1974年,第19—20页。
② [日]田坂兴道:《漠北时代に於ける回纥の诸城郭に就いて》,《蒙古学报》第2号,1941年,第201页。
③ [日]松井:《契丹可敦城考》,《满鲜地理历史研究报告》第1册,东京帝国大学文科大学,1915年;[日]松井著,冯家昇译:《契丹可敦城考》,《禹贡》第6卷11期,1937年,第53页。
④ [日]长泽和俊:《シルク・ロード史研究》,东京:国书刊行会,1979年,第306页;[日]长泽和俊著,钟美珠译《丝绸之路史研究》,天津:天津古籍出版社,1990年,第327—328页。

894年，沙陀人李可用杀赫连铎，"其部族散居蔚州界"①。

党项，系羌人之一支。南北朝末期分布于黄河河曲一带。唐德宗时，"诸部相率内附"，散处于陇东、陕北及阴山中部地区。②分为数十个互不统属的部落，较为著名的有夹山的呆儿、黑山北的庄浪、阴山后的仡党、黄河北古丰州地的谷泥以及唐龙镇(即宁边州)的杜庆等。

墨离，出现于唐代。和田清推定："至少唐代的墨离应当是突厥别种。"③唐武德初(618)以月氏旧地置墨离军，管兵五千，治瓜州(今甘肃省瓜州县锁阳城遗址)西北千里(约在新疆维吾尔自治区巴里坤湖以东)，后移置瓜州西北十里处，沙州归义军节度使张议潮之外孙李弘定即曾任"瓜州刺史墨离军押蕃落等使"④。但墨离族的聚居地似乎一直在哈密以北地区。

小蕃，史乘少有记载，当为甘肃等地留存的吐蕃残部。

阻卜，是《辽史》《金史》中对鞑靼的称呼(元朝人讳言鞑靼，故在纂修《辽史》《金史》时均以阻卜、阻獛代替)。辽代的阻卜分布甚广，东抵克鲁伦河，西至镇州可敦城以西。《辽史》中有"北阻卜""西阻卜""西北阻卜""阻卜扎剌部"等名目，是西北路招讨司中势力最大、对契丹最具威胁的部族。

梅里急，《辽史》又作密儿纪，即元代史籍中的蔑儿乞部，居地在今色楞格河与鄂尔浑河下游一带。

粘八葛，即《辽史·部族表》中的乃蛮部，活动于今阿尔泰山一带。

萌古，《契丹国志》作"蒙古里国"，《三朝北盟会编》卷九作"萌古子"，即成吉思汗的蒙古部。辽时迁居于斡难河下游。

---

① [宋]王溥：《五代会要》卷二八《吐浑》，上海：上海古籍出版社，1978年，第450页。
② 《新五代史》卷七四《四夷附录三·党项》，北京：中华书局，1974年，第912页。
③ [日]和田清：《乜克力考》，《桑原博士還曆纪念東洋史論叢》，京都：弘文堂，1931年，第346页。
④ 见莫高窟存乾宁元年(894)立《唐宗子陇西李氏再修功德碑记》。

第二节　西南面、西北路招讨司的设立及其西部经略

辽朝在征服之初，推行着一种比较松散的管理办法，"因种迁落，内置三部，以益吾国，不营城邑，不置戍兵"①。他们之间的关系仅仅局限于贡赋而已。随着形势的发展，辽于其边境地区相继设置了西南、西北路招讨司。"其西南招讨掌河西事，西北招讨掌挞笪边事。"②其中西南面招讨司出现较早，在天赞三年（924）辽太祖西征归来时即已设置，选有功之臣任招讨使。第一任招讨使为阿保机之侄耶律鲁不古，时在天显、会同年间（927—947）。③其辖地是西京道南部，包括今内蒙古自治区鄂尔多斯市东北部、巴彦淖尔市南部、包头市、呼和浩特市、乌兰察布市南部等地，其治所在西京道丰州（今呼和浩特市赛罕区），以加强对其西南部疆域的经营。西南面招讨司职司"控制西夏"，其所恃武装力量，为戍守本境的各部族军及州县戍守军。辽太祖置二十部中，乙室、涅剌、迭剌迭达、品达鲁虢、乌古涅剌五部的节度使归西南面招讨使指挥。上述诸族中，前六部均归其统辖。

西北路招讨司的出现就晚得多，大约在保宁三年（971）之后。第一任招讨使为耶律贤适，但他并未莅任。这一年真正亲到边疆的是耶律速撒。但就辖境而言，该招讨司要比西南面招讨司辽远得多。辖上京道的西部和西北部，包括东起克鲁伦河，西至阿尔泰山，北到色楞格河下游，南抵大漠的广大地区，治镇州。阻卜、梅急里、粘八葛、萌古等部归其统辖。

辽西南、西北路招讨使司的设立，具有非常重要的意义，使这里长期处于分散状态的不同民族正式统一在一个政权之下。虽然早在汉唐时代这里就已与中原王朝关系密切，尤其是唐朝，还于此设置过安北都护府、单于都护府、狼

---

① 《辽史》卷一〇三《萧韩家奴传》，北京：中华书局，1974年，第1447页。
② ［宋］余靖：《武溪集》卷一七《契丹官仪》，四库全书本。
③ 王颋：《辽的西南面经营及其与西夏的关系》，《元史及北方民族史研究集刊》第6期，1982年，第83—84页。

山州等,但大多都是羁縻性质的。辽之招讨使为流官,由中央直接委派,有利于中央王朝对边疆诸族的控制。

由于各民族的社会发展不平衡,上述被征服民族在生活方式与经济结构上都与辽朝存在着一定程度的差异。辽朝初建时,封建制还未完全取代奴隶制。契丹皇帝、贵族热衷于通过战争以掠夺他族之人口和财物。对于已归顺的属部,不仅不能及时予以抚慰,反而征发无度,恣意地向属部征索牲畜与财物,尤其是西南、西北路招讨司的边将,更是以杀掠为快。连辽朝皇帝都不得不承认"边将骄侈,征敛无度"①。这些倒行逆施常常引起受害部族的反抗。他们或举行暴动,或整部整部地逃出辽境,以反抗、逃避辽朝的统治。太宗会同四年,吐浑首领白承福、赫连功德率三万余帐,与突厥、沙陀等族分七八路投奔后晋成德节度使安重荣,并与党项相约里应外合以夹击契丹。阻卜更是三番五次地叛离辽朝,与之为敌。这些迫使辽朝不得不一次又一次地劳师远征。《辽史》中充斥着辽师四处征伐的记录。

会同年间(938—947),西南面招讨使耶律鲁不古、耶律安端曾数度出兵攻击吐浑、党项。

保宁、乾亨年间(969—983),耶律休哥、耶律王六以所征党项俘户上献。

乾亨四年(982),西北路招讨使耶律速撒讨阻卜。

统和元年(983)正月,党项十五部侵边,西南面招讨司以兵击破之。随后又命西北路招讨使耶律速撒与西南面招讨使韩德威联兵讨伐党项诸部。同月,速撒攻阻卜。二月,耶律速撒上表请讨党项,大捷。五月,西南面招讨司征突厥部。七月,韩德威攻党项。八月,韩德威伐党项之复叛者。

统和二年(984)十一月,速撒讨阻卜,杀其酋长挞剌干。

统和四年(986)四月,惕隐瑶升、韩德威讨党项。

统和五年(987)七月,韩德威讨伐河湟诸蕃违命者。

统和六年(988),速撒讨伐折立、助里二部。

---

① 《辽史》卷一六《圣宗纪七》,北京:中华书局,1974年,第188页。

统和十二年(994),皇太妃受命攻阻卜。

统和十四年(996),韩德威击破党项。萧挞凛征西北叛乱诸部,斩叛酋阿鲁敦等六十人。

统和十五年(997)正月,韩德威讨党项。二月,再讨。九月,萧挞凛讨阻卜。

统和十九年(1001)正月,西南招讨司讨党项,九月讨吐浑。

频繁的征伐使辽朝损兵折将,疲于应付。在长期的征伐过程中,来自中原的汉文化也开始对契丹产生潜移默化的影响。其统治者逐步认识到征发无度的危害和临时性远征的不可为,遂改弦更张,易临时性征讨为长期派军驻守。辽政府相继于西南、西北路招讨司下兴建了各种比较稳固的军事基地。

西南面招讨司辖下的地区自汉代以来就已有各种行政建置,辽朝接管后一仍其旧,只是对某些地名略作更动。所辖军州六座,其中丰州(又称天德军,内蒙古自治区呼和浩特市赛罕区白塔村)、云内州(又称开远军,今内蒙古自治区土默特左旗东南)、宁边州(又称镇西军,今内蒙古自治区呼和浩特市托克托里云内州遗址)和河清军(今内蒙古自治区鄂尔多斯市东胜区东北)都是因袭而来的。另建"山金"一司,辖今内蒙古自治区武川县东一带。

西北路招讨司的情况就不同了。这里原来城郭建筑甚鲜,虽然在突厥–回鹘统治时期建造过一些,但都已荒废。契丹人马上夺天下,同样也凭战马统治天下,故一开始就对城池的修建不甚重视。只是到后来受中原王朝的影响加上当时边患的频仍,才于统和二十二年(1003)接受萧挞凛的建议设置了漠北三城。《辽史·萧挞凛传》称:"挞凛以诸部叛服不常,上表乞建三城以绝边患,从之。"[1]至于三城的位置与名称,史乘语焉不详。据考,当为鄂毕河流域的镇(今蒙古国青托罗盖)、防(今蒙古国哈达桑)、维(今蒙古国巴剌合思)三州,即可敦城、回鹘城和龙庭单于城。[2]开泰三年(1014),辽政府又增设了招州(今蒙古国

---

[1] 《辽史》卷八五《萧挞凛传》,北京:中华书局,1974年,第1314页。
[2] 王国维:《观堂集林》,北京:中华书局,1994年,第637页;[日]長澤和俊:《シルク・ロード史研究》東京:國書刊行會,1979年,第318页;[日]长泽和俊著,钟美珠译:《丝绸之路史研究》,天津:天津古籍出版社,1990年,第338页;陈得芝:《辽代的西北路招讨司》,《元史及北方民族史研究集刊》第2期,1978年,第12页。

乌归湖西)。与之相呼应，辽又于其东之上京(今内蒙古自治区巴林左旗)西北哈拉哈、克鲁伦、额尔古纳河畔新修或重建了河董(乌尔顺河西岸)、静边(今内蒙古自治区满洲里市东)、皮被河(哈拉哈河下游)三城。1083年，辽又依克鲁伦河增修了塌懒主城(皮被河城正西)。作为西北路招讨司所在地，镇州成了"镇西域"诸部①的重中之重，地位非常显赫。辽政府极为重视，"选诸部族二万余充军屯"，规定"凡有征讨，不得抽移"②。

这些军、州、城的兴建，极大地充实了西南、西北路招讨司的防御力量。随之而来的驻军给养问题便被提上了日程。辽政府借鉴中原王朝自汉代以来所推行的由驻军屯田以自养的成功经验，于漠北地区实行屯田。《辽史》载：

> 统和二十四年……西蕃来侵，诏议守御计，命唐古劝督耕稼以给西军，田于胪朐河侧，是岁大熟。明年，移屯镇州，凡十四稔，积粟数万十斛，斗米数钱。③

据《辽史·地理志》载，仅镇州的屯田军就有二万余。可见规模是不小的，至今我们尚可在军屯旧地见到当年修筑的渠道和耕地遗迹。

军镇的建立与屯田措施的推行，一方面巩固了辽在漠北的统治地位，另一方面也有利于减轻当地部族的负担。在此后的一个多世纪里，辽朝西疆平静了许多。诸族的反叛明显减少，辽军的远征也少多了。"诸蕃岁贡方物充于国，往来若一家焉。"④辽朝在其西疆的稳固统治一直维持到辽末。

从上文的论述可以看出，辽朝的军事力量是相当强大的，在一年之间，即能横扫从蒙古高原至阿尔泰山如此广袤的地域，但仅靠武力是不够的，在其高压与掠夺政策之下，不仅没有使属部平服，反而激起了一次又一次的暴动浪

---

① 《辽史》卷九一《耶律唐古传》，北京：中华书局，1974年，第1362页。
② 《辽史》卷三七《地理志一》，北京：中华书局，1974年，第451页。
③ 《辽史》卷九一《耶律唐古传传》，北京：中华书局，1974年，第1362页。
④ 《辽史》卷八五《萧挞凛传》，北京：中华书局，1974年，第1314页。

潮。只是后来才认识到:"戍垒太远,卒有警急,赴援不及,非良策也。"①在借鉴了中原王朝的历史经验后,一改单靠武力征伐之故策,兼用抚慰、设官治理、屯田等措施,才得收不劳远师而边裔相安之效。辽朝第一次将其西南、西北地区的不同部族统一在中央王朝的管辖之下,派官治理,对我国北部边疆的最终形成产生了重要影响。

---

① 《辽史》卷九一《耶律唐古传》,北京:中华书局,1974年,第1362页。

第六章　辽朝与大食帝国关系考论

第一节　辽与大食帝国的贸易与贡赐关系

唐末五代以来,亚洲大陆的三大帝国——唐、吐蕃、大食均已走向没落,再也看不到盛唐时期万国朝宗的盛况,联系欧亚大陆的丝绸之路也渐趋萧条。在西域这块广袤的土地上,形成了一种大国势力缺失的真空状态,直到辽朝建立之后,这种状况才发生了变化。

辽朝是 916—1125 年雄踞于我国北方的一个强大的封建王朝。辽太祖建国之始,便大规模地展开了向西拓展疆土的军事征伐活动,并积极经略西疆。[①]辽之声威远及西亚乃至更远,草原丝绸之路再度兴盛。然而,由于史书记载的匮乏与紊乱,辽与大食帝国之关系问题,一直未见系统的论述。近年来,随着考古工作的展开,有不少来自大食帝国的文物在辽朝统治区域内相继出土,真实地再现了辽朝与大食帝国商业贸易的繁盛。

"大食"是唐代中国对西亚地区出现的阿拉伯帝国的称呼,音译自波斯语 Tazi 或 Tajik。7 世纪至 8 世纪,在"灭波斯,破拂菻"后,"南侵婆罗门,并诸国,

---

[①] 杨富学、邓浩:《略论辽朝的西疆经略》,《社会科学辑刊》1998 年第 4 期,第 107—111 页。

胜兵至四十万,康、石皆往臣之。其地广万里,东距突骑施,西南属海"①。短短几十年间大食帝国便成为当时世界上疆域最辽阔的大帝国之一。大食帝国历代统治者一向重视发展手工业和商业贸易,以充国用与享受之资。杜环《经行记》记载说,当时,大食帝国"四方辐辏,万货丰贱,锦绣珠贝,满于市肆"②,反映了阿拉伯手工业的发达和贸易的兴旺。经济的繁荣,刺激了大食帝国海外贸易的发展。在政府的鼓励下,阿拉伯商人梯山航海,无远弗至,东至中国,西至欧洲,极大地促进了中西方的经济文化交流。自8世纪灭波斯后,大食帝国控制了陆上丝绸之路,并取代了昔日波斯的贸易地位,与唐朝交往密切,跃居与中国贸易的首位。

北宋初年,大食帝国已渐趋衰微,无复昔日之盛,但海外贸易却一直繁盛不衰。宋人周去非言:"大食者,诸国之总名也。有国千余,所知名者,特数国耳。"③至道元年(995),大食舶主蒲押陁黎入贡北宋,太宗因问其国,对云:"与大秦国相邻,为其统属。"④由此可知,此时大食帝国已不复昔日之盛,其原有疆域至少有一部分已归于大秦。尽管如此,却没有给大食帝国商业的繁荣带来大的影响,与宋、辽、西夏均有不同程度的贸易往来。⑤

辽朝与大食帝国的商业往来是很繁盛的。据南宋叶隆礼撰《契丹国志》卷二一《诸小国贡进物件》记载,大食国及高昌国、龟兹国、于阗国、小食国(今新疆哈密一带)等,"三年一次遣使约四百余人,至契丹贡献玉、珠、犀、乳香、琥珀、玛瑙器、镔铁兵器、斜合黑皮、褐黑丝、怕里呵、门得丝、硇砂、褐里丝",其中的纺织品"皆细毛织成,以二丈为匹。契丹回赐至少亦不下四十万贯"。⑥从贡物品种看,犀牛角、乳香、琥珀、玛瑙器产于阿拉伯地区,为大食商人对外贸易的常见商品。辽墓出土遗物中就屡有琥珀及玛瑙饰品,现举例如下:

---

① 《新唐书》卷二二一《大食传》,北京:中华书局,1975年,第6262页。
② [唐]杜环著,张一纯笺注:《经行记笺注》,北京:中华书局,1994年,第52页。
③ [宋]周去非著,杨武泉校注:《岭外代答校注》《外国门下》,北京:中华书局,1999年,第99页。
④ 《宋史》卷四九〇《大食传》,北京:中华书局,1977年,第14120页。
⑤ 此外,有宋一代,史书中所谓的"大食"有时也指中亚地区信仰伊斯兰的喀喇汗王朝。详见钱伯泉:《大石、黑衣大食、喀喇汗王朝考实》,《民族研究》1995年第1期,第75—82页;胡小鹏:《辽可老公主出嫁"大食"史实考辨》,《西北师大学报》1995年第6期,第86—88页。不在本文论述范围。
⑥ [宋]叶隆礼:《契丹国志》卷二一《外国贡进礼物》,上海:上海古籍出版社,1985年,第201页。

出土时间	出土地点	出土遗物	
		琥珀	玛瑙
1949年8月至1950年3月	辽宁省义县西山村	钱形小佩1件、圆珠2件、刀柄1件、珠3颗、盉3件、制品若干	碗1件、小盉1件、珠1件、带饰5件①
1982年夏	辽宁省阜新县七家子村		瓜棱形玛瑙饰品1件、管状玛瑙饰品1件②
1986年6月至8月	内蒙古奈曼旗辽陈国公主墓	佩饰2101件、握手4件	碗1件、盅2件、饰品14件③
1987年6月	辽宁省阜新市旧庙乡海力板村		饰品6件④
1993年6月至10月	内蒙古宁城县埋王沟	琥珀狗1件⑤	
1996年10月	辽宁省彰武县程沟村	饰珠9枚、丁字状琥珀饰品1件⑥	

  大食三年一次朝贡，使者众多，"契丹回赐至少亦不下四十万贯"，由是以观，大食与辽的贸易是相当繁荣的，朝贡规模不小。

  关于大食之入辽朝贡活动，史书记载不多。《辽史》卷二《太祖本纪下》载：天赞二年（923）六月，"波斯国来贡"。⑦天赞三年九月，"大食国来贡"。⑧这里的"波斯"即萨曼王朝，当时受阿拉伯帝国阿拔斯王朝（750—1256）统治。天赞二年（923）大食帝国辖下的波斯国到辽朝贡，仅隔一年之后，又有"大食"到辽朝贡，此"大食"当即西亚之大食帝国。《宋史》载：

---

① 李文信：《义县清河门辽墓发掘报告》，《考古学报》1954年第8期，第163—202页。
② 阜新市博物馆筹备处：《辽宁阜新地区契丹辽墓的清理》，《考古》1995年第11期，第1010页。
③ 内蒙古自治区文物考古研究所、哲里木盟博物馆：《辽陈国公主墓》，北京：文物出版社，1993年，第86—102页，第60—61、103页。
④ 李宇峰：《阜新海力板辽墓》，纪兵、刘国有主编《阜新辽金史研究》，香港：新天出版社，1992年，第140页。
⑤ 内蒙古文物考古研究所、辽中京博物馆：《宁城县埋王沟辽代墓地发掘简报》，《内蒙古文物考古文集》第2集，北京：中国大百科全书出版社，1997年，第619页。
⑥ 阜新市文物队、彰武县文物管理所、阜新市博物馆：《阜新程沟辽墓清理简报》，《北方文物》1998年第2期，第27页。
⑦ 《辽史》卷二《太祖纪下》，北京：中华书局，1974年，第19页。
⑧ 《辽史》卷二《太祖纪下》，北京：中华书局，1974年，第20页。

先是,其入贡路繇沙州,涉夏国,抵秦州。乾兴初(1022),赵德明请道其国中,不许。至天圣元年(1023)来贡,恐为西人钞略,乃诏自今日取海路繇广州至京师。①

这一记载表明,北宋初年,大食入贡北宋时还常从陆路而来,而且此处的大食应该处于临海的阿拉伯地区。从历史的记载来看,大食与宋朝的贸易,尽管越来越依赖于海路,但陆路贸易并未完全终止。《宋会要》载仁宗天圣元年(1023),内侍省副都知周文质言:

> 沙州、大食国遣使进奉至阙。缘大食国比来皆汛海,由广州入朝,今取道沙州入京,经历夏州境内,方至渭州。伏虑自今大食止于此路出入,望申旧制,不得于西蕃出入。从之。②

所谓旧制,大约应制定于咸平五年(1002)西夏李继迁攻占灵州(今宁夏灵武)以后。此制未能制约大食与西夏的贸易,如天圣元年(1023),大食即经过西夏境内而东行入宋朝贡。有鉴于此,北宋不得不重申禁令,不允许大食途次西夏入贡,只允许走海路,"由广州入朝"。由此可见,与海路相比,大食比较乐意通过陆路与北宋及地处丝绸之路上的西夏进行贸易。既然大食可以经由西夏到宋朝贡,那么也完全可以经由西夏到辽进行贸易。况且,北宋一直视西夏为敌对国家,必欲除之而后快,于是千方百计地从政治上孤立以及从经济上封锁西夏,北宋拒绝大食途径西夏,凸显的就是上述目的。而西夏与辽则长期保持着较为友好的关系,大食通过西夏境内入辽进贡应是不受限制的。

---

① 《宋史》卷四九〇《大食传》,北京:中华书局,1977年,第14121页。
② [清]徐松辑《宋会要辑稿》蕃夷四之九一——九二《大食》,北京:中华书局,1957年,第7758页。

第二节 辽与大食贸易中的陶瓷

唐宋时期,阿拉伯地区的玻璃(或称琉璃)制品通过丝绸之路大量流入辽朝,倍受辽人的喜爱,所以在现已发现的辽代文物中,就有不少阿拉伯地区的玻璃制品。

1974年,在对辽宁省法库县叶茂台早期辽墓进行发掘时,从中出土"玻璃方盘"一件(图6-1),器形特殊,面呈正方形,中间微凹,四周镶裹银边。下有四只袋形足,袋足之间,有阴弦纹沟通。玻璃器原裂成三块,用三个小银锔子将玻璃锔合在一起。玻璃绿色透明,壁较厚,4~5毫米,铸造成形,成形后经过打磨,打磨痕迹很清楚。可能产自伊拉克或埃及,使用于放置不同的调味品。①辽宁省朝阳市姑营子辽耿氏墓(开泰八年,1019)出土的玻璃带把杯,呈圆筒状,腹部急收成假圈足,口、腹部附一把手,把上端一角翘立,具有典型的伊斯兰玻璃器特征,与伊朗高原喀尔干(Kurghan)出土的玻璃把杯有着相同的造型。②与姑营子出土带把玻璃杯完全一样的器物在内蒙古通辽市奈曼旗青龙山镇辽陈国公主夫妇合葬墓(开泰七年,1018)中也有发现(图6-2)。这些器物,与9—10世纪近东或伊朗产品的西德杜塞尔多夫(Dusseldorf)市博物馆藏品中的带把杯相近。沙特阿拉伯

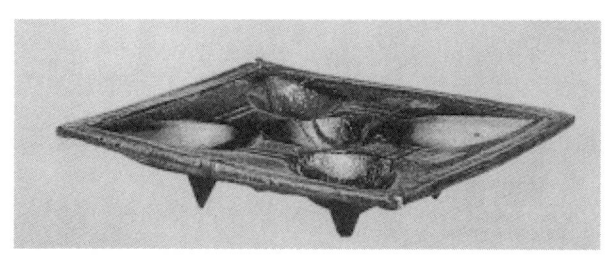

图6-1 辽宁法库县叶茂台辽墓出土伊斯兰玻璃调味方盘

---

① 马文宽:《法库叶茂台早期辽墓出土的伊斯兰玻璃调味方盘》,《中国历史文物》2002年第3期,第46页。
② 朝阳地区博物馆:《辽宁朝阳姑营子辽耿氏墓发掘报告》,《考古学集刊》第4辑,北京:文物出版社,1983年,第78—85页。

利雅得伊斯兰艺术馆收藏的一件带把玻璃杯，被认定为9—10世纪的产品，也与姑营子、陈国公主墓所出同类器物相近。可以肯定，辽墓所出这两件相同的玻璃杯可能都是从伊朗高原同时输入辽境的。①此外，在陈国公主墓中还出土有乳钉纹玻璃杯 1 件，口颈漏斗形，圆腹圈足；刻花玻璃瓶 1 件，细长颈，折肩，桶形腹，腹部刻几何纹，②与喀尔干出土的9—10世纪玻璃把杯的器形极为相近。在河北省定州宋代静志寺塔地宫出土有类似的玻璃瓶，③与德黑兰考古博物馆藏你沙不儿（Nishabur）出土的 10 世纪水瓶的形状和纹饰几无二致。④这些玻璃器皿都属于伊斯兰风格，产于伊朗高原，应系包括伊朗在内的大食帝国商人通过草原丝绸之路而传入辽朝境内的。

图 6-2　陈国公主墓出土乳钉纹玻璃盘

马卫集（Sharaf al-Zamān Tāhir Marvazi, 1046—1120）在其所著《动物之自然属性》第 8 章第 22 节载录有契丹皇帝致伽色尼算端书，书中建议双方通好。书末注明写于鼠儿年，当为辽圣宗太平四年（1024）。⑤伽色尼王朝是大食帝国领域内分离出来的突厥人国家。辽圣宗在使者携带的国书中表示希望修建由辽至伽色尼（Ghazni）的道路，以便两国使臣往还。⑥这一记载说明，辽朝对于发展同西亚，尤其是大食的关系是非常重视的。在伊朗、伊拉克、埃及、地中海东岸

---

① 内蒙古自治区文物考古研究所、哲里木盟博物馆：《辽陈国公主墓》，北京：文物出版社，1993 年，第 137 页。
② 内蒙古自治区文物考古研究所、哲里木盟博物馆：《辽陈国公主墓》，北京：文物出版社，1993 年，第 57—58 页。
③ 河北定县博物馆：《河北定县发现两座宋代塔基》，《文物》1972 年第 8 期，第 39—51 页。
④ 安家瑶：《中国的早期玻璃器皿》，《考古学报》1984 年第 4 期，第 413—441 页。
⑤ 黄时鉴：《辽与"大食"》，《东西交流史论稿》，上海：上海古籍出版社，1998 年，第 19 页。
⑥ 阜新市文物队、彰武县文物管理所、阜新市博物馆：《阜新程沟辽墓清理简报》，《北方文物》1998 年第 2 期，第 19—21 页。

也有多种从辽朝输入的瓷器、陶器大量出土,辽三彩对伊斯兰彩色陶器产生了重要影响。①众所周知,辽三彩继承了唐三彩的传统工艺和技法,同时更多地具备了辽文化的特点,是中原文化与辽文化相结合的产物。②唐三彩仅有少量曾出口到阿拉伯世界,比辽三彩要少得多。如在开罗附近的福斯塔特(Fustat)遗址,曾发现有大量的富有特色的中国白瓷,据推测,应制作于辽都上京,属于辽白瓷。③

第三节 辽与大食贸易之影响

从出土的器物看,辽瓷在造型、装饰技法、纹饰等方面也或多或少地受到了伊斯兰陶器的影响。④辽与西亚地区出土的文物可以证明,辽与大食不但有贸易交往,而且在生产技术和艺术风格上相互影响,这种交流是双向的。

契丹长期受唐、突厥和回鹘的统治,于 916 年立国后,声威大张,势力拓展至西域地区,与大食及其属下的波斯、喀喇汗王朝发生了密切的交往。《辽史》卷三六《属国军》列出的就有阿萨兰回鹘、波斯、大食;《辽史》卷四六《北面属国官》中亦列有阿萨兰回鹘大王府、大食国王府。辽朝的影响广及大食帝国,阿拉伯人自 10 世纪起,即称中国为"契丹"(Khita 或 Khata)。即使在辽朝灭亡以后,阿拉伯语仍用"契丹"来表示中国。13 世纪,蒙古汗国西征中亚、西亚等地,将中国的火药和管形火器的制造和使用方法传入阿拉伯国家。成书于 13 世纪晚期的阿拉伯兵书《马术和军械》,仍将火药称为"契丹花",将管状火器称为"契丹火枪""契丹火箭"。⑤足见契丹在阿拉伯国家心目中影响之深远。通过交流,大

---

① [日]三上次男著,李锡经、高喜美译:《陶瓷之路》,北京:文物出版社,1984 年,第 78 页;李红军:《试论辽宁出土的唐三彩与辽三彩器及相关问题》,《辽海文物学刊》1989 年第 1 期,第 12—30 页。
② Y. Crowe, Early Islamic Pottery and China, *Transactions of the Oriental Ceramic Society*, 1975—1977, p. 194.
③ [日]三上次男著,李锡经、高喜美译:《陶瓷之路》,北京:文物出版社,1984 年,第 15 页。
④ R. H. Pinder-wilson and George T. Scanlon, Glass Finds from Fustat, *Journal of Glass Studies*, Vol. xv, 1973, p.271.
⑤ 王大方:《草原丝绸之路》,《草原访古》,呼和浩特:内蒙古大学出版社,1999 年,第 25 页。

第六章 辽朝与大食帝国关系考论 | 105

食帝国境内盛行的打马球技术以及金银器、瓜果、蔬菜等，都流传到辽朝境内，有的在文献中得到记载，有的反映于内蒙古东部地区及辽宁等地发现的辽代墓葬壁画和佛塔雕刻中。

马球运动是唐代初叶由西域胡人传入长安并推动发展起来的。唐代中叶，大批大食帝国统治下的波斯人移居到契丹邻近的营州一带。波斯马球逐渐在河北道流行起来，并深入契丹地区，后来成为辽朝全国性体育运动。契丹地区流行的波斯马球运动，一直保留着波斯人的运动衣服饰，这一点在内蒙古敖汉旗宝吐乡发现的《辽代马球图》壁画上得到见证。① 在辽代金银器中，可以找到波斯金银器的遗风。如内蒙古赤峰市阿鲁科尔沁旗罕苏木乡发现的辽代耶律羽之墓中曾出土有鎏金"孝子图"银壶（图6-3），② 在赤峰市克什克腾旗二八地一号辽墓出土有"大郎君"银壶（图6-4），形制均为敞口、束颈、折肩、圆腹、圈足，③ 与俄罗斯米努辛斯克盆地西部叶尼塞河上游的科比内二号突

图 6-3　内蒙古阿鲁科尔沁旗辽代耶律羽之墓出有鎏金"孝子图"银壶
（图片采自《探寻失去的王朝——辽耶律羽之墓》，第61页）

---

① 邵国田：《辽代马球考——兼述皮匠沟1号辽墓壁画中的马球图》，《内蒙古东部区考古学文化研究文集》，北京：海洋出版社，1991年，第103—109页。
② 盖之庸：《探寻失去的王朝——辽耶律羽之墓》，呼和浩特：内蒙古大学出版社，2004年，第61页。
③ 项春松：《克什克腾旗二八地一、二号辽墓》，《内蒙古文物考古》1994年第3期，第84页。

图6-4 赤峰市克什克腾旗辽墓出土"大郎君"银壶(李富摄)

厥墓出土的折肩金杯非常相似,纹饰和鋬文为中国式,应为仿突厥的造型。联珠纹装饰又是波斯萨珊王朝银器的做法,饱满圆润,技法高超。

辽代早期高足杯的形状在唐代金银器中不见,杯身宽浅,呈敞口盘形,圈足矮小,如赤峰市元宝山区大营子辽驸马墓出土的鎏金团龙戏珠纹银高足杯。①这种类型的高足杯,与中亚巴拉雷克(Balalyk-Tepe,今乌兹别克斯坦南部铁尔梅兹市西北约30公里处)发现的5至6世纪嚈哒壁画中人物手中的同类器物很相近。流传到国外文物市场的辽太平年间(1021—1031)制双凤纹金高足杯口缘有一周联珠纹,杯身比早期稍有增高,圈足矮,但有增大的趋势,其器形具有明显的波斯风格。

此外,大食马也被输入辽朝。据《辽史》卷七〇《属国表》载,圣宗统和二十四年(1006)六月,"沙州敦煌王曹[贤]寿遣使进大食马及美玉,以对衣、银器等物赐之"②。这说明,通过敦煌地区的统治者,大食马也辗转到达了辽朝宫廷。

原产大食的西瓜也东传至辽朝,在辽上京城外有贩卖西瓜的摊贩,自称所售西瓜是辽太祖西征回鹘时,从西域引入辽朝种植的。③1995年,考古工作者在

---

① 前热河省博物馆筹备组:《赤峰县大营子辽墓发掘报告》,《考古学报》1956年第3期,第1—36页。
② 《辽史》卷七九《属国表》,北京:中华书局,1974年,第1149页。
③ [五代]胡峤:《陷北记》,载叶隆礼《契丹国志》卷二五,上海:上海古籍出版社,1985年,第238页。

内蒙古赤峰市敖汉旗羊山辽墓,发现绘有西瓜等水果的壁画,堪称现知中国时代最早的西瓜图画。值得注意的是,在内蒙古额济纳旗黑水城遗址出土的西夏汉文文献《杂字·果子部》(编号 Дx. 2822)中,也有关于"大石瓜"的记载。[①]这里的"大石瓜",显然就是"大食瓜"的异写,侧面印证了大食西瓜的东传。

第四节 结 论

若从考古发现来看大食帝国与辽之间的关系,我们很容易得出这样的结论:两者的关系是密切的,他们之间的商业贸易是繁荣的。然而,史书的记载是非常匮乏的。这种情况的出现,当与西域诸国的中转贸易有很大关系。西域诸国地处丝绸之路要冲,为东来西往的使者、商旅必经之地,唐时,大批的大食商人,甚至更遥远的大秦商人,经由西域直接来到长安,此时的丝路贸易更多情况下体现的是一种长途贸易。唐末五代以来,中原板荡,割据纷立,丝路贸易受阻,东西方之间的经济文化交流往往要通过西域诸国的中转才能实现。西域的回鹘人成了丝绸之路上最活跃的商业民族,他们与西方诸国进行贸易,然后把获得的贸易品转运至辽宋,或者将辽宋的商品输往西方。即使回鹘商人足不出户,也能完成丝路贸易的运转。西域回鹘向辽进贡品中有乳香、珊瑚等,这显然是从大食商人手中获得的。《宋史·于阗传》将乳香归入于阗所产,实乃撰史者误将中转贸易品认作原产地。宋人赵汝适在《诸蕃志》卷下载:"乳香一名薰陆香,出大食之麻啰拔、施曷、奴发三国深山穷谷中。"[②]麻啰拔(Murbat)、施曷(Shihr)、奴发(Zufar)三国皆在阿拉伯半岛东南部之哈德拉茅(Hadramaut)海岸,其中麻啰拔、施曷自古以盛产乳香闻名于世,有"乳香国"之称。奴发即今阿

[①] 俄罗斯科学院东方文献研究所等编:《俄藏黑水城文献》第 6 册,上海:上海古籍出版社,2000 年,第 140 页。史金波:《西夏汉文本〈杂字〉初探》,《中国民族史研究》第 2 辑,北京:中央民族学院出版社,1989 年,第 180 页。

[②] [宋]赵汝适著,杨博文校释:《诸蕃志校释》卷下《乳香》,北京:中华书局,1996 年,第 163 页。

曼境内之佐法儿（Dhofar），为古代阿拉伯的一大香料集市。缘此，大食帝国不乏经营乳香的巨商，如南宋绍兴六年（1136），大食蕃客啰辛一次就"贩乳香直三十万缗"[1]，被南宋政府任命为承信郎。

综上所述，可以看出，辽朝与大食帝国尽管相距遥远，但二者间的贸易是相当繁盛的，除朝贡外，当还存在着其他多种贸易形式，只是史书未予记载而已。加之大食物品多是通过西域、西夏、北宋乃至东南亚等地展转而到达辽朝境内的，故史书在记载这些物品时，一般以入贡地称之，而冠以"大食"字样的反而罕见。幸赖近年地下出土物的不断发现，才使我们得以窥见辽与大食贸易关系之一斑。

---

[1] 《宋史》卷一八五《食货志下七·香附》，北京：中华书局，1977年，第4537—4538页。

第七章　耶律大石征服东部喀喇汗王朝史事新探

1125年辽朝灭亡前夕，辽将耶律大石北遁入漠北可敦城，冀以聚集力量，及至1130年离开其地而西征西域，1132年于叶密立（今新维吾尔自治区疆额敏县）称帝，建西辽帝国。约在1134年，大石驻足中亚楚河流域，取代了东部喀喇汗王朝对当地的统治，进据其都城八剌沙衮（今吉尔吉斯斯坦托克马克东南12公里处，在楚河附近，位于比什凯克与伊塞克湖之间）。约在1137年春东征高昌回鹘王国，以为属国。在一度东征金朝失败后，大石西进河中。1137年在忽毡击败西部喀喇汗王朝统治者马赫穆德，更于1141年在克特湾战役中大败塞尔柱突厥，进据撒马尔罕与布哈拉，使西辽成为囊括河中地区的辽阔帝国。由于史料对西辽的记载非常稀少而且零散，有待探讨的问题非常多。如大石对东部喀喇汗王朝的征服，学界虽有关注，但史书记载混乱，学界理解各异。有鉴于此，笔者不揣谫陋，拟结合有关穆斯林史料和钱币资料，特于本章中就这一问题略做辨析。

第一节　耶律大石西征路线诸说辨析

耶律大石于辽保大五年（金天会三年，1125）入据漠北可敦城后，在这里休养生息，随后于可敦城称王。起初，大石目标在于反金复辽而非西征西域。《金史·完颜宗翰传》载,天会五年(1127)金攻宋时,有将领建议把山西部队调出南征,完颜宗翰认为不可,提出"耶律大石在西北,交通西夏。吾舍陕西而会师河北,彼必谓我有急难。河北不足虑,宜先事陕西"。天会七年(1129),金朝泰州路都统婆卢火奏报:"大石已得北部二营,恐后难制,且近群牧,宜列屯守。"①由上可知,彼时大石当与金对峙于漠北东部地区。蒙古国境内克鲁伦河中游北巴尔斯和坦有三座东西并列的古城,其一为10—11世纪之契丹城。这座契丹古城在清人记载中曾有提到,张穆《蒙古游牧记》引清人龚之钥《后出塞记》记载,"又曰:达赖贝子所属境内,有城名巴喇和屯,译言虎城也。城内废寺甚大,后殿有二塔,一七层,一五层,二塔壁间所绘诸佛像俱在。其七层者,内有石台。上供木匣,长三尺许,贮书一轴,上缋三世佛及文殊、普贤并四大天王像。殿侧有碑记,字多剥落,间有一二字可识,仿佛辽时之物"。②巴喇和屯即巴尔斯和坦。从文中描述看,应指三座古城中的契丹古城。其房屋建筑材料竟和中亚西辽古城八剌沙衮所见颇类,③当与西辽人曾在二地区活动不无关系。

金朝为解除西北边境大石的威胁,于天会八年(1130)出兵北征,大石立足不稳,遂纠集军队离漠北而西徙。《辽史》记载,大石于"明年二月甲午,以青牛白马祭天地、祖宗,整旅而西"④。西征的具体时间,梁园东考为1130年⑤,周良霄则推定为1131年。⑥前后相差一年。大石西征后政治重心转往西域,但其势力在漠北依旧存在,直到成吉思汗兴起时,西辽和金朝的影响力依旧在漠北并存。⑦

大石西征,在新疆地区首先面临的就是东部喀喇汗王朝和高昌回鹘两股势力,其征服过程在汉文史料和穆斯林史料有着不同的记载。

---

① 《金史》卷一二一《粘割韩奴》,北京:中华书局,1975年,第2637页。
② [清]张穆撰,张正明、宋举成点校:《蒙古游牧记》卷九《外蒙古喀尔喀喀鲁伦巴尔和屯盟游牧所在》,太原:山西人民出版社,1991年,第220页。
③ [蒙]呼·佩尔列著,陈弘法译:《蒙古境内的契丹古城遗址》,《蒙古高原考古研究》,呼和浩特:内蒙古人民出版社,2016年,第315—317页。
④ 《辽史》卷三〇《天祚皇帝本纪四》,北京:中华书局,1974年,第356页。
⑤ 布莱资须奈德著,梁园东译:《西辽史》,北京:商务印书馆,1934年,第35—40页注释16。
⑥ 周良霄:《关于西辽史的几个问题》,《中华文史论丛》1981年第3期,第248—250页。
⑦ [日]松田孝一著,乌云高娃译:《西辽与金朝的对立及成吉思汗兴起》,《杨志玖百年诞辰纪念文集》,天津:天津古籍出版社,2017年,第250—262页。

《辽史》言大石曾致信回鹘王毕勒哥,使其归降。当大石离开高昌西征时,毕勒哥"献马六百,驼百,羊三千,愿质子孙为附庸,送至境外"。①"毕勒哥"者,乃回鹘语"Bilgä"的汉译,意为"智慧"。《突厥语大词典》言:"回鹘可汗被称作阙·毗伽·汗(Köl Bilgä Xan),意为'其智慧如同湖泊。'"②如同漠北回鹘一样,高昌回鹘统治者多拥有这一称号。圣彼得堡俄罗斯科学院东方写本研究所藏 MS SI 2 Kr 17 回鹘语敕令提到高昌回鹘大臣毗伽·伯克(Bilgä Bäg)命令焉耆城官员防范离开伊犁河向裕勒都斯进军的拔悉密人。③文书年代约在 11 世纪,看来,除回鹘可汗外,大臣称号中也会出现"毕勒哥"一词。故而"毕勒哥"应该不是这位高昌回鹘君主的名字,而是称号。羽田亨已经留意到这一点,可以参见。④

志费尼《世界征服者史》称大石先率军到叶尼塞河上游黠戛斯地区,"向该地区的部落发起攻击,后者也反过来袭扰契丹人"。大石离开黠戛斯来到叶密立(今新疆额敏县)后,在这里修建城池,积聚力量,乘东部喀喇汗王朝式微之机先占据八剌沙衮,后夺取喀什噶尔。⑤

伊本·阿西尔(Ibn al-Athīr)《全史 al-Kāmil fī al-Taʾrīkh》则说,希吉勒历 522 年(1128),独眼的菊儿汗·阿斯尼亚(指耶律大石或其将领)带着大军来到喀什噶尔边境,东部喀喇汗王朝统治者阿赫马德率军抵抗,菊儿汗被打败,西辽军队许多人阵亡。不久阿赫马德死去,"菊儿汗占据了他的地位"⑥。

以上三种史料对西辽的征服活动记载各异,学界有许多争议,兹需细致探讨。

志费尼记载大石先立足叶密立作为根据地,进而夺取八剌沙衮,伊本·阿西尔却言西辽向喀什噶尔进军,被阿赫马德(1102—1132 年在位)击败。八剌沙

---

① 《辽史》卷三〇《天祚皇帝本纪四》,北京:中华书局,1974 年,第 356 页。
② R. Dankoff-J. Kelly (eds. and trs.), *Compendium of the Turkic Dialects*, by Mahmud al-Kašγari Vol. 1, Cambridge: Harvard University Printing Office, 1982, p. 324.
③ 杨富学:《两件回鹘文敕令译释》,《新疆文物》1989 年第 4 期,第 89、91 页。
④ [日]羽田亨:《西遼建國の始末及び其の年紀》,《羽田博士史學論文集》上卷《歷史篇》,京都:同朋舍,1975 年,第 445 页;[日]羽田亨著,冯家昇译《西辽建及其纪年》,《禹贡半月刊》5 卷 7 期,1936 年,第 55 页。
⑤ [伊朗]志费尼著,何高济译:《世界征服者史》(上册),呼和浩特:内蒙古人民出版社,1981 年,第 417—418 页。
⑥ 伊本·阿西尔著,刘戈译:《〈全史〉选译》(下),《中亚研究》1988 年第 3 期,第 8 页。

衮和喀什噶尔一北一南,相隔千里,故有学者提出,西辽征服占据八剌沙衮、喀什噶尔,很可能是兵分两路进行的,如巴托尔德即言:"西辽人的迁徙分为两路,一路经过新疆地区去喀什噶尔,被阿赫马德打败;另一路前去八剌沙衮,在那里取得了成功。"①学界多然之。②然而,此说存在着很大的疑点。

伊本·阿西尔所谓阿赫马德在1128年击败西辽的记载,巴托尔德做过辨析,指其发生时间当更晚一些。1133年7月,塞尔柱苏丹桑贾尔曾致信巴格达哈里发政府宰相(Vazir),提到不久前喀什噶尔汗在距离喀什噶尔以东几天路程的地方取得了对异教徒(Kafir)的胜利,俘获其首领,这些异教徒几年前来自"突厥斯坦最遥远的地区"。③此即伊本·阿西尔所言喀喇汗王朝统治者阿赫马德击败大石之事,巴托尔德由是推定伊本·阿西尔关于此事发生在1128年的记载不确切,很可能是晚几年才发生的事情。④周良霄对大石兵分两路征服喀喇汗王朝的观点提出疑问,认为"大石所致书假道的回鹘王毕勒哥,当即在别失八里(今新疆维吾尔自治区吉木萨尔县北12公里处破城子),至和州回鹘,但很难认为其时另有必要派出一支远出喀什噶尔的西征军,因为这次进军是受阿尔思兰汗之招,直指巴拉沙衮的",并根据志费尼关于大石占据八剌沙衮后才出兵征服喀什噶尔的记载,认为大石占据喀什噶尔是进据八剌沙衮以后的扩展行动。⑤余大钧也对大石征服东部喀喇汗王朝兵分两路的观点提出疑问,认为当时大石统帅为数不多的部队,必须集中力量,迅速夺取胜利,不可能将兵力分散到遥隔千里的两个地区。⑥

天会八年(1130)金派耶律余睹征漠北,曾言:"闻耶律大石在和州之域,恐与夏人和,当遣使索之。"西夏也上报:"小国与和州壤地不相接,且不知大石所

---

① W. Barthold, trs. by V. And T. Minorsky, *Four Studies on Central Asia* Vol. I: *History of the Semirechye*, Leiden: Brill, 1956, p. 101; В. В. Бартольд, Сочинения V, Москва, 1968, стр. 543—544.
② 如 J. A. Boyle (ed.), The Cambridge History of Iran Vol.5, Cambridge at the University Press, 2007, p. 148.
③ 维·维·巴尔托里德著,耿世民译:《中亚简史》,北京:中华书局,1980年,第30页。
④ W. Barthold, trs. by V. And T. Minorsky, *Four Studies on Central Asia* Vol. I: *History of the Semirechye*, Leiden: Brill, 1956, p.101.
⑤ 周良霄:《关于西辽史的几个问题》,《中华文史论丛》1981年第3期,第252页。
⑥ 余大钧:《耶律大石创建西辽帝国过程及纪年新探》,陈述主编《辽金史论集》,上海:上海古籍出版社,1987年,第241—242页。

在。"①结合梁园东关于大石离开漠北在 1130 年的考证,大石 1130 年离开漠北后进军高昌回鹘,迫使毕勒哥臣服。翌年,高昌回鹘叛。魏良弢认为,大石攻击东部喀喇汗王朝,被阿赫马德击败,率军经由高昌回鹘撤退,毕勒哥执其党羽献给金国,故而可推定大石战败时间应在 1131 年上半年。②可备一说。

不论从 1131 年耶律大石进军喀什噶尔失败还是 1134 年大石进军八剌沙衮,都可以否定大石兵分二路出征东部喀喇汗王朝的说法。

第二节　高昌回鹘叛附与耶律大石之西征

耶律大石在喀什噶尔的战败影响不小,高昌回鹘的背叛可能即为其后果之一,事见《金史·太宗本纪》:天会九年(1131)九月己酉,"和州回鹘执耶律大石之党撒八、迪里、突迭来献"。③与此恰可印证的是,志费尼《世界征服者史》提到大石于 1134 年占据八剌沙衮而后继续扩张,于 1137 年征服别失八里(图 7-1),并从那里出兵拔汗那和河中。④从这一记载看,大石征服高昌回鹘应在 1137 年,否则没必要派军往征。魏良弢言 1132 年大石在叶密立称帝后,率军南下进入高昌回鹘。高昌回鹘国王大约同上次一样,没有抵抗就归降西

图 7-1　新疆吉木萨尔别失八里故城遗址

---

① 《金史》卷一二一《粘割韩奴》,北京:中华书局,1975 年,第 2637 页。
② 魏良弢:《西辽史纲》,北京:人民出版社。1991 年,第 39 页。
③ 《金史》卷三《太宗纪一》,北京:中华书局,1975 年,第 63 页。
④ [伊朗]志费尼著,何高济译:《世界征服者史》(上册),呼和浩特:内蒙古人民出版社,1981 年,第 418 页。

辽。①可惜此说缺乏史料依据,且与志费尼的记载有不合之处。志费尼记载,大石是在1134年占据八剌沙衮后才四处扩张,"征服了别失八里,从那里出兵拔汗那和河中,这些州邑也臣服于他,算端乌思蛮的祖先、河中的算端们承认他为他们的君主。"②则大石征服高昌应在1134年占据八剌沙衮以后。

从前引志费尼记载看,大石扩张行动当是在出兵征服高昌回鹘后,随即从别失八里出征拔汗那(费尔干纳)和河中。《世界征服者史》另一处也提及了高昌回鹘臣服西辽:"当哈剌契丹人[的皇帝]征服河中和突厥斯坦那年的春季,巴而术也落入臣服的圈套,不得不缴纳贡品。契丹皇帝把一名沙黑纳(Shahna)派给他,其名叫少监(Shaukem)。"③这段记载明显有误,征服河中和突厥斯坦的哈剌契丹君主只能是耶律大石而非其后继者,而高昌畏兀儿亦都护巴而术阿而忒的斤之归降成吉思汗是13世纪初,这里似乎把亦都护先祖事与亦都护本人弄混了。13世纪初巴而术阿而忒的斤即位前后,因为西辽国力衰落,畏兀儿和西辽隶属关系松散,西辽君主利用亦都护年幼之机,派遣沙黑纳少监(少监为人名)来高昌回鹘监国,加强对高昌回鹘控制。很可能耶律大石在完成对高昌回鹘征服后,也派沙黑纳来高昌回鹘,以控制高昌回鹘。两位西辽君主都派沙黑纳来高昌回鹘监国,这导致志费尼将二事混为一谈。以这条记载与前引记载互印证,同可表明西辽曾经征服高昌回鹘,时间在"征服河中和突厥斯坦那年的春天"。

志费尼记载耶律大石征服高昌回鹘后,从别失八里出兵西征,征服拔汗那和河中地区。关于耶律大石在拔汗那的作战,详见于伊本·阿西尔《全史》记载:"后来他们(西辽人)来到了玛维兰纳赫尔(河中),哈康·马赫穆德·伊本·穆罕默德于回历531年斋月(1137年5—6月)从霍真德(忽毡,今塔吉克斯坦苦盏)边界前去迎战。"④可见大石进军拔汗那,和西部喀喇汗王朝作战时间在1137

---

① 魏良弢:《西辽史纲》,北京:人民出版社,1991年,第39、48页。
② [伊朗]志费尼著,何高济译:《世界征服者史》(上册),呼和浩特:内蒙古人民出版社,1981年,第418页。
③ [伊朗]志费尼著,何高济译:《世界征服者史》(上册),呼和浩特:内蒙古人民出版社,1981年,第49页。
④ 伊本·阿西尔著,刘戈译:《〈全史〉选译》(下),《中亚研究》1988年第3期,第9页;[俄]巴托尔德著,张锡彤、张广达译:《蒙古入侵时期的突厥斯坦》(上册,)上海:上海古籍出版社,2007年,第370页。

年5—6月,这很可能就是志费尼说的大石进军拔汗那之事。结合志费尼关于高昌回鹘臣服西辽在"征服河中和突厥斯坦那年的春天",则大石出兵征服高昌回鹘的时间应在1137年春。继而西进,于同年5—6月在忽毡击败西喀喇汗王朝。①

耶律大石进军拔汗那之经行路线,当是征服高昌回鹘后,由别失八里西行,沿天山北麓西进,至忽毡与西部喀喇汗王朝的军队作战。元朝时期,由别失八里沿天山北麓西行至伊犁地区,再入中亚,至锡尔河中游,乃一重要交通线。13世纪旅行家丘处机、耶律楚材、海屯来往东西皆经行此道。②大石既然从别失八里西行到忽毡,势必也需经行此路。西辽击溃西喀喇汗王朝军队,未乘胜西进,而是停留下来巩固对塔什干、拔汗那一带的占领。③

综上所述,笔者认为,1130年耶律大石曾经率军西征,经过高昌回鹘,高昌回鹘君主毕勒哥归降。不久很可能因为耶律大石对东喀喇汗王朝作战的失败,高昌回鹘于1131年背叛耶律大石,执其党羽给金朝。1131—1137年高昌回鹘是一个独立政权,没有臣属西辽。耶律大石占据八剌沙衮后,于1137年春出兵高昌回鹘,耶律大石军队进入别失八里,高昌回鹘臣服,沦为西辽附庸,大石遣沙黑纳监国,此后高昌回鹘长期归附西辽。在柏林德国国家博物馆藏吐鲁番西交河故城出土编号为 T II Y 62(Ch 3716)的汉文文书残片一件,内容是《佛名经》和《千字文》,尾题:"天禧年十三,岁次辛未,冬月之伴分廿三日,交河胜泉都通,兹无头《千字文》有头,置将来学习敬口执诵,不祸咎。"④其中的"年""月"

---

① 余大钧:《耶律大石创建西辽帝国过程及纪年新探》,陈述主编《辽金史论丛》第1辑,上海:上海古籍出版社,1987年,第248页。
② 陈高华:《元代新疆和中原汉族地区的经济、文化交流》,《新疆历史论文集》,乌鲁木齐:新疆人民出版社,1978年,第240—241页;周清澍:《蒙元时期的中西陆路交通》,《元史论丛》第4辑,北京:中华书局,1992年,第10—13页。
③ Michal Biran, *The Empire of the Qara Khitai in Eurasian History-Between China and the Islamic World*, New York, 2005, p. 41。
④ Th. Thilo, Ein Chinesischer Turfan-text aus der Zeit der Qara-Qitay, *Scholia. Beiträge zur Turkologie und Zentralasienkunde. A. von Gabain zum 80. Geburtstag am 4. Juli 1981*, Wiesbaden, 1981, pp. 201—205; W. Sundermann -P. Zieme, Sogdisch -Türkische Wortlisten, *Scholia. Beiträge zur Turkologie und Zentralasieskunde* (*Festschrift A. Von Gabain zum 80. Geburtstag am 4, Juli 1981 dargestell von Kollegen. Freunden und Schulern*), Wiesbaden, 1981, S. 193, Taf. 5; 杨富学:《回鹘文献与回鹘文化》,北京:民族出版社,2003年,第438—439页。

"日"用武周新字,但并非武周时期所写,应为高昌回鹘时期的抄本。右边空白处有粟特文回鹘语5行。"天禧"是西辽末代皇帝耶律直鲁古的年号,《辽史》记载:"仁宗次子直鲁古即位,改元天禧,在位三十四年。"①天禧十三年即1190年,反映出高昌回鹘对西辽隶属关系的长期存在。

第三节　耶律大石对八剌沙衮的占据及其意义

《辽史·天祚皇帝本纪四》记大石死于康国十年,伊本·阿西尔《全史》称大石死于1143年初,1143年即康国十年是也。类推之,康国元年应为1134年。《辽史·天祚皇帝本纪四》记载,耶律大石"延庆三年,班师东归,马行二十日,得善地,遂建都城,号虎思斡耳朵,改延庆为康国元年"②。是知,耶律大石占据并定都虎思斡耳朵后改元"康国",时当1134年,亦即大石进占八剌沙衮之年,此为学界公认。"1134年对哈剌契丹国家的发展而言是决定性的一年,东部和北部突厥斯坦的占领地区都被平定,首都被固定下来,然而,此当系耶律大石在收复辽朝旧地的努力失败后,遂将突厥斯坦当成了最终的新家乡。"③考虑到《辽史》提到是年三月大石派萧斡里剌东征,则大石占据八剌沙衮具体时间应不迟于1133年末或1134年初。

《辽史》将大石据八剌沙衮事系于征服河中之后,与史实方枘圆凿,且将大石称帝之事误植于西征河中之时。出现这种史误,盖《辽史》对大石生平的记载,其史源很可能来自耶律楚材游历西域时从西辽故老那里搜集到的材料,乃为大石英雄传说或开国创业事迹传说,旨在宣扬大石所建政权的正统性,未必真实,却被元人不加甄别地植入《辽史》。④尽管如此,其中透漏的大石于康国元

---

① 《辽史》卷三〇《天祚皇帝本纪四》,北京:中华书局,1974年,第358页。
② 《辽史》卷三〇《天祚皇帝本纪四》,北京:中华书局,1974年,第357页。
③ K. A. Wittfogel & Feng Chia-shen, *History of Chinese Society Liao* (907—1125), Philadelphia, 1949, p. 621.
④ 苗润博:《蒙古西征视野下的信息流通与文本生成——〈辽史〉所记"西辽事迹"探源》,《文史》2019年第3期,第216—224、226—229页。

年(1134)进据八剌沙衮应是可信的。

　　志费尼言大石离开漠北西行,先到黠戛斯地区和黠戛斯人战,不胜,遂至叶密立休养生息,1132年于叶密立登基称帝,年号"延庆",并依照当地突厥语族的习惯称"菊儿汗"(Kül Khan),正式建立西辽王朝。钱伯泉认为大石西征是1130年毕勒哥归降后,经由天山北麓别失八里而至叶密立,再入八剌沙衮。①这一观点忽略了1131年左右大石在喀什噶尔的战斗,也没有顾及大石在到达叶密立前曾先行到达黠戛斯地区的史实,明显不妥。

　　大石进攻黠戛斯与遁入叶密立的关系,究其原因,不外乎以下二端。一者,大石攻东部喀喇汗王朝失败,高昌回鹘反叛,遂率军来到叶尼塞河上游进攻黠戛斯,因战败而被迫退至叶密立。②二者,大石离开可敦城西征前先至叶尼塞河上游地区,和黠戛斯人作战,因不利而遁入西域,征高昌回鹘和东部喀喇汗王朝,再败,遁入叶密立。目前虽无可信资料证明哪种说法可能性更高,但都与黠戛斯有关则是无疑的。

　　9—10世纪的阿尔泰有一个显著特点,即不管在文化上还是政治上都与黠戛斯息息相关。③当时黠戛斯势力抵达阿尔泰山地区,传世文献有所反映,成书于982—983年的《世界境域志》提到黠戛斯境内有Tulas山,米诺尔斯基认为Tulas山即阿尔泰山,只是其位置被原书作者误植于伊塞克湖西北山脉之下了。④也有一种意见认为大石所击黠戛斯当分布于阿尔泰山一带,⑤近期又有学者指出9—10世纪之交黠戛斯退回叶尼塞河流域后,其势力西端依旧在阿尔泰山—额尔齐斯河上游地区。⑥还有学者考证,黠戛斯人在阿尔泰地区的活动

---

① 钱伯泉:《耶律大石西行路线研究》,《西域研究》1999年第3期,第38—41页。
② 余大钧:《耶律大石创建西辽帝国过程及纪年新探》,陈述主编《辽金史论集》,上海:上海古籍出版社,1987年,第247页。
③ 吉谢列夫:《南西伯利亚古代史》(上册),新疆社会科学院民族研究所,1985年,第115页。
④ V. Minorsky, Hudud al-'Ālam. "The Regions of the World", a Persian Geography 372 A H.–982 A.D, London, 1937, pp. 195—196.
⑤ 邓锐龄:《西辽疆域浅释》,《民族研究》1980年第2期,第34页。
⑥ 孙昊:《10世纪契丹西征及其与辖戛斯人的交通》,余太山、李锦绣主编《欧亚学刊》新9辑(总第19辑),北京:商务印书馆,2019年,第136—138页。

不会持续到 11 世纪上半叶，很可能在 10 世纪末即已放弃了对阿尔泰地区的控制，即使在 9—10 世纪黠戛斯控制阿尔泰时期，留居那里的黠戛斯人也不会多。[①]相对而言，最后一种说法理据比较充分，可以信从，大石所击之黠戛斯应为分布在叶尼塞河上游的主体部分，而不是分布在阿尔泰山地区的部分黠戛斯人。

耶律大石来到叶密立后，"这儿有很多突厥人和部落大量集合在菊儿汗身边，以致他们达到四万户"[②]。伊本·阿西尔记载当时有一万六千帐契丹人在耶律大石西迁以前已经来到西域，曾经被喀喇汗王朝统治者阿尔斯兰汗穆罕默德·伊本·苏莱曼役属。[③]这一万六千帐契丹人未必真的全是契丹人，还应包括许多来自蒙古高原的部落，他们叛喀喇汗王朝而迁至八剌沙衮地区，多次受到喀喇汗王朝统治者阿尔斯兰汗的袭击。

当耶律大石进入西域后，这些契丹人入其列，军力大增。[④]时当大石居叶密立期间，此后不久大石即占据八剌沙衮。值得注意的是，辽亡前契丹部落向内亚迁徙，当不只此一例，从记载看，早在 1103 年前，欧亚草原西部的钦察部落联盟中已有契丹部落的分布。[⑤]辽代契丹人向内亚的迁徙应是多次性的，只是史书阙载而已。

八剌沙衮地方的喀喇汗王朝统治者因为葛逻禄人和康里人侵扰，向大石求援。大石率军从叶密立向八剌沙衮移动，借机占据之，"登上那不费他分文的宝座"。大石取得汗号，定都八剌沙衮，废八剌沙衮统治者为"伊利克·突厥蛮"（Ilik-Turkmen）。

八剌沙衮之获取，对契丹部众的发展具有重要意义。终西辽之世，西辽契

[①] 巴哈提·依加汉：《9 世纪中叶以后黠戛斯的南下活动》，《西域研究》1991 年第 3 期，第 31—36 页；王洁：《黠戛斯历史研究》，内蒙古大学博士学位论文，2009 年，第 107—108 页。
[②] [伊朗]志费尼著，何高济译：《世界征服者史》（上册），呼和浩特：内蒙古人民出版社，1981 年，第 417 页。
[③] 伊本·阿西尔著，刘戈译：《〈全史〉选译》（下），《中亚研究》1988 年第 3 期，第 8 页。
[④] K. A. Wittfogel & Feng Chia-shen, *History of Chinese Society Liao*（907—1125），Philadelphia, 1949, pp. 634—635；伊本·阿西尔著，刘戈译：《〈全史〉选译（下）》，《中亚研究》1988 年第 3 期，第 8—9 页。
[⑤] P. B. Golden, Cumanica IV. The Tribes of the Cuman-Qipchaqs, *Archivum Eurasiae Medii Aevi* IX, 1995—1997, p. 113.

丹人都保持草原游牧生活方式，①故而对大石部众而言占领水草丰美适合游牧之地自然十分重要。八剌沙衮虽为草原城镇，但定都于此的东部喀喇汗王朝上层及其部众却主要以游牧生活为主。《突厥语大词典》记载，斡耳朵（Ordu）是八剌沙衮附近的驻地，并提到八剌沙衮又称为虎思斡耳朵（Quz Ordu）或者虎思兀鲁思（Quz Ulus）。②八剌沙衮有这一名称很可能因为历史上乌古斯游牧部落驻于其地有关。

东部喀喇汗王朝统治者应和其他游牧部落首领习惯一样，不习惯居于城中，而是住在城外之斡耳朵。《世界征服者史》记载，当葛逻禄、康里人不服八剌沙衮地方喀喇汗王朝统治者管治，"经常欺凌他，袭击他的部属和牲口"③。说明喀喇汗王朝可汗及其部众过着游牧生活。《金史·粘割韩奴传》记载，占据八剌沙衮后，"契丹所居屯营，乘马行自旦至日中始周匝"④。李锡厚指此载表明西辽契丹人不住城，而是另有"屯营"，不和土著居民相混。⑤

笔者认为这个屯营很可能即八剌沙衮城外不远处的斡耳朵，西辽统治者因袭东部喀喇汗王朝统治者习惯而居之。伊本·阿西尔《全史》记载，前述一万六千帐契丹人背叛喀喇汗王朝后，曾经拦住一个商队，要求商队指引他们去一个能容下他们这些部众的宽广牧场，商队指引他们去八剌沙衮。⑥足见八剌沙衮游牧经济的繁荣。

---

① 贾丛江：《西辽契丹人生活方式考辨》，《西域研究》1997年第4期，第81—86页；Michal Biran, *The Empire of the Qara Khitai in Eurasian History——Between China and the Islamic World*, New York, 2005, pp. 132—133.
② R. Dankoff-J. Kelly（eds. and trs.）, *Compendium of the Turkic Dialects*, by Mahmud al-Kašγari Vol. 1, Cambridge: Harvard University Printing Office, 1982, pp.105, 148.
③ [伊朗]志费尼著，何高济译：《世界征服者史》（上册），呼和浩特：内蒙古人民出版社，1981年，第417页。
④ 《金史》卷一二一《粘割韩奴传》，北京：中华书局，1975年，第2637页。
⑤ 李锡厚：《论西辽的政治制度》，《中国社会科学院研究生院学报》1989年第4期，第78页。
⑥ 伊本·阿西尔著，刘戈译：《〈全史〉选译》（下），《中亚研究》1988年第3期，第8页。

第四节　耶律大石征服东部喀喇汗王朝过程考异

耶律大石征服八剌沙衮以后，势力大增，《世界征服者史》记载："他这时把沙黑纳派到从谦谦州到巴儿昔罕，从答剌速到牙芬奇的各个地方去。"①上述四地中，谦谦州位于叶尼塞河上游，巴儿昔罕（巴儿思汗）在伊塞克湖东南。②根据Niadhami-i-Aruni《四个谈话（The Chahar Maqala）》的记载，大石在1142年征服河中后从布哈拉东返七河流域，似曾驻扎在巴儿昔罕。③答剌速即怛逻斯，靠近钦察边界，乃喀喇汗王朝西北边疆重镇。④牙芬奇可能是靠近伊犁河的一座城市。⑤可见，大石占据八剌沙衮后，领地大为扩展。《世界征服者史》载大石在降服康里人后出兵征服了东部喀喇汗王朝的都城喀什噶尔和重镇于阗，在那里保留了东部喀喇汗王朝汗室和贵族，以为附庸。大石没有直接统辖其地，可能与那里不如八剌沙衮那样适合游牧有关。

归降大石的八剌沙衮君主在《世界征服者史》中没有留下名字，普利查克（O. Pritsak）推测其为阿赫马德之子易卜拉欣，他是阿赫马德死后东部喀喇汗王朝唯一的代表，并认为既然西辽征服东部喀喇汗王朝后曾经保留东部喀喇汗王朝残余势力在喀什噶尔、于阗一带的统治，所以易卜拉欣很可能在归降大石后，大石留下喀什噶尔作为他的首都。⑥此说一出，信从者众。然而，此说存在着

---

① [伊朗]志费尼著，何高济译：《世界征服者史》（上册），呼和浩特：内蒙古人民出版社，1981年，第418页。
② É. Chavannes, *Documents sur les Tou-Kiue (Turcs) Occidentaux*, St. Petersbourg, 1903, pp. 304—305; V. Minorsky, *Hudud al-'Ālam. "The Regions of the World", a Persian Geography 372 A H.—982 A.D*, London, 1937, p. 293; 杨富学、葛启航：《回鹘木杵铭文所见"乌什"与高昌回鹘西部疆域》，《中国历史地理论丛》（待刊）。
③ K. A. Wittfogel & Feng Chia-shen, *History of Chinese Society Liao (907—1125)*, Philadelphia, 1949, p. 641.
④ R. Dankoff - J. Kelly (eds. and trs.), *Compendium of the Turkic Dialects, by Mahmud al-Kašyari* Vol. 1, Cambridge: Harvard University Printing Office, 1982, p. 357.
⑤ [伊朗]志费尼著，何高济译：《世界征服者史》（上册），呼和浩特：内蒙古人民出版社，1981年，第424页，注10。
⑥ O. Pritsak, Die karachaniden, *Der Islam*, Band 31, 1953, S. 42—43.

很多漏洞。

其一，贾玛尔·喀尔施《苏拉赫字典补编》称易卜拉欣为"殉教者",[1]表明他很可能死于和非穆斯林敌人的战斗中,巴托尔德将之归诸于西辽,[2]而八剌沙衮统治者根据前引志费尼的记载是归降西辽并被封为"伊利克·突厥蛮",与易卜拉欣殉难的记载不合。

其二,《世界征服者史》记载 1158 年花剌子模沙伊勒·阿尔斯兰(Il Arslan)入侵河中地区,撒马尔罕地方的西部喀喇汗王朝统治者向西辽求救,西辽派伊利克·突厥蛮率一万铁骑前往救援。[3]被西辽封为伊利克·突厥蛮的人仅有八剌沙衮统治者一人,可见他当时依旧在世,这也与易卜拉欣情况不合,尤有进者,他当时能够统军,说明其身份是西辽将领而非西辽控制下的喀喇汗王朝傀儡君主。M. H. 费多罗夫言:"所有这些(引者按:普利察克的推测)并无根据,也完全与关于'殉难者'伊卜拉欣的报道不相符合。"[4]诚为得的之论。

其三,西辽征服喀什噶尔、于阗地区后,保留东部喀喇汗王朝残余势力于其地,易卜拉欣的后裔维持统治,而且这几位喀什噶尔的统治者都有"阿尔斯兰汗"的称号。[5]如果八剌沙衮那位统治者确乃易卜拉欣,已被大石削去汗号,很难想象他还会被任命为东部喀喇汗王朝残余势力的君主,且其后裔还会有阿尔斯兰汗这样的称号。

其四,从相关记载看,易卜拉欣之前的喀喇汗王朝统治者哈桑(1074/1075—1102/1103 年在位)、阿合马德首府均在喀什噶尔。1069 年,尤素甫·哈斯哈吉甫著名长诗《福乐智慧》成书,其中写道:"他在喀什噶尔,终于写完了自己

---

[1] 华涛:《贾玛尔·喀尔施和他的〈苏拉赫词典补编〉》(上),《元史及北方民族史研究集刊》第 10 期,1986 年,第 66 页。
[2] 维·维·巴尔托里德著,耿世民译:《中亚简史》,北京:中华书局,1980 年,第 31 页。
[3] [伊朗]志费尼著,何高济译:《世界征服者史》(上册),呼和浩特:内蒙古人民出版社,1981 年,第 339—340 页。
[4] [苏]M. H. 费多罗夫著,秦卫星译,华涛、魏良弢校:《十世纪末至十三世纪初东部喀喇汗王朝历史概要(根据古钱资料)》,《新疆文物》1987 年第 3 期,第 119 页。
[5] 华涛:《贾玛尔·喀尔施和他的〈苏拉赫词典补编〉》(上),《元史及北方民族史研究集刊》第 10 期,1986 年,第 66 页;[苏]M. H. 费多罗夫著,秦卫星译,华涛、魏良弢校:《十世纪末至十三世纪初东部喀喇汗王朝历史概要(根据古钱资料)》,《新疆文物》1987 年第 3 期,第 119—120 页。

的著作。他把此书在国君面前朗诵，得到桃花石布格拉汗的赞扬。"①这位桃花石布格拉汗，学术界公认为哈桑·本·苏莱曼，首府为喀什噶尔。在一件写于1082年的喀喇汗王朝境内的处理土地纠纷的阿拉伯文契约文书中，提到叶尔羌地区的法官阿布·别克尔·穆罕默德（Abu Bakr Muhammad）由喀喇汗王朝君主哈桑任命。②这与《福乐智慧》提到的哈桑以喀什噶尔为首府恰好互相对应，表明哈桑的统治重心在喀什噶尔、叶尔羌一带的南疆地区。伊本·阿西尔《全史》记载，1089年左右，塞尔柱苏丹马利克沙征服西部喀喇汗王朝后，来到费尔干纳东部的乌兹根，喀什噶尔汗前去谒见他。后来东部喀喇汗王朝发生内乱，喀什噶尔被包围，可汗被另一位统治者托格里尔俘虏。巴托尔德认为这位喀什噶尔汗应该是哈桑（或者作哈伦），③可以信从。是见，哈桑在位时一直以喀什噶尔为首府。当时八剌沙衮一带及其以西的喀喇汗王朝领地是哈桑之叔马赫穆德及其后裔的领地。哈桑死于希吉勒历496年（1102/1103），子阿赫马德即位，号阿尔斯兰汗，仍都喀什噶尔，《全史》记载阿赫马德于1105年派遣喀什噶尔人马赫穆德·本·阿卜杜·格利（Mahmud b. Abd al-Gelil al-Käsgari）去巴格达请求哈里发赐予封号，获封"Nur ad-Daula（国家之光）"称号。④可见阿赫马德即位之初首府应该即在喀什噶尔。希吉勒历492年（1098—1099），统治八剌沙衮和怛逻斯一带的喀喇汗王朝宗王吉布拉伊尔（Qadir Khan Jibra'il）曾经西侵河中，占领了撒马尔罕和布哈拉，再攻塞尔柱突厥领地，结果于1102年6月败亡于忒耳迷附近。⑤这一活动不见哈桑、阿赫马德父子支持的痕迹，似乎表明他应为独立统治者，可见阿赫马德没有统治到八剌沙衮等东喀喇汗王朝北部领地，他的首

---

① 尤素甫·哈斯·哈吉甫著，耿世民、魏萃一译：《福乐智慧》，乌鲁木齐：新疆人民出版社，1979年，第7页。

② 牛汝极：《莎车出土的喀喇汗朝阿拉伯语法律文书与〈福乐智慧〉研究》，《西域研究》1999年第3期，100—102页。

③ W. Barthold, trs. by V. And T. Minorsky, *Four Studies on Central Asia* Vol. I: *History of the Semirechye*, Leiden: Brill, 1956, p. 97.

④ O. Pritsak, Die karachaniden, *Der Islam*, Band 31, 1953, S. 42.

⑤ W. Barthold, trs. by V. And T. Minorsky, *Four Studies on Central Asia* Vol. I: *History of the Semirechye*, Leiden: Brill, 1956, p. 98; J. A. Boyle (ed.), *The Cambridge History of Iran* Vol. 5, Cambridge at the University Press, 1968, p. 139;［苏］M. H. 费多罗夫著，秦卫星译，华涛、魏良弢校：《十世纪末至十三世纪初东部喀喇汗王朝历史概要（根据古钱资料）》，《新疆文物》1987年第3期，第118页。

府不可能在八剌沙衮。直到阿赫马德统治末期，《全史》尚记载希吉勒历 522 年（1128，如前所述，实际上此事发生时间应更晚些），独眼的菊儿汗·阿斯尼亚（指耶律大石或其将领）率军来到喀什噶尔边境，遭到当地统治者阿赫马德的抵抗。桑贾尔在 1133 年给巴格达政府宰相的信中也提到喀什噶尔汗在喀什噶尔以东数日路程打败大石。所有这些都可证，哈桑、阿赫马德父子在位期间，喀什噶尔一直充任首府。易卜拉欣继承阿赫马德之位后，不太可能轻易放弃父祖业而将首府迁到八剌沙衮。此亦有利于证明那位八剌沙衮统治者并非易卜拉欣。

总之，从有关零星材料看，耶律大石入侵之前，东部喀喇汗王朝已经分裂为以喀什噶尔和八剌沙衮为首府的两部分。从易卜拉欣被称为"殉教者"及没有专门称号，仅仅被称为"易卜拉欣汗"看，他很可能死于志费尼记载的大石对喀什噶尔地区的入侵中。归降大石的八剌沙衮统治者应为独立于喀什噶尔以外的北部喀喇汗王朝势力，这支势力被灭后，大石才进而征服喀什噶尔阿赫马德及其后裔统治下的另一支喀喇汗王朝势力。

11 世纪后期以降，东部喀喇汗王朝分裂为南北两部分的趋势似乎已经十分明显。1058 年博格拉汗穆罕默德死后，东部喀喇汗王朝内部纷争剧烈，河中地区之西部喀喇汗王朝统治者易卜拉欣乘机势力东扩，夺取柘支（塔什干）、宾肯特、拔汗那（费尔干纳）、白水城，甚至将东部喀喇汗王朝首府八剌沙衮在内的广大地区夺走，易卜拉欣以个人名义在希吉勒历 450—460 年（约 1058—1068）于新统治区铸造钱币。①

易卜拉欣于 1068 年亡故，西部喀喇汗王朝内讧。当时哈桑之叔马赫穆德在喀喇汗王朝北境崛起，从发现的喀喇汗王朝钱币看，在希吉勒历 460—462 年（约 1067—1069）马赫穆德收复了被西部喀喇汗王朝夺取的八剌沙衮、怛逻斯、拔汗那、柘支各地。希吉勒历 462 年（约 1069），马赫穆德已在八剌沙衮制造钱

---

① ［苏］M. H. 费多罗夫著，秦卫星译，华涛、魏良弢校：《十世纪末至十三世纪初东部喀喇汗王朝历史概要（根据古钱资料）》，《新疆文物》1987 年第 1 期，第 91 页；Yury Karev, From Tents to City. The Royal Court of the Western Qarakhanids between Bukhara and Samarqand, David Durand-Guédy（ed.）, *Turko-Mongol Rulers, Cities and City Life*, Leiden/Boston: Brill, 2013, pp. 123-124.

币。①这在传世史料也有印证。伊本·阿西尔《全史》提到马赫穆德和哈桑联合起来从西部喀喇汗王朝那里收复失地,双方签订协议,以拔汗那西端忽毡作为边界。巴托尔德认为这可能表明以锡尔河作为边界。在这以后,拔汗那各地均以马赫穆德及其子奥马尔的名义铸造钱币。②

马赫穆德早年称号仅仅是脱黑鲁尔(Togril,意为"鹫")特勤,地位在侄哈桑之下。在据有八剌沙衮至拔汗那广袤区域后,称号升格为脱黑鲁尔喀喇汗。颇疑当时喀喇汗王朝境内已经出现两汗分立的局面,形成以马赫穆德为首的西部和以哈桑为首的东部两个喀喇汗王朝。③从一枚马赫穆德在怛逻斯的迪拉姆(银币)看,其统治可能持续到 1079/1080 年。④

当时哈桑可能一度将势力扩展到喀喇汗王朝的北境。希吉勒历 467 年(1074/1075)马赫穆德死,子奥马尔袭位,在位仅两个月便被哈桑废黜。伊本·阿西尔《全史》称哈桑即位后"控制了喀什噶尔、于阗一直到八剌沙衮的广大地区"⑤。

哈桑一度将势力扩及八剌沙衮,曾发现发行时间不早于希吉勒历 467 年(1074/1075)的喀喇汗王朝迪尔赫穆(银币)一枚,表明哈桑当时的势力抵达怛逻斯,⑥或可作为一证。这一现象很可能和他在马赫穆德统治末期或者奥马尔在位初期权势扩张有关,以至于擅自废立奥马尔可汗。哈桑北扩势头未能持

---

① [苏]M. H. 费多罗夫著,秦卫星译,华涛、魏良弢校:《十世纪末至十三世纪初东部喀喇汗王朝历史概要(根据古钱资料)》,《新疆文物》1987 年第 1 期,第 91—92 页。

② W. Barthold, trs. by V. And T. Minorsky, *Four Studies on Central Asia* Vol. I: *History of the Semirechye*, Leiden: Brill, 1956, p. 97;[俄]巴托尔德著,张锡彤、张广达译:《蒙古入侵时期的突厥斯坦》(上册),上海:上海古籍出版社,2007 年,第 361 页。巴托尔德原文中根据穆斯林史料的错误记载,将脱黑鲁尔喀喇汗的名字误作玉素甫,并说他和哈桑是兄弟关系,其误已由普里查克指出,见 O. Pritsak, Die karachaniden, *Der Islam* Band 31, 1953, S. 40—41.

③ [苏]M. H. 费多罗夫著,秦卫星译,华涛、魏良弢校:《十世纪末至十三世纪初东部喀喇汗王朝历史概要(根据古钱资料)》,《新疆文物》1987 年第 3 期,第 116 页。

④ 科齐涅夫著,魏良弢译:《喀喇汗王朝世系和年表的新资料》,《中亚研究》1988 年 1—2 期,第 14 页。

⑤ 伊本·阿西尔著,刘戈译:《〈全史〉选择》(上),《中亚研究》1988 年 1—2 期,第 27 页;W. Barthold, trs. by V. And T. Minorsky, *Four Studies on Central Asia* Vol. I: *History of the Semirechye*, Leiden: Brill, 1956, p. 97.

⑥ M·H. 费多罗夫著,秦卫星译:《十世纪末至十三世纪初东部喀喇汗王朝历史概要(根据古钱资料)》,《新疆文物》1987 年第 3 期,第 117 页;[俄]巴托尔德著,张锡彤、张广达译:《蒙古入侵时期的突厥斯坦》上册,上海:上海古籍出版社,2007 年,第 370 页,注 2。

久,"希吉勒历 467 年(1074/1075)—希吉勒历 496 年(1102/1103),哈桑·本·苏莱曼统治了喀什噶尔、和田、叶尔羌,并在某一时期统治过八剌沙衮和怛逻斯"①。

哈桑末期势力衰微,不及于八剌沙衮、怛逻斯,前面提到当时统治八剌沙衮、怛逻斯一带的吉布拉伊尔就曾于 1099 年西侵河中,占领了撒马尔罕和布哈拉,甚至将势力扩展至阿姆河畔,显示出东部喀喇汗王朝北部势力之强大。

吉布拉伊尔后来在和塞尔柱苏丹桑贾尔的战斗中阵亡,他所占领的河中地区大部分重回塞尔柱突厥扶植的西部喀喇汗王朝统治下。根据《布哈拉史》续写者库巴维(Abu Nasr Ahmad b. Muhammed al-Kubawi)记载,吉布拉伊尔的全名是卡迪尔汗·吉布拉伊尔·伊本·奥马尔·伊本·拖黑鲁尔汗（Qadir Khan Jibra'il ibn 'Umar ibn Tughrul Khan),是证他是脱黑鲁尔汗马赫穆德之孙、奥马尔之子。②史称怛逻斯、八剌沙衮一带统治者,可见马赫穆德后裔势力早已复兴,恢复旧治。知哈桑末年东喀喇汗王朝继续分裂成以喀什噶尔为首府和南部和以八剌沙衮为首府的北部.

阿赫马德在位期间(约 1102—1132)情况依旧。《世界征服者史》载,大石征服东部喀喇汗王朝过程,先八剌沙衮,继而喀什噶尔、于阗,可见东部喀喇汗王朝南北两部的分裂一直持续到大石征服东部喀喇汗王朝时期。

11 世纪末到 12 世纪初,东部喀喇汗王朝衰落,这在北宋史料中也有反映。喀喇汗王朝附属政权于阗复兴,元丰五年(1082),西夏西南都统、昂星嵬名济在给宋朝总管刘昌祚的信中写道:"况夏国提封一万里,带甲数十万,南有于阗作我欢邻,北有大燕为我强援,若乘间伺便,角力竞斗,虽十年岂得休哉!"③是见于阗已东扩至西夏边界地区。《宋史·于阗传》记载:"[元祐]八年(1093),[于

---

① M. H. 费多罗夫著,秦卫星译:《十世纪末至十三世纪初东部喀喇汗王朝历史概要(根据古钱资料)》,《新疆文物》1987 年第 3 期,第 117 页。
② Narshakhi, trs. by R. N. Frye, *The history of Bukhara*, Cambridge: Mediaeval academy of America, 1954, p. 14.
③ 《宋史》卷四八六《夏国传下》,北京:中华书局,1977 年,第 14013 页。

阗]请讨夏国,不许。"①《宋会要》记载:"[绍圣]四年(1097)二月八日,[于阗]遣使入贡,押伴所申进奉人罗忽都卢麦译到黑汗王子言:缅药家(即党项人)作过,别无报效。已差人马攻甘、沙、肃三州。"②于阗势力或已进入青海北部地区。于阗势力复兴及大规模东扩无疑和东部喀喇汗王朝内部衰落和分裂有关。

1081年左右,乌兹根重新出现以西部喀喇汗王朝统治者名义打制的钱币,暗示喀喇汗王朝西部势力重新扩展到拔汗那,东部势力收缩。1095年,西部喀喇汗王朝宗教人士曾唆使拔汗那东部的柯散(今乌兹别克斯坦卡散塞)长官叛乱,宣布脱离西部喀喇汗王朝,证明拔汗那处于西部喀喇汗王朝势力范围内。③其状与于阗之复兴与东扩一样,咸与东部喀喇汗王朝之南北分立、内部纷争相关。

综上所述,1134年归降耶律大石的八剌沙衮统治者不应是阿赫马德之子易卜拉欣,应为占据喀喇汗王朝北部的另外一位喀喇汗王朝统治者,是否为马赫穆德后裔需要进一步研究。从易卜拉欣被称为"殉教者"以及没有"阿尔斯兰汗"或者其他喀喇汗王朝可汗称号分析(其父阿赫马德及其后裔均有阿尔斯兰汗的称号),可能他即位不久即发生了西辽入侵,他本人可能死于和西辽的战斗中,甚或未来得及登基,便在和西辽的战斗中阵亡。其后裔在喀什噶尔的傀儡统治在西辽时被维持下来,东部喀喇汗王朝其余诸地也都相继沦为西辽的附庸。

第五节 结 论

由上文的论述,可以将耶律大石征服东喀喇汗王朝的过程及相关问题概括如下:

---

① 《宋史》卷四九〇《于阗传》,北京:中华书局,1977年,第14109页。
② [清]徐松辑《宋会要辑稿》蕃夷四之一八,北京:中华书局,1957年,第7722页。
③ M. H. 费多罗夫著,秦卫星译:《十世纪末至十三世纪初东部喀喇汗王朝历史概要(根据古钱资料)》,《新疆文物》1987年第3期,第117页;[俄]巴托尔德著,张锡彤、张广达译:《蒙古入侵时期的突厥斯坦》上册,上海:上海古籍出版社,2007年,第364页。

第七章 耶律大石征服东部喀喇汗王朝史事新探

天会八年(1130),耶律大石为避金兵锋芒,由漠北向西逃亡,进入西域,经过高昌回鹘,说其归降。不久,耶律大石与东喀喇汗王朝作战失败,与黠戛斯战,又败,高昌回鹘于1131年背叛耶律大石而投靠金朝。1131—1137年,高昌回鹘作为独立政权存在。1134年,耶律大石占据八剌沙衮后,于1137年春出兵高昌回鹘,迫其臣服,以为附庸,大石遣沙黑纳监国,直到13世纪初,高昌畏兀儿亦都护巴而术阿而忒的斤归顺成吉思汗。

关于耶律大石西征的路线,《辽史》及波斯史料志费尼《世界征服者史》、伊本·阿西尔《全史》虽均有记载,但说法各异,引起学界诸多争议,一种说法认为耶律大石入东部喀喇汗王朝的西征分作两路,一路去喀什噶尔,但被东部喀喇汗王朝君主阿赫马德打败;另一路去八剌沙衮,在那里取得了成功。然喀什噶尔与八剌沙衮相距千里,耶律大石兵力人数不多,很难分兵,这种说法既忽略了1131年左右大石在喀什噶尔附近和东部喀喇汗王朝作战一事,也没有顾及大石在到达叶密立前先行到达黠戛斯地区的记载,明显不妥。

耶律大石是在和东部喀喇汗王朝、黠戛斯作战不利,加上高昌回鹘背叛,不得已才于1132年退居叶密立的,同年于叶密立称帝,建西辽王朝。1134年,大石进占八剌沙衮,其地非常适宜于契丹人的游牧生活,西辽统治者遂居住于八剌沙衮城外不远处的斡耳朵,此举促进了当地游牧经济的繁荣。

当时归降大石的八剌沙衮君主史书未留下名字,学界推测其为易卜拉欣,然,此说与史书记载多有不合,难以成立,实应为占据喀喇汗王朝北部的另外一位喀喇汗王朝统治者。易卜拉欣被称为"殉教者",应死于和西辽的战斗,不可能归顺西辽。其后裔在西辽维持下作为傀儡继续统治喀什噶尔,东部喀喇汗王朝其余地区也都沦为西辽的附庸。

第八章　耶律大石对西喀喇汗王朝的征服

1125年耶律大石西征,于1132年在叶密立(今新疆额敏县)登基称帝,建立西辽王朝并一度东征金朝。在东征失败后,大石西进河中,于1137年在忽毡击败西喀喇汗王朝统治者马赫穆德,更于1141年在卡特万战役中大败塞尔柱突厥,进据撒马尔罕与布哈拉,西辽遂成为囊括中亚广袤地区的辽阔大帝国。帝国被分为两大部分,一者为处于西辽直接统治的核心区,政治中心位处楚河流域的八剌沙衮及城外附近的虎思斡耳朵,其二为羁縻国,包括高昌回鹘、东西喀喇汗王朝和花剌子模,另有一些部落,主要有哈剌鲁和1175年始入其版图的乃蛮和康里。[1]

一个多世纪来,国内外学术界对西辽史多有关注,研究者众,取得了不少成果,但由于史料零散、匮乏,留下的有待探讨的空间也很多。例如,耶律大石对河中的征服为西辽史上的大事,汉文史料只有《辽史·天祚皇帝本纪》所附大石列传给予了如下记载:

> 至寻思干,西域诸国举兵十万,号忽儿珊,来拒战。两军相望二里许。谕将士曰:"彼军虽多而无谋,攻之,则首尾不救,我师必胜。"遣六院司大

---

[1] Michal Biran, *The Empire of the Qara Khitai in Eurasian History–Between China and the Islamic World*, New York, 2005, p. 46.

王萧斡里剌、招讨副使耶律松山等将兵二千五百攻其右;枢密副使萧剌阿不、招讨使耶律术薛等将兵二千五百攻其左;自以众攻其中。三军俱进,忽儿珊大败,僵尸数十里。驻军寻思干凡九十日,回回国王来降,贡方物。又西至起儿漫,文武百官册立大石为帝,以甲辰岁二月五日即位,年三十八,号葛儿罕。复上汉尊号曰天祐皇帝,改元延庆。追谥祖父为嗣元皇帝,祖母为宣义皇后,册元妃萧氏为昭德皇后。因谓百官曰:"朕与卿等行三万里,跋涉沙漠,夙夜艰勤。赖祖宗之福,卿等之力,冒登大位。尔祖尔父宜加恤典,共享尊荣。"自萧斡里剌等四十九人祖父,封爵有差。①

该记载不仅非常简略,而且史实混乱,就归降大石的"回回国王"而言,完全不记具体名称,给学界的理解造成很大困难。魏良弢在评论汉文史料对西辽史研究之重要性时曾言,汉文史料是关于西辽史的重要史料,"尽管它本身矛盾和舛误很多,但是中外治西辽史者公认它是研究西辽史的核心史料,其他资料只能是对它的订正、补充而已"。②有鉴于河中征服对认识西辽历史的重要,而学界研究又众说纷纭,需要认真清理,笔者不揣谫陋,拟结合有关穆斯林史料和考古成果,对《辽史》所载大石西征进程与"回回国王"身份进行考辨,冀以推进该问题认识的深化。

第一节　耶律大石对西域尤其是高昌回鹘的占领

耶律大石于1131年率军进入西域地区,其部众数经挫折,在进攻东喀喇汗王朝失败后于叶密立河站稳脚跟,在此建立叶密立城。③13世纪中叶,由教皇

---

① 《辽史》卷三〇《天祚皇帝本纪四》,北京:中华书局,1974年,第356—357页。
② 魏良弢:《西辽史研究》,银川:宁夏人民出版社,1987年,第1页。
③ [伊朗]志费尼著,何高济译:《世界征服者史》(上册),呼和浩特:内蒙古人民出版社,1981年,第417页。关于其位置,可参看张承志《关于阿力麻里、叶密立、普剌三城的调查及探讨》,《中国民族史研究》,北京:中国社会科学出版社,1987年,第158—161页。

所遣柏朗嘉宾使团东行，于1245—1247年出使蒙古，途次叶密立。柏朗嘉宾在游记中写道：

> 成吉思汗的儿子窝阔台汗，在他被推戴为皇帝以后，在哈喇契丹人的土地上建立了一座城市，他称之为叶密立(Omyl)的城市。①

此说明显存在问题。从志费尼记载看，该城于1130左右由耶律大石建立，此后长期存在，多次见于该书记载，而且在汉文史料也有反映，如《元史》记载，速不台在成吉思汗晚年曾经"略也迷里霍只部，获马万匹以献"②。可印证志费尼记载之不虚。柏朗嘉宾误记做窝阔台汗时所建，或许当时蒙古统治者对叶密立城重修过。

经过一段时间的休养生息，大石势力渐强，所部达四万帐，遂于1132年在这里称帝，建立西辽王朝，定年号"延庆"，并采取当地操突厥语民族习惯称"菊儿汗"。之后大石利用喀喇汗王朝东支的巴剌沙衮地方统治者困于葛逻禄、康里等部侵扰之机，率部于1134年春前后入据八剌沙衮，以其地为国都，改元"康国"。

志费尼言大石进占八剌沙衮后，"把沙黑纳派遣到从谦谦州到巴儿昔罕(Barskhan)，从答剌速到牙芬奇的各个地方去"③。巴儿昔罕(或译巴儿思汗)在伊塞克湖南岸，答剌速即怛逻斯之地，位于今哈萨克斯坦塔拉兹，牙芬奇可能是靠近伊犁河的一座城市，谦谦州则位于叶尼塞河上游及其支流克穆齐克河的中间地区。④由这些地名观之，大石接管的多是原东喀喇汗王朝的领地。钟焓

---

① Ch. Dawson, *The Mongol Mission. Narratives and Letters of the Franciscan Missionaries in Mongolia and China in the Thirteenth and Fourteenth Centuries*, New York, 1955, p. 20; [英]道森编，吕浦译，周良霄注《出使蒙古记》，北京：中国社会科学出版社，1983年，第20页。

② 《元史》卷一二一《速不台传》，北京：中华书局，1976年，第2976页。

③ [伊朗]志费尼著，何高济译：《世界征服者史》(上册)，呼和浩特：内蒙古人民出版社，1981年，第418页。

④ 韩儒林：《关于西辽的几个地名》，《元史及北方民族史研究集刊》第4期，1980年，第49页；邓锐龄：《西辽疆域浅释》，《民族研究》1980年第2期，第34页；Michal Biran, *The Empire of the Qara Khitai in Eurasian History-Between China and the Islamic World*, New York, 2005, p. 105.

通过对这段史料分析，认为"从西辽统治腹心的中亚七河流域要抵达谦谦州一带就必须穿过鄂毕河上游及阿尔泰山附近，故可以认为上述地区和谦谦州一样在当时都附属西辽"，并认为其地构成西辽疆域的北线。① 虑及 11 世纪东喀喇汗王朝军曾在鄂毕河上游、额尔齐斯河上游、阿尔泰山北部地区和当地部族作战，② 似乎不能排除大石派沙黑纳去谦谦州和其他三地一样，是继承原先东喀喇汗王朝在其地统治的可能性。而根据术札尼（Jūzjānī）的《捍卫者阶层 Tabaqāt-i Nāsirī》一书记载，耶律大石占据八剌沙衮后，哈剌契丹人人向塞尔柱苏丹桑贾尔要求牧场，在桑贾尔同意后，八剌沙衮、海押立、阿里麻里等地成为哈剌契丹人的牧地。③

嗣后，大石又使康里归顺，并出兵南疆喀什噶尔、和田，征服东喀喇汗王朝余部，大致在康国四年（1137）春，征服高昌回鹘。④ 志费尼记载：

> 他还征服了别失八里，从那里出兵拔汗那和河中，这些州邑也臣服于他，算端乌思蛮的祖先、河中的算端们承认他为他们的君主。⑤

陈高华指高昌回鹘初期首府在高昌，但是最晚到 13 世纪初，情况有变，别失八里（今新疆维吾尔自治区吉木萨尔县北 12 公里处破城子），成为高昌回鹘

---

① 钟焓：《一位阿尔泰学家论内亚史——〈丹尼斯·塞诺内亚研究文选〉评介》，达力扎布编《中国边疆民族研究》第 4 辑，北京：中央民族大学出版社，2011 年，第 245—246 页。
② R. Dankoff, Three Turkic Verse Cycles Relating to Inner Asian Warfare, *Harvard Ukrainian Studies* Vol. 3/4, Part 1: *Eucharisterion: Essays presented to Omeljan Pritsak on his Sixtieth Birthday by his Colleagues and Students*, 1979—1980, pp. 152—159；巴哈提·依加汉：《辽代的拔悉密部落》，《西北民族研究》1992 年第 1 期，第 140—142 页；刘迎胜：《辽与漠北诸部——胡母思山蕃与阻卜》，《欧亚学刊》第 3 辑，北京：中华书局，2001 年，第 212—213 页。
③ Michal Biran, *The Empire of the Qara Khitai in Eurasian History-Between China and the Islamic World*, New York, 2005, pp. 40—41.
④ 余大钧：《耶律大石创建西辽帝国过程及纪年新探》，陈述主编《辽金史论丛》第 1 辑，上海：上海古籍出版社，1987 年，第 248 页。
⑤ [伊朗]志费尼著，何高济译：《世界征服者史》（上册），呼和浩特：内蒙古人民出版社，1981 年，第 418 页。

的首府。①职是之故,志费尼言大石占据八剌沙衮后出兵别失八里,扩张行动自然是高昌回鹘。占领高昌后,大石随即从别失八里出征拔汗那(费尔干纳)和河中。关于大石在拔汗那的作战,详见于伊本·阿西尔《全史》记载:

> 后来他们(西辽人)来到了玛维兰纳赫尔(河中),哈康·马赫穆德·伊本·穆罕默德(西喀喇汗王朝统治者)于回历531年斋月(公元1137年5—6月)从霍真德(忽毡,今塔吉克斯坦苦盏)边界前去迎战。②

再结合志费尼关于大石征服别失八里后从其地出兵拔汗那、河中的记载,大石当在1137年初从首都虎思斡耳朵(八剌沙衮)沿天山北麓东行而进入别失八里,征服高昌回鹘后,再从别失八里出兵西征,在忽毡附近击败西喀喇汗王朝统治者马赫穆德。

《世界征服者史》另一处也提及高昌回鹘臣服西辽事:

> 当哈剌契丹人[的皇帝]征服河中和突厥斯坦那年的春季,巴而术也落入臣服的圈套,不得不缴纳贡品。契丹皇帝把一名沙黑纳(Shahna)派给他,其名叫少监(Shaukem)。③

这段记载明显有误,征服河中和突厥斯坦的哈剌契丹君主只能是大石而不是他的任何一位继位者,而1209年巴而术阿而忒的斤归降成吉思汗时期身份是畏兀儿亦都护,比1137年大石东征高昌回鹘要晚半个多世纪,推而论之,这里应该是将巴而术阿而忒的斤祖先的事迹与他个人混为一谈了。

---

① 陈高华:《元代新疆史事杂考》,《新疆历史论文续集》,乌鲁木齐:新疆人民出版社,1982年,第280—281页。
② 伊本·阿西尔著,刘戈译:《〈全史〉选译》(下),《中亚研究》1988年第3期,第9页;[俄]巴托尔德著,张锡彤、张广达译:《蒙古入侵时期的突厥斯坦》(上册),上海:上海古籍出版社,2007年,第370页。
③ [伊朗]志费尼著,何高济译:《世界征服者史》(上册),呼和浩特:内蒙古人民出版社,1981年,第49页。

《元史》载："(畏兀儿亦都护)月仙帖木儿卒,子八儿出阿儿忒(巴而术阿而忒)亦都护年幼,西辽主鞠儿可汗遣使据其国,且召哈剌亦哈赤北鲁,至,则以为诸子师。"①欧阳玄《高昌偰氏家传》也记载："时西契丹方强,威制高昌,命太师僧少监来围其国,恣睢用权,奢淫自奉。"②可见在巴而术阿而忒的斤登基时,年幼,和西辽关系比较松弛,西辽皇帝(应该是耶律直鲁古)遂派少监来高昌回鹘监国。抑或大石与耶律直鲁古都曾派沙黑纳到畏兀儿监国,导致志费尼误解。

但是志费尼之言仍透漏出西辽征服高昌回鹘的时间在"征服河中和突厥斯坦那年的春季",结合前引志费尼关于大石征服别失八里后随即出兵拔汗那(费尔干纳)、河中以及伊本·阿西尔关于1137年5—6月西辽军队在拔汗那西部的忽毡一带击败西喀喇汗王朝军队的记载,则大石征服高昌回鹘当在同年春,正如余大钧考订的那样:

> 西辽德宗康国四年(1137)春,西辽军征服西州回鹘,进入其都城别失八里。继而从别失八里进军拔汗那、河中。夏五月,西辽军大败西黑韩王朝河中汗马合木于忽毡以东,征服了拔汗那及河中部分地区。③

关于西辽对高昌回鹘的征服,魏良弢认为1130年大石领兵西征,高昌回鹘统治者毕勒哥归降,在大石进攻东喀喇汗王朝失败后,毕勒哥反叛西辽,追袭、掩杀大石一些将领,于天会九年(1131)九月将他们献给金朝。1132年,大石在叶密立站稳脚跟后,率军南下进入高昌,高昌回鹘国王同上次一样,没有抵抗就归降西辽。④惜其关于大石1132年在叶密立称帝后随即征服高昌回鹘的

---

① 《元史》卷一二四《哈剌亦哈赤北鲁传》,北京:中华书局,1976年,第3046页。
② [元]欧阳玄著,魏崇武、刘建立点校:《欧阳玄集》卷一一《高昌偰氏家传》,长春:吉林文史出版社,2009年,第151页。
③ 余大钧:《耶律大石创建西辽帝国过程及纪年新探》,陈述主编《辽金史论丛》第1辑,上海:上海古籍出版社,1987年,第248页。
④ 魏良弢:《西辽史纲》,北京:人民出版社,1991年,第39、48页。

叙述缺乏证据支撑。

忽毡之战后,天山南北尽入新兴的西辽王朝治下。拉施特《史集》记载:

> 如上所述,当女真王出兵攻打哈剌契丹,将他灭掉时,哈剌契丹的一个有势力的异密大石太傅从那里逃到了乞儿吉思、畏兀儿和突厥斯坦地区上。他是一个有智慧而又有才干的人。他有条不紊地从这些地区上将队伍召集在身边,占领了整个突厥斯坦地区。(从而)获得了古儿汗,即伟大的君主的称号。①

于是大石的势力扩及今新疆西部及七河流域,和河中地区沦为塞尔柱突厥帝国附庸的西喀喇汗王朝成了邻居。

第二节 耶律大石对河中的攻伐

耶律大石立足西域后,曾一度东征金朝,但实力不济,遂将攻伐目标转向河中。河中,大部分中国学者常用以指代中亚阿姆河与锡尔河之间的地区,刘迎胜指出,在元朝时期见于汉文史料的"河中"一词,实际上专指的是河中的寻思干(撒马尔罕)城及其辖区,并不是整个阿姆河与锡尔河之间的地区,并指出表示阿姆河、锡尔河之间范围的 Transoxiana 这一地理名词在汉文史料中并无对应词,提议译为"阿姆河以北地区"②。本文仍采用通常的说法,用"河中"指代中亚阿姆河与锡尔河之间区域。

关于耶律大石进入河中的过程,主要有穆斯林史学家志费尼和伊本·阿西

---

① [波斯]拉施特主编,余大钧、周建奇译:《史集》第 1 卷第 2 分册,北京:商务印书馆,1983 年,第 99—100 页。
② 刘迎胜:《巴托尔德〈突厥斯坦〉汉译本读后》,《西域研究》2008 年第 4 期,第 104—105 页。

尔的记载。如前引志费尼记载所言,大石在征服了别失八里后从那里出兵攻占拔汗那和河中。大石进军拔汗那路线,当是征服高昌回鹘后从别失八里沿着天山北麓西进,至忽毡与西喀喇汗王朝的军队大战。忽毡在天山西端的费尔干纳盆地西部出口处,锡尔河即从此流出费尔干纳盆地。元朝时期,从别失八里沿着天山北麓西行至伊犁地区,继而西入中亚,是当时的重要交通路线,13世纪的旅行家丘处机、耶律楚材、海屯来往东西皆经行此道。[1]大石当时很可能也是征服别失八里后沿着天山北麓西行,来到费尔干纳西端忽毡与西喀喇汗王朝发生战争。

西喀喇汗王朝军队战败,马赫穆德败回撒马尔罕,"这个事件使撒马尔罕的居民大为吃惊,恐惧和忧惚加剧了,人们从早到晚担心着灾难要降临。布哈拉和玛维兰纳赫尔的其他城市的居民都是这样"。[2]但大石因忙于巩固在费尔干纳和塔什干一带新占领土(阿克斯坎迪《编年史》提到了这一时期西辽对这一地区各地的占领),未乘胜进取河中地区。[3]

当时河中地区实由塞尔柱突厥帝国控制,早在11世纪中叶塞尔柱突厥帝国建立之初,即以夺取河中为重要目标。1064年,苏丹阿尔普·阿尔斯兰(Alp-Arslan)率军征服阿姆河以北的骨咄(Khuttal,位于喷赤河、瓦赫什河之间)和赤鄂衍那(Chaganiyan,今乌兹别克斯坦迭脑附近),将河中地区南部纳入版图。1089年左右,塞尔柱苏丹马利克沙出兵撒马尔罕,陷其地,将西喀喇汗王朝降为附庸。1130年,塞尔柱苏丹桑贾尔再攻撒马尔罕,进一步加强了对西喀喇汗王朝的控制。[4]希吉勒历534年(1139—1140),作为喀喇汗王朝军事力量主要

---

[1] 陈高华:《元代新疆和中原汉族地区的经济、文化交流》,《新疆历史论文集》,乌鲁木齐:新疆人民出版社,1978年,第240—241页;周清澍:《蒙元时期的中西陆路交通》,《元史论丛》第4辑,北京:中华书局,1992年,第10—13页。

[2] 伊本·阿西尔著,刘戈译:《〈全史〉选译》(下),《中亚研究》1988年第3期,第9页。

[3] Michal Biran, *The Empire of the Qara Khitai in Eurasian History–Between China and the Islamic World*, New York, 2005, p. 41.

[4] J. A. Boyle(ed.), *The Cambridge History of Iran* Vol. 5, Cambridge at the University Press, 1968, pp. 65, 92, 139—140;魏良弢:《喀喇汗王朝政治史述略》,《新疆大学学报》(哲学社会科学版)1982年第2期,第36—38页。

组成部分的葛逻禄人同马赫穆德汗发生冲突，马赫穆德汗致函塞尔柱苏丹桑贾尔求援。桑贾尔召集附属于他的古尔、马赞德兰、西吉斯坦、吉慈尼和其他地区的统治者，共聚集十万大军，检阅六个月之久，于希吉勒历535年祖尔希贾月（1141年7月）率军渡过阿姆河进入河中地区，准备与大石作战。大石也应反叛西喀喇汗王朝并且向他求援的葛逻禄人之邀，率军西进。双方于1141年9月9日在卡特万草原激战，结果桑贾尔军大败。

至于卡特万草原的位置，学界有不同说法，巴托尔德认为其位置"在撒马尔罕以北，位于石桥与亚内库尔干（Yanigurgan）之间"①。志费尼则记载：

> 阿即思（花剌子模沙——引者）在叛逆的途中继续下去，直到希吉勒历536年/1141—1142年，桑扎儿在撒麻耳干城门和契丹之战被击败，逃往巴里黑。②

结合这一记载，可知双方激战地点可能在卡特万草原南部靠近撒马尔罕城的地方。该草原在元朝时期犹见记载，伊利汗国历史学家瓦萨夫在《瓦萨夫史》中记载，希吉勒历665年（1267）蒙古宗王八剌、海都、别儿哥只儿曾经会聚其地。③耶律大石于1141年9月进入撒马尔罕，名义上拥立马赫穆德之弟易卜拉欣为西喀喇汗王朝之都撒马尔罕的统治者，实则以为傀儡而已，河中地区大部分实则被纳入西辽版图。伊本·阿西尔在《全史》中说：

> 在伊斯兰中没有规模比这次更大的会战，在霍拉散（呼罗珊）的战斗中死伤这么多人也是没有过的。契丹和突厥异教徒的国家在玛维兰纳赫

---

① В. В. Бартольд, *Сочинения II*, Москва, 1964, стр. 50；巴托尔德著，张丽译：《中亚历史——巴托尔德文集》第2卷第1分册，兰州：兰州大学出版社，2014年，第48页。
② [伊朗]志费尼著，何高济译：《世界征服者史》（上册），呼和浩特：内蒙古人民出版社，1981年，第332页。
③ 刘迎胜：《论塔剌思会议》，《元史论丛》第4辑，北京：中华书局，1992年，第251页注2；Michal Biran, *Qaidu and the Rise of the Independent Mongol State in Central Asia*, Richmond, 1997, p. 26.

第八章 耶律大石对西喀喇汗王朝的征服 | 137

尔建立了。①

卡兹维尼（Hamdu-Allah Musitawfi-i-Qazwini）也记载这场战役因桑贾尔的失败而导致河中地区落入异教徒之手，许多桑贾尔士兵阵亡，菊儿汗俘虏了许多达官显贵，后又将之遣返回去。②卡特万大战后，大石乘胜西取布哈拉，任命阿尔普特勤（Alptekin，或作 Atmatigin）为其地长官。③

许多学者认为卡特万战役后，西辽西南部基本以阿姆河为界，如魏良弢言1142年时西辽疆域正南以阿姆河为界，④彭晓燕亦言卡特万之战后西辽将河中地区纳入版图，范围包括今乌兹别克斯坦、塔吉克斯坦等地。⑤此说有可商榷之处。

西辽势力范围在战后并未囊括整个河中地区，在西南部并非全然以阿姆河为界，阿姆河以北部分地区也不在西辽势力范围内。1040年代西喀喇汗王朝形成之初，势力即不包括整个河中地区，南部边界即不在阿姆河。当时阿姆河北的石汗那（Saghanniyan）、久越得犍（Quwädiyän，今塔吉克斯坦卡巴迪安）、镬沙（Wahs，在瓦赫什河流域）、骨咄（Huttal）、忒耳迷等地即不在西喀喇汗王朝势力范围内。1064年后这些地方又被塞尔柱突厥征服，成为塞尔柱突厥的领地，⑥1102年，东喀喇汗王朝统治者吉布拉伊尔（Qadir Khan Jibra'il ibn 'Umar）就是在入侵忒耳迷时败于塞尔柱而被杀。塞尔柱苏丹桑贾尔在1141年卡特万战败后逃遁至忒耳迷，这里此后一直为塞尔柱苏丹所掌控。⑦及至1153年，桑贾尔

---

① 伊本·阿西尔著，刘戈译：《〈全史〉选译》（下），《中亚研究》1988年第3期，第10页。
② K. A. Wittfogel & Feng Chia-sheng, *History of Chinese Society: Liao (907—1125)*, Philadelphia, 1949, pp. 640—641.
③ Narshakhi, *The History of Bukhara*, translated by R. N. Frye, Cambridge: Mediaeval academy of America, 1954, pp. 24—25.
④ 魏良弢：《西辽史纲》，北京：人民出版社，1991年，第63页。
⑤ Michal Biran, *The Empire of the QaraKhitai in Eurasian History-Between China and the Islamic World*, New York, 2005, p. 46.
⑥ O. Pritsak, Die karachaniden, *Der Islam* Bd. 31, 1953, S. 37.
⑦ В. В. Бартольд, *Сочинения* II, Москва, 1964, стр. 133；巴托尔德著，张丽译：《中亚历史——巴托尔德文集》第2卷第1分册，兰州：兰州大学出版社，2014年，第143—144页。

被反叛的古斯人俘虏,在1156年逃出,同样逃至忒耳迷。[1]1144年,曾有乌古斯人入侵并摧毁了布哈拉城,1152年开始,这些乌古斯人在骨咄和巴里黑一带居留。桑贾尔向各地征收重税,塞尔柱王朝内部矛盾进一步激化。巴里黑长官亦马都丁·胡马赤(Imad al-Din·Qumach)残酷压迫古斯人(乌古斯人),引起反抗,这些古斯人分布在骨咄和吐火罗斯坦一带,他们的游牧地甚至包括石汗那的属地和镬沙,他们在1153年击败并且俘虏桑贾尔。[2]这一材料表明卡特万大战后阿姆河北之骨咄等地也不在西辽势力范围内,直到1165年西辽军渡过阿姆河攻下巴里黑。

卡特万战役影响很大。1145年,叙利亚主教曾经向教皇尤金三世(Eugene III)报告,不久前在东方有一个名叫约翰的国王,是景教祭司,他向米底和波斯的国王宣战,并夺取首都厄克巴坦那(Ecbatana)。他想进一步夺取耶路撒冷,结果因为没能渡过底格里斯河而止。有学者认为这即是关于耶律大石击败桑贾尔那次战役的传闻。[3]

关于西辽和塞尔柱的河中之战,除了穆斯林史料,汉文史料也有记载,即前文所引《辽史·天祚皇帝本纪四》,地点明确,即"至寻思干,西域诸国举兵十万,号忽儿珊,来拒战"。[4]"寻思干"即撒马尔罕突厥名Semizkand音译,意思是"肥城";"忽儿珊"即呼罗珊(Khorasan)一词的音译,指的是当时以呼罗珊为根据地的塞尔柱苏丹桑贾尔的军队。[5]

---

[1] W. Barthold, *Turkestan Down to the Mongol Invasion*, Second edition, London, 1928, p. 330;巴托尔德著,张锡彤、张广达译:《蒙古入侵时期的突厥斯坦》(上册),上海:上海古籍出版社,2007年,第378页。

[2] J. A. Boyle (ed.), *The Cambridge History of Iran* Vol. 5, Cambridge at the University Press, 1968, pp. 152—153;C. E. Bosworth, *The history of the Seljuq Turks*, Routledge, 2001, p. 88;Michal Biran, *The Empire of the Qara Khitai in Eurasian History-Between China and the Islamic World*, New York, 2005, p. 49.

[3] Henry Yule, *The book of see Marco Polo the Venetian concerning the kingdoms and marvels of the East*, Vol. 1, London, 1903, pp. 231—233;龚缨晏、石青芳:《约翰长老:中世纪欧洲的东方想象》,《社会科学战线》2010第2期,第82—83页。

[4] 《辽史》卷三〇《天祚皇帝本纪四》,北京:中华书局,1974年,第356页。

[5] E. Bretschneider, *Mediaeval Researches from Eastern Asiatic Sources*, Vol. 1, London, 1888, p. 245, note 524;布莱资须奈德著,梁园东译注:《西辽史》,北京:商务印书馆,1934年,第42—43页;[日]羽田亨:《西遼建國の始末及び其の年紀》,《羽田博士史学論文集》(上卷)《歷史篇》,京都:同朋舍,1975年,第448—449页;[日]羽田亨著,冯家昇译:《西辽建国始末及其纪年》,《禹贡半月刊》5卷7期,1936年,第57页。

第三节　降辽"回回国王"为西喀喇汗王朝君主说

至于这位归降耶律大石的"回回国王"之身份,学术界存在着不同的看法。因为大石在卡特万大战后,除了进入撒马尔罕,立马赫穆德之弟易卜拉欣为西喀喇汗王朝统治者,并以之为附庸。他还派遣大将额儿布思(Erbüz)[①]进攻花剌子模,迫使花剌子模王阿即思臣服,岁贡三万第纳尔(金币)。这位归降大石的"回回国王"究竟是西喀喇汗王朝统治者易卜拉欣还是花剌子模沙阿即思,学术界见仁见智。通行的说法都认为这位"回回国王"是花剌子模沙阿即思,[②]然有不同意见认为大石新立的西喀喇汗王朝统治者。[③]后说可从,惜既未证前说之伪,也未己说之实,有的甚至不言该统治者为何人。有鉴于此,这里试就"回回国王"的身份问题进行论证。

先证第一种观点,即"回回国王"为花剌子模沙阿即思之说的无由。

其一,从"回回国王来降,贡方物"记载来看,这位国王应该是亲自归降,在大石驻军寻思干期间前来谒见,与花剌子模沙阿即思的活动方枘圆凿。阿即思在1136年前后起兵反抗塞尔柱突厥的统治,和宗主桑贾尔多次作战。1138年花剌子模被桑贾尔攻占,但很快被阿即思收复。卡兹维尼(Hamdu-Allah Musitawfi-i-Qazwini)记载,桑贾尔在一项条约中承认了阿即思对其领地的主

[①] 蔡美彪等著:《中国通史》第6册,认为额儿布思可能即前引《辽史·天祚皇帝本纪四》提到的西辽将领萧剌阿不,见蔡美彪、周清澍、朱瑞熙、丁伟志、王忠《中国通史》第6册,北京:人民出版社,1979年,第96页。周良宵亦认为额儿布思即萧剌阿不,见周良宵《关于西辽史的几个问题》,《中华文史论丛》1981年第3辑,第253页。

[②] 如周良宵:《关于西辽史的几个问题》,《中华文史论丛》1981年第3辑,第253页;魏良弢:《西辽史纲》,北京:人民出版社,1991年,第60页;纪宗安:《西辽史论·耶律大石研究》,乌鲁木齐:新疆人民出版社,1996年,第52页;黄时鉴:《辽与"大食"》,氏著《东西交流史论稿》,上海:上海古籍出版社,1998年,第29页;苏北海:《耶律大石西征及统一中亚》,氏著《西域历史地理》,乌鲁木齐:新疆大学出版社,2000年,第351页。

[③] 如章巽:《桃花石与回纥国》,氏著《章巽文集》,北京:海洋出版社,1986年,第251页;胡小鹏:《"回回"一词的起源及含义新探》,氏著《西北民族文献与历史研究》,兰州:甘肃人民出版社,2004年,第92页;韩中义:《喀喇汗王朝名称杂考》,《中国历史地理论丛》2006年第4辑,第144页。

权。①卡特万战役前夕,阿即思于希吉勒历534年(1139—1140年)克布哈拉城,俘杀桑贾尔之异密增吉·伊本·阿里(Zangi ibn Ali),毁其堡垒。②1141年桑贾尔率军入河中,或有乘机报复阿即思之意。

桑贾尔败于卡特万,阿即思乘机向其呼罗珊领地大肆扩张,占领其首府马鲁(今土库曼斯坦马雷东北),洗劫其地,大肆屠杀居民,而后返回花剌子模。至晚在1142年5月,阿即思还曾进攻今伊朗东北的你沙不儿,强迫当地居民用自己名义宣读聚礼日祈祷。③可见,阿即思用兵重心在呼罗珊,无由前去朝见大石。

大石遣额儿布思攻花剌子模取得成功,盖因阿即思用兵呼罗珊而后方空虚所致。《世界征服者史》记载,在额儿布思侵入花剌子模并大肆杀掠后,"花剌子模沙阿即思遣一名使者去见他(额儿布思),答应臣服菊儿汗,并答应缴纳一笔三千金的那的贡赋,这笔钱他今后用货物或牲口的形式上交。按这些条件议和后,额儿布思班师"④。阿即思只是向耶律大石部将额儿布思表示臣服,阿即思本人并未亲自去朝见大石,与"回回国王来降,贡方物"不符合。

其二,《辽史》中将"回回国王来降"置于"驻军寻思干凡九十日"之后,"又西至起儿漫"之前。起儿漫即撒马尔罕西北的克尔米涅。⑤其归降大石时间当在大石驻扎寻思干(撒马尔罕)期间。《世界征服者史》记载:"他还征服了别失八里,从那里出兵拔汗那和河中,这些州邑也臣服于他,算端乌思蛮的祖先、河中的算端们承认他为他们的宗主。在他获得这些胜利,他的军队由此受到鼓舞,

---

① [伊朗]志费尼著,何高济译:《世界征服者史》(上册),呼和浩特:内蒙古人民出版社,1981年,第331—332页;K. A. Wittfogel & Feng Chia-sheng, *History of Chinese Society: Liao (907—1125)*, Philadelphia, 1949, p. 638.

② Narshakhi, *The History of Bukhara*, translated by R. N. Frye, Cambridge: Mediaeval academy of America, 1954, p. 24.

③ [伊朗]志费尼著,何高济译:《世界征服者史》(上册),呼和浩特:内蒙古人民出版社,1981年,第332—333页;W. Barthold, *Turkestan Down to the Mongol Invasion*, Second edition, London, 1928, p. 327;巴托尔德著,张锡彤、张广达译:《蒙古入侵时期的突厥斯坦》(上册),上海:上海古籍出版社,2007年,第375页。

④ [伊朗]志费尼著,何高济译:《世界征服者史》(上册),呼和浩特:内蒙古人民出版社,1981年,第418页。

⑤ E. Bretschneider, *Mediaeval Researches from Eastern Asiatic Sources*, Vol. 1, London, 1888, p. 216, n. 555.

他的骑士和马匹为数大增后,他派他的大将额儿布思出师花剌子模。"①表明大石在征服河中后,致力于加强对河中统治之巩固,休养军士,此后才派大将进攻花剌子模。这位"回回国王"在大石驻军撒马尔罕期间即来归降,既已归降,何必再有征伐之事? 从时间段上看,也颇不相合。

如前所述,《全史》记载卡特万战役发生于希吉勒历536年萨法尔月5日(1141年9月9日)。②《辽史》记载大石大破忽儿珊军队后"驻军寻思干凡九十日",则其在撒马尔罕至少驻扎到1141年底。这位"回回国王"归降时间应在1141年9月卡特万战役后以后至年底以前,亦即大石驻扎撒马尔罕期间。这一时期花剌子模沙阿即思在呼罗珊大肆扩张,史载他于是年10月乘桑贾尔失败之机向呼罗珊进军,11月19日洗劫桑贾尔首府马鲁。③如果这一时期大石兵发花剌子模,阿即思自顾不暇,势必不能在呼罗珊采取大规模行动。质言之,阿即思不可能在大石居留撒马尔罕期间来降。

其三,《世界征服者史》记载额儿布思攻花剌子模,"按这些条件缔和后,额儿布思班师回朝。菊儿汗不久后死了,他的妻子阔阳(Kuyang,相当于汉文史料之"塔不烟"——引者)作为他的继承人登上宝座,开始颁发敕旨"④。大石在额儿布思攻花剌子模后不久亡故,暗示大石兵发花剌子模当在1142年而非1141年9月。

关于大石卒年,伊本·阿西尔《全史》有如下记载:"古尔汗(菊儿汗)活到回历537年拉贾布月(1143年1月20日至2月18日),他死于这一个月。"⑤此载与汉文史料可互证,《金史》卷一二一《粘割韩奴传》:"皇统四年(1144),回纥遣使入贡。言大石与其国相邻,大石已死。诏遣韩奴与其使俱往,因观其国风

---

① [伊朗]志费尼著,何高济译:《世界征服者史》(上册),呼和浩特:内蒙古人民出版社,1981年,第418页。
② 伊本·阿西尔著,刘戈译:《〈全史〉选译》(下),《中亚研究》1988年第3期,第9页。
③ W. Barthold, *Turkestan Down to the Mongol Invasion*, Second edition, London, 1928, p. 327; 巴托尔德著,张锡彤、张广达译:《蒙古入侵时期的突厥斯坦》(上册),上海:上海古籍出版社,2007年,第375页。
④ [伊朗]志费尼著,何高济译:《世界征服者史》(上册),呼和浩特:内蒙古人民出版社,1981年,第418页。
⑤ 伊本·阿西尔著,刘戈译:《〈全史〉选译》(下),《中亚研究》1988年第3期,第9页;魏良弢:《西辽史研究》,银川:宁夏人民出版社,1987年,第28页。

俗,加武义将军,奉使大石。"①二者可证大石死于1143年。从额儿布思班师不久大石即死这一因素看,攻花剌子模时间当在1142年,不可能是1141年底大石驻军撒马尔罕期间。

其四,当时河中形势也不允许大石在取得卡特万战役胜利后迅疾出兵花剌子模。在大破桑贾尔联军后,大石集中精力征服布哈拉,还没有顾及布哈拉以西的花剌子模。他在驻军寻思干九十日后来到布哈拉与撒马尔罕间的起儿漫,很可能是为夺取布哈拉做准备。彼时布哈拉由布尔罕家族统治,首领胡萨木丁·欧马尔(Husam al-Din Umar)死难,暗示布哈拉对西辽的入侵进行了抵抗。②大石取布哈拉后,委任阿尔普特勤(或者做 Atmategin)为其地长官。委任的时间,纳尔沙喜《布哈拉史》续写者记作希吉勒历536年(1141—1142)③,与卡特万战役差不多同时。

内扎米(Nizāmī)《四篇文章 Chahār maqāla》记载阿尔普特勤被大石任命为布哈拉长官后,欺压居民,引起反抗,布哈拉代表遂至七河流域见菊儿汗,菊儿汗用波斯文给阿尔普特勤写信要他听从布哈拉宗教首领的命令。信函写于1143(1144年)。④志费尼言大石在征服花剌子模不久即死去,这条记载却言大石在布哈拉后有较长时间统治。大石对布哈拉的征服早于花剌子模,故1141年底当大石驻军撒马尔罕以后忙于用兵布哈拉,未曾用兵花剌子模,在此情况下花剌子模前来归降于理难通,这一史实同样支持"回回国王"非阿即思之推论。尤有进者,"回回国王"归降大石时是贡方物,也与阿即思"并答应缴纳一笔三千金的那的贡赋,这笔钱他今后用货物或牲口的形式上交"相去甚远。

---

① 《金史》卷一二一《粘割韩奴传》,北京:中华书局,1975年,第2637页。同书卷四《熙宗纪》也记其事,云皇统四年二月"丁酉,回鹘遣使来贺,以粘割韩奴报之"(第80页)。

② J. A. Boyle (ed.), *The Cambridge History of Iran* Vol.5, Cambridge at the University Press, 1968, p.149; W. Barthold, *Turkestan Down to the Mongol Invasion*, Second edition, London, 1928, p. 326; 巴托尔德著, 张锡彤、张广达译:《蒙古入侵时期的突厥斯坦》(上册),上海:上海古籍出版社,2007年,第374页。

③ Narshakhi, *The History of Bukhara*, translated by R. N. Frye, Cambridge: Mediaeval academy of America, 1954, p. 24.

④ K. A. Wittfogel & Feng Chia-sheng, *History of Chinese Society: Liao (907—1125)*, Philadelphia, 1949, p. 671; Michal Biran, *The Empire of the Qara Khitai in Eurasian History Between China and the Islamic World*, New York, 2005, p. 180.

既然花剌子模沙阿即思之说不能成立,那么,归降大石的"回回国王"又能是哪位统治者呢?笔者认为,《辽史》所谓"驻军寻思干凡九十日,回回国王来降,贡方物"一句应该理解为卡特万之战胜利后,大石进入西喀喇汗王朝的首府撒马尔罕,在这里驻扎九十日,在此期间西喀喇汗王朝汗族成员易卜拉欣前来归降大石,亲来谒见,并贡方物,被大石立为西喀喇汗王朝统治者,西喀喇汗王朝成为西辽附庸。

宋元时期汉文史料中的"回回"除有时候用以指代花剌子模外,有时也用诸喀喇汗王朝。"回回"一词的出现,如果不算宋人沈括《梦溪笔谈》所记"银装背嵬打回回"①一句,最早可能是辽金之际华北汉人用以指代喀喇汗王朝乃至迤西各地居民的名词,该词本身应当是派生于"回鹘""回纥"的又一异写。对西域形势不了解的华北汉人将这一辽远地方的人们看作是属于这一方向上自己知晓的同一人群的最外缘部分,因此在华北汉人观念里,"回回""回鹘""回纥"经常被误解为同义词。②有学者认为《辽史·天祚皇帝本纪》末尾关于西辽的史料中叙述耶律大石生平部分的史料来源,很可能是耶律楚材在西域游历时候从西辽故老那里得到的传说。耶律楚材将这些口头资料整合进既有的辽史叙述之中,元人修《辽史》,这些传说被吸纳进去。③果若是,则这里的"回回"一词应为金代华北汉人的概念。刘迎胜通过对元代汉文史料中的"回回"一词的研究,认为"回回这个词在元、明时代主要指伊斯兰教徒,但也包括其他西域人,如聂斯脱里教徒等。信奉东正教的阿速人被称为'绿睛回回',吉普赛人被称为'罗里回回'等。在《回回药方》中甚至把古希腊人、古罗马人都称为'回回'。所以当时'回回'一词几乎是'西域'的同义词"。④故而这里的"回回"一词,很可能

---

① [宋]沈括著,侯真平校点:《梦溪笔谈》卷五《乐律·边兵凯歌》之四,长沙:岳麓书社,2002年,第32页。
② [日]田阪興道:《中國における回教の伝来とその弘通》(上),東京:東洋文庫,1964年,第81—88页;姚大力:《"回回祖国"与回族认同的历史变迁》,《北方民族史十论》,广西:广西师范大学出版社,2007年,第68页。
③ 苗润博:《蒙古西征视野下的信息流通与文本生成——〈辽史〉所记"西辽事迹"探源》,《文史》2019年第3期,第226—229页。
④ 刘迎胜:《关于元代中国的犹太人》,《元史论丛》第6辑,北京:中国社会科学出版社,1997年,第204页。

是宋金时期华北汉人对"回回"一词的概念,既可指花剌子模,也可指西喀喇汗王朝。胡小鹏则认为《辽史》中出现的"回回"一词均指喀喇汗王朝。①

《元史》载12世纪末漠北克烈部首领汪罕之弟也力可哈剌曾经投奔乃蛮部,乃蛮部首领亦难赤遂助其击败汪罕,尽夺汪罕部众与之,"汪罕走河西、回鹘、回回三国,奔契丹"。②后于1196年返回漠北。这里的契丹即指定都虎思斡耳朵的西辽政权,"河西"指西夏,"回鹘"乃指归附西辽的高昌回鹘。这里的"回回"最大可能性为归属西辽的东喀喇汗王朝余部。

《世界征服者史》记载,乃蛮部王子屈出律于1208年被成吉思汗军击溃后,由也儿的石河西遁,投奔西辽。先入别失八里,再奔苦叉(龟兹,今新疆库车),终至西辽都城虎思斡耳朵。③1203年克烈部汪罕败亡后,汪罕之子桑昆经过西夏黑水城(图8-1)逃到西域,亦来到苦叉,为当地国王所杀。看来,彼时从漠北南下西夏黑水城,然后西至别失八里,越天山到苦叉再转向西北到位于楚河流域的西辽都城,很可能是漠北游牧民族进入西辽都城的重要交通路线。汪罕之西行亦应循此路而行,经过西夏后进入高昌回鹘夏都别失八里,向西南越

图8-1 黑水城遗址(杨富学摄)

---

① 胡小鹏:《"回回"一词的起源及含义新探》,收入氏著《西北民族文献与历史研究》,兰州:甘肃人民出版社,2004年,第92—94页。
② 《元史》卷一《太祖纪一》,北京:中华书局,1976年,第6页。
③ [伊朗]志费尼著,何高济译:《世界征服者史》(上册),呼和浩特:内蒙古人民出版社,1981年,第71页。

天山到苦叉，西北转而入西辽都城。考虑到当时苦叉迤西乃西辽羁縻下的东喀喇汗王朝余部的势力范围①，故而史书所谓"汪罕走河西、回鹘、回回三国，奔契丹"一语中的"回回"当指西辽统治下的东喀喇汗王朝余部。否则，汪罕从漠北去西辽都城，不可能经过西辽都城以西的西喀喇汗王朝或者花剌子模。

综上可知，宋元时期汉文史料中有时候存在用"回回"指代喀喇汗王朝的现象，《辽史》所记归附耶律大石的"回回国王"当指西喀喇汗王朝统治者易卜拉欣，在归顺大石后被立为傀儡。

第四节 耶律大石"西至起儿漫"新解

在本章开始所引《辽史·天祚皇帝本纪四》所附大石列传中记载西辽之疆域时有如下话头：

> 至寻思干，西域诸国举兵十万，号忽儿珊，来拒战……驻军寻思干凡九十日，回回国王来降，贡方物。又西至起儿漫，文武百官册立大石为帝，以甲辰岁二月五日即位，年三十八，号葛儿罕。②

"寻思干"即撒马尔罕突厥名 Semizkand 音译，意思是"肥城"；"忽儿珊"即呼罗珊（Khorasan）一词的音译，指的是当时以呼罗珊为根据地的塞尔柱苏丹桑贾尔的军队。③这里的"忽儿珊"，学界有不同解释，④当以"呼罗珊"为妥。《辽史》

---

① 刘迎胜：《西北民族史与察合台汗国史研究》，南京：南京大学出版社，1994 年，第 208 页。
② 《辽史》卷三〇《天祚皇帝本纪四》，北京：中华书局，1974 年，第 356—357 页。
② E. Bretschneider, *Mediaeval Researches from Eastern Asiatic Sources*, Vol. 1, London, 1888, p. 245, note 524；布莱资须奈德著，梁园东译注：《西辽史》，北京：商务印书馆，1934 年，第 42—43 页；[日]羽田亨：《西遼建國の始末及び其の年紀》，《羽田博士史学論文集》上卷《歴史篇》，京都：同朋舍，1975 年，第 449 页；[日]羽田亨著，冯家昇译：《西辽建国始末及其纪年》，《禹贡半月刊》5 卷 7 期，1936 年，第 57 页。
④ 对不同说法的讨论可参见 P. Pelliot, *Notes on Marco Polo* I, Paris, 1959, pp. 226—227；K. A. Wittfogel & Feng Chia-sheng, *History of Chinese Society: Liao*（907—1125）, Philadelphia, 1949, p. 639, n. 30.

言大石大破忽儿珊军队后进驻寻思干九十日,"回回国王来降,贡方物"。①"回回国王"的归顺,标志着大石对河中的征服基本完成。②

在驻军寻思干九十日后,《辽史》记载,耶律大石"又西至起儿漫",并且在此称帝。

关于这里的起儿漫,有学者认为是波斯南部的克尔曼,此说法可以商榷。当时西辽势力并未及于阿姆河南,更不可能远至波斯克尔曼。诚如张星烺所辩:"盖回教著作家不记大石渡阿母河以南,侵入波斯境也。甚多历史家,皆以为即波斯湾边之起儿漫,实大谬矣。"③诚如巴托尔德所言,克特湾战役后,"实际上,哈剌契丹当时是逗留在阿姆河附近的。"④故而耶律大石不可能南至今伊朗克尔曼。关于起儿漫之地,俄国学者布莱资须奈德(E. V. Bretschneider)进行考证,表示并不相信起儿漫即波斯南部的克尔曼的观点,指出起儿漫当即克尔米涅(Kermaneh)之地,"位于撒马尔罕和布哈拉之间,经常被中世纪穆斯林作家提到。这个城市仍然存在"⑤。在书中另一处布莱资须奈德也提到起儿漫,指出 13 世纪中叶小亚美尼亚海屯国王前往蒙古谒见蒙哥汗,在海屯国王返回途中取道河中经过的 Kerman 即克尔米涅之地,其地位于布哈拉和撒马尔罕间的通道上⑥。布莱资须奈德这一考证渐为学术界大部分学者的公认。

耶律大石征服河中后,为什么驻军撒马尔罕后又前往起儿漫,甚至按照《辽史》记载在其地称帝?周良霄即提出:"一个威服中亚,总辖河中的古儿汗(义为众汗之汗)为什么选择在这么一个不显眼的小镇来称帝即位呢?道理上完全讲不通。"⑦纪宗安认为,起儿漫城在今乌兹别克斯坦共和国撒马尔罕城以西,是大石一生中抵达的最西点,也是他成就的最高点。这大概就是《辽史》

---

① 《辽史》卷三〇《天祚皇帝本纪四》,北京:中华书局,1974 年,第 356 页。
② 杨富学、葛启航:《耶律大石西征与河中"回回国王"之归降》,《青海民族研究》2020 年第 3 期,第 117—123 页。
③ 张星烺编注,朱杰勤校订:《中西交通史料汇编》第 3 册,北京:中华书局,2003 年,第 1610 页,注 11。
④ 巴托尔德著,罗致平译:《中亚突厥史十二讲》,北京:中国社会科学出版社,1984 年,第 127 页。
⑤ E. Bretschneider, *Mediaeval Researches from Eastern Asiatic Sources*, Vol. 1, London, 1888, p. 216, note 555.
⑥ E. Bretschneider, *Mediaeval Researches from Eastern Asiatic Sources*, Vol. 1, London, 1888, p. 171, note 489.
⑦ 周良霄:《关于西辽史的几个问题》,《中华文史论丛》1981 年第 3 辑,第 253 页。

将此处作为耶律大石隆重地举行称帝大典地点的原因。①也有学者提出其他说法。西辽灭亡后,西辽旧臣博剌克(Boraq-Hadjib)曾经在伊朗南部的克尔曼建立政权,不久成为蒙古帝国的附庸。这个政权存在到14世纪初并入伊利汗国②。故而王治来提出,很可能是《辽史》编纂人员不了解中亚地理情况,将13世纪前期哈剌契丹人博剌克在克尔曼建立王朝的材料和耶律大石混在一起了,所以才出现了耶律大石到起儿漫称帝的记载。③笔者认为,耶律大石在攻占撒马尔罕后,确曾到撒马尔罕西北的起儿漫。这里即对此记载进行辨析。

关于耶律大石在起儿漫称帝,"文武百官册立大石为帝,以甲辰岁二月五日即位,年三十八,号葛儿罕。复上汉尊号曰天祐皇帝,改元延庆"的记载,早有学者质疑。甲辰是1124年,而不是克特湾战役后的1141或者1142年。而且克特湾战役这年耶律大石也不是38岁,而应该是55岁。故而这段记载有误,很可能是元代史臣对西辽史料编辑时因为暗于史实和疏忽不慎,将耶律大石于1124年称王和1132年在叶密立称帝、建元"延庆"之事误混于此。④

但是这条材料依旧告诉我们,耶律大石在驻军寻思干九十日后,来到寻思干西北的起儿漫(今乌兹别克斯坦克尔米涅)的重要信息。笔者认为,耶律大石来到起儿漫有两个原因,其一是因为起儿漫处在撒马尔罕去布哈拉的必经之路上,耶律大石为征服布哈拉前往其地;其二是因为起儿漫是西部喀喇汗王朝的重镇,故而耶律大石前往其地。

位于泽拉夫善河畔的起儿漫自古以来即处在沿着泽拉夫善河从撒马尔罕

---

① 纪宗安:《关于耶律大石和西辽建国时期的几个问题》,《西域研究》1993年第4期,第51页。
② K. A. Wittfogel & Feng Chia-sheng, *History of Chinese Society Liao*(*907—1125*), Philadelphia, 1949, pp. 655—657;[伊朗]志费尼著,何高济译:《世界征服者史》(下册),呼和浩特:内蒙古人民出版社,1981年,第570—574页;[瑞典]多桑著,冯承钧译:《多桑蒙古史》(下册),北京:中华书局,1962年,第4—5页;A. C. Moule & Paul Pelliot, *Marco Polo: the Description of the World I*, London: George Routledge&Sons Limited, 1938, pp.118—120.关于博剌克所建的克尔曼政权,在汉文史料中的刘郁《西使记》和《元史·郭侃传》也有记载,称"乞里弯"。参看陈得芝《刘郁〈[常德]西使记〉校注》,《中华文史论丛》2015年第1期,第105页。
③ 王治来:《关于"后西辽"》,《新疆社会科学》1983年第1期,第91页。
④ 魏良弢:《西辽史研究》,银川:宁夏人民出版社,1987年,第40、42—43页。

赴布哈拉的要道上。9世纪大食地理学家伊本·胡尔达比赫《道里邦国志》一书记载起儿漫情况（书中作 Karminiyah 为起儿漫古名），谓从布哈拉到撒马尔罕的全程约为39法尔沙赫（1法尔沙赫约相当于6公里），起儿漫即处在这一要道途中①。萨曼王朝时期，起儿漫依旧是交通要道上重要城镇，纳尔沙西《布哈拉史》称起儿漫是布哈拉的一个村庄，起儿漫水源依靠布哈拉的水，从布哈拉到起儿漫要走十二法尔沙赫。②喀喇汗王朝王朝时期，起儿漫依旧是布哈拉和撒马尔罕间道路交通的必经之地。喀喇汗王朝统治者舍姆斯·阿勒·穆尔克（Shams al-Mulk,1068—1080年在位）曾经在起儿漫附近建立灭里·拉巴特（Ribat i-Malik, Malik 意思是国王，拉巴特是客栈之意），有学者即认为他在布哈拉与撒马尔罕两地间建立这个建筑，和早期布哈拉、撒马尔罕间频繁的道路交通有关。③蒙元时期，起儿漫依旧位于去布哈拉的交通要道上，1238年，布哈拉发生马合木·塔拉比反对蒙古贵族统治的起义，起义者占据了布哈拉。被驱逐的异密和宗教人士即逃到起儿漫（Karminiya），召集了当地的蒙古军队后，又向其他地方召集人马，进军布哈拉镇压起义。④在13世纪中叶东赴和林觐见蒙哥的小亚美尼亚国王海屯，回国途中经过河中地区。他在过撒马尔罕后，经过撒里普耳、起儿漫和布哈拉⑤。上举数例，不难窥见起儿漫一直是布哈拉沿着泽拉夫善河前往撒马尔罕的必经之地。如前所述，克特湾之战后，耶律大石于1142年进取布哈拉。笔者认为《辽史》所载耶律大石至起儿漫，很可能是克特湾之战后为了进取布哈拉。

除了为了进取布哈拉外，耶律大石前往起儿漫，笔者认为和起儿漫是西部

---

① ［伊朗］伊本·胡尔达比赫著，宋岘译：《道里邦国志》，北京：中华书局，1991年，第28页。
② Narshakhi, *The history of Bukhara*, translated by R. N. Frye, Cambridge: Mediaeval academy of America, 1954, p.12.
③ Yury Karev, From Tents to City. The Royal Court of the Western Qarakhanids between Bukhara and Samarqand, in: David Durand-Guédy (ed.), *Turko-Mongol Rulers*, *Cities and City Life*, Leiden/Boston: Brill, 2013, p.126.
④ ［伊朗］志费尼著，何高济译：《世界征服者史》（上册），呼和浩特：内蒙古人民出版社，1981年，第132页。
⑤ 何高济译：《海屯行纪鄂多立克东游录沙哈鲁遣使中国记》，北京：中华书局，1981年，第19页。

喀喇汗王朝重镇也有密切关系。起儿漫是西部喀喇汗王朝的实际汗庭所在[①]，为当时的重镇。西部喀喇汗王朝统治者舍姆斯·阿勒·穆尔克还曾经于伊斯兰历 460—462 年（1068—1070）左右在起儿漫附近建立了规模庞大的灭里·拉巴特，这座烧结砖建筑颇为壮观，迄今遗址仍存[②]。综上所述，可见起儿漫是西部喀喇汗王朝一个重要中心。当地也是喀喇汗王朝重要的钱币铸造地（图 8-2），在喀喇汗王朝钱币中见到的制币场地点中，即有起儿漫之地，[③]知其地是西部喀喇汗王朝重要的钱币铸造地。苏联考古工作者曾经发现许多起儿漫冲制的喀喇汗王朝钱币，可见其地在西部喀喇汗王朝的重要性。[④]耶律大石在进驻撒马尔罕后前往起儿漫，无疑和其地是西部喀喇汗王朝重镇也有重要关系。或许耶律大石在这里进行了加冕为河中地区统治者的仪式，致使《辽史》编者误将其事和耶律大石昔日称帝混为一谈。

图 8-2　西喀喇汗王朝铜币

（引自 E. Rtveladze, *Catalogue of Antique and Medieval Coins of Central Asia* Ⅲ.）

[①] 张广达：《关于马合木·喀什噶里的〈突厥语词汇〉与见于此书的圆形地图》，《西域史地丛稿初编》，上海：上海古籍出版社，1995 年，第 75 页，注 13。

[②] R. N. Frye(ed.), *The Cambridge History of Iran* Vol.4, Cambridge at the University Press, 2008, pp. 346-348; Yury Karev, From Tents to City.The Royal Court of the Western Qarakhanids between Bukhara and Samarqand, in: David Durand-Guédy(ed.), *Turko-Mongol Rulers, Cities and City Life*, Leiden/Boston: Brill, 2013, pp.126—127.

[③] ［俄］波·德·阔奇涅夫著，张铁山编译：《喀喇汗钱币综述》，中国钱币学会编《中国钱币论文集》第 5 辑，中国金融出版社，2010 年，第 147 页。

[④] 魏良弢：《西辽史纲》，北京：人民出版社，1991 年，第 60 页，注 3。

第九章　西辽在西伯利亚南部活动觅踪

1125 年辽亡。辽朝灭亡前夕,辽将耶律大石率军北走,入漠北可敦城(位于今杭爱山支系乌德犍山),在这里休养生息,势力逐渐强大。1130 年,耶律大石离开可敦城西征西域,于 1134 年入据东喀喇汗王朝首府八剌沙衮(今吉尔吉斯斯坦托克马克东南 12 公里处,在楚河附近,位于比什凯克与伊塞克湖之间),定都于此。之后耶律大石四处扩张,1137 年春西辽军进入别失八里(今新疆维吾尔自治区吉木萨尔县北 12 公里处破城子),高昌回鹘臣服。1141 年西辽在中亚卡特湾之战大败塞尔柱突厥,将河中地区收入版图。第二年西辽进攻花剌子模,迫使花剌子模臣服。西辽遂成为一个扩地万里的大国。

第一节　耶律大石北行黠戛斯地区的路线

西辽初期,耶律大石即积极经略叶尼塞河上游的黠戛斯地区。志费尼记载:"他们抵达吉利吉思国,向该地区的部落发起进攻,后者也反过来袭扰契丹人。他们从那里征服进,直到他们来到叶密立。"[1]在叶密立,耶律大石以此为基

---

[1] [伊朗]志费尼著,何高济译:《世界征服者史》(上册),呼和浩特:内蒙古人民出版社,1981 年,第 417 页。

地，利用东喀喇汗王朝八剌沙衮地方统治者遭受葛逻禄、康里侵扰之机，占据八剌沙衮，并以此为基地，大肆扩展，征服了喀什噶尔和于阗地区，迫使康里人臣服，向东征服了高昌回鹘。[①]他还派军去吉利吉思（黠戛斯）地区，以报受辱之仇。

关于耶律大石西征时候进攻的黠戛斯人，有学者认为很可能是分布于阿尔泰山地区的黠戛斯。[②]9—10世纪的阿尔泰文化具有较多黠戛斯特点，说明阿尔泰不仅在文化上，而且在政治上都属于黠戛斯。[③]然而有学者考证指出，黠戛斯人在阿尔泰地区的活动不会持续到11世纪上半叶，很可能在10世纪末已经放弃了对阿尔泰地区的控制，而且即使在9—10世纪黠戛斯控制阿尔泰时期，留居阿尔泰地区的黠戛斯人数也不会多。[④]耶律大石所攻之黠戛斯，应分布在叶尼塞河上游地区。

据余大钧考证，耶律大石假道高昌回鹘进攻东喀喇汗王朝首都喀什噶尔很可能是在1131年春，在喀什噶尔东数日路程的地方被喀喇汗王朝统治者阿赫马德击溃，只好率残部离开新疆南部。在耶律大石折回高昌回鹘的时候，高昌回鹘不再欢迎他，部分将领被高昌回鹘擒献金朝。于是，耶律大石率残部来到叶尼塞河上游，被黠戛斯逐走，奔至叶密立地区。在这里耶律大石休养生息，扩大队伍，于1134年春占据八剌沙衮。[⑤]果如是，则耶律大石应该是在进攻喀喇汗王朝失败加上高昌回鹘反叛的情况下来到叶尼塞河上游地区的。推而论之，耶律大石很可能是取道高昌回鹘和喀喇汗王朝之间的地区来到叶尼塞河上游地区进攻黠戛斯人。11世纪中叶哥疾宁王朝历史学家迦尔迪齐《纪闻花

---

① ［伊朗］志费尼著，何高济译：《世界征服者史》（上册），呼和浩特：内蒙古人民出版社，1981年，第417—418页。

② 邓锐龄：《西辽疆域浅释》，《民族研究》1980年第2期，第34页。

③ С. В. Киселев, *Древняя история Южной Сибири*, Москва: Издательство Академии Наук СССР, 1951, стр. 558；吉谢列夫著，中国社会科学院考古研究所资料室译：《南西伯利亚古代史》（下册），新疆社会科学院民族研究所编印，第115页。

④ 巴哈提·依加汉：《9世纪中叶以后黠戛斯的南下活动》，《西域研究》1991年第3期，第31—36页。

⑤ 余大钧：《耶律大石创建西辽帝国过程及纪年新探》，陈述主编《辽金史论集》，上海：上海古籍出版社，1987年，第242页。

絮》(Zainu'l-axbār)一书记载了一条从九姓乌古斯(高昌回鹘)前往黠戛斯之地的道路：

> 至于从九姓乌古斯之地通向黠戛斯的道路，正是从中国城(Čīnānj-kaθ，即高昌)往龟兹(Xusan)，从龟兹往 NWXBK(或 NWXYK)，如同到达 KMR'Z/KMZ'R 一样远，需在草地走一两个月，另需在沙漠走五天。再从 KMR'Z 出发到达马纳巴格卢(Mānābag-lū?)需傍山走两天，然后走进树林，随后经过草原、[几处]泉水、猎场，抵达人称马纳巴格卢(Mānabag-lū?)的大山，山势巍峨，生有些许黑貂、灰鼠及麝羚，林木森森，猎物丰富，山里特别宜于居住。过了马纳巴格卢向曲漫山(Kökmän，即今萨彦岭)进发，沿途草原广布，清泉滢滢，且野味众多。在这种地方走四天就到了曲漫山。峰峦叠翠，道路崎岖。从曲漫山到黠戛斯地为七天路程，道路行经草原与牧场，路旁有众多清彻的泉水，树木翳日。因而敌人深入不到那里，条条道路像花园，直到黠戛斯本土。黠戛斯可汗的军帐就在这里，这是(其地)首要的和最好的地方。①

可见，当时很可能存在一条从高昌西行到龟兹，继而从龟兹地区北上抵达黠戛斯地区的路线。米诺尔斯基认为 KMR'Z 可能在塔尔巴哈台山脉南面，Mānabag-lū 可能相当于阿尔泰山。②如是以观，耶律大石之北行当遵循以下路线：从龟兹附近出发，经塔尔巴哈台东北行穿过阿尔泰山和曲漫山(萨彦岭)而至黠戛斯之地。这一点也和志费尼记载的耶律大石被黠戛斯击败后，向西南来到叶密立地区的路线相符合。

---

① A. P. Martinez, Gardīzī's Two Chapters on the Turks, Archivum Eurasiae Medii Aevi II(1982), 1983, p. 126 A. P. Martinez, Gardīzī's Two Chapters on the Turks, *Archivum Eurasiae Medii Aevi*, II (1982), 1983, p. 136; [英]马丁奈兹著，杨富学、凯旋译:《迦尔迪齐论突厥》，杨富学编译:《回鹘学译文集新编》，兰州:甘肃教育出版社，2015年，第252—253页。

② V. Minorsky, *Hudud al-'Ālam. "The Regions of the World"*, a Persian Geography 372 A H.—982 A.D., London, 1937, p. 283.

第二节 耶律大石对谦谦州的经略

耶律大石于1134年左右占据八剌沙衮,志费尼记载:"他这时把沙黑纳派到从谦谦州到巴儿昔罕,从答剌速到牙芬奇的各个地方去。"①谦谦州之地在叶尼塞河上游地区,即克穆河及其支流克穆齐克河之间的地区。②可见西辽建国之初,疆域即抵达叶尼塞河上游地区,巴托尔德亦言当时西辽帝国的北部疆界抵达克穆河流域的一个地区。③这和志费尼后文记载的耶律大石"他下一步派一支军队到吉利吉思人的国土,以报他在他们手中受辱之仇"正好互相对应。耶律大石很可能是以谦谦州为基地进攻黠戛斯的。

考虑到耶律大石占据八剌沙衮后派遣沙黑纳去的巴儿昔罕、答剌速、牙芬奇等地都是东喀喇汗王朝直辖地,以及之前东喀喇汗王朝曾经在鄂毕河流域作战,似乎不能排除一种可能,即耶律大石派遣沙黑纳去谦谦州是接管东喀喇汗王朝在其地的领地。耶律大石占据八剌沙衮后,从这里派遣使者去谦谦州,自然可以让我们联想到之前东喀喇汗王朝统治者阿赫马德从八剌沙衮出发,追击牙巴库人,直到鄂毕河上游的路线。二者很可能是同一条路线。

谦谦州之地,似乎长期和黠戛斯紧密联系在一起。周清澍指出,元朝时期的史料中,出现秃巴思的地方史籍往往不出现谦谦州,出现谦谦州地方的史籍往往不出现秃巴思,二者在地域上也很接近,故而二者很可能是一回事。④秃巴

---

① [伊朗]志费尼著,何高济译:《世界征服者史》(上册),呼和浩特:内蒙古人民出版社,1981年,第418页。

② [伊朗]志费尼著,何高济译:《世界征服者史》(上册),呼和浩特:内蒙古人民出版社,1981年,第80页,注21;周清澍:《元朝对唐努乌梁海及其周围地区的统治》,《社会科学战线》1978年第3期,第155—156页;周清澍:《谦谦州》,韩儒林主编《中国大百科全书·中国历史·元史》,北京·上海:中国大百科全书出版社,1985年,第77页。

③ В. В. Бартольд, *Сочинения II*, Москва, 1964, стр. 502;巴托尔德著,张丽译:《中亚历史——巴托尔德文集》第2卷第1分册,兰州:兰州大学出版社,2014年,第556页。

④ 周清澍:《元朝对唐努乌梁海及其周围地区的统治》,《社会科学战线》1978年第3期,第156页。

思人即唐代汉文史料中的都播,他们就是今天图瓦人的祖先,主要居住地在唐努乌梁海一带。①今叶尼塞河上游的大石滩可能曾是黠戛斯和都播的分界。②都播隶属于黠戛斯,这在文献中可得到印证,如《新唐书·回鹘传下》记载,都播地区分为都播、弥列哥(Belig)、饿支(Atsch)三部,被称为"木马突厥三部落",他们隶属黠戛斯,"坚昆之人得以役属之"。③考古资料亦复如是,在黠戛斯境内科彼内遗址发现的一个小罐,侧旁铭文曰:AltunŠaγγačin,意为"金子,阿齐(ačin)之贡礼"。④这里的ačin,韩儒林径称作饿支部落。⑤这种纳贡关系的存在,表明饿支部落隶属黠戛斯。然而,如前所述,拔悉密部落势力似乎也一度抵达过克穆齐克河流域。可能在拔悉密势力强盛时期,唐努乌梁海处于黠戛斯和拔悉密势力交错状态。之后随着回鹘势力兴起,黠戛斯势力可能一度退出这一地区。回鹘汗国兴起以后,击败黠戛斯人,势力一度抵达唐努乌梁海地区。

学者曾经在这一地区发掘并证实了由回鹘人建造的十五座城址和一个居民点遗址。当地至今一些地名、河流名、部落名还与回鹘一名有关。为抵御黠戛斯汗国的扩张,回鹘在萨彦山岭南麓至叶尼塞和克穆齐克河流域一线用长方形砖坯修筑了一条长达230公里的黏土墙,堡塞相连,构成了回鹘汗国的北部边界线。⑥黠戛斯于840年击败回鹘,势力可能重新扩展到唐努乌梁海地区。在拉施特《史集》中,谦谦州的名字经常出现,写作Kämkämchi,而且始终把此名

---

① 韩儒林:《唐代都波》,《社会科学战线》1978年第3期,第145页。
② 乌兰:《蒙古征乞儿吉思史实的几个问题》,《内蒙古大学学报》1979年第3—4期,第58页。
③ 《新唐书》卷二一七下《回鹘传下·黠戛斯》,北京:中华书局,1975年,第6148页。
④ С. В. Киселев, Древняя история Южнои Сибири, Москва: Издательство Академии Наук СССР, 1951, стр. 602;吉谢列夫著,中国社会科学院考古研究所资料室译:《南西伯利亚古代史》(下册),新疆社会科学院民族研究所编印,1985年,第137页。
⑤ 韩儒林:《唐代都波》,《社会科学战线》1978年第3期,第144页。
⑥ [苏]伊斯卡阔夫著,热夏提·努拉赫迈德译:《回鹘人在图瓦》,《民族译丛》1985年第5期,第77—78页;Ю. С. Худяков, Памятики уйгурской культуры в Монголии, Центральная Азия и соседние территории в средние века, Новосибирск, 1990, стр. 84—89;林俊雄、[日]白石典之、[日]松田孝一:《バイバリク遺跡》,[日]载森安孝夫、オチル編《モンゴル國現存遺跡·碑文調査研究報告》,中央ユーラシア学研究會,1999年,第196—198页;王洁、杨富学:《突厥碑铭所见黠戛斯与突厥回鹘关系考》,《内蒙古社会科学》2009年第1期,第51页。

与吉利吉思部联系起来。①《史集》记载,1199 年成吉思汗和克烈部首领王罕出征乃蛮部首领不亦鲁黑的时候,"不亦鲁黑逃到了乞儿吉思范围内的谦谦州地区"。②但最有力的证据见诸《史集·部族志》中的乞儿吉思条:"乞儿吉思和谦谦州为相邻的两个地区;这两个地区构成一个地域(Mämläkät)。谦谦州是一条大河。"③可见当时黠戛斯势力重新及于这一地区,谦谦州甚至很可能充任黠戛斯的中心。当和黠戛斯击溃回鹘,势力向蒙古地区和西域南扩,政治中心随之南移有关。《世界境域志》同时提到了另外一个部族 K. Saym,称"黠戛斯的一个氏族的名字,他们携带毡房居住在山坡上。他们猎取皮毛、麝香、犀牛角等物。他们是不同于黠戛斯的一个部落。他们的语言像葛逻禄人,服装像寄蔑人"④。米诺尔斯基将这个部落和 Kishtim,即前文提到的可史担部落勘同。⑤米诺尔斯基根据这个部落和葛逻禄、黠戛斯等西部部落的风俗接近,简单的判断在《世界境域志》所述年代,这个部落居于黠戛斯西部,似乎不是很妥当。如前所述,唐代可史担部落分布在克穆齐克河流域,《世界境域志》的年代这个部落居地变化应该不会太大。是以,这条材料也可以印证黠戛斯势力抵达克穆齐克河流域。

据上所述,则似乎耶律大石或者之前的东喀喇汗王朝已经拥有对谦谦州的管辖,是从黠戛斯人手中夺取的。从苏联考古资料看,10 世纪末黠戛斯人有放弃图瓦盆地北退的倾向。⑥元朝时代谦谦州也不隶属黠戛斯,《史集》记载,"乞儿吉思和谦谦州为相邻的两个地区,这两个地区构成一个地域"⑦。看来耶律大石夺取谦谦州,到底是从东喀喇汗王朝手中夺取还是直接从黠戛斯人手中夺取,尚难以遽断。

---

① Louis Hambis, Notes sur Kam, nom de l'Yenissei superieur, *Journal Asiatique* 244, 1956, p. 287;[法]韩百诗著,耿昇译:《谦河考》,《蒙古学信息》1999 年第 1 期,第 11 页。
② [波斯]拉施特主编,余大钧、周建奇译:《史集》第一卷第二分册,北京:商务印书馆,1983 年,第 150 页。
③ [波斯]拉施特主编,余大钧、周建奇译:《史集》第一卷第一分册,北京:商务印书馆,1983 年,第 245 页。
④ V. Minorsky, *Hudud al-'Ālam. "The Regions of the World", a Persian Geography 372 A H.—982 A.D.*, London, 1937, p. 97.
⑤ V. Minorsky, *Hudud al-'Ālam. "The Regions of the World", a Persian Geography 372 A H.—982 A.D.*, London, 1937, p. 286.
⑥ 巴哈提·依加汉:《9 世纪中叶以后黠戛斯的南下活动》,《西域研究》1991 年第 3 期,第 36 页。
⑦ [波斯]拉施特主编,余大钧、周建奇译:《史集》第一卷第一分册,北京:商务印书馆,1983 年,第 245 页。

第三节　西辽与阿尔泰诸部之关系

　　分布于阿尔泰山东西的乃蛮部落也隶属于西辽。《辽史》卷六九记载耶律大石西征所历各部即有乃蛮部。《金史·粘割韩奴传》记载："是岁,粘拔恩部君长撒里雅、寅特斯率康里部长孛古及户三万求内附,乞纳大石所降牌印,受朝廷牌印。"①《金史·世宗本纪》记载,金世宗大定十五年(1175),"七月丙午,粘拔恩与所部康里孛古等求内附"。②这里的粘拔恩部,一般认为即乃蛮部,接受西辽朝廷颁发的牌印似乎是隶属西辽的一个重要特征。伊本·阿西尔《全史》记载："每一个服属菊儿汗的君主都在自己胸前挂一个类似银牌的东西,就是那个人服属于菊儿汗的标志。"③前面提到耶律大石在占据八剌沙衮之初,即将沙黑纳派到叶尼塞河上游的谦谦州之事,彭晓燕已经留意到谦谦州位于乃蛮、康里以北,和西辽直辖地隔开的问题。④

　　阿尔泰山和鄂毕河上游地区是乃蛮部的领地,故而可以认为,乃蛮部在西辽初年即已归附,故而耶律大石可以派遣沙黑纳经过其地而至谦谦州。诚如彭晓燕所言："至少在1175年以前西辽行使着对乃蛮的宗主权,可能达到阿尔泰山东部,且可能一度深入到离可敦城不远的哈剌和林。"⑤乃蛮部的领地,根据《史集》记载,包括阿雷—昔剌思(alūī-srās)山之地。⑥其地即今鄂毕河上游支流阿雷河(Alui)和撒雷思河(Sharys)。⑦可见乃蛮部领地北面抵达今鄂毕河上游地

---

　　① 《金史》卷一二一《粘割韩奴传》,北京:中华书局,1975年,第2637页。
　　② 《金史》卷七《世祖本纪七》,北京:中华书局,1975年,第162页。
　　③ 伊本·阿西尔著,刘戈译:《〈全史〉选译》(下),《中亚研究》,1988年第3期,第9页,部分译名有改动。
　　④ Michal Biran, *The Empire of the Qara Khitai in Eurasian History-Between China and the Islamic World*, New York, 2005, p. 105.
　　⑤ Michal Biran, *The Empire of the Qara Khitai in Eurasian History-Between China and the Islamic World*, New York, 2005, p.46.
　　⑥ [波斯]拉施特主编,余大钧、周建奇译:《史集》第1卷第1分册,北京:商务印书馆,1983年,第224页。
　　⑦ P. Pelliot-L. Hambis, Historie des campagnes de Gengis Khan. Cheng-wu Ts'in-Tcheng Lou, Leiden: E. J. Brill, 1951, p.301—302;陈得芝:《十三世纪以前的克烈王国》,《元史论丛》第3辑,北京:中华书局,1986年,第17页;陈得芝:《元岭北行省建置考》,《元史及北方民族史研究集刊》(第12—13辑),1988—1989年,第3页。

区。西辽既然控制了乃蛮部，则势力无疑也延伸到鄂毕河上游地区。值得注意的是，《史集》记载成吉思汗时代之前，乃蛮部首领纳儿乞失—太阳（nārqis-tāyānk）和阿尼阿惕（aniāt）两位统治者曾经击溃吉利吉思部。①

这位纳儿乞失—太阳，巴哈提·依加汉认为和前面提到的 1175 年背叛西辽归附金朝的撒里雅寅特斯很可能是同一人，②则他在位的 1175 年以前乃蛮部应该依旧附属西辽。有学者进一步认为他在世时间大约是 11 世纪初到 70 年代，③则他在位的大部分时间里乃蛮应该附属西辽。考虑到如前所述，西辽初期即积极经略叶尼塞河上游的吉利吉思地区，故而纳儿乞失—太阳和另一位统治者阿尼阿惕击溃吉利吉思，似乎不能与排除乃蛮的宗主国西辽在叶尼塞河上游地区进攻吉利吉思有关的可能。

大约在 1175 年乃蛮部叛附金朝之前，谦谦州地区一直隶属西辽。有学者认为，12 世纪的叶尼塞河上游地区曾经出土大砍刀、军刀、矛、盾、弓箭和少量铁和木盔甲、头盔和盾牌等武器。而这个地区自 12 世纪 30 年代到 1175 年一直被西辽控制，故而这里应该是西辽武器的来源地之一。④

西辽还曾经和一个名为"叶不辇"的部族有过大规模战争。《金史·粘割韩奴传》记载，金朝大定年间从西辽都城骨斯讹鲁朵（八剌沙衮）来到金朝西南招讨司贸易的西域商人带来了关于西辽境内的消息，其中提到"近岁契丹使其女婿阿本斯领兵五万北攻叶不辇等部族，不克而还"⑤。这个"阿本斯"和《世界征服者史》提到的耶律大石派遣去进攻花剌子模的将领额儿布思（Erbüz）很可能为同一人。

关于西辽进攻的"叶不辇"部族，刘迎胜认为很可能是亦必儿（Ibir）一词的

---

① ［波斯］拉施特主编，余大钧、周建奇译：《史集》第一卷第一分册，北京：商务印书馆，1983 年，第 222 页。
② 巴哈提·依加汉：《读〈史集·部族志〉"乃蛮"条札记》，《元史及北方民族史研究集刊》第 12—13 期，1989—1990 年，第 123 页。
③ 齐达拉图：《乃蛮部若干历史问题研究》，内蒙古大学硕士学位论文，2010 年，第 27 页。
④ Michal Biran, *The Empire of the Qara Khitai in Eurasian History–Between China and the Islamic World*, New York, 2005, p.154。
⑤ 《金史》卷一二一《粘割韩奴传》，北京：中华书局，1975 年，第 2637 页。

音译,并认为这个地名当时指的是鄂毕河上游地区。①彼时亦必儿之地经常和失必儿(Sibir)之地在史书中并列,称为"亦必儿—失必儿"。(Ibir-Sibir)。例如《史集·部族志》关于乞儿吉思的记载中提到,"谦谦州是一条大河,这个地方一方面与蒙古斯坦相接,它的一条边界与泰赤兀惕诸部所在的薛灵哥河[流域]相接,直抵亦必儿—失必儿边境地区"②。《元史》玉哇失本传记其"与海都将八怜、帖里哥歹、必里察等战于亦必儿失必儿之地,战屡捷"③。看来,亦必儿失必儿作为地名似乎存在到相当晚的时代。15 世纪初来到东方游历,到过中亚帖木儿帝国和西伯利亚西部,于 1427 年回到德国的旅行家约翰·施尔特贝格尔(Johann Schiltberger)在他的著作中提到过 Ibissibur 一名。④

这一地区似乎不仅包括鄂毕河流域广大地区,西部还延伸到十分遥远的地方。例如 15 世纪前期的伊斯兰史学家伊本·阿拉不沙(Iben Arab Shāh)记载,钦察的北部疆界和亦必儿—失必儿(Abir or Sibir)接壤。⑤14 世纪埃及史学家乌马里《眼历诸国行记》也记载,失必儿之地西面和巴只吉惕地区(位于乌拉尔河上游)接壤。⑥可见亦必儿—失必儿西部延伸之广。

16 世纪后期沙皇俄国的哥萨克军队越过乌拉尔山东侵失必儿汗国。汗国都城失必儿被当地鞑靼人称作伊斯克尔。这个地方在额尔齐斯河右岸,位于今托博尔斯克所在地上游十六俄里处。⑦其地也应包括在古代失必儿的广大范围

---

① 刘迎胜:《亦必儿与失必儿》,收入氏著《蒙元帝国与 13—15 世纪的世界》,北京:生活·读书·新知三联书店,2013 年,第 128—131 页。
② [波斯]拉施特主编,余大钧、周建奇译:《史集》第一卷第一分册,北京:商务印书馆,1983 年,第 245 页。
③ 《元史》卷一三二《玉哇失传》,北京:中华书局,1976 年,第 3209 页。
④ В. В. Бартольд, *Сочинения III*, ч. 3, Москва, 1964, стр. 485;[英]约·弗·巴德利著,吴持哲、吴有刚译,胡钟达校:《俄国·蒙古·中国》(上卷),北京:商务印书馆,1984 年,第 114 页;[法]伯希和著,耿昇译:《卡尔梅克史评注》,北京:中华书局,1994 年,第 40 页。
⑤ E. V. Bretschneider, *Mediaeval Researches from Eastern Asiatic Sources*, Vol. 2, London, 1888, p. 37, note 811.
⑥ 李卡宁译:《乌马里〈眼里诸国记〉(选译)》,《蒙古史研究参考资料》新编第 32·33 辑(总第 57·58 辑),第 106 页;刘迎胜:《亦必儿与失必儿》,收入氏著《蒙元帝国与 13—15 世纪的世界》,北京:生活·读书·新知三联书店,2013 年,第 137 页。
⑦ E. V. Bretschneider, *Mediaeval Researches from Eastern Asiatic Sources*, Vol. 2, London, 1888, p. 37;约瑟夫·塞比斯著,王立人译:《耶稣会士徐日升关于中俄尼布楚谈判的日记》,北京:商务印书馆,1973 年,第 10 页。

内。有学者认为亦必儿·失必儿之地包括从乌拉尔延伸到额尔齐斯河的地区。①也有学者认为13至14世纪初失必儿之地包括从卡马河、贝拉扎河(Belaja)盆地延伸到叶尼塞河上游的广大地区，②亦必儿既然经常和失必儿并列，无疑是一个距离失必儿不远的地区。如果刘迎胜关于叶不辇可能为亦必儿的比定不误，则西辽兵锋应该已经及于亦必儿—失必儿地区的南部。

大约随着1175年阿尔泰山东西的乃蛮部叛附金朝，西辽在西伯利亚南部的活动才被削弱。此后西辽疆域收缩至阿尔泰山一线。此后史书上找不到西辽在南西伯利亚地区活动的记载。志费尼记载，1208年乃蛮部首领屈出律投奔西辽后，曾经对耶律直鲁古说："我的人很多，他们遍布叶密立地区、海押立、别失八里；人人都在欺侮他们。如我获得允许，我可以把他们召集起来，靠这些人之力就能增援和加强菊儿汗。"结果耶律直鲁古封他为屈出律汗，屈出律进入叶密立、海押立地区，在这里收集族人，并和其他部落结盟，势力逐渐壮大，并进攻西辽。③可见西辽末年对叶密立、海押立这一带地区尚且统治不稳，自然更不可能越过其地，将势力延伸到鄂毕河、叶尼塞河上游地区，完全看不出此时谦谦州隶属西辽的痕迹，反而表示谦谦州似乎隶属乃蛮部。《史集》记载乃蛮部和吉利吉思部接壤。大约谦谦州当时处于乃蛮和吉利吉思边界地区。

西辽在这一地区活动，在后世可能也留下痕迹。1525年一位俄国大使在与人谈话，描述东方情况的时候，提到"鄂毕河发源于一个大湖，名叫契丹湖，从这里开始有达靼人居住，他们向上述大汗纳贡"④。此后在16世纪的许多文献中都提到契丹湖是鄂毕河的源头。⑤可见鄂毕河源头的湖泊当时名为契丹湖。

---

① K.B.巴集列维奇等著，黄巨兴、姚家积译：《蒙古统治时期的俄国史略》(下册)，北京：科学出版社，1959年，第262页。
② [美]普雷特萨克著，陈一鸣译：《"失必儿"一词之来源》，《蒙古学信息》1996年第1期，第1—2页。
③ [伊朗]志费尼著，何高济译：《世界征服者史》(上册)，呼和浩特：内蒙古人民出版社，1981年，第71—72页。
④ [英]约·弗·巴德利著，吴持哲、吴有刚译，胡钟达校：《俄国·蒙古·中国》(上卷)，北京：商务印书馆，1984年，第212页。
⑤ [英]丹尼斯·塞诺著，曹流译，党宝海校：《西方的契丹史料及相关问题》，北京大学历史系民族史教研室译《丹尼斯·塞诺内亚研究文选》，北京：中华书局，2006年，第251—254页。

另外,"契丹"一名还曾经出现在鄂毕河乌戈尔人的英雄史诗中。[1]钟焓认为,虽然西辽对这些北方地区的统治仅限于一定时期,但是仍然对当地一些民族造成影响并长久地保留在他们的历史记忆中。出现上述情况很可能即与西辽在这一地区活动有关。他还认为柯尔克孜族民族史诗《玛纳斯》中有大量表现主人公和契丹战斗的情节,反映的是早期吉利吉思人反抗西辽统治的历史信息。[2]今希什希德河以北,向北流入安加拉河的一些支流,有一条名为契丹河。[3]不知是否可能和历史上西辽在这里活动有关。

---

[1] [英]丹尼斯·塞诺著,曹流译,党宝海校:《西方的契丹史料及相关问题》,北京大学历史系民族史教研室译《丹尼斯·塞诺内亚研究文选》,北京:中华书局,2006年,第250—251页。
[2] 钟焓:《一位阿尔泰学家论内亚史——〈丹尼斯·塞诺内亚研究文选〉评介》,达力扎布编《中国边疆民族研究》第4辑,北京:中央民族大学出版社,2011年,第246页。
[3] 周清澍:《元朝对唐努乌梁海及其周围地区的统治》,《社会科学战线》1978年第3期,第151页。

辽金史拾遗篇

第十章　契丹媵婚制考略

第一节　我国历史上的媵婚制

媵婚,指女子出嫁,须以同姓娣侄随嫁,这是我国自上古以来就长期存在(至少以变异形式存在)的一种婚姻制度。《仪礼·士昏礼》曰:"媵御馂。"郑玄注:"古者嫁女必侄娣从,谓之媵。侄,兄之子;娣,女弟也。"《释名·释亲》:"媵,承嫡也。"诸如此类的记载在我国史书上难以尽述。

恩格斯指出:"与长姊结婚的男性有权把她的达到一定年龄的一切姊妹也娶为妻。"[1]这是婚姻制度发展到对偶婚阶段时,群婚遗迹尚未完全消失的一种表现。说明媵婚制的初始应该上推到母系氏族的对偶婚阶段。对偶婚阶段后期,母权制颠覆,一夫一妻制盛行,"一夫一妻制不是以自然条件为基础,而是以经济条件为基础,即以私人所有制对原始的天然长成的共同所有制的胜利为基础的头一个家庭形式"[2]。而且"奴隶制与一夫一妻制的并存……使一夫一

---

[1] Friedrich Engels, Der Ursprung der Familie, des Privateigentums und des Staats, *Karl Marx · Friedrich Engels Werke* Bd. 21 Dietzverlag Berlin, 1962, S. 54;恩格斯:《家庭、私有制和国家的起源》,北京:人民出版社,1956年单行本,第48页。

[2] Friedrich Engels, Der Ursprung der Familie, des Privateigentums und des Staats, *Karl Marx · Friedrich Engels Werke* Bd. 21 Dietzverlag Berlin, 1962, S. 67;恩格斯:《家庭、私有制和国家的起源》,北京:人民出版社,1956年单行本,第62页。

妻制从其开始之日起,就具有了一种特殊的性质,使它成为只是对妇女的一夫一妻制,而不是对男子的"。①可见,媵婚制度是在原始社会由族外婚向对偶婚演变过程中所伴生的,并且随着一夫一妻制(一夫多妻或一夫一妻多妾制)的确立而长期存在于人们的生活中。在我国中原地区,从原始社会中期一直到春秋时期,媵婚制都较为盛行。如尧嫁二女于舜,《诗·大雅·韩奕》:"韩侯娶妻……诸娣从之。"《左传》中的记载更多。直到战国以后,媵婚制度才渐趋衰落,但并未退出历史舞台,而以固有或变异了的形式长期存在着。

媵还有更为广泛的含义,它不但指随嫁的侄娣,还指随嫁的臣仆等。《诗·小雅·我行其野》:"求尔新特。"孔颖达疏:"媵之名不专施妾,凡送女适人者,男女皆谓之媵。"《左传·僖公五年》:"执虞公及其大夫井伯,以媵秦穆姬。"杨伯峻注:"以男女陪嫁曰媵。"所以《辞海》及《汉语大辞典》"媵"字条下词目很多媵女、媵臣、媵侍、媵妾等,都是指陪嫁的人。这种广义上的媵婚制度存在于我国的历史更长,现象更普遍,更为人们所熟悉。

中原有媵婚制,北方游牧民族亦然。兹录《魏书》对神瑞元年(414)蠕蠕(即柔然)蔼苦盖可汗斛律与冯跋和亲的一段记载为例:

> 跋聘斛律女为妻,将为交婚。斛律长兄子步鹿真谓斛律曰:"女小远适,忧思生疾,可遣大臣树黎、勿地延等女为媵。"斛律不许。步鹿真出,谓树黎等曰:"斛律欲令汝女为媵,远至他国。"黎遂共结谋,令勇士夜就斛律穹庐,候伺其出执之,与女俱嫔于和龙。②

说明蠕蠕社会中曾存在过媵婚制。

唐朝中期,安史之乱爆发,为祸甚巨,唐肃宗不得不向回纥借兵以平叛。事

---

① Friedrich Engels, Der Ursprung der Familie, des Privateigentums und des Staats, *Karl Marx · Friedrich Engels Werke* Bd. 21 Dietzverlag Berlin, 1962, S. 66;恩格斯:《家庭、私有制和国家的起源》,北京:人民出版社,1956年单行本,第60页。

② 《魏书》卷一〇三《蠕蠕传》,北京:中华书局,1974年,第2291页。

后,肃宗应回纥毗伽可汗之请,"以宁国公主降回纥,又以荣王女媵之"①。同时,毗伽可汗又为其子移地健向唐求婚,肃宗许以仆固怀恩之女,此为光亲可敦;后光亲可敦早死,代宗又册封怀恩幼女为崇徽公主,嫁与回纥登里可汗(即移地健)为继室。②查新旧《唐书》,在唐本土内媵婚现象极为罕见,而与回纥以高规格的具有原始性的媵(媵县主、姊亡妹续),一方面反映了唐朝社会中仍然保有上古媵婚制的余风,另一方面又从侧面反映了媵婚制在回纥中的普遍存在。

由上观之,古代中国南北方在经济生活中存在的差异颇大,但婚姻制度中的媵婚制在内容上并无大的区别。辽代契丹族的媵婚制亦复如此。

第二节　媵婚制在契丹中的存在

契丹婚姻制度史上存在过媵婚制,而且经历了族外婚、对偶婚到一夫一妻制这样一个过程。

契丹民族盛行过族外婚,这一点史学界已有定论,③此不复赘。至于其对偶婚,我们这里不妨先引述恩格斯的有关论述:

> 在这一阶段上,一个男子和一个女子共同生活,不过,多妻和偶尔的通奸,则仍然是男子的权利……婚姻关系是很容易由任何一方撕破的……因此,随着对偶婚的发生,便开始出现抢劫和购买妇女的现象……这种对偶家庭,本身还很脆弱,还很不稳定,不能引起自营家庭经济的要求和愿

---

① [北宋]王钦若等编《册府元龟》卷九七九《外臣部·和亲二》,北京:中华书局,1960年,第11505页。
② 刘义棠:《回鹘与唐朝婚姻关系及影响研究》,《维吾尔研究》(修订本),台北:正中书局,1997年,第373—432页;崔明德:《中国古代和亲史》第十二章《唐与回纥的和亲》,北京:人民出版社,2005年,第322—349页。
③ 冯继钦、孟古托力、黄凤岐:《契丹族文化史》,哈尔滨:黑龙江人民出版社,1994年,第128—149页;田广林:《契丹礼俗考论》,哈尔滨:哈尔滨出版社,1996年,第76—84页;张国庆、朴忠国:《辽代契丹习俗史》,沈阳:辽宁人民出版社,1997年,第122—134页。

望,故早期所传下来的共产制家庭经济并未因它而解散。①

归纳起来,成对配偶、婚姻不稳定、抢婚、共产制家庭经济是对偶婚的几大特征。契丹民族的对偶婚是否符合以上特点呢?宋人文惟简《虏庭事实》有如下记载:

> 虏中每至正月十六日夜,谓之放偷,俗以为常,官亦不能禁。其日夜,人家若不畏谨,则衣裳、器用、鞍马、车乘之属为人窃去。隔三两日间,主人知其所在,则以酒食钱财赎之,方得原物。至有室女随其家出游,或家在僻静处,为男子劫持去,候月余日方告其父母,以财礼聘之。则放偷之弊,是何礼法!②

洪皓《松漠纪闻》所载金国的情况亦与之同:

> 金国治盗甚严,每捕获,论罪外,皆七倍责偿,唯正月十六日则纵偷一日以为戏。妻女、宝货、车马,为人所窃,皆不加刑。是日,人皆严备,遇偷至,则笑遣之。既无所获,虽备馔微物亦携去。妇人至显入人家,伺主者出接客,则纵其婢妾盗饮器。他日知其主名,或偷者自言,大则具茶食以赎(原注:谓羊酒肴馔之类),次则携壶,小亦打糕取之。亦有先与室女私约,至期而窃去者,女愿留则听之。自契丹以来皆然,今燕亦如此。③

这种"放偷日"习俗④在北方民族中由来已久,最早可追溯到契丹远祖鲜卑

---

① Friedrich Engels, Der Ursprung der Familie, des Privateigentums und des Staats, *Karl Marx·Friedrich Engels Werke* Bd. 21 Dietzverlag Berlin, 1962, S.52;恩格斯:《家庭、私有制和国家的起源》,北京:人民出版社,1956年单行本,第45页。
② [宋]文惟简:《虏庭事实》,学海类编本。
③ [宋]洪皓著,翟立伟标注:《松漠纪闻》,长春:吉林文史出版社,1986年,第30页。
④ 刘肃勇:《"放偷日"与辽代女真婚俗》,《社会科学辑刊》1985年第4期,第108—112页。

人中盛行的"相偷戏"。①

上文所述契丹的媵婚制，与恩格斯总结的对偶婚的几大特点相较，可以看出，二者在共产制家庭经济与个体家庭经济这一点上差异明显，其他的几点则是相同的，说明契丹民族确曾流行过对偶婚。这一习俗对契丹民族的婚姻有着深重的影响。

由于史料缺乏，我们无法确定契丹族媵婚制产生的具体时间，但我们可以从以下两条材料中证明其媵婚制的存在及其内涵。其一，媵婚制包含媵女。太宗会同三年十一月有诏"除姊亡妹续之法"②。韩德让之叔父韩匡美"以寿昌恭顺昭简皇帝失爱之嫔妻之，封邺王妃……后娶魏国夫人邺妃之侄，皆出于萧氏。"③《辽史·后妃传》中天祚德妃、元妃为姊妹。这种姊妹、姑侄同侍一夫是典型的媵婚制传统，而姊亡妹续自然是媵女之变相遗存。其二，除媵女外，媵臣、媵侍等也是重要内容。《辽史·地理志》载："懿州……以媵臣户置。""渭州……以所赐媵臣建州城"，等等。韩知古"蓟州玉田人……太祖平蓟时，知古六岁，为淳钦皇后兄欲稳所得。后来嫔，知古从焉"④。所以韩知古被称为太祖所获的"桑野之媵臣"⑤。

以上是契丹民族媵婚与中原媵婚及北方其他游牧民族媵婚所共有的现象。除此之外，契丹媵婚中还包含了一个特殊的组成部分，即公主媵婚，它从诸多方面显示了与普通媵婚的不同，值得予以特别的注意。

---

① 吕一飞：《北朝鲜卑正月十五日夜"相偷戏"考》，《北朝研究》1995 年第 4 期，第 74—75 页。
② 《辽史》卷四《太宗纪下》，北京：中华书局，1974 年，第 49 页。
③ 陈述辑校《全辽文》，北京：中华书局，1982 年，第 120 页；向南编：《辽代石刻文编》，石家庄：河北教育出版社，1994 年，第 204 页。
④ 《辽史》卷七四《韩知古传》北京：中华书局，1974 年，第 1233 页。
⑤ 陈述辑校《全辽文》，北京：中华书局，1982 年，第 120 页；向南编：《辽代石刻文编》，石家庄：河北教育出版社，1994 年，第 203 页。

第三节 契丹公主的媵地

辽代公主媵婚有别于一般媵婚最显著的特点是契丹公主拥有媵地，即公主头下州。"辽制，横帐诸王、国舅、公主许创立州城，自余不得建城郭。朝廷赐州县额。"①那么，公主媵地即头下州的选择依据什么原则呢？笔者认为其重要的原则是：在尚主之家族牧地上邻近其家族头下州处另立一馆。以下事实可证明这一点。

首先，《辽史·地理志》所记头下军州中，公主下嫁之族均为述律氏家族后裔。《辽史》有明确记载的媵地性质之头下州有四条：

> 徽州，宣德军，节度。景宗女秦晋大长公主所建。媵臣万户，在宜州之北二百里，因建州城。北至上京七百里。节度使以下，皆公主府署。户一万。
>
> 成州，长庆军，节度。圣宗女晋国长公主以上赐媵臣户置。在宜州北一百六十里，因建州城，户四千。
>
> 懿州，广顺军，节度。圣宗女燕国长公主以上赐媵臣户置。在显州东北二百里，因建州城。户四千。
>
> 渭州，高阳军，节度。驸马都尉萧昌裔建。尚秦国王隆庆女韩国长公主，以后赐媵臣建州城。显州东北二百五十里。辽制，皇子嫡生者，其女与帝女同。户一千。②

据《秦晋国大长公主墓志》，景宗女下嫁北府宰相萧继远。③继远，《辽史》《表》《传》均作继先，惟《纪》作继远。参以墓志，应以继远为是。继远为萧思温

---

① 《辽史》卷三七《地理志一》，北京：中华书局，1974年，第448页。
② 《辽史》卷三七《地理志一》，北京：中华书局，1974年，第449页。
③ 陈述辑校《全辽文》卷九，北京：中华书局，1982年，第126页。

侄,而思温为萧敌鲁之族弟忽没里之子。故萧继远亦归述律氏家族。

成州长庆军,《辽史·圣宗纪》"太平元年三月"载:"驸马都尉萧绍业建私城,赐名睦州,军曰长庆。"①结合《地理志》上京道、中京道的有关记载知,尚公主的为萧绍业,其契丹名曰萧啜不、萧鉏不、萧鉏不里。②是承天太后之侄,圣宗齐天后之弟,萧思温之孙。故也属述律氏家族。

懿州广顺军,在《辽史·圣宗纪》"太平三年正月"有一致的记载:"赐越国公主私城之名曰懿州,军曰庆懿。"③结合《地理志》对东京道、上京道的记载可知,尚公主者为萧孝忠,系萧孝穆之弟,萧阿古只之五世孙,亦属述律氏家族。

渭州高阳军,为驸马都尉萧昌裔建。《辽史·萧匹敌传》:"匹敌,字典苏隐,一名昌裔。"同样是萧阿古只五世孙,亦出述律氏。

除此之外,可以肯定的具有媵地性质的头下州还有陈国公主与萧绍矩之头下(可能为灵安州);秦国大长公主所建之抚州;佚名氏所建的媵州昌永军。其中萧绍矩与成州长庆军之萧绍业是兄弟,绍矩是圣宗齐天后之兄,也属述律氏家族。

其次,以上几人因尚公主而得媵地,均处于在述律氏家族的牧地上,邻近萧阿古只的头下州。耶律阿保机在建国以后,除各部继续保"分地"外,随着契丹领土的扩大和迭剌部地位的提高,诸王、外戚、大臣也都得到了相应的"分地"。久而久之,这些"分地"逐渐变成了私人领地。今辽北地区西起清河门东至辽河之间的广大地区都成了述律氏家族的牧地,④与耶律倍(图10-1)家族的牧地医巫闾山地区南北毗邻。在这片领地上聚集着众多的述律氏家族的头下州,如萧阿古只的壕州、⑤萧恒德的原州、⑥萧排押的福州。⑦以上所述之公主媵地徽

---

① 《辽史》卷一六《圣宗纪七》,北京:中华书局,1974年,第188页。
② 张柏忠:《陈国公主与驸马萧绍矩的家世》,《内蒙古文物考古》1992年第1—2期,第45页。
③ 《辽史》卷一六《圣宗纪七》,北京:中华书局,1974年,第191页。
④ 向南:《辽代医巫闾地区与契丹耶律倍家族的崛起》,《社会科学辑刊》1994年第1期,第101页。
⑤ 魏奎阁:《阜新地区最早的州治——壕州》,纪兵、刘国有主编《阜新辽金史研究》第2辑,阜新市辽金元契丹女真蒙古例释考古研究会编印,1995年,第57页。
⑥ 唐统天:《〈辽史·萧恒德传〉详考》,《昭乌达蒙族师专学报》1992年增刊。
⑦ 《辽史》卷三七《地理志一》"福州"条谓:"国舅萧宁建。"萧宁其人又见于《辽史·圣宗纪》"开泰元年三月"条:"命北宰相、驸马、兰陵郡王萧宁。"而《辽史》卷八八《萧排押传》又载:"[辽]宋和议成,为北府宰相……(统和二十八年十一月征高丽),排押入开京,大掠而还。帝嘉之,封兰陵郡王。"统和四年,"尚卫国公主,拜驸马都尉"。推而论之,萧宁当即萧排押。

州、成州、懿州、渭州、灵安州也都在这一地区。同时也因为述律氏家族牧地与耶律倍族系牧地南北毗邻，《辽史·地理志》在标注这些头下州之方位时，均以耶律倍之头下州——显州、宜州为中心，或在显州北，或在宜州东北。①

图 10-1　耶律倍绘《骑射图》（绢本设色，藏台北"故宫博物院"，李富供图）

再次，墓志材料证明媵地头下州的置建方式是在家族牧地附近邻近父辈居处另立一馆，划地而治。

《宋匡世墓志》载："会中宫之爱弟，开外馆以亲迎。"②向南对此作了如下解释：

> 会中宫之爱弟，指圣宗钦哀后之弟萧孝忠。时皇后为齐天彰德皇后，故称钦哀为中宫……开外馆以亲迎，当指槊古下嫁，萧孝忠迎公主来居懿州事。③

是为得的之论。文中说萧孝忠"开外馆"，相应地，其原居地，即父祖辈的私城就成了内馆。《陈国公主墓志》亦有："高开鲁馆，广启沁园"之载，其义一也。"

---

① 向南：《辽代医巫闾地区与契丹耶律倍家族的崛起》，《社会科学辑刊》1994 年第 1 期，第 102 页。
② 陈述辑校：《全辽文》卷九，北京：中华书局，1982 年，第 136 页。
③ 向南编：《辽代石刻文编》，石家庄：河北教育出版社，1995 年，第 183 页，注 9。

第四节　契丹公主的媵臣户

在契丹公主的媵地上,有着数量庞大的媵臣户,多者万户,少者亦千户,这是公主媵婚有别于普通媵婚的又一不同点。

媵臣户,严格来讲,应是由皇帝或皇后赏赐给出嫁公主的陪嫁户口。辽制规定,皇帝的女儿或"皇子嫡生者,其女与帝女同"[1],出嫁时都可以赏得大量的人户(图10-2)。除此之外,媵地上还有不少其他来源的媵户。根据《辽史·地理志》对新设州县情况的记载,我们可以看出,其民户来源大致有三:征讨及平叛所获俘民或犯罪流配之人;诸宫提辖司人户或括落帐人户;京民或州县民之析户。

图 10-2　辽女出嫁图(赤峰契丹古玩商会藏品,李富摄)

上文所列媵地均为景宗、圣宗年间所置。圣宗在位期间,辽朝出现了徙民置州的第二个高潮。除因战争徙民外,圣宗朝对上、中、东三京的州县进行全面

---

[1]《辽史》卷三七《地理志一》,北京:中华书局,1974年,第449页。

整顿，很多徙民州县是从大州或人口稠密地区析离出来而建置的。①许多媵地的出现即与这一高潮不无关系。

媵户是头下户的一种，头下户有自己的家庭，在所属的头下军州内"分地耕种"，过着个体的、分散的小生产生活。他们被束缚在份地上，承担着对其主子的输税和服役等沉重剥削和压迫，处于农奴的地位，生活十分痛苦，对头下主有严格的人身依附关系，对国家也有依附关系，就是说头下户既受头下主的剥削，也要受国家的剥削，因此头下户也叫二税户。所谓二税户，实际就是具有半官半私身份的农奴。②

第五节　辽政府对媵地的管理

有辽一代，媵地很多，政府遂制定出相应的措施予以管理，故媵地的性质常随着封建化的进程而逐渐发生变化，这是契丹公主媵婚制显示出的第三个特殊之处。"头下州……其节度使朝廷命之，刺史以下皆以本主部曲充焉。官位九品之下及井邑商贾之家，征税各归头下，唯酒税课纳上京盐铁司。"③这个规定使辽代早期头下州(公主媵地亦包含在内)的管理上呈现以下特点。

首先，公主媵地上官职的设置与一般州县的职官一致。《辽史·百官志》载，徽、成、懿、渭等州同样设节度使司，下设节度使、节度副使、节度使事、行军司马、军事判官、掌书记、衙官等，其中除节度使由中央任命外，其余官使均由公主从家奴中选任。一般情况下，公主结婚后，不管有无媵地，均设驸马都尉府，"掌公主帐宅之事。"有时，根据需要、才能大小及与帝后关系的亲疏，驸马也兼任朝廷其他官职，如陈国公主驸马萧绍矩"任领外藩，功资内助。"上文所列之驸马萧继先、萧鉏不、萧孝忠、萧匹敌等在辽中央政权中任职均很高，是当时显贵。

---

① 杨福瑞：《辽代徙民置州考论》，《昭乌达蒙族师专学报》1990年第3期。
② 杨树森：《辽史简编》，沈阳：辽宁人民出版社，1984年，第141页。
③ 《辽史》卷三七《地理志一》，北京：中华书局，1974年，第449页。

即使驸马没有担任国家其他官职,公主及驸马在本头下州内也有极大的用人权。

其次,军事上的设置。凡设"军"之头下州均设相应军职:节度使职名总目中列有某马步军都指挥使司、某马军指挥使司、某步军指挥使司,且上京道的公主媵地徽、成、懿、渭均设节度使司。①太平九年八月,东京大延琳叛,"时国舅详稳萧匹敌治近延琳,先率本管及家兵据要害,绝其西渡之计"。②《宋匡世墓志》记载墓主曾任"晋国公主中京提辖使"③。提辖为武职,所以宋匡世大概是晋国公主府在中京驻军的首领。

最后,财政上的自主权。述律氏家族牧地是通过战争得到的,最早移居于此的多为汉人和渤海人,他们带来了先进的生产经验及手工业技术,带动了这一地区经济的发展。史载,中京"东至灵河五百里,灵河有灵、锦、显、霸四州,地生桑麻贝锦,州民无田租,但供蚕织,名曰太后丝蚕户"。④这几州的养蚕丝织对邻近的公主头下州肯定有着重要影响,所以媵地主的财力是很雄厚的。近年来辽宁彰武县(辽代渭州)发现多起窖藏钱币,所藏多为辽金时代及以前各代货币。⑤另陈国公主墓出土的文物,更有助于认识墓主生前的经济实力。

既然早期头下州(含媵地)拥有较大的行政、军事、经济权利,头下州无疑是不容他人置喙的,在一定程度上成了独立王国,使得"头下州"之发展与日益加强的中央集权之间的矛盾越来越深,所以太宗以后诸帝都抓住各种机会把一些头下州收回,使头下州的数量越来越少。圣宗时,更是从多方面下手削弱头下主的权力,如对头下户进行控制,分散头下主财权,收回头下主对本境官吏的任免权等,使头下州与普通州县越来越接近。圣宗后期又赏赐几位公主媵地,但这时的媵地已今非昔比了,只不过是一种荣宠的象征罢了。

即便是一种荣宠的象征,在辽统治者看来,媵地的或赐或收仍不失为奖惩

---

① 《辽史》卷四八《百官志四》,北京:中华书局,1974年,第814页。
② 《辽史》卷一七《圣宗纪八》,北京:中华书局,1974年,第204页。
③ 陈述辑校:《全辽文·宋匡世墓志》,北京:中华书局,1982年,第136页。
④ [北宋]路振:《乘轺录》,见赵永春辑注《奉使辽金行程录》(增订本),北京:商务印书馆,2017年,第20页。
⑤ 汪艳敏、孙杰、张春宇:《彰武县发现多起窖藏钱币综述》,纪兵、刘国有主编《阜新辽金史研究》第2辑,阜新市辽金元契丹女真蒙古例释考古研究会编印,1995年,第137—146页。

皇亲国戚的有效手段之一。关于媵地的收回,有两个例证。陈国公主私城灵安州,因陈国公主与驸马萧绍矩早丧,稍后齐天皇后(驸马萧绍矩之妹)在与钦哀后的斗争中失败,其私城被收回后又遭废弃。此公主媵地不见于《辽史》。越国公主及萧孝忠私城懿州,因其子阿速无嗣,[1]清宁七年由宣懿皇后进入。

在这里,我们注意到关于媵地结果的两种不同用词,灵安州等用"没入",而懿州则用"进入",这两者无疑是有区别的。前种"没入"多见于《辽史》,如贵德州、遂州、双州、榆州、白川州等,这些州被"没入"后大都置为国家普通州县,所以这种"没入"实际上就是没收。

那么"进入"又是怎么回事呢?第一,宣懿皇后被立之初即开始建宫设帐,发展自己的势力。"皇太后、皇太妃帐,皆有著帐诸局"[2],既然皇太后、皇太妃有帐,皇后也应该设帐,"皇后祗应司"就是辽代常设的机构。有的皇后在特殊的情况下,将皇后帐发展到皇帝斡鲁朵的规模,如应天后、承天后;也有的皇后帐虽次于斡鲁朵,但规模也是相当大的,如圣宗齐天后、兴宗仁懿后;多数皇后帐的规模不是很大的。无论如何,皇后立宫设帐是惯例,在这个置司补官过程中,皇后占地增多是不可避免的。第二,宣懿后与萧阿速是什么关系呢?宣懿后是钦哀后弟萧孝惠之女,萧阿速是钦哀后弟萧孝忠之子,所以宣懿后与萧阿速是堂兄妹关系。而且阿速在清宁五年六月以南院枢密使为北府宰相[3]、"终南院枢密使"[4],排除两者间矛盾之处,阿速当死于清宁五年至清宁七年之间。宣懿后是在阿速死后进入懿州的,但作为女性,宣懿后显然无权继承这块媵地。第三,宣懿后在立宫设帐过程中以皇后身份"进入"懿州,将之发展为自己的领地,尽管宣懿后具有双重身份,既是萧阿速的堂妹,又是皇后,我们更应关注她身为皇后这一特殊身份,所以史书将她接管懿州一事称为"进入",而非"没入",亦非"承入"。

---

[1]《辽史》卷六七《外戚表》,北京:中华书局,1974年,第1031页。
[2]《辽史》卷四五《百官志》,北京:中华书局,1974年,第702页。
[3]《辽史》卷二一《道宗纪一》,北京:中华书局,1974年,第257页。
[4]《辽史》卷八一《萧孝忠传》,北京:中华书局,1974年,第1285页。

第十一章　辽朝经幢及相关问题初探

经幢是始出现于唐代的一种多面体佛教石刻，因为其幢体多为石质，其上又多刻有《佛顶尊胜陀罗尼经》等佛教经咒，故而又有"陀罗尼幢""石幢""石经幢"等名称。同时，因经幢的形状、功能等方面的原因，又有"八楞碑""石塔""宝幢""法幢""功德幢""影幢"等别称。辽沿袭唐制，有辽二百余年间，石制经幢大量涌现，彰显出当时社会佛教信仰的流行与普及。因经幢形制较小，主要刻写经文，幢记叙事简略，大多为祈福之词以及立幢者姓名，故著录者多，但专题研究者却甚少。本文拟以前贤的裒辑为基础，编制辽朝经幢总目，继而就辽朝经幢的形制、刻文及其功用等问题略做探讨，冀以就教于硕学大德。

第一节　辽代经幢总目

辽代经幢，前贤多有辑录，举其荦荦大端者，主要有：

《辽文存》(任继愈主编《中华传世文选》)，[清]缪荃孙辑，长春：吉林人民出版社，1998年；

《辽代金石录》，[清]黄任恒撰，《历代碑志丛书》第13册，南京：江苏古籍出版社，1998年；

《全辽文》，陈述辑校，北京：中华书局，1982年；

《辽代石刻文编》(以下简称《文编》),向南编,石家庄:河北教育出版社,1995年;

《中国历代石刻史料汇编》(以下简称《汇编》),国家图书馆金石组编,北京:北京图书馆出版社,2000年;

《辽代石刻文续编》(以下简称《续编》),向南、张国庆、李宇峰辑注,沈阳:辽宁人民出版社,2010年;

《内蒙古辽代石刻文研究》(以下简称《石刻文》),盖之庸编著,呼和浩特:内蒙古大学出版社,2002年;

《内蒙古辽代石刻文研究》(增订本)(以下简称《增订本》),盖之庸编著,呼和浩特:内蒙古大学出版社,2007年;

《全辽金文》(上、中、下)(以下简称《全辽金文》),阎凤梧主编,太原:山西古籍出版社,2002年;

《北京辽金史迹图志》(下册)(以下简称《北京辽金史迹图志》),梅宁华主编,北京:北京燕山出版社,2003年;

《"中央研究院"历史语言研究所藏辽金石刻拓本目录》(以下简称《拓本》)("中央研究院"历史语言研究所目录索引丛刊),洪金富主编,台北:"中研院"史语所,2012年。

此外,在各种地方志、文集、学术专著、论文或考古报告中亦有零星刊布,资料比较分散,而且不同著作给出的名称常常互不一致,检索颇为不便,以至于会出现因名称不同而误将同一经幢文字分解为二的情况。[1]有鉴于此,我们尽其所能,草编其总目,以为研究之便。惟因为受资料所囿,尤其是时间短促,有关图书未能备检,遗漏与错讹在所难免,恭请识者不吝赐教,假以时日,裨使该目得以继续补充完善。

---

[1] 如文献《为先祖舅姑等建幢记》,《全辽金文》,第818页据《全辽》卷九,第245页收录,紧接着又据《辽代石刻文编》第697页以《佛顶尊胜陀罗尼幢记》为名,重复收录。同样的情况又见于内蒙古巴林右旗辽庆州故址之《圣宗陵幢记》,见录于《全辽金文》第742—743页,后又以先以《圣宗陵墓幢记》为名,重复收录于823—824页。

	经幢名称	建幢地点	刻写经文	立石年代	资料刊布与录文
1	僧义则造经幢记	北京大兴	佛顶尊胜陀罗尼咒	会同九年（946）十二月二十一日	《日下旧闻考》卷五九；《辽代金石录》卷二，第794页；《辽文存》卷六，第81—82页；《全辽文》卷四，第68页；《文编》，第1—2页；《全辽金文》，第723—724页；《拓本》，第9页
2	北郑院邑人起建陀罗尼幢记	北京房山北郑村辽塔内	佛顶尊胜陀罗尼经、陀罗尼真言、咒语	应历五年（955）四月八日	齐心、刘精义《北京市房山县北郑村辽塔清理记》，《考古》1980年第2期，第150—151页；刘精义、齐心《辽应历五年石幢题记初探》，《北方文物》1985年第4期，第32—36页；刘精义、齐心《新发现的辽应历五年经幢题记考释》，《北京史苑》第3辑，北京出版社，1985年，第156—265页；《全辽文》卷四，第73—75页；《文编》，第11—12页；《全辽金文》，第724—728页；《北京辽金史迹图志》，第48页
3	承进为荐福大师造幢记	北京法源寺	尊胜陀罗尼经	应历七年六月二十一日	《日下旧闻考》；《八琼室金石补正》；《京畿金石考》；《鸿爪前游记》；《顺天府志》；《畿辅通志》；《辽代金石录》卷二，第796页；《文编》，第19—20页；《全辽金文》，第39—40页
4	卧佛寺石幢记	辽宁朝阳县南昂吉山		应历七年四月	《辽代金石录》卷二，第796页
5	头陀守静大师塔幢			应历十一年四月八日	《辽代金石录》卷二，第797页
6	李崇菀为亡父彦超造陀罗尼经幢记	河北涞源城大寺	尊胜陀罗尼经	应历十六年五月十二日	《辽文存》卷六，第82页；《辽代金石录》卷二，第798页；《全辽文》卷四，第81页；《文编》，第38—39页；《全辽金文》，第728页
7	宝峰寺尊胜陀罗尼幢记	河北昌黎宝峰寺	尊胜陀罗尼经	保宁元年（969）四月戊申	民国《昌黎县志》；《辽代金石录》卷二，第798页；《全辽文》卷四，第81—82页；《文编》，第40页；《全辽金文》，第872—873页

续表

	经幢名称	建幢地点	刻写经文	立石年代	资料刊布与录文
8	王恕荣为亡母再建经幢记			保宁元年六月十五日	《辽文存》卷六，第82页；《全辽文》卷四，第82页；《文编》，第45—46页；《全辽金文》，第729页
9	续修归义寺经幢记	北京大兴善果寺		保宁元年九月	《辽代金石录》卷二，第798页
10	建州陀罗尼经幢	河北承德		统和初	《辽代金石录》卷二，第801页
11	陀罗尼经幢	河北怀安张家屯乡瓦窑口村	佛顶尊胜陀罗尼	统和六年(988)	徐建中《怀安县发现辽代经幢》，《文物春秋》1992年第4期，第92—93页
12	齐讽等建陀罗尼幢记(玉河县清水院经幢)	北京门头沟区清水镇上清水村双林寺	佛顶尊胜陀罗尼启请、佛顶尊胜陀罗尼经、般若波罗蜜多心经	统和十年十月十二日	《全辽文》卷一三，第369页；包世轩《门头沟发现五座辽代经幢》，《北京考古信息》1990年第1期，第381页；齐鸿浩《辽代伎乐石经幢考》，《北京文物与考古》第4辑，北京文物考古研究所编印，1994年，第139—140页；包世轩《辽玉河县清水院统和十年经幢考》，《北京文博》1995第1—2期；包世轩《辽玉河县清水院经幢考》，《北京旧事存真》第3辑，北京古籍出版社，1997年；包世轩《辽统和十年清水院经幢题记》，《辽金西夏史研究——纪念陈述先生逝世三周年论文集》，天津古籍出版社，1997年，第260—277页；《文编》，第98页；《续编》，第348—351页；《全辽金文》，第730页
13	大佛顶微妙秘密□陀罗尼幢记(李守英造陀罗尼经幢)	北京密云		统和十四年九月十五日	《辽代金石录》卷二，第802页；《续编》，第33页

续表

	经幢名称	建幢地点	刻写经文	立石年代	资料刊布与录文
14	李翊为亡父母建尊胜陀罗尼幢记	北京衍法寺	佛说佛顶尊胜陀罗尼经	统和十八年四月七日	《辽文存》卷六，第83页；《辽代金石录》卷二，第802页；《全辽文》卷五，第105页；《汇编》第11卷，第12页；《文编》，第104—105页；《全辽金文》，第125—126页；尤李《〈李翊为亡考妣建陀罗尼幢记〉小考》，《内江师范学院学报》2012年第7期，第80页
15	刘继荣建陀罗尼经幢		佛说佛顶尊胜陀罗尼经	统和二十年二月四日	《拓本》，第3页
16	滦河新迁陀罗尼经幢记	河北迁安镇西夹河村西300密滦河古道处		统和二十六年四月一日	《续编》，第42页；迁安市文物管理所《河北迁安发现辽代石刻》，《文物春秋》2008年第1期，第34—35页
17	许延密建尊胜陀罗尼经幢记	河北易县大士庵	佛说佛顶尊胜陀罗尼经	统和二十八年七月九日	缪荃孙《艺风堂金石文字目》卷一三；黄任恒《辽代金石录》卷二；刘声木《续补寰宇访碑录》卷二二；吴式芬《金石汇目分编》卷三《补遗》；黄彭年等《畿辅金石志》卷一五〇；邓嘉辑《上谷访碑录》卷六；《续编》，第50页；《拓本》，第4页
18	白川州陀罗尼经幢记	辽宁朝阳	陀罗尼经	开泰二年（1013）	《热河志》；《承德府志》；罗福颐《满洲金石志》；《文编》，第146—147页
19	净光舍利塔经幢记	北京顺义区城关乡	无垢净光大陀罗尼真言、法舍利真言	开泰二年四月二十二日	《续编》，第54页
20	佛顶尊胜陀罗尼石幢记			开泰二年	《承德府志》卷四八；《全辽文》卷六，第115页；《全辽金文》，第169页

续表

	经幢名称	建幢地点	刻写经文	立石年代	资料刊布与录文
21	朝阳东塔经幢记	辽宁朝阳关帝庙东塔塔基	无垢净光大陀罗尼法舍利经	开泰六年七月十五日	《文编》，第149页；《全辽金文》，第732页
22	佛顶尊胜陀罗尼幢记	北京怀柔区杨宋镇凤翔寺内	佛顶尊胜陀罗尼经	太平二年（1022）三月三日	《续编》，第62页
23	陀罗尼经幢	河北固安王龙村		1012—1031年间	张晓峰、陈卓然《固安王龙金代陀罗尼经幢》，《北京文博》2000年第2期；王新英《金代石刻辑校》，吉林人民出版社，2000年；孙建权《固安王龙村经幢不是金代文物》，2011年第6期，第68—69页
24	净土寺经幢	山西应县净土寺	佛顶尊胜陀罗尼经	重熙九年（1040）八月	赵改萍《文物资料中所见辽代密教信仰在山西的流行》，吕建福主编《密教文物整理与研究》，北京：中国社会科学出版社，2014年，第180页
25	朝阳北塔经幢记	辽宁朝阳北塔地宫内	大佛顶如来放光悉怛多钵怛罗陀罗尼经、大随求陀罗经、般若波罗蜜多心经、佛说金刚大摧碎延寿陀罗尼经、佛顶尊胜陀罗尼经、大轮陀罗尼经、大乘百字密语（经文有梵文）	重熙十三年四月八日	朝阳北塔考古勘察队《辽宁朝阳北塔天宫地宫清理简报》，《文物》1992年第7期，第21—23页；《文编》，第236页；《续编》，第85页；《全辽金文》，第736页；辽宁省文物考古研究所、朝阳市北塔博物馆编《朝阳北塔——考古发掘与维修工程报告》，北京：文物出版社，2007年，第85页

续表

	经幢名称	建幢地点	刻写经文	立石年代	资料刊布与录文
26	沙门德显建陀罗尼经幢（上京弘福寺经幢记）	内蒙古巴林左旗哈达英格乡哈巴气村山谷	残	重熙十五年四月八日	鸟居龙藏《考古学上よりたゐ辽之文化图谱》，东京：东方文化学院东京研究所，1936年，图63—66；《文编》，第715页；《石刻文》，第438页；《增订本》，第715—716页；《拓本》，第11页；《全辽金文》，第821页
27	空乡寺经幢记	河北定兴	佛顶尊胜陀罗尼经	重熙二十二年	《汇编》第12卷，第887页
28	圣宗陵幢记	内蒙古巴林右旗辽庆州故址	陀罗尼经	重熙间（1032—1042）	罗福颐《满洲金石志》；《全辽文》卷一二，第357页；《文编》，第273—274页；《石刻文》，第380页；《增订本》，第647—652页；《全辽金文》，第742—743页（重复收录于823—824页）
29	通州经幢记	北京通州		重熙间	《静悟室日记》卷一六〇；《续编》，第109页
30	车轴山寿峰寺创建佛顶尊胜陀罗尼经幢记	河北丰润区宝峰寺	佛顶尊胜陀罗尼经	重熙间	宋焕居《丰润车轴山的文物》，《文物》1965年第1期，第63页；《全辽文》卷七，第170—171页；《文编》，第228—229页；《全辽金文》，第307—308页
31	张宁石幢记	辽宁沈阳柳条湖	陀罗尼经	清宁二年（1056）九月二十九日	《全辽文》卷一三，第373页；《文编》，第275页；《全辽金文》，第744页
32	豆店清凉寺千佛像石幢记	北京良乡豆店清凉寺内		清宁三年二月二十七日	《潜研堂文集》卷一八《清凉寺题名》；《全辽文》卷八，第174页；《文编》，第279页；《全辽金文》，第745—746页
33	王守璘石幢记	河北涿州大兴寺	佛顶尊胜陀罗尼经	清宁三年十月十八日	《辽文存》卷六，第83—84页；《全辽文》卷八，第174页；《文编》，第280页；《全辽金文》，第353页

续表

	经幢名称	建幢地点	刻写经文	立石年代	资料刊布与录文
34	滦河重建陀罗尼经幢	河北迁安镇西夹河村西300密滦河古道处	佛顶尊胜陀罗尼经	清宁五年三月五日	《续编》,第116页;迁安市文物管理所《河北迁安发现辽代石刻》,《文物春秋》2008年第1期,第35—36页
35	奉为没故和尚特建陀罗尼塔记		佛顶尊胜陀罗尼经	清宁六年四月二日	《全辽文》卷八,第176—177页;《文编》,第298页
36	沙门志果等为亡师造塔幢记	北京房山小西天	佛顶尊胜陀罗尼经	清宁六年四月二十八日	《全辽文》卷八,第176页;《文编》,第303页;《全辽金文》,第747页
37	沙门可训造幢记	北京房山	佛顶尊胜陀罗尼经	清宁七年三月五日	《文编》,第304页
38	奉福寺陀罗尼幢记	北京	陀罗尼经	清宁八年	《日下旧闻考》卷五九;《文编》,第312页;《全辽金文》,第748页
39	纯慧大师塔幢记(非浊禅师实行幢记)	北京广恩寺	佛顶尊胜陀罗尼经	清宁九年五月	《日下旧闻考》;《全辽文》卷八,第180—181页;《文编》,第317—318页;《全辽金文》,第374—375页
40	运琼等为本师建幢记	内蒙古宁城县辽中京城附近	尊胜密言	咸雍元年(1065)四月十四日	《续编》,第122页;刘冰《赤峰博物馆馆藏辽代石幢浅析》,《内蒙古文物考古》2008年第2期,第77—78页
41	新赎大藏经建立香幢记	河北涿州	烧香真言	咸雍元年四月	杨卫东《与契丹藏有关的一件石刻——读辽咸雍四年刊〈新赎大藏经建立香幢记〉》,《文物春秋》2007年第3期,第77—81页;《续编》,第123页
42	法喻等为先师造幢记	北京房山小西天附近		咸雍二年二月二十日	《全辽文》卷八,第186页;《文编》,第327页;《全辽金文》,第750页

续表

	经幢名称	建幢地点	刻写经文	立石年代	资料刊布与录文
43	曷鲁墓园经幢记	内蒙古巴林左旗	无碍大悲心陀罗尼经、真言	咸雍二年五月二十七日	《全辽文》卷八，第186页；《文编》，第328页；《石刻文》，第397页；《增订本》，第658—659页；《全辽金文》，第749页
44	赵文祐为父母造幢记	出土地不详，现藏辽宁省博物馆	尊胜陀罗尼经	咸雍三年十一月十日	《全辽文》卷八，第187页；《文编》，第329页；《全辽金文》，第750页
45	李晟为父母造经幢记	河北涞水西30里累子村大明寺	佛顶尊胜陀罗尼经	咸雍七年十一月十五日	《全辽文》卷八，第196—197页；《文编》，第347页；《全辽金文》，第751页
46	特建葬舍利幢记	河北新城县		咸雍八年四月三日	《[民国]新城县志》卷一五；《全辽文》卷八，第201—202页；《文编》，第350—351页；《全辽金文》，第412—413页
47	刘偻墓幢记	辽宁朝阳市双塔区龙山街道中山营子村		咸雍九年二月十四日	《续编》，第152页
48	水东村傅逐秀等造香幢记	河北涞水西北20里水东村龙岩寺内		咸雍九年八月□日	《全辽文》卷八，第203页；《文编》，第364页；《全辽金文》，第752页
49	特建纪伽蓝功德幢记	河北新城县	佛说佛顶尊胜陀罗尼咒、观自在菩萨如意轮陀罗尼咒、法念相真言、大吉祥大兴一切顺陀罗尼咒	咸雍十年四月十二日	《[民国]新城县志》卷一五；《全辽文》卷八，第202页；《文编》，第365页；《全辽金文》，第413—414页

续表

	经幢名称	建幢地点	刻写经文	立石年代	资料刊布与录文
50	上京开龙寺经幢	内蒙古巴林左旗林东镇林东旅社地沟内		咸雍年间（？）	《文编》，第714页；《石刻文》，第437页；《增订本》，第712—714页；唐彩兰编著《辽上京文物撷英》，北京：东方出版社，2005年，第105页
51	行满寺尼惠照等建陀罗尼经幢记	北京西山戒坛明王殿门左侧	佛顶尊胜陀罗尼经（佛陀波利译）	大康元年（1075）七月二十四日	《辽文存》卷六，第84页；《金石萃编》；《全辽文》卷九，第211—212页；《汇编》第12卷，第497页；《文编》，第369—370页；《全辽金文》，第421页
52	石幢铭文	内蒙古巴林右旗辽庆州城址			《全辽文》卷九，第215页；《全辽金文》，第866页
53	开元寺重修建长明灯幢记	北京密云		大康元年三月二十六日	《续编》，第156—157页
54	普同塔经幢记	山西大同上华严寺	圣千手千眼观自在菩萨摩诃萨诃广大圆满无碍大悲心密言、佛说宝箧印真言	大康二年四月十七日	《山西通志·金石志九》；《大同府志》；《全辽文》卷九，第219页；《文编》，第382页；《全辽金文》，第755页
55	茔幢记	北京大兴区黄村火神庙内	广大圆满无碍大悲陀罗尼经	大康二年七月二十六日	《续编》，第158—159页
56	关山经幢记	辽宁阜新关山马掌洼韩德让墓内		大康二年四月十七日	《续编》，第160页
57	顶尊胜陀罗尼幢记	北京房山云居寺		大康二年	《续编》，第161页

续表

	经幢名称	建幢地点	刻写经文	立石年代	资料刊布与录文
58	京西戒坛寺经幢	北京西山戒坛寺	佛顶尊胜陀罗尼经	大康三年	《汇编》第12卷，第498页
59	为故坛主传菩萨戒大师特建法幢记（尊胜陀罗尼幢序）	北京西山戒坛明王殿门右侧		大康三年三月十四日	《金石萃编》；《日下旧闻考》卷一〇五；《全辽文》卷九，第220页；《文编》，第383—384页；《全辽金文》，第877页
60	燕京大悯忠寺故慈智大德幢记			大康三年三月十四日	《辽文存》卷六，第84页；《辽代金石录》卷二，第，第794页；《京畿金石考》；《全辽文》卷九，第220页；《全辽金文》，第430页
61	武州经幢题记	山西神池县东北大辛庄		大康五年七月一（或二）十五日	《山西通志》；《山右石刻丛编》；《文编》，第385页
62	张景运为亡祖造陀罗尼经幢记	河北安次宁国寺	佛顶尊胜陀罗尼经	大康七年二月十九日	《辽文存》卷六，第84—85页；《全辽文》卷九，第224页；《文编》，第390—391页；《全辽金文》，第435—436页
63	□奉昌为其父母建墓幢	河北廊坊市杨税务乡前南庄村		大康七年	陈卓然《廊坊市发现一座辽代墓幢》，《文物春秋》1997年第2期，第88页
64	归如等建梵字密言幢记	内蒙古宁城县辽中京城附近		大康八年七月二十四日	刘冰《赤峰博物馆馆藏辽代石幢浅析》，《内蒙古文物考古》2008年第2期，第78—79页；《续编》，第175页
65	墓幢	内蒙古巴林左旗福山乡塔子沟村辽墓	地藏密言、生天密言、净水密言、净花涂香烧香密言、灭罪密言、破地狱密言等	大安元年（1085）六月二十八日	唐彩兰编著《辽上京文物撷英》，北京：东方出版社，2005年，第110页；李学良《巴林左旗发现两处辽代墓幢》，《辽金历史与考古》第3辑，辽宁教育出版社，2011年，第323—324页

续表

	经幢名称	建幢地点	刻写经文	立石年代	资料刊布与录文
66	郑口为亡人造经幢记	河北永清县茹荦村大寺	佛顶尊胜陀罗尼经（间梵书）	大安二年	《全辽文》卷九，第230页；《文编》，第406页；《全辽金文》，第756页
67	觉相等建经幢记	内蒙古宁城县辽中京城附近		大安二年四月十六日	刘冰《赤峰博物馆馆藏辽代石幢浅析》，《内蒙古文物考古》2008年第2期，第79页；《续编》，第183页
68	刘楷等建陀罗尼经幢记	河北易县		大安三年六月二日	《续编》，第186—187页
69	固安县宝庆寺主持守立等建经幢记	河北固安		大安五年八月九日	《固安县志》卷四；《全辽文》卷九，第233页；《文编》，第415页；《全辽金文》，第766页
70	经幢记	北京大兴区礼贤镇清真寺	千手千眼观自在菩萨摩诃萨诃广大圆满无碍大悲心经	大安六年四月十四日	《续编》，第198页
71	饶州安民县经幢记	内蒙古林西县土城子（辽饶州安民县故址）		大安六年八月六日	《续编》，第199页
72	沙门善存为吴德迁造幢序	河北乐亭城隍庙	尊胜陀罗尼经（前列骈体序文）	大安六年二月二十八日	黄彭年等《畿辅金石志》卷一四三；黄任恒《辽代金石录》卷三；《全辽文》卷九，第236页；《文编》，第430—43页；《拓本》，第16页；《全辽金文》，第520—521页
73	饶州安民县经幢文	内蒙古林西县土城子（辽饶州安民县故址）		大安六年八月六日	民国《经棚县志》；《石刻文》，第415页

续表

	经幢名称	建幢地点	刻写经文	立石年代	资料刊布与录文
74	饶州陀罗尼经幢残文	内蒙古巴林右旗小城子乡樱桃沟村饶州故城址		大安七年闰八月十日	《石刻文》,第416页;《增订本》,第685—686页
75	广宣法师塔幢记	河北固安崇胜寺	陀罗尼经	大安七年四月十一日	《全辽文》卷九,第239页;《文编》,第435页
76	文永等为亡父母造幢记	河北蔚县大探口石佛寺	尊胜陀罗尼经	大安七年五月七日	《全辽文》卷九,第240页;《文编》,第436页
77	饶州陀罗尼经幢残文	内蒙古巴林右旗小城子乡樱桃沟村饶州故城址附近	陀罗尼经	大安七年闰八月十日	《文编》,第441页
78	木井村邑人造香幢记	河北涞水西北30里木井村大寺	无动如来陀罗尼经	大安八年八月	《全辽文》卷九,第243—244页;《文编》,第446页;《全辽金文》,第772—773页
79	经幢	北京门头沟区大峪村	梵文	大安八年	包世轩《门头沟发现五座辽代经幢》,《北京考古信息》1990年第1期,第381页
80	沙门法忍再建陀罗尼经幢记	北京密云	波若罗密多心经(梵文、弗□□□陀罗尼神咒	大安八年九月二十五日	《辽文存》卷六,第85页;《全辽文》卷九,第242—243页;《文编》,第450页;《全辽金文》,第527页
81	辽上京松山州刘氏家族墓地经幢	内蒙古翁牛特旗亿河公镇小梁后	佛顶尊胜陀罗尼经	大安八年	李俊义、庞昊《辽上京松山州刘氏家族墓地经幢残文考释》,《北方文物》2010年第3期,第87—92页

续表

	经幢名称	建幢地点	刻写经文	立石年代	资料刊布与录文
82	僧思拱墓幢记	河北易县		大安九年二月五日	《续编》，第211页
83	陀罗尼经幢			大安九年三月二十九日	《拓本》，第17页
84	观难寺石幢记	河北丰润观难寺		大安九年九月九日	《拓本》，第17页
85	澄湛等为师善弘建陀罗尼幢记	内蒙古宁城县辽中京城附近		大安以后	刘冰《赤峰博物馆馆藏辽代石幢浅析》，《内蒙古文物考古》2008年第2期，第78页；《续编》，第224页
86	经幢,	山西大同下华严寺	佛顶尊胜陀罗尼经	辽道宗寿昌元年(1095)	李彦、张映莹《〈佛顶尊胜陀罗尼经〉及经幢》，《文物世界》2007年第5期，第80页
87	古尊胜幢	山西宁武北45里旧寨村路旁古庙中		寿昌二年二月十五日	《宁武府志》卷九《祠庙》
88	易州善兴寺经幢记	河北易县城北25里兴善寺		寿昌二年十月二十九日	缪荃孙《艺风堂金石文字目》卷一三；黄任恒《辽代金石录》卷三；吴式芬《金石汇目分编》卷三《补遗》；《全辽文》卷九，第246—247页；《文编》，第474页；《全辽金文》，第775页；《拓本》，第20页
89	云居寺志省塔幢	北京房山云居寺	尊胜陀罗尼密言	寿昌五年正月十九日	《文编》，第491页
90	史遵礼建顶幢记		智炬如来心破地狱真言	寿昌五年三月十二日	《匋斋藏石记》卷四一；缪荃孙《艺风堂金石文字目》卷一三；黄任恒《辽代金石录》卷三；《文编》，第492页；《全辽金文》，第778页

续表

	经幢名称	建幢地点	刻写经文	立石年代	资料刊布与录文
91	燕京大悯忠寺故慈智大德经幢记	北京陶然亭慈悲庵文昌阁前	佛顶尊胜大悲陀罗尼经	寿昌五年四月十三日	《辽文存》卷六，第85—86页；《日下旧闻考》卷六一；缪荃孙《艺风堂金石文字目》卷一三；黄任恒《辽代金石录》卷三；《畿辅金石志》卷一三八；《金石萃编》卷一五三；《八琼室金石补正》卷一二二；孙星衍、邢澍《寰宇访碑录》卷一〇；刘声木《续补寰宇访碑录》卷一一；《全辽文》卷九，第257—258页；《文编》，第493—494页；《北京辽金史迹图志》，第66页；《全辽金文》，第777—778页
92	义冢幢记	北京昌平		寿昌五年七月十五日	《全辽文》卷九，第258页；《汇编》第12卷，第459页；《文编》，第495页；《全辽金文》，第565—566页
93	龙兴观创造香幢	河北易县龙兴观后殿阶右		寿昌六年八月二十三日	《辽文存》卷六，第86页；《全辽文》卷九，第260页；《文编》，第508页
94	李氏石幢记残文			乾统二年(1101)	《全辽文》卷一〇，第277页；《文编》，第527页；《全辽金文》，第779页
95	宝禅寺建幢记	辽宁建平县桥头庙山西北		乾统二年七月十七日	《续编》，第240页
96	施地幢记	河北新城	佛顶尊胜陀罗尼经(波利译)	乾统二年正月六日	《[民国]新城县志》卷一五；《全辽文》卷一〇，第277页；《文编》，第526页；《全辽金文》，第780页
97	尼曼罗耶经幢	山西朔州平鲁区	佛顶尊胜陀罗尼经	乾统二年	《三晋石刻大全·朔州平鲁区卷》
98	杨卓等建经幢记	辽宁彰武四堡子乡小南洼村辽豪州古城址西墙外	破地狱真言(梵文)	乾统三年正月壬午日	《文编》，第530页；《全辽金文》，第781页

续表

	经幢名称	建幢地点	刻写经文	立石年代	资料刊布与录文
99	师哲为父造幢记		尊胜陀罗尼经	乾统三年	缪荃孙《艺风堂金石文字目》卷一三;黄任恒《辽代金石录》卷四;吴式芬《金石汇目分编》卷一《补遗》;《辽文存》卷六,第86页;《全辽文》卷一〇,第280页;《文编》,第538页;《北京辽金史迹图志》,第61、264页;《全辽金文》,第780页
100	□□禅师残墓幢记	北京香山静宜园买卖街		乾统三年正月十八日	《续编》,第246页
101	释师□等建陀罗尼幢	北京香山静宜园买卖街	佛顶尊胜陀罗尼(梵文)	乾统三年四月二十二日	《拓本》,第27页
102	沙门道冲为亡母造陀罗尼幢记	北京房山城西3里三官庙	陀罗尼经	乾统四年三月二十七日	《文编》,第546页
103	佛顶尊胜陀罗尼幢记	北京房山		乾统四年三月二十七日	《续编》,第247页
104	奉为亡过父母法幢	北京门头沟区齐家庄乡	佛顶尊胜陀罗尼真言	乾统四年十一月二十日	包世轩《门头沟发现五座辽代经幢》,《北京考古信息》1990年第1期,第381页
105	朔州崇福寺经幢	山西朔州崇福寺		乾统四年	李彦、张映莹《〈佛顶尊胜陀罗尼经〉及经幢》,《文物世界》2007年第5期,第80页
106	兰公佛顶尊胜陀罗尼记	山西应县木塔鼓楼南端		乾统四年	赵改萍《文物资料中所见辽代密教信仰在山西的流行》,吕建福主编《密教文物整理与研究》,北京:中国社会科学出版社,2014年,第181页
107	经幢	北京大兴富强东路		乾统四年	未刊

续表

	经幢名称	建幢地点	刻写经文	立石年代	资料刊布与录文
108	广大圆满无碍大悲心陀罗尼幢记	北京顺义	广大圆满无碍大悲心陀罗尼经	乾统五年三月廿四日	《续编》，第248页
109	沙门谛纯为亡师造塔幢记	河北易县	陀罗尼经	乾统五年九月二十七日	《文编》，第547—548页
110	白怀友为亡考妣造陀罗尼经幢记	北京良乡琉璃河	陀罗尼经	乾统五年十月二十一日	《辽文存》卷六，第86—87页；《文编》，第549页
111	白继琳幢记			乾统五年十月二十一日	《全辽文》卷一〇，第271—272页；《全辽金文》，第580—581页
112	造长明灯幢记	北京昌平崇寿寺		大康元年三月二十六日	《辽文存》卷四，第43—44页；《昌平外志》；《全辽文》卷一〇，第286页；《文编》，第553—554页
113	涿州固安县刘绍村沙门口惠为祖父造陀罗尼经幢记	河北固安西南50里刘绍村	华严经	乾统五年	《全辽文》卷一〇，第284页；《文编》，第555页
114	栖灵寺石幢残文	山西朔州市东北40里西影寺遗址		乾统五年	《文编》，第556页
115	沙门即空造陀罗尼经幢记	河北涿州市北20里清江寺	佛顶尊胜陀罗尼经、真言（梵文）	乾统六年二月九日	《辽文存》卷六，第87页；《全辽文》卷一〇，第287页；《文编》，第557页；《全辽金文》，第598—599页

续表

	经幢名称	建幢地点	刻写经文	立石年代	资料刊布与录文
116	经幢	山西朔州河汇村观音寺		乾统六年	孙学瑞《辽朔州李氏墓地经幢》,《辽金史论集》第6辑,社会科学文献出版社,2001年,第227页
117	为法遍造真言幢记	北京房山		乾统六年四月十五日	《全辽文》卷一〇,第288页;《文编》,第560页;《全辽金文》,第787页
118	李氏石幢记残文			乾统六年	《全辽文》卷一〇,第277页;《文编》,第527页;《全辽金文》,第786页
119	沙门可炬幢记	辽宁义县城内西南街广胜寺塔内		乾统七年二月二十九日	园田一龟《满洲金石志稿》;罗福颐《满洲金石志》;《续编》,第255页
120	为先师志延造陀罗尼经幢记	北京房山中峪寺	尊胜陀罗尼经	乾统八年	《辽文存》卷六,第88页;《全辽文》卷一〇,第305页;《文编》,第581页;《全辽金文》,第791页
121	郑佛男为祖父造经幢记	北京房山南50里杨树村		乾统八年四月六日	《辽文存》卷六,第87—88页;缪荃孙《艺风堂金石文字目》卷一三;黄任恒《辽代金文录》卷四;吴式芬《金石汇目分编》卷三《补遗》;《全辽文》卷一〇,第307页;《文编》,第599页;《北京辽金史迹图志》,第270页;《全辽金文》,第628页
122	刘庆为出家男智广特建幢塔记	河北固安	佛顶尊胜陀罗尼经	乾统八年十月十一日	民国《固安县志》卷四;《全辽文》卷一〇,第307页;《文编》,第596页;《全辽金文》,第791—792页
123	佛顶尊胜陀罗尼幢记	北京大兴区礼贤镇清真寺	佛顶尊胜陀罗尼经、梵文	乾统八年□月一十四日	《续编》,第260页
124	李从善经幢	北京房山区石窝镇天开村		乾统九年五月日	《续编》,第263页

续表

	经幢名称	建幢地点	刻写经文	立石年代	资料刊布与录文
125	上京开化寺经幢记	内蒙古巴林左旗查干哈达乡哈巴气村昭庙	佛顶尊胜陀罗尼经	乾统九年四月三日	李逸友《内蒙古巴林左旗前后昭庙的辽代石窟》，《文物》1961年第9期，第23页；《文编》，第600页；唐彩兰编著《辽上京文物撷英》，北京：东方出版社，2005年，第106页；《增订本》，第687—688页
126	上京石窟尊胜陀罗尼经幢记	内蒙古巴林左旗辽上京真寂寺遗址		乾统九年十月三日	《全辽文》卷一〇，第307页；《全辽金文》，第792页
127	唐梵佛顶尊胜陀罗尼经幢记	北京大兴芦城镇东芦城村	佛顶尊胜陀罗尼经及真言	乾统九年十月十四日	《续编》，第264页
128	僧智福坟幢记			乾统九年	《全辽文》卷一〇，第307页；《文编》，第601页；《全辽金文》，第793页
129	赵公议为亡考造陀罗尼幢记	北京房山瓦井大寺	佛顶尊胜陀罗尼经	乾统十年三月四日	《全辽文》卷一〇，第305页；《文编》，第605页；《全辽金文》，第629页
130	佛说佛顶尊胜陀罗尼经幢（云门寺经幢记）	内蒙古巴林左旗丰水山乡洞山村	佛说佛顶尊胜陀罗尼经	乾统十年三月十七日	《文编》，第602页；《石刻文》，第420页；《增订本》，第689—690页；《全辽金文》，第794页
131	李惟晟建陀罗尼经幢记	河北蔚县大水门头村三官庙	佛顶尊胜陀罗尼经	乾统十年五月二十二日	《续编》，第268页；邓庆平编录，赵世瑜审订《蔚县碑铭辑录》，桂林：广西师范大学出版社，2009年，第642页；《拓本》，第34页
132	李惟准建陀罗尼经幢记	河北蔚县大水门头村三官庙	佛顶尊胜陀罗尼经	乾统十年五月二十二日	《续编》，第269页
133	李惟孝亡妻秦氏经幢记（朔州李谨造幢记）	山西朔州东南2里处	阿閦如来灭轻重罪陀罗尼经	乾统十年八月廿四日	孙学瑞《辽朔州李氏墓地经幢》，《辽金史论集》第6辑，社会科学文献出版社，2001年，第230页；《文编》，第613页；《全辽金文》，第794页

续表

	经幢名称	建幢地点	刻写经文	立石年代	资料刊布与录文
134	经幢	山西朔州利民堡神应寺		乾统十年	孙学瑞《辽朔州李氏墓地经幢》,《辽金史论集》第6辑,社会科学文献出版社,2001年,第227页
135	朔州崇福寺经幢	山西朔州崇福寺	佛顶尊胜陀罗尼经	乾统十年	李彦、张映莹《〈佛顶尊胜陀罗尼经〉及经幢》,《文物世界》2007年第5期,第80页
136	高孝思为亡父母造幢记	河北涿州市西40里高村宝兴寺	佛顶尊胜陀罗尼经	天庆元年(1111)二月	《全辽文》卷一一,第314页;《文编》,第617页
137	奉为先内翰侍郎夫人特建尊胜陀罗幢			天庆元年四月十一日	《全辽文》卷一一,第314页;《文编》,第616页;《全辽金文》,第796页
138	沙门印章为先师造幢记	北京房山		天庆二年二月二十七日	《文编》,第621页
139	白怀祐造幢记	北京良乡琉璃河	佛顶尊胜陀罗尼经	天庆二年七月十八日	《辽文存》卷六,第88—89页;《全辽文》卷一一,第315—316页;《文编》,第630—631页;《全辽金文》,第797—798页
140	朔州李省为亡考建经幢记	山西朔州	无垢清净光明陀罗尼经、智矩如来心破地狱真言	天庆三年五月十一日	孙学瑞《辽朔州李氏墓地经幢》,《辽金史论集》第6辑,社会科学文献出版社,2001年,第230页;《文编》,第632页;《全辽金文》,第799页
141	张世卿为先妣建幢记	河北固安	佛顶尊胜陀罗尼经(波利译)、报父母恩重真言、生天真言	天庆三年十月一日	[民国]《固安县志》卷四;《全辽文》卷一一,第318页;《文编》,第642页;《全辽金文》,第798页

续表

	经幢名称	建幢地点	刻写经文	立石年代	资料刊布与录文
142	惠州李祜墓幢		佛顶尊胜陀罗尼经经	天庆三年	《全辽文》卷一一，第316页；《文编》，第638页
143	朔州崇福寺经幢	山西朔州崇福寺		天庆三年	李彦、张映莹《〈佛顶尊胜陀罗尼经〉及经幢》，《文物世界》2007年第5期，第80页
144	沙门积祥等为先师造经幢记	河北永清茹荤村大寺	尊胜陀罗尼咒	天庆四年二月十四日	《辽文存》卷六，第89页；《全辽文》卷一〇，第297页；《文编》，第643—644页；《全辽金文》，第647—648页
145	杜□□奉为亡□□过去□阑兄建置法幢	北京门头沟区齐家庄乡	佛顶尊胜陀罗尼真言	天庆四年十月八日	包世轩《门头沟发现五座辽代经幢》，《北京考古信息》1990年第1期，第381页
146	沙门法笴建陀罗尼经幢记	河北阳原大觉寺		天庆五年十月二十五日	黄彭年等《畿辅金石志》卷一十九；梁建章等《察哈尔金石志》卷二一；李泰棻《阳原金石志》卷一五；黄任恒《辽代金石录》卷四；《拓本》，第37页
147	忏悔正慧大师遗行造塔幢记	北京房山张坊镇二郎庙	佛顶尊胜陀罗尼经	天庆六年四月二十七日	《辽文存》卷六，第89—90页；《文编》，第658—659页
148	奉为亡祖先生身父母造陀罗尼幢	北京门头沟区齐家庄乡	佛顶尊胜陀罗尼真言	天庆七年十月七日	包世轩《门头沟发现五座辽代经幢》，《北京考古信息》1990年第1期，第381页
149	经幢记	山西朔州平鲁区败虎堡村	佛顶尊胜陀罗尼经	天庆八年	《续编》，第300页；陈晓伟《浅述辽代山西地区的佛教和寺院——以朔州"辽天庆八年经幢"为中心》，《文物世界》2009年第2期，第40—44页转66页；翟禹《山西省朔州市败虎堡发现辽代经幢残件》，《中国长城博物馆》2010年第4期，第38页

续表

	经幢名称	建幢地点	刻写经文	立石年代	资料刊布与录文
150	经幢记	北京大兴区礼贤镇	佛顶尊胜陀罗尼经	天庆九年	《续编》，第 303 页
151	沙门积进遗行塔幢记			天庆九年	《文编》，第 677 页
152	松寿等为亡父特建法幢记	辽宁义县城隍庙	佛说佛顶尊陀罗尼经（梵文）	天庆十年四月十五日	罗福颐《满洲金石志》卷二；《全辽文》卷一一，第 333—334 页；《汇编》第 11 卷，第 776 页；《文编》，第 681 页；《全辽金文》，第 806 页；《拓本》，第 39 页
153	张楚璧等造幢记（尊胜陀罗尼幢记并序）		尊胜陀罗尼经	天庆十年	《全辽文》卷一二，第 343 页；《文编》，第 694—695 页；《全辽金文》，第 721—722 页
154	李公幢记			天庆十年三月二十九日	《续编》，第 308 页
155	郭仁孝为耶耶娘娘建顶幢记	河北固安	甘露王陀罗尼经	天庆十年十月二十日	《续编》，第 309 页
156	郭仁孝为父母建顶幢记	河北固安	甘露王陀罗尼经	天庆十年四月二十七日	《艺风堂金石文字目》卷一三；黄任恒《辽代金石录》卷四；《续编》，第 310 页；《拓本》，第 41 页
157	石幢			天庆二年九月	《永清县志》；缪荃孙《艺风堂金石文字目》卷一三；《文编》，第 702 页
158	惠能建陀罗尼经幢记	辽宁朝阳口碑营子附近	佛顶遵胜陀罗尼经		罗福颐《满洲金石志》；《文编》，第 696 页；《全辽金文》，第 897—898 页
159	为先祖舅姑等建幢记（佛顶尊胜陀罗尼幢记）		佛顶尊胜陀罗尼经（梵文）		《匋斋藏石记》；《全辽文》卷九，第 245 页；《文编》，第 697 页；《全辽金文》，第 818 页（又以《佛顶尊胜陀罗尼幢记》为名，于 819—820 页重复收录）

续表

	经幢名称	建幢地点	刻写经文	立石年代	资料刊布与录文
160	赵文建幢记	河北新城龙泉寺	佛顶尊胜陀罗尼经	□年□月二十一日	《[民国]新城县志》;《文编》,第704页;《全辽金文》,第817页
161	庞延则造幢记	内蒙古巴林左旗		□年丁亥朔六日	园田一龟《满洲金石志稿》;罗福颐《满洲金石志》;《全辽文》卷一二,第359页;《文编》,第700页;《石刻文》,第439页;《增订本》,第701—702页;《全辽金文》,第817页
162	云居寺经幢记	北京房山云居寺	佛顶尊胜陀罗尼经	□年二月二日	《续编》,第322页
163	大灌顶光梵甲陀罗尼幢记	北京房山区阎村镇南梨园村	梵文佛经		《续编》,第325页
164	奉为三师建寿塔幢记	北京房山区韩村河镇天开村			《续编》,第326页
165	佛说般若波罗蜜多心幢记	北京大兴区黄村火神庙内			《续编》,第327页
166	真寂之寺佛顶尊胜陀罗尼经幢	辽上京真寂寺遗址		佛顶尊胜陀罗尼经	《续编》,第336—337页
167	经幢	内蒙古林东北山	佛顶尊胜陀罗尼经		唐彩兰编著《辽上京文物撷英》,北京:东方出版社,2005年,第104页
168	经幢(残存基座)				唐彩兰编著《辽上京文物撷英》,北京:东方出版社,2005年,第104页
169	石经幢残片	内蒙古巴林左旗辽上京皇城遗址			唐彩兰编著《辽上京文物撷英》,北京:东方出版社,2005年,第111页
170	上京开化寺经幢基座	内蒙古巴林左旗昭庙			唐彩兰编著《辽上京文物撷英》,北京:东方出版社,2005年,第108—109页

续表

	经幢名称	建幢地点	刻写经文	立石年代	资料刊布与录文
171	佛顶尊胜陀罗尼幢				《全辽文》,第287页
172	福惠幢记	河北新城县东柳林庄洪福寺			《[民国]新城县志》卷一五;《全辽文》卷一〇,第278页;《文编》,第703页;《全辽金文》,第816页
173	赵文建幢记	河北新城县曲隄村礼泉寺前		□年□月二十一日	《[民国]新城县志》卷一五;《全辽文》卷一二,第348页;《文编》,第704页
174	沙门志诠建胜陀罗尼幢记	河北新城县		□□四年九月初二日	《[民国]新城县志》卷一五;《全辽文》卷一二,第358页;《全辽金文》,第820页
175	和龙山石幢记	辽宁朝阳			民国《朝阳县志》卷一〇;《全辽文》卷一二,第348页;《文编》,第705页;《全辽金文》,第817页
176	凤凰城石幢连名记	辽宁凤凰城附近,现存旅顺博物馆			《文编》,第710—711页;《全辽金文》,第821—822页
177	张世俊造幢记	河北固安现成西南大王村崇胜寺			《固安县志》卷四;《全辽文》卷一二,第358页;《文编》,第699页;《全辽金文》,第445页
178	杨氏坟幢记	河北新城北跕杨庄			《文编》,第701页
179	田氏建陀罗尼幢记	河北定兴固城东南宝峰寺,清光绪七年运至清苑县莲池六幢亭内			《全辽文》卷一二,第347—348页;《文编》,第693页;《全辽金文》,第645页

续表

	经幢名称	建幢地点	刻写经文	立石年代	资料刊布与录文
180	□□为亡父李进亡母阿王造墓幢	内蒙古巴林左旗林东镇北山	智炬如来心破地狱真言、毗卢遮那佛灌顶光真言、类六字真言、无垢净光陀罗尼经		李学良《巴林左旗发现两处辽代墓幢》,《辽金历史与考古》第3辑,辽宁教育出版社,2011年,第324—325页
181	经幢	山西天镇			《天镇县志》,山西人民出版社,2009年
182	陀罗尼经幢	山西天镇			《天镇县志》,山西人民出版社,2009年
183	大悲心陀罗尼经幢	山西大同	年代不详,疑为辽金物		殷宪《大同新出唐辽金元志石新解》,三晋出版社,2012年

第二节 辽代经幢的形制及特点

　　辽朝文化遗存中有大量经幢,就目前已知资料来看,其地理分布在北方草原地区和契丹人后来据有的长城以南地区是不尽相同的。据上表所列经幢看,能明确看出其所在地的经幢,在长城以南约占四分之三,而长城以北仅占四分之一左右,总体分布情况是南多北少。何以如此? 究其原因,大致可归结为以下几点:

　　首先,与契丹族有自己本民族的原始宗教信仰有关。契丹族本是游牧民族,逐水草而居,在916年建国以前尚处于原始社会状态,敬信萨满教,他们崇拜日月,敬畏神灵,《辽史》中即不乏契丹人祭神祭天的记载,说明这种信仰在契丹的社会内部广泛流行,并且存在很大影响。后来,随着社会的演进,契丹统治者逐渐懂得了利用宗教对人民实行精神统治的重要性,于是对儒、佛、道教采取兼收并蓄的态度。辽太祖耶律阿保机在他升任大部落夷离堇的次年(902)即建开教寺于龙化州,[①]即皇帝位的第六年(912),建天雄寺于西楼,[②]建元称制的第三年(918)"诏建孔子庙、佛寺、道观"于皇都上京。[③]从此,辽朝崇佛之风渐盛。据统计,当时仅在上京一带(今内蒙古自治区巴林左旗)建立的 16 座寺观中,属于佛教的就有 14 座。[④]

尽管契丹人在建国后封建化过程中不断摄取中原文化以丰富本民族文化,但作为精神深处的信仰是不可能在几年间轻易改变的。而契丹本土流传的佛教是在其建国后才传入北方草原地区的,建立经幢之俗形成较晚,故而经幢数量不多。而长城以南地区,由于佛教传入较早,影响较深,在唐朝时,即已有立幢之俗,到辽朝时,这种习俗已经有了一定的历史积淀。有些家族立有多座经幢,据发现于北京的《重移陀罗尼幢记》记载,王恕荣母亲在会同九年建经幢,其后"家道吉昌",于是又建三座经幢,立于奉福寺和祖坟。[⑤]

其次,在金朝于 1125 年灭辽后,毁掉了大量的契丹本土的经幢。例如,在辽上京地区的开龙寺、云门寺、弘福寺、开化寺以及辽庆陵中,都有经幢残片发现。这样,在经幢数量本就不多的北方草原地区,再加上金朝灭辽后对辽朝经幢的毁坏,造成北方草原地区目前留存的经幢较少。

再次,在辽代统治的南部即当时的幽云十六州地区,因为本为汉地,早有佛教寺院之兴建,特别是隋唐以来,佛教炽盛,是佛教寺院分布较密集区域,故而经幢所建较多。在辽占领其地以后,归附的汉人多是虔诚的佛门弟子,为了使其安于生活与生产,统治者遂利用佛教进行统治,广修寺庙,很多经幢由是

---

① 《辽史》卷一《太祖纪上》,北京:中华书局,1974 年,第 2 页。
② 《辽史》卷一《太祖纪上》,北京:中华书局,1974 年,第 6 页。
③ 《辽史》卷一《太祖纪上》,北京:中华书局,1974 年,第 13 页。
④ 《巴林左旗志》,巴林左旗志编委会编印,1985 年,第 540—541 页。
⑤ 向南编:《辽代石刻文编》,石家庄:河北教育出版社,1995 年,第 45 页。

而相继建立。

经幢是刻写经文的塔状石柱，从幢座到幢身再到幢盖和宝顶都是仿照塔的形制而建，正因为如此，有时也称之为塔幢。它与塔的区别在于塔上不刻经，幢上刻经；塔的形体高大，经幢的形体矮小精致。有学者认为经幢是糅合了刻经与塔所衍生出来的一种特殊的"塔"。[1]这种说法不无道理。但是，塔和幢是两种不同的佛教建筑形式，二者具有不同的功用。塔有法舍利塔和舍利塔，菩萨戒大师法幢是在遗塔前建立的经幢，[2]法均大师圆寂后，于坟塔旁建尊胜陀罗经幢。[3]这些都说明塔与经幢的功用是不同的。

经幢由幢座、幢身、幢盖和宝顶组成。幢座有圆形、六角形和八角形，常雕饰莲花。幢身平面呈八角、六角、四角以及圆形，以八角和六角为多，幢身刻写经文以及记文。幢盖常作八角或六角飞檐状。宝顶多呈宝珠或葫芦形。

下面择几例辽东京、南京、西京和上京地区经幢介绍如下：

朝阳地宫经幢，幢座三层，第一层八角形，八个侧面的四个面刻莲盆，另四个面刻飞天图案，上面雕伎乐；第二层八角形，侧面浮雕八菩萨像，上面刻覆莲；第三层为仰莲圆座。幢身为八角形，由四节组成，每节有座，座下面为佛像，上面为仰莲。[4]

北京房山北郑村辽塔经幢，幢座八角形，雕刻覆莲；幢身八角形；幢盖八角形，垂幔纹宝盖飞檐；宝顶为莲花头。[5]

朔州李谨经幢，幢座八角形，雕刻莲花；幢身八角形；幢盖八角飞檐；宝顶以两层仰莲拱托宝珠。[6]

---

[1] 刘淑芬：《经幢的形制、性质和来源——经幢研究之二》，《"中央研究院"历史语言研究所集刊》第六十八本第三分，1997年，第643页。
[2] 向南编：《辽代石刻文编》，石家庄：河北教育出版社，1995年，第383页。
[3] 向南编：《辽代石刻文编》，石家庄：河北教育出版社，1995年，第439页。
[4] 朝阳北塔考古勘察队：《辽宁朝阳北塔天宫地宫清理简报》，《文物》1992年第7期，第21—22页。
[5] 齐心、刘精义：《北京市房山县北郑村辽塔清理记》，《考古》1980年第2期，第150—155页。
[6] 孙学瑞：《辽朔州李氏墓地经幢》，张畅耕主编《辽金史论集》第6辑，北京：社会科学文献出版社，2001年，第227—228页。

内蒙古自治区巴林左旗昭庙经幢,幢座、幢身和幢顶各部不成套,似为后人拼装而成,幢身上部有浮雕佛、子弟和菩萨像。[1]

经幢的高度各不相同,因为目前著录的经幢,有些没有高度的记载,故而关于经幢高度的数据并不全面,就目前所知,较高者为朝阳北塔地宫经幢,高5.26米,比地宫高0.87米。[2]河北省高碑店市衣锦村有两座辽经幢,"各高二丈余",[3]当在6米左右。经幢各部通常卯榫相接。

经幢新建之时,刻写文字时有时还加以粉饰,《张楚璧等造经幢》言:"彩镂银字,若文星之点碧空。"[4]即此谓也。今天所见经幢历经岁月的侵蚀,早已不见当年的色彩。

第三节 辽代经幢的种类

受建幢人建幢目的、主人以及经幢矗立场地不同等因素影响,辽代的佛教经幢还可细分为以下几种类型:

1. 普通经幢

是指建立在佛教寺院内或城(村)镇的通衢路口处,无特定幢主、功能普及的经幢。考古资料证明,辽代普通经幢多建于寺院附近。如辽圣宗统和十年(992),南京道幽都府玉河县县令齐讽等官员及该县斋堂村、胡家林村、清水村、青白口村、齐家庄村等"邑众"二百余人于当地一佛寺内(今北京市门头沟区清水镇上清水村双林寺)建造的经幢(图11-1)。[5]又如辽兴宗重熙元年(1032),南京道蓟州玉田县的佛教信徒于大□村车轴山寿峰寺建造的经

---

[1] 李逸友:《内蒙古巴林左旗前后昭庙的辽代石窟》,《文物》1961年第9期,第23页。
[2] 辽宁省文物考古研究所、朝阳市北塔博物馆编《朝阳北塔——考古发掘与维修工程报告》,北京:文物出版社,2007年,第85页。
[3] 向南编:《辽代石刻文编》,石家庄:河北教育出版社,1995年,第365页。
[4] 向南编:《辽代石刻文编》,石家庄:河北教育出版社,1995年,第694页。
[5] 向南编:《辽代石刻文编》,石家庄:河北教育出版社,1995年,第98页。

幢。①辽代佛教信徒建于城（村）镇街道路口的经幢尚少见。佛教信徒之所以将经幢建在寺院附近，其原因主要是所建经幢需要僧人的指点。②

2. 墓幢

墓幢亦是辽代经幢中的主要一类。罗福颐在《满洲金石志补遗》中说，辽金两代是"墓幢"建立的兴盛期。不仅俗家居士坟墓内外置幢，僧尼坟前、塔侧树幢，就连皇帝的陵墓前亦有建幢者。所以，辽代的"墓幢"又可细分为以下几个小类。诸如：③

帝王贵胄陵寝前的经幢。唐末五代时期，中原乃至南方某些割据政权的统治者死后，有在陵寝前建立经幢的，比如前蜀高祖王建的永陵前即建有"陵幢"。辽代契丹皇帝的陵前也建有经幢。但因辽末女真军兴，在灭辽过程中，女真人对契丹皇帝陵墓多有摧残，因而，到20世纪初期，仅在内蒙古赤峰市巴林右旗白塔子辽庆陵陵域的辽圣宗陵前和辽兴宗陵前尚见"陵幢"遗存。④时人曾在内蒙古自治区巴林右旗白塔子（图11-2）辽庆州城遗址南

图11-1 北京市门头沟区清水镇双林寺统和十年经幢（《北京辽金史迹图志》，北京燕山出版社，2004年，第51页）

---

① 向南编：《辽代石刻文编》，石家庄：河北教育出版社，1995年，第228页。
② 刘淑芬：《〈佛顶尊胜陀罗尼经〉与唐代尊胜幢的建立——经幢研究之一》，《"中央研究院"历史语言研究所集刊》第六十七本第一分，1996年，第159页。
③ 刘淑芬：《墓幢——经幢研究之三》，《"中央研究院"历史语言研究所集刊》第七十四本第四分，2003年，第673—763页；刘淑芬：《灭罪与度亡——佛顶尊胜陀罗尼经幢之研究》，上海：上海古籍出版社，2008年，第122—198页。
④ 向南编：《辽代石刻文编》，石家庄：河北教育出版社，1995年，第273—274页；[日]竹岛卓一、岛田正郎：《中国文化史跡増補》，京都：法藏馆，1976年，第172页。

图11-2　辽代庆州白塔（李富摄）

门之北、砖塔之南发现了"陵幢"的三段残石，其上有"幢记"残文数百字，大致记述了辽圣宗死后葬礼上的一些情况。①

普通百姓坟前经幢。辽代由于统治者的推广，普通百姓多有信仰佛教，而诸多俗家佛教居士出于为已故亲人（包括先祖、父母、夫妻、兄弟姐妹、子女等）追荐冥福等缘故，多在其坟前或墓中建经幢，俗称"坟幢"。辽代俗人坟幢以在坟前所建者为多，如内蒙古翁牛特旗发现的大安八年辽上京松山州刘氏家族墓地经幢②即是，也有的将坟幢置于墓内，如内蒙古自治区巴林左旗福山乡塔子沟村辽墓发现的墓幢。③

僧尼坟幢、塔幢与舍利幢。经幢原本的主要功能为刻经，这也是其与塔的最根本的区别所在，但是辽朝晚期出现了塔幢合璧的现象，出现了幢下埋舍利和僧人遗骨的经幢。咸雍八年（1072），涿州新城县衣锦乡所建葬舍利幢，幢记言："若起塔则止藏其舍利，功德惟一。建幢则兼铭其秘奥，利益颇多。况尘扬影覆，恶脱福增，岂不谓最胜者欤？"④

寿昌五年（1099），慈悲庵慈智大德经幢立，幢下埋葬慈智大德遗骨，记中称"瘗灵骨于其下，树密幢于其上"⑤。忏悔正慧大师塔幢，更具有塔幢合一之特

---

① 王璞：《从经幢记看辽代的密教信仰》，怡学主编《辽金佛教研究》，北京：金城出版社，2012年，第209—223页。
② 李俊义、庞昊：《辽上京松山州刘氏家族墓地经幢残文考释》，《北方文物》2010年第3期，第87—92页。
③ 李学良：《巴林左旗发现两处辽代墓幢》，《辽金历史与考古》第3辑，辽宁教育出版社，2011年，第323—324页。
④ 向南编：《辽代石刻文编》，石家庄：河北教育出版社，1995年，第351页。
⑤ 向南编：《辽代石刻文编》，石家庄：河北教育出版社，1995年，第494页。

征,其高二十尺,十五层,先刻《佛顶尊胜陀罗尼经》,后刻大师遗行。记文称之为"幢塔"。[①]

辽代僧尼圆寂火化后,其骨灰(舍利)的葬式大致有三种方式:坟葬、塔葬、幢葬,并且每一种葬式都要立幢。于是,便出现了与墓幢相关的"僧尼坟幢"(河北易县大安九年《僧思拱墓幢记》[②])、"僧尼塔幢"(北京房山小西天清宁六年《沙门志果等为亡师造塔幢记》[③])和"僧尼舍利幢"(河北新城咸雍八年《特建葬舍利幢》[④])。一些高僧大德圆寂火化后多为塔葬,因而,有辽一代于塔侧立幢者也较多。如契丹人耶律合里只等为纯慧大师建立的"塔幢"。[⑤]

3. 纪事用经幢

是指佛教信徒采用"幢记"的形式记载其佛事活动内容所建之幢,一般没有特定的立幢地点。辽代出土经幢石刻资料中显示,辽代佛教"记事幢"记事的内容比较广泛,主要有如下几种:其一,记载经幢迁移、重建原因及过程的,如保宁元年(969)王恕荣之移经幢;[⑥]其二,记载佛教信徒做道场,葬感应佛舍利过程,如北京顺义区城关乡发现的开泰二年《净光舍利塔经幢记》;[⑦]其三为记载佛教信徒植"福田",义葬无名骸骨过程的"义冢幢",如北京昌平发现的寿昌五年《义冢幢记》;[⑧]其四,记载佛教信徒施财舍物建佛寺的"记事幢",如河北新城所出乾统二年《施地幢记》;[⑨]其五为记载佛教信徒营造佛像等佛寺活动者,如北京良乡所见《豆店清凉寺千佛像石幢记》即为其例;[⑩]其六,为祈求福佑而

---

① 向南编:《辽代石刻文编》,石家庄:河北教育出版社,1995年,第658—659页。
② 向南、张国庆、李宇峰辑注:《辽代石刻文续编》,沈阳:辽宁人民出版社,2010年,第211页。
③ 陈述辑校:《全辽文》卷八,北京:中华书局,1982年,第176页。
④ 陈述辑校:《全辽文》卷八,北京:中华书局,1982年,第201—202页。
⑤ 陈述辑校:《全辽文》卷八,北京:中华书局,1982年,第180—181页。
⑥ [清]缪荃孙辑:《辽文存》卷六,长春:吉林人民出版社,1998年,第82页;陈述辑校《全辽文》卷四,北京:中华书局,1982年,第82页。
⑦ 向南、张国庆、李宇峰辑注:《辽代石刻文续编》,沈阳:辽宁人民出版社,2010年,第54页。
⑧ 陈述辑校:《全辽文》卷九,北京:中华书局,1982年,第258页。
⑨ 陈述辑校:《全辽文》卷一〇,北京:中华书局,1982年,第277页。
⑩ [清]钱大昕:《潜研堂文集》卷一八《清凉寺题名》,四部丛刊初编本;陈述辑校《全辽文》卷八,北京:中华书局,1982年,第174页。

造"福惠幢",如河北省高碑店市东柳林庄洪福寺发现的《福惠幢记》。[①]诸如此类,不一而足。

4. 灯幢与香幢

因形制、用途与其他经幢稍异,灯幢与香幢应是辽代经幢中的两种变形幢。

所谓"灯幢",即矗立在佛寺、佛塔附近的仿经幢形制之灯台,兼具经幢之宗教和灯台之实用两种功能,只是这种类型现存不多,主要有北京密云发现的《开元寺重修建长明灯幢记》[②]和北京昌平崇寿寺之《造长明灯幢记》[③]。

"香幢"则是立于寺院或佛塔前的仿经幢形制的香炉,亦兼具经幢之宗教和香炉之实用两种功能,如佛教居士傅逐秀等人于咸雍九年修建的香幢[④]、河北涿州于咸雍元年新赎大藏经而建造的香幢[⑤]、大安八年河北涞水木井村邑人所造香幢,[⑥]还有下文将提到的道教龙兴观所造香幢也属于此类情况。[⑦]

第四节 辽代经幢之刻文

经幢刻文,主要有经文和题记:

1. 经文

经幢刻写的经文主要是密宗《佛顶尊胜陀罗尼经》(通常又称《尊胜陀罗尼经》或《尊胜经》等),此种经幢常称为《佛顶尊胜陀罗尼经幢》《陀罗尼经幢》《尊

[①] 陈述辑校《全辽文》卷一〇,北京:中华书局,1982年,第278页。
[②] 向南、张国庆、李宇峰辑注:《辽代石刻文续编》,沈阳:辽宁人民出版社,2010年,第156—157页
[③] [清]缪荃孙辑:《辽文存》卷四,长春:吉林人民出版社,1998年,第43—44页;陈述辑校《全辽文》卷一〇,北京:中华书局,1982年,第286页。
[④] 陈述辑校《全辽文》卷八,北京:中华书局,1982年,第203页。
[⑤] 杨卫东:《与契丹藏有关的一件石刻——读辽咸雍四年刊〈新赎大藏经建立香幢记〉》,《文物春秋》2007年第3期,第77—81页。
[⑥] 陈述辑校:《全辽文》卷九,北京:中华书局,1982年,第243—244页。
[⑦] [清]缪荃孙辑《辽文存》卷六,长春:吉林人民出版社,1998年,第86页;《全辽文》卷九,第260页。

胜经幢》等（有时简称某某幢，省去经字），经文之外，也刻写佛顶尊胜陀罗尼咒、真言和序文。北京房山北郑村辽塔经幢刻写《佛顶尊胜陀罗尼经》、序文、真言和咒语。①善存为吴德迁造经幢中，前列骈体序文。②

朝阳出土的惠能建经幢有启请文，"佛顶尊胜陀罗尼启请：稽自千叶莲花座，摩尼殿上尊胜王，广长舌相遍三千，恒沙功德皆圆满面，灌顶闻持妙章追各句，九十九亿世尊宣……"③《佛顶尊胜陀罗尼经》在唐朝时已有八种译本，④然而辽朝最流行的主要为佛陀波利译本，尽管该译本并非最早的译本。究其原因，当与佛陀波利译本被赋予了更多神异色彩所致。在佛陀波利携此经梵本由印度东来的前后，涉及五台山和文殊菩萨的灵异事迹，因此佛陀波利和其译本也被神圣化了的缘故。⑤唐代僧人志静为此译本所撰写的〈经序〉，叙述了此经东来的经过和佛陀波利的传奇。佛陀波利的传奇促进了此译本的流传，唐文宗开成四年（839），王刘赵珍等于今日山西省晋城市所建立的陀罗尼石幢赞文中，就把这一点说得很清楚和不空译本，普同塔经幢和张世卿为先妣建经幢为佛陀波利译本，⑥而菩萨戒坛法师法幢、行满寺陀罗尼经幢和慈智大德经幢为不空译本。除《佛顶尊胜陀罗尼经》以外，还刻写其他经文，朝阳北塔经幢除《佛顶尊胜陀罗尼经》之外还刻有《大佛顶如来放光悉怛多钵怛罗陀罗尼经》《大随求陀罗经》《般若波罗蜜多心经》《佛说金刚大摧碎延寿陀罗尼经》《大轮陀罗尼经》《大乘百字密语》（图11-3）。⑦可兴等建塔幢，刻《佛顶尊胜陀罗尼经》和《悲心陀罗尼经》被称为尊胜悲心陀罗尼塔。⑧

---

① 刘精义、齐心：《辽应历五年石幢题记初探》，《北方文物》1985年第4期，第33页。
② 向南编：《辽代石刻文编》，石家庄：河北教育出版社，1995年，第430页。
③ 向南编：《辽代石刻文编·惠能建陀罗尼经幢记》，石家庄：河北教育出版社，1995年，第696页。
④ 刘淑芬：《〈佛顶尊胜陀罗尼经〉与唐代尊胜幢的建立——经幢研究之一》，"中央研究院"历史语言研究所集刊》第六十七本第一分，1996年，第155—162页，刘淑芬《灭罪与度亡——佛顶尊胜陀罗尼经幢之研究》，上海：上海古籍出版社，2008年，第1—59页。
⑤ 陈述辑校：《全辽文》卷八，北京：中华书局，1982年，第201—202页。
⑥ 向南编：《辽代石刻文编》，石家庄：河北教育出版社，1995年，第382页。
⑦ 朝阳北塔考古勘察队：《辽宁朝阳北塔天宫地宫清理简报》，《文物》1992年第7期，第17—20页。
⑧ 向南编：《辽代石刻文编》，石家庄：河北教育出版社，1995年，第381页。

有的经幢不刻《佛顶尊胜陀罗尼经》,刻写其他陀罗尼经,赵文祐为亡父母造经幢,镌刻《无碍大悲心陀罗尼经》;①李惟孝秦氏经幢刻写《阿閦如来灭轻重罪障陀罗尼经》;②朝阳东塔经幢刻写《无垢净光大陀罗尼经》。③有的经幢刻写经文和真言、咒语,史遵礼造陀罗尼经幢刻《智炬如来心破地狱真言》;④李惟孝亡妻秦氏经幢记刻写《无垢清净光明陀罗尼经》和《智矩如来心破地狱真言》;⑤法忍于大安八年(1092)所建经幢刻写《波若罗密多心经》和《弗□□□陀罗尼神咒》(图)。⑥1992年内蒙古自治区巴林左旗林东镇北山发现的某氏为亡父母所造墓幢所刻经文除常见的《智炬如来心破地狱真言》《无垢净光陀罗尼经》(图11-4)外,还有《毗卢遮那佛灌顶光真言》、类六字真言,后二者在辽代经幢中仅此一见。⑦

图11-3 朝阳北塔立在地宫中的经幢(原图采自《朝阳北——考古发掘与维修工程报告》,图版六四)

经文刻写中用汉文也有梵文。朝阳北塔经幢经文刻有梵文,⑧杨卓等建经幢之《破地狱真言》用梵文镌刻。⑨

由上文所列辽朝经幢总目可以看出,经幢所刻经文多为《佛顶尊胜陀罗尼经》,这篇经文主要渲染佛陀的无边法力,宣称:"天帝有陀罗尼名为如来佛顶

---

① 向南编:《辽代石刻文编》,石家庄:河北教育出版社,1995年,第329页。
② 孙学瑞:《辽朔州李氏墓地经幢》,张畅耕主编《辽金史论集》第6辑,北京:社会科学文献出版社,2001年,第228页。
③ 向南编:《辽代石刻文编》,石家庄:河北教育出版社,1995年,第149页。
④ 向南编:《辽代石刻文编》,石家庄:河北教育出版社,1995年,第492页。
⑤ 孙学瑞:《辽朔州李氏墓地经幢》,张畅耕主编《辽金史论集》第6辑,北京:社会科学文献出版社,2001年,第228页。
⑥ 向南编:《辽代石刻文编》,石家庄:河北教育出版社,1995年,第450页。
⑦ 李学良:《巴林左旗发现两处辽代墓幢》,《辽金历史与考古》第3辑,辽宁教育出版社,2011年,第324—325页。参见张明悟:《辽金经幢研究》,北京:中国科学加上出版社,2013年,第143—144页。
⑧ 辽宁省文物考古研究所、朝阳市北塔博物馆编:《朝阳北塔——考古发掘与维修工程报告》,北京:文物出版社,2007年,第85页。
⑨ 向南编:《辽代石刻文编》,石家庄:河北教育出版社,1995年,第530页。

尊胜，能净一切恶道，能净除一切生死苦恼，又能净除诸地狱阎罗王界畜生之苦，又破一切地狱能回向善道。天帝此佛顶尊胜陀罗尼，若有人闻一经于耳，先世所造一切地狱恶业，悉皆消灭，当得清净之身。"①这对生活于战乱并受尽剥削压迫的信众来说，诱惑力自然是强大的；而对统治阶级来说，更有期望因果得善报的诱因，他们更渴望借助佛陀的力量在现世得到幸福，入土之后减灭生前的罪恶，祈求来世的幸福，这也是当时造经幢刻经较为普遍的一个社会原因吧。此其一。还有一个重要原因，就是辽代密教的流行。有辽一代，佛教兴盛，其中尤以密教最为发达，华严宗次之，净土宗又次之。日本学者鸟居龙藏认为，辽代密教信仰在民间广泛流行源于辽代的原始宗教萨满教，两者相似之处甚多。②

图 11-4　林东北山无垢净光陀罗尼经幢
（唐彩兰编著《辽上京文物撷英》，北京：东方出版社，2005 年，第 104 页）

2. 题记

经幢中刻文格式为先经后记，经文之后题写立幢的目的、经文的效用以及建幢人的信息等。如果经幢是为故去的人而立，还有幢主生平的介绍。这一部分记载内容较为丰富，记录了当时宝贵的历史与社会信息。

如王恕荣母于会同九年（946）立幢，并镌刻经文和题记。及至保宁元年（969），王恕荣重移经幢，并在会同九年经幢后面续刻题记。③又如空乡寺

---

① [唐]佛陀波利译：《佛顶尊胜陀罗尼经》，《大正藏》第 19 册，No. 967，页 350b。
② [日]鸟居龍藏：《考古學上より見たる遼之文化圖譜》，《鳥居龍藏全集》第 10 卷，東京：朝日新聞社，1981 年，第 10—11 頁。
③ 向南编：《辽代石刻文编》，石家庄：河北教育出版社，1995 年，第 1—45 页。

经幢,所刻经文与题记文字风格不一,经文可能是唐人所刻,后辽人延用再刻题记。①

应历十六年,李崇菀为其父彦超造陀罗尼经,记曰:"特立法幢,上祷金仙,福佑慈父。意者保延禄寿,被惠日以长荣。"②保宁元年《重移陀罗尼幢记》谓:"都亭驿使太原王公恕荣,为皇妣自会同九年□舍资□广陈胜事,□于兹金地,特建妙幢,在经藏前集功德□,□□果报,家道吉昌。既稍备于珍财,乃更□□利益,就奉福寺文殊殿前,又建经幢。"③从上述两则题记中可以看出,幢主此行为的目的在于"保延禄寿",并使"家道吉昌",意在实现现世的安康。

第五节 辽代经幢的功用

唐朝最初刻写经幢的经文主要是密宗《佛顶尊胜陀罗尼经》,此经认为如果书写此经,安于高幢上、高楼上、高山上,"或见或与相近,其影映身;或风吹陀罗尼上,幢等上尘,落在身上。天帝,彼诸众生,所有罪业,应堕恶道地狱、畜生、阎罗王界饿鬼界,阿修罗身,恶道之苦,皆悉不受,亦不为罪垢染污"。④郑□造经幢中言:"能书此陀罗尼,安高幢上,或安高山,或安楼上,乃至安置窣堵坡中。若有四众族姓男,族姓女,于幢等上或□或□□近其影身,或覆□咒陀罗尼幢等上尘落在身上。彼诸众生,所有罪业,皆悉消灭。"⑤《文永等为亡父母造幢记》言:"夫尊胜陀罗尼者,是诸佛之秘要,众生之本源。遇之则七逆重罪,咸得消亡;持之则三涂恶业,尽皆除灭。开生天路,示菩提相,功之最大,不可稍也。"⑥辽代经幢所刻经文也基本沿袭了这些内容,多以这些经文为主。

---

① 国家图书馆善本金石组编:《中国历代石刻史料汇编》第12卷,北京:北京图书馆出版社,2000年,第887页。
② 向南编:《辽代石刻文编》,石家庄:河北教育出版社,1995年,第463页。
③ 向南编:《辽代石刻文编》,石家庄:河北教育出版社,1995年,第464页。
④ [唐]佛陀波利译:《佛顶尊胜陀罗尼经》,《大正藏》第19册,No.967,页351b。
⑤ 向南编:《辽代石刻文编》,石家庄:河北教育出版社,1995年,第406页。
⑥ 向南编:《辽代石刻文编》,石家庄:河北教育出版社,1995年,第436页。

而通过前文的论述我们可以看出，经幢的宗教功用主要源于其上镌刻的佛教经文及咒语，辽代存世经幢资料中，经幢上所刻最多、最常见的就是《佛顶尊胜陀罗尼经》，这在前文的统计表格中已有明确显示。而《佛顶尊胜陀罗尼经》主要的经义则是"阐述因果，祈求来世"，通过经幢所镌刻的内容，我们可以大致归结出辽代经幢的主要功用有如下几点：

1. 教化与普度。这主要是由僧人或佛教信众为传播佛教教义劝化世人行善而刻写的经幢，这种经幢常常立于寺院，如上文列举经幢大多位于寺院，《洪福寺碑》称寺"前有尊胜陀罗尼幢一所，宝茎上耸，高凌碧汉之心；莲座下磴，永镇黄金之地"。①辽代三盆山崇圣院中即有后晋、后唐时所立石幢一座。②寺院中经幢常常两座对峙。新城县的一座寺院内，寺前对峙两座经幢，"如双刹竿，各高二丈余，凡五级作六角形。"③大安八年(1092)，法忍同时建两座经幢(图 11-5)，于寺院中对峙而立。④大康元年(1075)，在法均大师坟塔左右建尊胜陀罗幢各一。⑤

2. 超度与脱罪。这主要是为故去的僧人或者家人立幢，以免除其罪业，超度亡魂。这种经幢一般立在墓地或者

图 11-5　北京密云辽大安八年经幢

---

① 陈述辑校：《全辽文》卷一〇，北京：中华书局，1982 年，第 278 页。
② 向南编：《辽代石刻文编》，石家庄：河北教育出版社，1995 年，第 30 页。
③《[民国]新城县志》卷一五。
④ [清]缪荃孙辑：《辽文存》卷六，长春：吉林人民出版社，1998 年，第 85 页；陈述辑校《全辽文》卷九，北京：中华书局，1982 年，第 242—243 页。
⑤ 向南编：《辽代石刻文编》，石家庄：河北教育出版社，1995 年，第 439 页。

墓中,故也称之为墓幢。为故去僧人立的幢也称为塔幢。法幢,主要由门人和俗家信徒所立,以免除罪业。如大康三年(1077),为菩萨戒大师立法幢者,有诸多的门人、沙门、邑人等。①

为故去的家人立幢,大部分是子女为亡父母所立,以超度亡魂,追荐冥福。如咸雍七年,李晟为先亡父母造幢,"特建尊胜陀罗尼幢子一坐于此茔内。亡过父母先亡等,或在地狱,愿速离三涂;若在人世,愿福乐百年"②。白怀友为亡考妣造经幢称:"我教东流,□被幽显,则建幢树刹兴焉。其有孝子顺孙,信而乐福者,虽贫贱殚财募工市石,刻厥密言,表之于祖考之坟城。冀其尘影之□庇者,然后追悼之情塞矣。"③也有父母为早逝的子女所立的经幢,乾统八年(1008),刘庆为出家男智广造身塔幢,智广自幼出家,十岁非命而卒。父为亡子建幢。④

目前发现有辽朝义冢幢一座。记文称:"大安甲戌岁,天灾流行,淫雨作阴,野有饿莩,交相枕藉。时有义士收其遗骸,仅三千数,于县之东南郊,同瘗于一穴。"⑤当年发生水灾,百姓有很多饿死弃尸荒野,有"义士"收敛了三千具骸骨,为他们立幢,有超度与脱罪的旨趣在内。另外,乾统九年僧智福坟幢⑥与天庆三年(1113)惠州李祐墓幢⑦之性质亦与此同。

值得注意的是,道教也有石幢之建,如寿昌六年(1100)勒立的《龙兴观创造香幢》即为其例,其中有言:"今我观院,虽殿堂像设,夙有庄严,而祭醮供仪,素乏□□,乃采诸翠琰,琢以香幢,每圣诞嘉辰,旦元令节,或清斋消忓,□旦良宵,用然沉水之烟,式化真仙之侣,所愿九清降祉,百圣垂洪,延皇寿以无疆,保黔黎而有赖。风雨时调,禾谷岁登。"⑧显而易见,道教此举是受佛教影响所致。

---

① 陈述辑校:《全辽文》卷九,北京:中华书局,1982年,第220页。
② 向南编:《辽代石刻文编》,石家庄:河北教育出版社,1995年,第347页。
③ 向南编:《辽代石刻文编》,石家庄:河北教育出版社,1995年,第549页。
④ 向南编:《辽代石刻文编》,石家庄:河北教育出版社,1995年,第596页。
⑤ 陈述辑校:《全辽文》卷九,北京:中华书局,1982年,第258页。
⑥ 陈述辑校:《全辽文》卷一○,北京:中华书局,1982年,第307页。
⑦ 陈述辑校:《全辽文》卷一一,北京:中华书局,1982年,第316页。
⑧ [清]缪荃孙辑:《辽文存》卷六,长春:吉林人民出版社,1998年,第86页;陈述辑校《全辽文》卷九,北京:中华书局,1982年,第260页。

3. 祛灾与祈福。这主要是为还在世的人立幢祈福消灾。祛除灾祸、祈求幸福是辽代佛教信徒特别是居士们的人生追求,欲达此目的,多有建幢并刻经。如辽景宗保宁元年(969)《重移陀罗尼幢记》记载建幢人王恕荣即认为,建经幢"可荫及子孙,门风不坠",并且"□□果报,家道吉昌"。① 当然,一些佛教信徒立幢"祈福"还不仅仅是为生者,也有的是为已故亲人"祈冥福"。也有一些佛教信徒建造经幢已不仅仅局限于为自己和已故亲人祛灾祈福。这种经幢中有的是为皇室而立,为皇帝、皇后、文武大臣等祈福,以求国家风调雨顺。开泰二年,监察御史武骑尉同监魏务张翼等诸多官员立幢"奉为神赞天辅皇帝、齐天彰德皇后万岁,亲王公主千秋,文武百僚恒居禄位。风调雨顺,海晏河清,一切有情,同沾利乐。"②

4. 报恩与尽孝。生者为亡故父母立幢,僧尼为师长立幢,是晚辈对长辈的一种孝行,同时也是对父母、师长养育、培养之恩的报答,是佛教中国化的表现突出。辽道宗大康七年(1081)《张景运为亡祖造陀罗尼经幢记》:"夫人子之奉父母,生则礼而恭,没则享而敬。□礼然□□有过各不利于长往。呜呼类何! 盖闻佛顶尊胜陁罗尼,能与众生除一切恶道罪障等。□若非先灵以佑逝者,则是其不孝矣! 即有景运等常深不匮之怀,永念无极之报……遂乃善舍净财。遐求翠琰。"③ 天庆元年(1111)《为先内翰侍郎太夫人特建经幢记》亦言:"欲报昊天鞠育之鸿恩,惟仗诸佛宣传之密教。"④ 能够在亡故父母墓侧树立经幢,为师长竖立经幢,都是一种报恩尽孝的举措。《张世俊造幢记》甚至言称:"苟未能为幢于坟,则是为不孝也。"⑤

---

① [清]缪荃孙辑:《辽文存》卷六,长春:吉林人民出版社,1998年,第82页;陈述辑校《全辽文》卷四,北京:中华书局,1982年,第82页。
② 国家图书馆金石组编:《中国历代石刻史料汇编》第12卷,北京:北京图书馆出版社,2000年,第146页。
③ [清]缪荃孙辑:《辽文存》卷六,长春:吉林人民出版社,1998年,第84—85页;陈述辑校《全辽文》卷九,北京:中华书局,1982年,第224页。
④ 陈述辑校:《全辽文》卷一二,北京:中华书局,1982年,第314页。
⑤ 陈述辑校:《全辽文》卷一二,北京:中华书局,1982年,第358页。

第十二章　考古资料所见辽代之文殊信仰考屑

辽代文殊信仰流行,可谓辽代佛教的一大特征,唯史书记载匮乏,长期未受到学术界应有的关注。过往虽有一定研究,但要么局限于对一些具体问题,如辽代的佛顶尊胜陀罗尼经幢[1]、辽代的华严思想[2]的探讨;要么旨在探讨与文殊信仰密切相关之五台山崇拜[3],不能完整揭橥辽代文殊信仰之本貌与特点,实为憾事。有幸的是,地不爱宝,近半个世纪来,辽代地下文物大量出土,为辽代文殊信仰的研究提供了弥足珍贵的资料。鉴于此,笔者不揣谫陋,拟借由地下出土资料所提供的蛛丝马迹,结合传世文献的零星记载,就辽代文殊信仰之若干问题作一尽可能细致的梳理与考证,聊以补缺。

---

[1] 对这一问题的研究,刘淑芬贡献尤著,见其所著《〈佛顶尊胜陀罗尼经〉与唐代尊胜幢的建立——经幢研究之一》,《"中央研究院"历史语言研究所集刊》第六十七本第一分,1996年,第145—193页;《经幢的形制、性质和来源——经幢研究之二》,《"中央研究院"历史语言研究所集刊》第六十八本第三分,1997年,第643—786页;《墓幢——经幢研究之三》,《"中央研究院"历史语言研究所集刊》第七十四本第四分,2003年,第673—763页;《灭罪与度亡——佛顶尊胜陀罗尼经幢之研究》,上海:上海古籍出版社,2008年。另请参考张国庆:《辽代经幢及其宗教功能——以石刻资料为中心》,《北方文物》2011年第2期,第60—64页。
[2] 王颂:《从日本华严宗的两大派别反观中国华严思想史》,《世界宗教研究》2005年第4期,第9—17页;袁志伟:《辽代华严思想研究》,西北大学博士学位论文,2011年。
[3] 杜斗城:《敦煌五台山文献研究校录》,太原:山西人民出版社,1991年,第123—125页;杜斗城、党燕妮:《八到十一世纪的五台山文殊信仰》,崔正森主编《文殊智慧之光——五台山佛教文化国际学术会议论文集》,北京:宗教文化出版社,2004年,第106—107页。

第一节 辽代的文殊信仰与五台山崇拜

文殊，梵名 Mañjuśrī，《佛说文殊师利法宝藏陀罗尼经》称："于此赡部洲东北方，有国名大振那，其国中有山号曰五顶。文殊师利童子游行居住，为诸众生于中说法。"[1]《大方广佛华严经·菩萨住处品》亦记："东北方有菩萨住处，名清凉山，过去诸菩萨常于中住。彼现有菩萨，名文殊师利，有一万菩萨眷属，常为说法。"[2]

二者所记给古代中国佛教附会五台山为文殊菩萨道场提供了有力依据，并在唐高宗至代宗时期最终确立下来。是以，凡信仰文殊菩萨者，必然会对五台山崇拜有加，辽代自不例外。然五台山为宋朝所辖，辽朝统治者出于信仰的需要，不得不于辽境内移植了一个五台山，位于今河北省蔚县。据应历十五年（965）《重修范阳白带山云居寺碑》记载："故太行之山，兹寺（笔者按，云居寺）为中。若以东西五台为眉目，孤亭六聘为手足，弘业盘山为股肱，则佛法大体，念兹在兹矣！"[3]此处所说的"东西五台山"，西者指山西大同的五台山（图12-1），东者则指蔚县境内的五台山。

明人罗亨信《觉非集》卷一《赠金河禅寺住持静海朝宗入院序》载：

> 蔚郡之东，昔有五台山，奇伟峻拔。粤自如来灭度，文殊师利东涉赡州，即驻锡于斯，欲就说法，化导群迷。后觉地隘不足以容众善，因往西五台清凉山，结会召集诸天拥护，遂成胜境。然佛祖所过，圣迹常存，时现神光，不可思议。昔人即山址创建崇宇以延奉师香火，历代尊崇，其来远矣。[4]

---

[1] [唐]菩提流志译：《佛说文殊师利法宝藏陀罗尼经》，《大正藏》第 20 册，No. 1185a，页 791c。
[2] [东晋]佛陀跋陀罗译：《大方广佛华严经》卷二九，《大正藏》第 9 册，No. 278，页 590a。
[3] 向南编：《辽代石刻文编》，石家庄：河北教育出版社，1995 年，第 32—33 页。
[4] [明]罗亨信：《觉非集》，清康熙罗哲刻本，第 62—64 页。

图 12-1　五台山佛光寺东大殿泥塑佛像

及至清代，其状仍与明大体相同，如《蔚州志》卷四《地理志一·山川》记载："五台山，在城东一百里。其山五峰突起，俗称小五台，又曰东五台，以别于晋之清凉山。"[1]《钦定古今图书集成》第 90 册《方舆汇编·职方典》卷三四三《大同府部·大同府山川考上》云："五台山在州东八十余里，一名小五台，经夏积雪，峰峦秀出。"[2]由是以观，相对于山西五台山，辽之五台山被唤作东五台或小五台，其中之金河十寺颇引人注目，厉鹗《辽史拾遗》卷一五《地理志五》称该寺"在蔚州东南八十里五台山下，河中碎石如金，故名金河，寺俱辽统和间建"[3]。应县木塔内发现有辽刻《菩萨戒坛》，筒子封，封背合缝处残纸可见"五台山松子欲（峪）下水院讲经律论沙门"和"大康□年□□□僧果"等字样。[4]此"五台山"应即蔚县东五台也。

金河十寺建于统和年间，惟具体年份不详。据载，统和十年（992）九月癸卯，辽圣宗曾幸五台山金河寺饭僧。[5]接着又"射鹿于蔚州南山"[6]。后者当与其

---

[1] [清]庆之金著，王立明标点：《蔚州志》，光绪版标点本。
[2] 陈梦雷、蒋廷锡等辑：《钦定古今图书集成》，北京：中华书局，1934 年，第 5 页。
[3] [清]厉鹗：《辽史拾遗》，北京：商务印书馆，1936 年，第 309 页。
[4] 肖村：《辽朝别有一五台山》，《文物》1984 年第 9 期，第 91 页。
[5] 《辽史》卷一三《圣宗纪四》，北京：中华书局，1974 年，第 143 页。
[6] 《辽史》卷六八《游幸表》，北京：中华书局，1974 年，第 1053 页。

前往五台山金河寺饭僧为同一行程。同年十二月庚辰,"以东京留守萧恒德等伐高丽"①。圣宗此次参拜五台山似乎有东伐高丽祈福的目的。是见至迟在辽统和十年,金河十寺即已建成。咸雍九年(1073)九月,辽道宗也"幸金河寺"。②二位皇帝亲幸金河寺,无疑会推动辽代五台山文殊信仰的发展。

考古发掘显示,金河十寺极有可能建于南北向的五级台地上。遗址内残存辽代粗绳纹砖,大者宽20厘米、厚8厘米,小者宽18厘米、厚5厘米。另有经幢1件,基座呈八角形,幢身六角形,上刻梵文经咒。③

金河十寺乃辽代高僧辈出之所,道殴曾于寺中撰写《显密圆通成佛心要集》;高僧行均,燕京人,寓金河寺,历五载,于统和十五年(997)完成名著《龙龛手镜》。皇家的支持和高僧的驻锡,使金河寺地位日隆。该寺以五台山见称,以文殊为主尊,势必会对辽境内文殊崇拜起到推波助澜的作用,尤其在圣宗、兴宗、道宗时期,臻至极盛。

在金河十寺外,辽代另有堪称小五台山之所,即位于今内蒙古自治区巴林左旗境内的真寂之寺,俗称后昭庙。(图12-2)其中1号窟为南窟,呈方形,释迦牟尼佛(图12-3)居中,结跏趺坐于束腰莲座之上,莲座具有宋、辽时的大仰莲特点。佛像两侧为善财童子和龙女立像,释迦牟尼右前为骑白象普贤菩萨,左前为骑狮文殊菩萨,佛像底部有高出地面的台面,使佛像与墙壁之间形成狭长甬道。窟门内侧两端各刻有力士像一尊(图12-4),天王像体格壮硕,面目狰狞,窄袖长靴。石窟内侧南、西、北三面石壁雕刻有千佛像75尊。4号窟为北窟,内部布局及造像与1号窟基本相同。居中为释迦牟尼佛,佛右前为骑白象的普贤菩萨,左前为骑狮的文殊菩萨。学者据推断,真寂之寺1号石窟的开凿年代最早在辽兴宗之时,至迟在辽道宗年间。而4号石窟应是早于1号石窟。④

---

① 《辽史》卷一三《圣宗纪四》,北京:中华书局,1974年,第143页。
② 《辽史》卷六八《游幸表》,北京:中华书局,1974年,第1072页。
③ 雷霖生:《河北蔚县小五台山金河寺调查记》,《文物》1995年第1期,第64—68页。
④ 任爱君:《内蒙古巴林左旗真寂之寺调查报告》,提交"回鹘·西夏·元代敦煌石窟与民族文化学术研讨会"(敦煌,2017年10月13—17日)论文。

图 12-2 后昭庙桃石山（李富摄）

图 12-3 真寂之寺 1 号窟石刻释迦牟尼佛像（采自《临潢史迹》彩图）

图 12-4 真寂之寺 1 号窟石刻金刚力士像（采自《临潢史迹》彩图）

近代日本考古学家曾对此地进行过调查,言"长泰馆道,在祖州东二十里。巴颜河流,在乌兰二格之东。距此十余里,有喇嘛庙,蒙人曰'绰庙'(Dzo-sum),华人则名曰'小五台山',其地风景甚佳"。①说明此处的文殊信仰直到近代仍旧很兴盛,因而才会有小五台山之称。

辽代,盘山地区也是文殊信仰之一重地,统和五年(987)《祐唐寺并建讲堂碑》记载恰可印证此点,其描述唐代时的盛况时称"当昔全盛之时……禅宗律学,宛是祇园;骈阗可类于清凉,赫奕遥同于白马;乃法侣辐凑之乡也"②。其中"骈阗可类于清凉",表明其五台山文殊信仰的存在。及至景、圣时期希悟大德任寺主,"所贵安苾刍僧,置狻猊座",此狻猊即为狮子的古称,则在当时似有文殊菩萨的塑像。

第二节 与文殊信仰相关的建筑

由于辽代文殊信仰的普遍传播,使得各地的文殊殿、阁寺以及文殊台应运而生,诸如河北涞源文殊殿、北京奉福寺文殊殿、天津广济寺文殊院以及辽宁朝阳凤凰山下寺文殊台等莫不如此。

辽时属于蔚州的河北涞源县也建有文殊殿。从县城出发,经驿马岭、平型关、繁峙县可达山西五台山。③是见涞源当系由河北通往山西五台山之要津,文殊信仰流行自是情理中事。该县阁院寺文殊殿之建正是顺应这一情势之产物,其建立时代,学者有不同意见,一曰时当11世纪末至12世纪初,④另一种意见

---

① [日]三宅俊成著,戴岳曦译,李俊义、程嘉静等校注:《林东辽代遗迹踏查记》,呼和浩特:内蒙古人民出版社,2014年,第286页。
② 向南编:《辽代石刻文编》,石家庄:河北教育出版社,1995年,第90页。
③ 杜斗城:《敦煌五台山文献校录研究》,太原:山西人民出版社,1991年,第192页。
④ 徐怡涛:《河北涞源阁院寺文殊殿建筑年代鉴别研究》,张复合主编《建筑史论文集》第16辑,北京:清华大学出版社,2002年,第94页。

认为应建于应历十六年(966)。①属辽代之物当无疑问。阁院寺又称阁子寺,前天王殿,后文殊殿,文殊殿后有大型建筑基址,最后为藏经阁,基本沿中轴线排布。文殊殿内明间后部作30厘米高的砖基坛,坛上左右均作壁塑佛龛,前龛中央为骑狮子的文殊像,左右原有供养人两尊,现仅存左边一尊,稍前还有二菩萨,二力士,均为泥塑,金为辽代原塑;壁塑后龛内有较小的塑像,主体为自在菩萨,也似辽代塑造。

北京奉福寺、天津广济寺、辽宁朝阳凤凰山下寺等亦建有文殊殿及阁寺。保宁元年(969)《再建经幢记》载:

> 都亭驿使太原王公恕荣,为皇妣自会同九年□舍资□广陈胜事,□于兹金地,特建妙幢,在经藏前集功德□。□□果报,家道吉昌。既稍备于珍财,乃更□□利益。就奉福寺文殊殿前,又建经幢。于灏村之坟,京东之墓,各置佛顶尊胜陀罗尼幢一所。前后四处,咸仗六通。②

太平五年(1025)《广济寺佛殿记》:"粤有僧弘演,武清井邑生身,发蒙通远文殊阁院落发,离俗归真。"③

而寿昌五年(1099)《玉石观音像唱和诗碑》记载兵部尚书兼门下侍郎、平章事郑若愚所和之诗曰:"文殊台对普贤台,饰宝涂金即众哉;圣帝特镕银作像,高人又选玉成胎。"④此玉石观音像位于今辽宁朝阳凤凰山下寺,根据诗文推测当时同时建有文殊台和普贤台。

上述诸例证明辽代文殊殿或阁寺及文殊台在辽西京、南京及东京之流布。

此外,与文殊菩萨相关的雕塑比比皆是,除上述所举内蒙古自治区巴林左

---

① 莫宗江:《涞源阁院寺文殊殿》,《建筑史论文集》第2辑,清华大学建筑工程系建筑历史教研组编印,1979年,第59页。
② 向南编:《辽代石刻文编》,石家庄:河北教育出版社,1995年,第176页。
③ 向南编:《辽代石刻文编》,石家庄:河北教育出版社,1995年,第45页。
④ 向南编:《辽代石刻文编》,石家庄:河北教育出版社,1995年,第501页。

旗真寂之寺所存之文殊雕塑外,山西应县木塔第二、四层之文殊雕塑也颇具代表意义。应县木塔又称佛宫寺释迦塔,由辽兴宗仁懿皇后倡建,作为萧氏的家庙。[①]应县属辽西京道管辖,距离五台山很近,文殊信仰较为流行。塔之第二层坛上正中为毗卢遮那佛塑像,其前方左侧为结跏趺坐之普贤菩萨塑像,右侧为结跏趺坐之文殊菩萨塑像,构成华严三圣组合。第四层七尊造像中央为卢舍那佛[②],佛左右为迦叶及阿难两弟子立像,前方塑文殊与普贤两菩萨像。文殊的坐骑狮子及普贤的坐骑大象都是立像,作迈步走动状。[③]其他不一一列举,足见有辽一代文殊信仰之普遍。

第三节　辽代文殊信仰与华严经典

辽代文殊信仰的一个重要表现是《大方广佛华严经》《文殊师利法宝藏陀罗尼经》等经典的流传。华严宗第四祖澄观在《大方广佛华严经疏》卷一三中说,文殊"体含万德,降魔制外,通辨难思,化满尘方,用周三际,道成先劫,已称龙种尊王,现证菩提,复曰摩尼宝积,实为三世佛母"[④]。文殊菩萨三世佛母的地位使其更加尊贵,为这一崇拜的流行提供了经典依据,从而也把《华严经》和文殊信仰紧密结合在一起。据称,《大方广佛华严经》偈语有破地狱之功能,念诵此偈时,声所至,受苦之人,皆得解脱。职是之故,此经特别流行。

辽朝统治者对《华严经》的尊崇,以道宗为盛。清宁八年(1062),道宗于西京大同府建华严寺,奉安诸帝石像、铜像。[⑤]咸雍四年(1068)二月癸丑,颁行御

---

① 张畅耕等:《契丹仁懿皇后与应州宝宫寺释迦塔》,《辽金史论集》第 6 辑,北京:社会科学文献出版社,2001 年,第 103—126 页。
② 罗炤:《应县木塔塑像的宗教崇拜体系》,《艺术史研究》第 12 辑,中山大学出版社,2010 年,第 196 页,认为此塑像为释迦牟尼。
③ 梁思成:《山西应县佛宫寺辽释迦木塔》,《建筑创作》2006 年第 4 期,第 166 页。
④ [唐]澄观:《大方广佛华严经疏》卷一三,《大正藏》第 35 册,No. 1735,页 591c。
⑤ 《辽史》卷四一《地理志五》,北京:中华书局,1974 年,第 506 页。

制华严经赞。①咸雍八年(1072)"秋七月丁未,以御书华严经五颂出示群臣"。②上行下效,辽代僧俗研习华严成为一时风尚,乾统三年(1103)河北涞水《金山演教院千人邑记》记载,沙门善信"十八出家,二十受具,二十有四讲花严经,游方演化"。③乾统三年《故花严法师刺血办义经碑》载:"故花严法师……日讲花严菩萨戒准提密课,镐□孚以度生,饲养蚊蜢而救物。"④内蒙古宁城出土《办集胜事碑》记载:"功德主起建道场六十二昼夜,斋僧四千四百人,维持开菩萨戒经讲三席,目看却经二、大□明王经七十三部、华严经六百七十卷……文殊五□真言一千八十遍……佛顶尊胜陀罗尼四千四百五十遍。"⑤以上可知辽朝《华严经》的广泛传习,从而加速了其文殊信仰的流布。

辽代《华严经》的广泛讲习,不仅影响到本土,还向西传播至敦煌和西夏。敦煌写本 P. 2159v2 为《大方广佛华严经》卷七十二,与辽代燕京悯忠寺高僧诠明著《妙法莲华经玄赞科文卷第二》抄于同卷,一起传入敦煌,说明辽朝境内的华严经和法华经都比较流行,才会被抄录传播。内蒙古额济纳旗黑水城出土文献 TK88 为唐般若译《大方广佛华严经》卷第四十,卷末有大延寿寺演妙大德沙门守琼发愿文和"大安十年八月日流通"刊记。⑥竺沙雅章指为辽大安十年(1094)刻本,而非西夏刻本。⑦1983 年和 1984 年,黑水城发掘出《契丹藏》系统的经卷残片,如 F14:W13《大方广佛花严经光明觉品第九》⑧等,据考,同为辽刻本,⑨这些皆为辽朝华严信仰在西夏境内传播的直接证据。

---

① 《辽史》卷二二《道宗纪二》,北京:中华书局,1974 年,第 267 页。
② 《辽史》卷二三《道宗纪三》,北京:中华书局,1974 年,第 274 页。
③ 向南编:《辽代石刻文编》,石家庄:河北教育出版社,1995 年,第 534 页。
④ 向南、张国庆、李宇峰辑注:《辽代石刻文续编》,沈阳:辽宁人民出版社,2010 年,第 317 页。
⑤ 盖之庸编著:《内蒙古辽代石刻文研究》,呼和浩特:内蒙古大学出版社,2002 年,第 434—435 页。
⑥ 俄罗斯科学院东方研究所圣彼得堡分所等编:《俄藏黑水城文献》第 2 册,上海:上海古籍出版社,1996 年,第 317 页。
⑦ [日]竺沙雅章:《黑水城出土の遼刊本について》,《汲古》第 43 号,2003 年,第 21—22 页;[日]竺沙雅章著,申军译:《关于黑水城出土的辽代刻本》,《文津学志》第 2 辑,北京:北京图书馆出版社,2007 年,第 142—143 页。
⑧ 李逸友:《黑水城出土文书(汉文文书卷)》,北京:科学出版社,1991 年,第 10 页;史金波、陈育宁主编《中国藏西夏文献》第 17 册,兰州:甘肃人民出版社、敦煌文艺出版社,2006 年,第 287 页。
⑨ [日]竺沙雅章:《黑水城出土の遼刊本について》,《汲古》第 43 号,2003 年,第 24—25 页;[日]竺沙雅章著,申军译:《关于黑水城出土的辽代刻本》,《文津学志》第 2 辑,北京:北京图书馆出版社,2007 年,第 144—145 页。

除此之外，与文殊信仰有关的经卷也得到广泛传习，甚至刻之于石，北京房山云居寺石经所见即为其典型例证。云居寺藏辽代石刻非常丰富，其中有《文殊悔过经》一卷、《文殊师利菩萨问菩提经论》二卷。此外还有《佛说文殊师利法宝藏陀罗尼经》《文殊师利问菩萨署经》《曼殊室利菩萨王守心陀罗尼品》《金刚顶经曼殊室利菩萨五字心陀罗尼品》等，反映出辽代文殊菩萨信仰的流行。

与《华严经》流行相对应，辽朝境内的佛教造像中多见华严三圣，即毗卢遮那佛、文殊菩萨和普贤菩萨。《三盆山崇圣院碑记》记载，大都三盆山崇圣院"于大辽应历二年(952)戊辰岁三月内兴工，至应历八年(958)甲戌岁八月中秋，营理大殿三间，中塑释迦牟尼佛(笔者按：实为毗卢遮那佛)，左大智文殊师利菩萨，右大行普贤菩萨。两壁悬山应真一十八尊罗汉，东西伽蓝祖师"。[1]道宗咸雍三年(1067)《燕京大昊天寺碑》载："中广殿而崛起，俨三圣之晬容，傍层楼而对峙，龛八藏之灵编，重扉砑启，一十六之声闻，列于东西，邃洞异舒，百二十之贤圣，分其左右。"[2]燕京大昊天寺为道宗清宁五年(1059)秦越大长公主舍棠阴坊私第而建，揆诸碑文可知，规格较高，所供奉的亦为华严三圣。

从房山石经，到辽朝境内的造像实物，再到相关的碑刻，都可以看到与文殊菩萨信仰息息相关的华严三圣、华严思想在辽朝境内的流行是相当普遍的。

第四节 辽代文殊信仰流行之历史原委

辽代文殊信仰流行，究其直接原因，已有学者提及，即刘守奇之子、五台山真容院高僧继颙大师与辽朝的密切关系，使得契丹宁王夫妇礼遇继颙弟子睿谏，从而使得五台山佛教圣地对辽朝皇室的佛教信仰产生了直接影响。具体时

---

[1] 向南编：《辽代石刻文编》，石家庄：河北教育出版社，1995年，第30—31页。
[2] 向南编：《辽代石刻文编》，石家庄：河北教育出版社，1995年，第330页。

间则是在973年至976年之间。①而五台山为文殊菩萨的道场,南北朝以后,此处逐渐成为文殊信仰中心,因而睿谏化缘辽朝对辽朝的文殊信仰产生了重要的影响。但笔者查阅古籍,认为辽朝文殊信仰直接影响来自和五代的交往,或可上溯至辽世宗朝。此点将另有详文论述,此不赘述。

而其深层次的影响,似不外以下数端,兹略陈于下。

周一良言:"虽然密宗对中国思想没有产生很大影响,但是,它不仅与宫廷也与普通百姓密切相关,普通百姓感兴趣的是祈求今生和来世的切身利益,并不喜欢讨论深奥的教义。"②唐代印度高僧佛陀波利译《佛顶尊胜陀罗尼经》颇有助于满足广大信徒对现世和来生的愿望:

> 佛告天帝,若人能书写此陀罗尼,安高幢上,或安高山或安楼上,乃至安置窣堵波中,天帝,若有比丘、比丘尼、优婆塞、优婆夷、族姓男、族姓女,于幢等上或见或与相近,其影映身,或风吹陀罗尼,上幢等上尘落在身上。天帝,彼诸众生所有罪业,应堕恶道、地狱、畜生、阎罗王界、恶鬼界、阿修罗身恶道之苦,皆悉不受,亦不为罪垢污染。③

依志静为《佛顶尊胜陀罗尼经》译本所做之序,佛陀波利在朝拜五台山时,文殊化现为老人,指点其取回《佛顶尊胜陀罗尼经》,才能参见文殊菩萨。佛陀波利不辞辛劳返回印度,于唐龙朔二年(662)将《佛顶尊胜陀罗尼经》带到五台山。借着五台山文殊信仰,《佛顶尊胜陀罗尼经》得以广泛传播流行,反过来,该经对五台山文殊信仰的普及和兴盛也起了积极的推进作用。④

辽朝时期,民众对《佛顶尊胜陀罗尼经》的信仰达到了高潮。大契丹国师中

---

① 齐子通:《五代时期继颙大师的身世、出家及与辽朝关系》,《五台山研究》2016年第1期,第31—34页。
② 周一良:《唐代密宗》,上海:远东出版社,1996年,第7—8页。
③ [唐]佛陀波利译:《佛顶尊胜陀罗尼经》,《大正藏》第19册,No.967,第351b。
④ Chou I-liang, Tantrism in China, *Harvard Journal of Asiatic Studies* 8, 1945, pp. 241–332.

天竺摩竭陀国三藏法师慈贤译《佛顶尊胜陀罗尼经》一卷，其特点相对其他十译本，是咒文之最长者，在北京房山石经中得以留存。据考，其翻译当在圣宗统和元年（983）至道宗咸雍二年（1066）之间。① 辽大安年间，还刻唐义净译本《佛顶尊胜陀罗尼经》。经幢刻写的经文也主要是密宗《佛顶尊胜陀罗尼经》（通常又称《尊胜陀罗尼经》或《尊胜经》等），据笔者不完全统计，辽代存世这类经幢多达160余座，分布甚广，而尤以辽朝统治下的幽云十六州地区分布最为集中。②

辽代经幢形式各异，内容以《佛顶尊胜陀罗尼经》为主，但表现方法又各有千秋。就形式而言，北京房山区出土天庆十年（1120）《大安山延福寺李山主实行录》为八角直楞形幢身，幢石五面刻"佛顶尊胜陀罗尼"经文18行，满行27字。③ 现存北京市大兴区火神庙的乾统七年（1107）《法华上人卫奉均灵塔记》也为八角直楞状，七面刻经文，一面题记，经文汉梵相间，总计48行，题署：佛顶尊胜陀罗尼曰唐梵本罽宾沙门佛陀波利奉诏译。全石汉字818，梵文365字。④ 就内容言，大同小异。北京房山北郑村辽塔经幢刻写《佛顶尊胜陀罗尼经》、序文、真言和咒语。⑤ 河北乐亭城隍庙发现之大安六年《沙门善存为吴德迁造幢序》中，前列骈体序文。⑥

经幢所立，主要用于祈福、禳灾，如河北蔚县大水门头村三官庙之乾统十年（1110）《李惟晟建陀罗尼经幢记》记载其为父母所建经幢刻有《佛顶尊胜陀罗尼经》。其发愿文写道："伏愿亡过父母托斯胜力□离三途，七祖先灵仗此殊因超过十地，更愿现有眷属大小无灾，法界众生同成佛道。"⑦ 意在祈求父母免受地狱道、畜生道、饿鬼道轮回之苦，又希望先祖能够早日达到菩萨修行的十个阶位，更希望健在的亲属脱离灾难，诸如大同下华严寺佛顶尊胜陀罗尼经

---

① 吕建福：《中国密教史》，北京：中国社会科学出版社，1995年，第464—465页。
② 杨富学、朱满良：《辽朝经幢及相关问题初探》，吕建福主编《密教文物整理与研究》，北京：中国社会科学出版社，2015年，第149—179页。
③ 向南、张国庆、李宇峰辑注：《辽代石刻文续编》，沈阳：辽宁人民出版社，2010年，第311页。
④ 向南、张国庆、李宇峰辑注：《辽代石刻文续编》，沈阳：辽宁人民出版社，2010年，第254页。
⑤ 刘精义、齐心：《辽应历五年石幢题记初探》，《北方文物》1985年第4期，第33页。
⑥ 向南编：《辽代石刻文编》，石家庄：河北教育出版社，1995年，第430页。
⑦ 向南、张国庆、李宇峰辑注：《辽代石刻文续编》，沈阳：辽宁人民出版社，2010年，第268页。

幢,朔州崇福寺佛顶尊胜陀罗尼经幢、河北廊坊固安县的佛顶尊胜陀罗经幢,咸堪充任典型代表。

《佛顶尊胜陀罗尼经幢》在辽代的流行,与文殊信仰息息相关,反过来进一步推进了文殊信仰的广泛流行。

有辽一代,护法思想与转轮王思想流行,而"护法思想"的产生又基于"末法思想"。"法灭"思想是指在佛陀涅槃后若干年内,佛法日渐式微。其流行期分为正法、像法和末法三个时代,正法者,指正确无误之佛法;像法即相似正法的佛法;末法则意味着佛法将灭。在此期间,佛教信徒要通过遵守佛陀所留下的戒律,以保持对佛教的信仰。"末法思想"的存在促成了辽代"护法思想"的产生。①北京房山云居寺大量的辽代刻经就是"以备法灭"思想的最好体现。《佛说文殊师利法宝藏陀罗尼经》载:

> 尔时释迦如来,告金刚密迹主菩萨言,善哉善哉汝今已能摄诸有情作大利益,密迹主我今此法付嘱文殊师利法王子手。令后末世于赡部洲广为有情宣传流布。②

此段佛经所谓的"五顶"被比附为五台山,而"法王子"的称号说明文殊师利是转轮王的化身,其于末法时期为民说法,使其解脱人间的一切苦痛,如果一国之王念诵八字文殊师利菩萨所持之大威德陀罗尼经,能使得国家"诸方兵甲悉皆休息国土安宁,王之所有长得增长"。③文殊师利菩萨具有法王子的身份,乃护法领袖,故而极受尊崇。

辽朝存在的前后,文殊信仰已发展成为当时东亚世界的共同信仰,自北魏

---

① 对这一问题的研究,可参见杨富学、杜斗城《辽鎏金双龙银冠之佛学旨趣——兼论辽与敦煌之历史文化关系》,《北方文物》1999 年第 2 期,第 21—25 页;沈雪曼:《辽与北宋舍利塔内藏经之研究》,《美术史研究集刊》(台北)第 12 期,2002 年,第 169—211 页;沙武田:《敦煌藏经洞封闭原因再探》,《中国史研究》2006 年第 3 期,第 61—73 页;康建国:《辽朝佛教中独特的文化现象初探》,《内蒙古社会科学》(汉文版)2011 年第 1 期,第 50—51 页。

② [唐]菩提流志译:《佛说文殊师利法宝藏陀罗尼经》,《大正藏》第 20 册,No. 1185a,页 797c。

③ [唐]菩提流志译:《佛说文殊师利法宝藏陀罗尼经》,《大正藏》第 20 册,No. 1185a,页 793a。

开始,五台山信仰渐次形成,至唐愈发兴盛,并诞生了《五台山图》,①两《唐书》所记吐蕃求《五台山图》更是引人关注。②有辽一代,无论是五代、北宋、西夏、回鹘、高丽、日本、新罗,都对文殊有着较强的信仰。

五代时虽战乱频仍,但割据福建的王氏政权在其境内移植了五台山,以满足民众顶礼五台山之需求。又据《景德传灯录》卷一一载:"广州文殊院圆明禅师,福州人也,姓陈氏……又尝游五台山睹文殊化现。乃随方建院,以文殊为额。"③甚至远在西陲的敦煌,在曹氏归义军政权时期也极为尊奉文殊菩萨和五台山,著名的莫高窟61窟(五代)文殊堂即为典型例证。该窟为归义军节度使曹元忠及其妻浔阳翟氏于947年所建之功德窟,主尊为文殊菩萨,洞窟正壁(西壁)绘有规模宏大的五台山图(图12-5、图12-6),在敦煌写本《腊八燃灯分配窟龛名数》中,该窟被称作"文殊堂"。④除第61窟外,敦煌莫高窟还有六座石窟内绘有五台山图(中唐第159、222、237、361窟和晚唐第9、144窟)。此外,瓜州榆林石窟第3、19、32、33窟和肃北五个庙第1窟也有五台山图,内容均为文殊变。还有更多的洞窟,虽然没有五台山图,但有文殊变,其意仍然表示五台山。⑤

北宋时期,五台山文殊信仰在太宗、真宗和仁宗时得到发扬光大。西夏、回鹘乃至元代裕固族先民同样非常尊奉文殊菩萨及其道场五台山,西夏在贺兰山上修建了规模不小的北五台山,⑥元代裕固族先民则以莫高窟第61窟、榆林窟第2窟和酒泉文殊山为文殊菩萨道场。⑦关于日本、新罗的五台山信仰,杜斗

---

① 杜斗城、許楝:《早期五臺山図の図像源泉について》,《美術曆参——百橋明穗先生退職紀念献呈論文集》,東京:中央公論美術出版,2013年,第345—360页。
② 扎洛:《吐蕃求"五台山图"史事杂考》,《民族研究》1998年第1期,第95—101页。
③ [宋]道元著,妙音、文雄点校:《景德传灯录》卷一一,成都:成都古籍出版社,2000年,第197页。
④ 金维诺:《敦煌窟龛名数考》,《文物》1959年第5期,第50—54页;赵声良:《莫高窟第61窟五台山图研究》,《敦煌研究》1993年第4期,第88—107页;樊锦诗:《P.3317号敦煌文书及其与莫高窟第61窟佛传故事画关系之研究》,《华学》第9、10辑,上海:上海古籍出版社,2008年,第980—1004页。
⑤ 张艳:《回鹘五台山信仰研究》,西北师范大学硕士论文,2015年,第24页。
⑥ 杨富学:《西夏五台山信仰刍议》,《西夏研究》2010年第1期,第14—22页;杨富学、陈爱峰:《西夏与周边关系研究》,兰州:甘肃民族出版社,2012年,第230—249页。
⑦ 杨富学、张艳:《裕固族文殊信仰及其心目中的文殊道场》,《河西学院学报》2019年第1期,第1—11页。

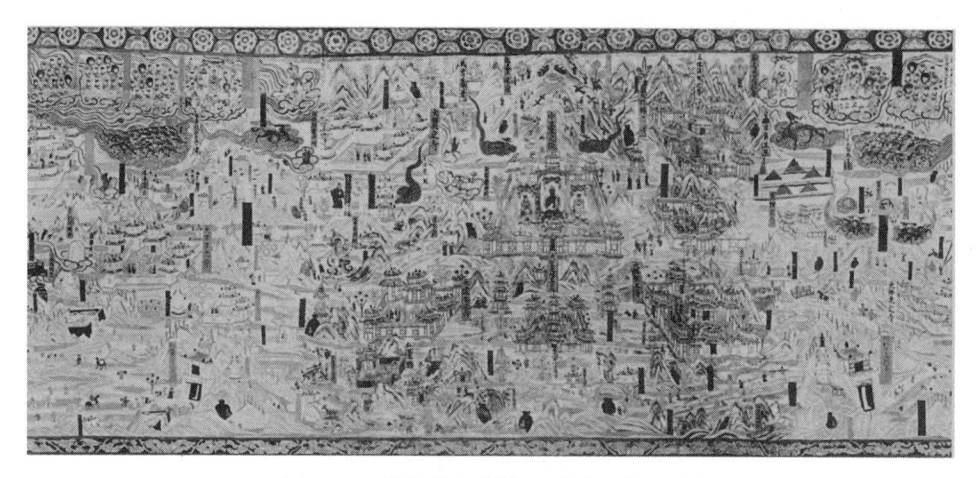

228 | 由松漠暨流沙——辽金历史初探

图 12-5　敦煌莫高窟第 61 窟《五台山图》

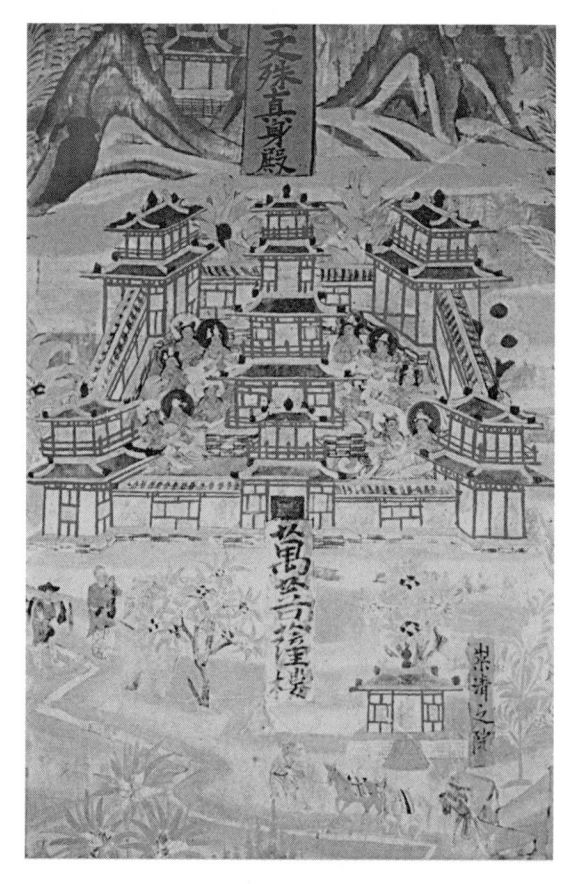

图 12-6　敦煌莫高窟第 61 窟《五台山图》（局部）

城、党燕妮已作了非常有益的探索。① 其对五台山的信仰，归根到底还是对文殊的信仰。辽僧人行钧《龙龛手鉴》、觉范《大日经义释演密抄》、志福《释论抄》、法悟《释论赞玄疏》、鲜演《华严经谈玄抉择》以及道巘《显密圆通成佛心要集》都在日本流传很广。可能是日本僧人应范（明范）带回或是从高丽间接传入。② 高丽义天所编《圆宗文类》卷二二收录有辽道宗所作《大方广佛华严经随品赞》，尤有进者，辽僧行均所撰《龙龛手镜》一书也在高丽得以传播。中华书局出版的《龙龛手镜》影印本就是以高丽本作为底本的，据说，高丽本刻本比较接近辽代原刻。③ 这些和文殊信仰密切相关的经典在高丽、日本的传播，为东亚文化圈内文殊信仰的流行奠定了基础。

正如巴斯韦尔（R. Buswell）所说："至迟自北魏时期（424—532）始，中原的五台山就已经成为东亚佛教的朝圣中心之一，闻名遐迩，以至于整个亚洲大陆，包括南亚与西藏的僧人都被吸引而来。五台山很快就被认定为智慧菩萨文殊师利的道场。"④

总而言之，辽代文殊信仰流行，上起最高统治者，下至普通民众，无不尊奉。出于信仰的需要，辽人仿山西五台山而在境内另造五台山，这一状况与西夏、日本、朝鲜仿建五台山的情况几无二致，敦煌曹氏归义军政权把莫高窟视同五台山，元代裕固族先民则将敦煌莫高窟第61窟、瓜州榆林窟第2窟和酒泉文殊山均视同五台山，诸如此类，堪称东亚佛教史上的一个奇特现象。在辽朝境内，与文殊菩萨相关的经典，如《佛说文殊师利法宝藏陀罗尼经》《华严经》得到广泛传播，与文殊菩萨息息相关的《佛顶尊胜陀罗尼经》在辽朝境内盛极一时，这些都可借由地下出土物而得到有力的佐证。因文献所限，本文对辽代文殊信仰的探讨肯定还存在许多缺漏，在见解上可能也会存在偏差，是耶非耶？请识者不吝教正。

---

① 杜斗城、党燕妮：《八到十一世纪的五台山文殊信仰》，崔正森主编《文殊智慧之光——五台山佛教文化国际学术会议论文集》，北京：宗教文化出版社，2004年，第109—112页。
② ［日］常盤大定：《我が平安朝時代に于ける日本僧人の入遼》，《東方学報》第11册，1940年，第26页。
③ ［辽］释行均编：《龙龛手镜》，北京：中华书局，1985年，第2页。
④ Robert E. Buswell, Korean Buddhist Journeys to Lands Worldly and Otherworldly, *The Journal of Asian Studies* Vol. 68, No. 4, 2009, p. 1068.

第十三章　陕西岐山女真遗民完颜氏世系碑及其相关问题

陕西省岐山县蒲村镇洗马庄村有自元代以来女真遗民完颜氏之多种文化遗存，其中最为重要者莫过于祠堂后壁正中镶嵌之岐山完颜氏祖碑和碑阴之《重修完颜氏祖碑叙》。这些碑刻对于探讨岐山境内元、明、清诸代西北女真遗民之历史文化，具有非常重要之实证意义。2018年5月17日，笔者在宝鸡朋友王新平、屈晓波等当地人士的带领之下，对岐山县蒲村镇洗马庄村留存的女真遗民完颜氏文化遗存进行了调研。

第一节　岐山完颜氏世系碑文

洗马庄村现存有自元以来女真遗民完颜氏的多种文化遗存，除各种传说及独特的女真风俗之外，尚有祠堂（图13-1）、墓葬和碑刻一通。祠堂为清代之物，虽为县级文物保护单位，但因长期无人过问而颇有摇摇欲坠之势，希望能够引起有关部门的重视，尽快予以维修保护。祠堂后壁正中内嵌完颜氏世系碑一通（图13-2），根据碑阴文字记载，此碑系清代同治年间重刻。碑阴文字还详细记载了完颜家族的田地和冢地亩数。碑阳文字按照昭穆次序，详细记载了完颜氏自高祖完颜准至十一世祖的谱系，分列人名共计170位，同时对其职衔、

图 13-1　完颜氏祠堂（清代，世系碑嵌于后壁正中，杨富学摄）

图 13-2　完颜氏世系碑（清代，杨富学摄）

配偶、子男及事迹等做了简要记载。兹移录全文如下：

　　高祖完颜准，夫人高氏，夫人郭氏，尤虎元帅，元至正年封镇西侯，守关西，初居安王屯，后建帅府于洗马庄为衙。
　　二世祖(左侧)完颜西礼吉剌歹，元帅，守岷州总帅，夫人石起柳，真氏；完颜廷英起，夫人蒲、刘氏；完颜世力卜花，元帅，夫人蒙古氏。(右侧)完颜朵吉歹，元帅，恩府，夫人李、秦氏，建修安王屯寺，坐故；完颜南吉歹，元帅，夫人李、阿真氏，建坟于麻野沟西，三顷余亩，东南北俱沟，西止原；完颜巴思卜花，元帅，夫人答答氏。
　　三世祖(左侧)完颜兀阑哈歹，元帅，夫人阿剌氏，元至大年守四川威茂安抚司，今改陇州宣抚司佥事、明月关土巡检；完颜大狗，元帅，失跌山口暗(职)，补军役，夫人耶律氏；完颜三，千户，宜人王氏；完颜黑虎，元帅，夫人王氏；完颜中重，舍人，刘氏；完颜仲贤，符氏；完颜惟中，李氏；完颜信信，王氏。(右侧)完颜朵力卜歹，元帅，夫人马、蒲鲁分氏；完颜得辛，元帅，守岷州，夫人田氏；完颜仲义，知陇州事；完颜仲□，李氏；完颜伯玉，豆氏；完颜世荣，李氏；完颜巴巴四舍，成氏；完颜五舍，李氏；完颜官舍，赵氏。
　　四世祖(左侧)完颜小狗，元帅，双挂虎头牌，夫人查查氏；完颜字颜帖木儿，元帅，守云南，夫人虎氏；完颜琳，平凉副帅，今附籍泾州，夫人耶律氏；完颜也先帖木儿，元帅，至正年守岷州，洪武赐姓王氏，死则归原姓，夫人虎氏；完颜拜颜卜花，元帅，领军民一千兼岷州十八族，守梅川并野狐桥，夫人蒙古氏；完颜仲得，豆、符氏；完颜思敬，罗、段氏；完颜思荣，李氏；完颜思道，楚氏；完颜思齐，徐氏；完颜帖木，舍人，豆氏。(右侧)完颜朵力乩歹，元帅，夫人蒙古氏；完颜帖木伦，夫人都氏；完颜奥鲁帖木儿，元帅，守云南省，今改播州宣慰，夫人底斤氏；完颜均，元帅，守平凉，建坟衙俱姜村，碑存，夫人耶律氏；完颜撒，千户，宜人张氏；完颜拜舍，吉氏；完颜乞舍，白氏；完颜敬礼，王氏；完颜友得，李氏；完颜仲行，李、张氏；完颜国政，何氏；完颜守道。

五世祖(左侧)完颜福得,千户,今授洮州指挥、千户,宜人康、介氏;完颜那孩,李氏;完颜思通,起、王氏;完颜买儿,尹氏,生秉方;完颜斌,辛氏;完颜吉,马氏;完颜七,王氏;完颜廷中,李氏;完颜矩中,张氏。(右侧)完颜武中,马氏;完颜□□,石、李氏,生秉让、秉文、秉彝;完颜海海,王氏;完颜智中,李氏;完颜瑀中,白氏;完颜哈剌,杨氏;完颜进中,祁氏;完颜则中,耿氏;完颜信中,张氏;完颜景中,陈氏;完颜赏中,辛氏。

六世祖(左侧)至此辈分户籍不同。完颜秉方,张、何氏,生进、浩、合、九;完颜义舍,马氏,生成。(右侧)完颜秉让,坐故,夫人高氏,生三、诣、谦;完颜秉文,黄氏,生肃;完颜秉彝,高氏,生宁、茂。

七世祖(左侧)完颜进,王氏、曹氏,任经历,生汝霖;完颜浩,韩氏,生网;完颜合,邢氏,生干;完颜九,刘氏,生资、寅;完颜成,千户,宜人周氏,生铭;完颜刚,指挥。(右侧)完颜三,文氏,生能、文;完颜诣,重修安王屯寺,墓碑存,周、张氏,生真;完颜谦,乔、徐氏,生景智;完颜肃,郭、呼氏,生秀、泰;完颜宁,郑氏,生钦、爱;完颜茂,鲁氏,生怀、景明、庆。

八世祖(左侧)完颜文,薛氏,生景全;完颜能,解、李氏,生廷辅、景阳;完颜汝霖,徐氏;完颜网,任典史,李氏,生珊;完颜干,刘氏,生景得;完颜资,李氏;完颜寅,张氏;完颜铭,千户,宜人陈氏,生启舍;完颜镇,任巡检,夫人白氏;完颜廷福。(右侧)完颜真,刘、赵氏,生箫、节;完颜景智,李氏,生恭;完颜秀,曹氏;完颜泰,乔氏;完颜钦,李氏,生子温;完颜爱,翟氏;完颜景明,金氏,生锐;完颜怀,于氏,生和、隆;完颜庆,何氏,生子禄、子玉、子俊。

九世祖(左侧)完颜景全,张氏,生栋材;完颜廷辅,杨氏,生世轻;完颜景阳,高氏,生世珀、世瓒;完颜珊,周氏,生廷丰;完颜景得,张氏,生廷西;完颜益,陈、曹氏;完颜梅,黄氏;完颜启舍,包氏,生宪;完颜宾,省祭官;完颜宪,任县丞,生岳峰、岱。(右侧)完颜箫,马氏,生自北、自西;完颜节,李氏,生自南、自东;完颜恭,史氏,生世友、世斤;完颜子温,曹氏,生廷奉、廷记、莫牛;完颜锐,武氏,生川、文仁、文义;完颜和,曹氏,生文约;完颜隆,袁氏,生文礼;完颜子禄,雒氏,生间、闰;完颜子玉,黄氏,生关、阙、闰;完颜子俊,曹氏,生间、阔、开。

十世祖(左侧)完颜六,李氏;完颜世斤;完颜世友;完颜自东,李氏;完颜自南;完颜自西;完颜自北;完颜栋材,张氏,生吉诏;完颜世轻;完颜世珀,黄氏;完颜[世]瓒,滕氏;完颜廷丰,刘氏;完颜廷西,王氏;完颜用,指挥,安人房氏;完颜宪,千户,宜人叶氏;完颜岳,监生,子良弼;完颜峰,廪膳生;完颜岱,廪膳生。(右侧)完颜廷奉,王氏;完颜廷记,李氏;完颜莫牛;完颜川;完颜文仁,吴氏;完颜文义;完颜文约,徐氏;完颜文礼,齐氏;完颜间,生吉词;完颜阑,生吉;完颜关,雏氏,县丞,生吉识;完颜阙,告桃川,本县二门有碑,妻张氏;完颜闰,黄氏;完颜间;完颜阔,邢氏;完颜开。

十一世祖(左侧)完颜吉诏,王氏,生政、宽、信、敏;完颜良弼,生恺。(右侧)完颜守己,生业、庄、坤;完颜吉,生萃、柳;完颜吉绪,生晓;完颜吉诰,生枝、柱;完颜吉诚,生柄、菊;完颜吉词,黄氏,生軏、輗、辑;完颜吉,李氏,生权;完颜吉识,生梧、桐;完颜吉谓,苏氏,生栗;完颜吉谢,生连、顺、度;完颜吉请,黄氏。

关于岐山完颜余绪的具体情况,中国社会科学院研究生贺晓燕所做较为详备的调查,[①]为本文的撰写提供了借鉴。但因其文未见公刊,仅有电子文本可供参考,加之文章侧重于社会调查,而对完颜氏世系碑未做深入研究,留出不少可供探讨的空间,故而笔者特撰此文,以期引起学界对岐山完颜氏及其文化遗存的关注。

第二节　岐山完颜氏世系碑镌立缘起

根据岐山完颜氏世系碑阴之《重修完颜氏祖碑叙》(图13-3)记载,此碑镌

[①] 贺晓燕:《岐山、泾川完颜考察报告》,https://wenku.baidu.com/view/c4243ec5aa00b52acfc7caeb.html。

于清代同治十二年（1873），未镌此碑之前，在其世居之地安王屯即有旧碑存在。清雍正年间（1723—1735），幸有旧碑为证，才使本就属于岐山完颜氏所有之土地免为他族诬占。同治二年（1863），包括旧碑在内之岐山完颜氏诸多历史遗迹、遗物尽皆毁于兵燹，此后数年，重建祠堂重镌世系碑之事，才逐渐被完颜氏后裔提上日程。世系碑阴之《重修完颜氏祖碑叙》共计 22 行 800 余字，对于全面认识碑阳记载之岐山完颜氏世系乃至清代女真遗民之活动状况，具有弥足珍贵之史料价值，特此整理移录如下：

图 13-3 《重修完颜氏祖碑叙》碑阴（杨富学摄）

1. 重修完颜氏祖碑叙

2. 慨自水源木本之思，春露秋霜之感，则凡戴高履厚者，孰能忘报本追远也哉？所以鼻祖虽遥，百世之箕裘永赖；耳孙即贱，千秋之

3. 俎豆常新。粤稽世系，我始祖完颜氏讳准，系殷箕子之后也，大元至正年间（1341—1368）封镇西侯，实关辅之屏藩，乃天家之栋梁。始卜居于

4. 安王屯，继修府于洗马庄。虎帐宏开，久标荡扫之威风；龙韬素具，普著元戎之雅望。迨其后，椒支繁衍，瓜瓞绵兴，遂世其家焉。将安王

5. 屯之地权为祭田，以旌其德。至本朝

6. 雍正年间，适有他族来逼，处此肆鲸吞蚕食之心，生得陇望蜀之念，诬占其地，事成莫须，强霸厥田，几归乌有。且控余祖躬亮于叶县，

7. 以无凭据,双方未决。幸蒙天降暴雨,水涨泛溢于地下,旧碑忽闪于冢西,十五世庠生丕承恩请县主查验讯明,而安王屯之地始

8. 不失于他人之手矣!不料

9. 同治二年□□扰境,将先祖祠堂悉焚于灰烬之中,凡先世碑碣,尽烊于焦土之内。因合族商议,重修宗泒,敬立贞珉,聊以示不朽云尔。

10. 一段坐落安王屯,南北畛,计地四亩三分五厘;一段东西畛,计地一亩三分四厘;

11. 一段东西畛,计地一亩五分七厘;一段东西畛,计地十八亩八分二厘,中有东西小道;

12. 一段南北畛,计地二亩二分五厘;一段东西畛,计地一亩一分三厘。以上共计地二十九亩六分三厘,共合粮五斗七升四合。

13. 一段南北畛,计地一分七厘,因同治九年继修窑庄,以己地五分兑令姓地五分。

14. 一段冢子𡋗,计地四亩五分;一段祠堂,计地一亩六厘一。

15. ┌金启 ┌兆瑞
16. │   │好杰
17. 董事裔孙 王明月 王   王 应甲 敬立
18. │   │怀义
19. └大成 └得萍

20. 邑庠儒学生员侯建官顿首撰文
21. 郡庠儒学生员黄长庚顿首书丹
22. 大清同治十二年岁次癸酉孟夏月穀旦石工韩锡银刻

碑文盛赞岐山完颜氏高祖完颜准之功德,称其为"殷箕子之后"。中国古人素有远追乃祖以振宗风之习,岐山完颜氏镌立新碑当有此意。然而,其终极目的并不仅限于此。因为曾经遭人诬陷而险些失去土地之负面家族记忆,在中国封建社会固有土地制度之下,通过镌立石碑记录田产数量,才是《重修完颜氏

祖碑叙》之现实意义所在。

　　清代雍正年间，因为他族挑起土地纠纷，并且控告族人完颜躬亮，岐山知县叶蓁囿于证据不足而无法判决。直至镌有岐山完颜氏田产数量之旧碑出土，经其第十五世祖完颜丕承恳请，安王屯之地最终得以复为岐山完颜氏所有。根据《重修岐山县志》记载，直隶保定左卫人叶蓁于雍正十三年（1735）始任岐山知县，[①]《重修完颜氏祖碑叙》又云"雍正年间"，则此事发生之具体时间必为雍正十三年无疑。解决此一纠纷之关键人物完颜丕承，为岐山完颜氏第十五祖，于其第十一世祖而言已为玄孙，按照每世20年推算，则碑阳所镌岐山完颜氏之十一世祖，应该活动于明代末年。

　　战乱频仍之明朝末年，去其高祖完颜准活动之金元之交，亦有300多年之久，而清代同治年间则与其相去更远，因此新镌之碑，必以雍正年间出土之碑文内容为参考。然而，因为年代久远，加之旧碑已毁，重镌新碑之时出现错误也是必然。十一世祖之后，朝代更易，岐山完颜氏往日之辉煌不再，加之丁口繁衍支系众多，诸如完颜躬亮、完颜丕承等人之世系已经难知其详，故而自第十二世祖起之岐山完颜氏世系，未能得以入镌新碑。同时，例如十世祖完颜廷丰夫人刘氏之"刘"字，于碑文之中并未作"劉"而径镌为"刘"，也使人对世系碑文之部分内容颇费踌躇。

　　值得注意的是，除碑文内容外，碑首阴阳两面之浮雕图案亦颇具审美价值和文化意蕴。碑首阳面饰以"双凤朝阳"图案，其中之太阳被化为太极，并以宝相花图案衬之；阴面饰以"二龙戏珠"图案，其中之宝珠又被化为"寿"字，亦以宝相花图案衬之，正下方又雕象征福、禄、寿齐全之寿星跨鹿蝙蝠图一幅。如此方寸之间，碑阴有阳，碑阳有阴，阴阳相济，寓意无穷。因此，此一图案也是岐山完颜氏慎终追远，同时渴望家族振兴之美好愿景最为直观地表达。

[①]［明］田惟均重修，白岫云等编：《重修岐山县志》卷二《官师》，台北：成文出版社，1976年，第121页。

第三节　碑文所载岐山完颜氏世次及职衔

　　碑首楷书"高祖完颜准,夫人高氏,夫人郭氏,尤虎元帅,元至正年封镇西侯,守关西,初居安王屯,后建帅府于洗马庄为衙"。完颜准有子6人,除完颜廷英起1人之外,完颜西礼吉剌歹、完颜丗力卜花、完颜朵吉歹、完颜南吉歹、完颜巴思卜花等5人均任元帅;

　　三世祖兄弟17人,其中完颜兀阑哈歹、完颜大狗、完颜黑虎、完颜朵力卜歹、完颜得辛等5人任元帅,完颜仲义1人任陇州知事,完颜三1人任千户,完颜中重1人任舍人;

　　四世祖兄弟23人,其中完颜小狗、完颜孛颜帖木儿、完颜也先帖木儿、完颜拜颜卜花、完颜朵力虬歹、完颜奥鲁帖木儿、完颜均等7人任元帅,完颜琳1人任副帅,完颜撒1人任千户,完颜帖木1人任舍人;

　　五世祖兄弟20人,仅有完颜福得1人任指挥、千户;

　　六世祖一辈户籍不同,兄弟5人,无一人授官;

　　七世祖兄弟12人,其中完颜进1人任经历,完颜成1人任千户,完颜刚1人任指挥;

　　八世祖兄弟19人,其中完颜网1人任典史,完颜铭1人任千户,完颜镇1人任巡检;

　　九世祖兄弟20人,其中完颜宾1人任省祭(察)官,完颜宪1人任县丞;

　　十世祖兄弟34人,其中完颜用1人任指挥,完颜宪1人任千户,完颜关1人任县丞;

　　十一世祖兄弟13人,无一人授官。

　　根据碑文,岐山完颜氏世系自高祖至十一世祖共计170人,其中授官者共计36人,约占总人数的21%。计有侯爵1人,元帅17人,副帅1人,知事1人,千户5人,舍人2人,指挥3人,经历1人,典史1人,巡检1人,省察官1人,县丞 2 人。自高祖完颜准至四世祖共计 47 人,其中侯爵 1 人,元帅 17 人,副帅 1 人,知事 1 人,千户 2 人,舍人 2 人,共计授官 24 人,约占总人数的 51%。自五世祖至十一世祖共计 123 人,其中千户 3 人,经历 1 人,指挥 3 人,典史 1 人,巡检 1 人,省察官 1 人,县丞 2 人,共计授官 12 人,约占总人数的 10%。

授官的 36 人当中,在今秦陇一带任职者,计有高祖完颜准"守关西",二世祖完颜西礼吉刺歹元帅守岷州,三世祖完颜兀阑哈歹元帅改任陇州宣抚司佥事、明月关土巡检,完颜得辛元帅守岷州,完颜仲义知陇州事,四世祖完颜琳副帅守平凉并附籍泾州,完颜也先帖木儿元帅守岷州,完颜拜颜卜花元帅守梅川并野狐桥,完颜均元帅守平凉,五世祖完颜福得千户任洮州指挥等 10 人,约占授官总人数的 28%。除此之外,在今滇黔一带任职者,计有四世祖完颜孛颜帖木儿元帅守云南、完颜奥鲁帖木儿元帅守云南省改任播州宣慰等 2 人,约占授官总人数的 5%。其余 24 人由于碑文仅存其职,暂时无从考证。

值得注意的是,世系碑还刻意记载了二世祖完颜朵吉歹元帅曾建修安王屯寺并坐故,六世祖完颜秉让坐故,七世祖完颜诣重修安王屯寺等事,说明完颜族人信奉佛教者不在少数。另外,十世祖完颜岳、完颜峰、完颜岱等人参与科举,亦可作为明代完颜家族逐渐弃武从文之典型例证。

虑及完颜氏四世祖完颜也先帖木儿于洪武年间归明,故而前三世祖皆为元人,五世祖完颜福得主要活动于洪武中期,按照每世 20 年推算,第十一世亦即世系碑中的最后一辈,应为明代中期之人。同时,按照此碑重刻于清同治年间之明确记载推而论之,同治完颜氏世系碑之参考祖碑应刻于明代中期。

第四节 岐山完颜氏族人之"元帅"职权

根据二世祖完颜西礼吉刺歹、三世祖完颜得辛、四世祖完颜也先帖木儿和完颜拜颜卜花、五世祖完颜福得等人先后戍守洮岷地区之家族式从军现象及岷县地方志乘关于完颜也先帖木儿墓葬之记载,或可认定元末明初岐山完颜氏之军户身份。三世祖完颜兀阑哈歹任陇州宣抚司佥事、明月关土巡检,完颜仲义任陇州知事;四世祖完颜琳戍守平凉并且附籍泾州,完颜均戍守平凉;四世祖完颜孛颜帖木儿戍守云南,完颜奥鲁帖木儿戍守云南省改任播州宣慰等记载亦非偶然,皆可为证。然而,岐山完颜氏世系碑文中频频出现之"元帅"职衔,究竟应该做何解释呢?是元明之际确有"元帅"之职,还是岐山完颜氏族人夸大其词而故做一谬?不妨就从"领军民一千兼岷州十八族,守梅川并野狐桥"之"完颜拜颜卜花,元帅"说起。

关于"十八族"之说,武沐考其始见于《金史·完颜纲传》。宋、金、元、明时期频频出现之"西番十八族",主要指活动于洮岷地区之吐蕃诸部。针对这一现实,元朝建立之后,于脱思麻路设立十八族元帅府。《元史·百官志》云:"十八族元帅府,秩从三品。达鲁花赤一员,元帅一员,同知一员,知事一员。"又云有"岷州十八族周回捕盗官二员。"①及至明初,又有"西宁十三族、岷州十八族、洮州十八族"之别。②岷州十八族归附之后,洪武四年(1371),明廷"以何琐南普为河州卫指挥同知,朵儿只、汪家奴为佥事,置所属千户所八:曰铁城、曰岷州、曰十八族、曰常阳、曰积石州、曰蒙古军、曰灭乞军、曰招藏军……仍令何琐南普子孙世袭其职"。③岷州十八族先以军民千户所之名辖于河州卫,洪武十一年(1378)岷州设卫之后,又由河州卫划归岷州卫管辖。岷州卫建城之碑中即有"洪武十二年夏,奉敕衔将阶州、汉阳、礼店、洮州、岷州十八族番汉军民千户所钱粮军马,并听岷州卫节制"之记载。④

完颜拜颜卜花与完颜也先帖木儿既为兄弟,完颜也先帖木儿于元代至正年间戍守岷州,又于明代洪武年间归附明廷并获赐姓王,则完颜拜颜卜花亦为自元入明之人。因为元代确有岷州十八族元帅府之建置,所以岐山完颜氏世系

---

① 《元史》卷八七《百官志》,北京:中华书局,1976 年,第 2195—2196 页。
② 《明史》卷三三〇《西域传》,北京:中华书局,1974 年,第 8542 页。
③ 《明太祖实录》卷六〇"洪武四年春正月辛卯条",台北:"中央研究院"历史语言研究所,1962 年,第 1173 页。
④ 武沐:《明代吐蕃十八族考》,《西藏研究》2010 年第 2 期,第 16—25 页;高智慧、武沐:《〈岷州卫建城碑文〉与岷县〈二郎山铜钟铭文〉考论》,《青海民族大学学报》2011 年第 2 期,第 40 页。

碑文所云完颜拜颜卜花"元帅，领军民一千兼岷州十八族"基本可信，亦即完颜拜颜卜花在元为岷州十八族元帅府元帅，为从三品官员，并领军民一千，戍守梅川、野狐桥等地。

通检岐山完颜氏世系碑文，职衔为"元帅"者计有二世祖完颜西礼吉剌歹、完颜世力卜花、完颜朵吉歹、完颜南吉歹、完颜巴思卜花，三世祖完颜兀阑哈歹、完颜大狗、完颜黑虎、完颜朵力卜歹、完颜得辛，四世祖完颜小狗、完颜孛颜帖木儿、完颜也先帖木儿、完颜拜颜卜花、完颜朵力乱歹、完颜奥鲁帖木儿、完颜均等17人，职衔为"副帅"者计有四世祖完颜琳1人，参以四世祖完颜也先帖木儿之自元入明，此18人皆有在元为官之履历，而其职衔"元帅"亦与元代之职官制度契合，故而岐山完颜氏"九世帅府"之称不无根据。当然，元代之"元帅"作为具体职衔，与一般意义上之"元帅"尚有较大差别。因此，入明后之岐山完颜氏族人自五世祖完颜福得起，虽有职衔为"千户""指挥"者，但再无职衔为"元帅""副帅"者，亦与明代之职官制度契合。

既然元代职官制度中确有"元帅"之设，那么身为"元帅"之完颜拜颜卜花拥有哪些职权呢？完颜拜颜卜花，岷州十八族元帅府元帅，戍守之梅川、野狐桥二地，俱在今甘肃省岷县境内。元末在梅川、野狐桥二地之建置，仅以现有资料已经无从得知，而关于明初在此二地建置之记载，亦颇为支离。康熙《岷州志》云：

> 梅川递运所：明初于梅川筑城，置守御千户所。置（岷州）卫后，移所于城，改为递运所。原设募夫二十七名，今留夫十名。[1]

梅川，古称索西城，即今之岷县梅川镇区，位于岷县东北，西濒洮河，为北去陇西、兰州必经之路（图13-4）。梅川建城历史久远，郦道元《水经注》即有"洮

---

[1] 甘肃省岷县志编纂委员会办公室编印：《[康熙]岷州志》卷四《建置·铺递》，《岷州志校注》，1988年；《岷州志校注》，甘肃省岷县志编纂委员会办公室编印，1988年，第106页。

图 13-4　洮河东岸岷县古梅川城旧址（张润平摄）

水又东经临洮县故城北,曲而经索西城西"之语。岷州设卫之前,亦即洪武十一年(1378)之前,明廷曾于梅川设守御千户所,岷州设卫之后,改为梅川递运所。众所周知,作为卫所制度之特有建置,守御千户所与卫之间并无直接隶属关系,而归都指挥使司所辖。守御千户所设正千户一人,秩正五品,副千户二人,秩从五品,镇抚二人,秩从六品。《明史·兵志》云:

> 初,洪武二十六年(1393)定天下都司卫所,共计都司十有七,留守司一,内外卫三百二十九,守御千户所六十五。及成祖在位二十余年,多所增改。①

相较于卫,洪武末年守御千户所之数量仅有六十五处。梅川守御千户所虽于洪武十一年(1378)岷州设卫之后裁撤,但此亦能够说明元末明初梅川地理

---

① 《明史》卷九〇《卫所·班军》,北京:中华书局,1974年,第2196页。

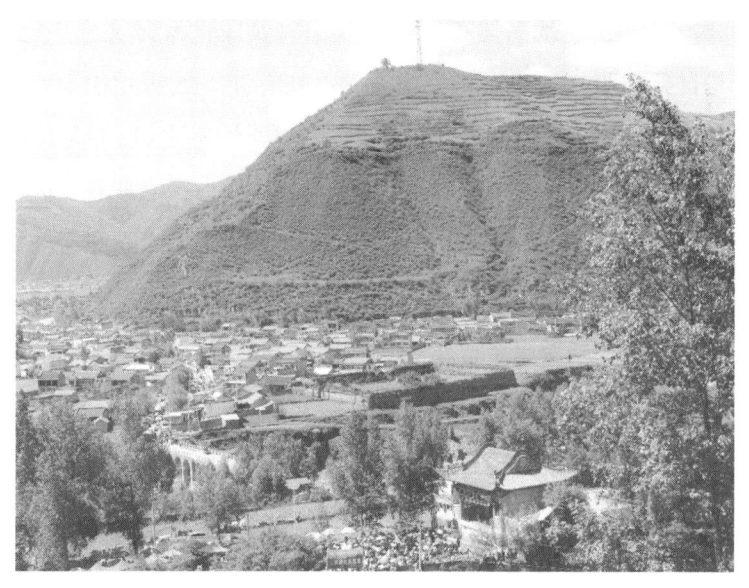

第十三章 陕西岐山女真遗民完颜氏世系碑及其相关问题 | 243

图 13-5 岷县西寨镇古野狐桥寨旧址（张润平摄）

位置之重要。野狐桥（图 13-5），位处岷县西寨镇站里村与桥上村中间之洮河上，既为桥梁，亦为关隘，相去不远即是洮州。光绪《岷州续志采访录·桥梁》云其"在城西四十里。石矶对峙，基础天成"，[康熙]《岷州志》云：

野狐桥寨……明设墩台一座，汉军二十一名，番军四名。①

区区一桥，因其"密迩番戎"，明廷特设墩台一座，派遣汉番军士二十五名戍守。另外，洪武十二年（1379），"洮州十八族番酋三副使等叛，据纳麟七站之地"②之"纳麟"，在今卓尼县喀尔钦镇拉力沟村，野狐桥即去此不远。所谓"岷当戎夷冲突之区，尤为吃紧"，③而长期充任"洮岷孔道"④之野狐桥，地理位置更显重要。

---

① 《[康熙]岷州志》卷四《兵卫·汛防》，甘肃省岷县志编纂委员会办公室编印《岷州志校注》，1988 年，第 179 页。
② 《明史》卷三三〇《西域传二》，北京：中华书局，1974 年，第 8540 页。
③ 甘肃省岷县志编纂委员会办公室编印：《[康熙]岷州卫志·要害》，《岷州志校注》，1988 年，第 19 页。
④ 甘肃省岷县志编纂委员会办公室编印：《[光绪]岷州续志采访录》，《岷州志校注》，1988 年，第 397 页。

梅川、野狐桥,作为地名之小者见于岐山完颜氏世系碑文之中已属非常,更遑论其与自元入明之历史人物完颜拜颜卜花有涉。虽然元代于此二地之建置已难可考,但是通过明代梅川守御千户所、野狐桥寨之设,亦足以窥见其于洮岷地区之重要。因此,岐山完颜氏四世祖完颜拜颜卜花之职权,即戍守梅川、野狐桥二处关隘,其任职之岷州十八族元帅府所辖区域,抑或即在梅川与野狐桥之间,即今岷县梅川镇与西寨镇相连之部分地区。并且,元代之岷州十八族元帅府和明初之岷州十八族番汉军民千户所驻地,应亦在岷县境内。《清史稿》云:

> 脱铁木儿,蒙古人。明初,授陕西平章宣慰使司都元帅,随大将军徐达招抚十八族铁城、岷山等处,赐姓赵,更名安,授临洮卫土官指挥同知。①

康熙《岷州志》亦云:

> 岷之西郭,有明季勇略将军完颜王公之墓。相传王公为元时完颜铁木,洪武初率众归附,更名王完颜,受指挥职,驻节岷山。②

明代洪武二年(1369),脱铁木儿(赵琦)挟其义父李思齐降明,由徐达等人统率之明军"尽定陕西地"。结合二则史料不难发现,完颜铁木亦即岐山完颜氏四世祖完颜也先帖木儿,即在此时降明,所谓"明初",即在洪武二年。降明之后,完颜也先帖木儿更其名为王完颜,并被委以指挥之职,而其驻地即为岷山。岷山,在岷州城西北之洮河北岸,明代于此置有驿所、铺递,同时配备马夫数人、马匹若干。③岷山之地理位置,恰在岷州十八族元帅府元帅完颜拜颜卜花戍守之梅川、野狐桥二地之间,即今岷县清水镇上崖寺村。

---

① 《清史稿》卷五一七《土司传六》,北京:中华书局,1977年,第14304页。
② 甘肃省岷县志编纂委员会办公室编印:《[康熙]岷州志》卷一三《职官下·镇守都指挥》,《岷州志校注》,1988年,第226—227页。
③ 甘肃省岷县志编纂委员会办公室编印:《[康熙]岷州志》卷四《建置·铺递》,《岷州志校注》,1988年,第106—107页。

历代政区多以山河为界，元明时期之岷州城址，皆在今岷县岷阳镇，元代于此设有岷州，明初于此设有岷州千户所，后改为岷州卫，此地位于洮河南岸，则洮河南岸应属岷州所辖。《清史稿》所云"十八族铁城、岷山等处"之铁城，在今岷县维新镇境内，宋熙宁九年（1076），宋岷州知州种谔败唃厮啰部将鬼章于此，宋廷后置铁城堡。①因此，岷州十八族元帅府所辖区域，至少应包括今岷县境内洮河北岸包括西寨、清水、岷阳、茶埠、西江、中寨、维新等诸多乡镇之辖区，当然也包括对岸之梅川一地。岐山完颜氏四世祖完颜拜颜卜花作为岷州十八族元帅府元帅，戍守梅川、野狐桥二处关隘，不以其广，而以其重。

第五节　岐山完颜氏高祖考辨

世系碑首云完颜准为"尤虎元帅"，据《金史·国语解》之《姓氏》记载："完颜，汉姓曰王……尤虎曰董。"②如此一来，则尤虎元帅即为董元帅，此说显然无法立足。那么"尤虎"是否另有他意，有待于进一步考证。

碑文记载，四世祖完颜也先帖木儿于元代至正年间（1341—1368）以元帅职衔戍守岷州，入明之后获赐姓王。洗马庄村耆老亦曰，祖上有人曾在元朝任职元帅，后投靠朱元璋，因屡立战功而被朱元璋赐姓为王。这一说法与世系碑所载基本相符。然而，碑首既云完颜准于元代至正年间（1341—1368）获封镇西侯，又云完颜准之孙完颜兀阑哈歹于"元至大年（1308—1311）授四川威茂安抚司，今改陇州宣抚司佥事、明月关土巡检"，曾孙完颜也先帖木儿于"至正年（1341—1368）守岷州，洪武赐姓王氏"。试问先辈如何能在后辈之后获封爵位？完颜准死后，因其子孙权势显赫而获追封侯爵，或可作为比较合理之解释。按照每世20年推算，完颜准于岐山县蒲村镇洗马庄村开府建衙及其活动年代，

---

① 《宋史》卷一五《神宗纪》，北京：中华书局，1977年，第292—293页。
② 《金史·附录·金国语解》，北京：中华书局，1975年，第2896—2897页。

应以 13 世纪中后期为宜。而这一时期,恰是战乱频仍的金、宋与元之交。

终元一代,王爵称"镇西"者,仅有镇西武靖王铁木儿不花、捌思班、卜纳剌等人,而并无侯爵称"镇西"者,抑或正史漏载也未可知:其一,岐山完颜氏本为金之皇族,入元以后,虽然家族之中也有数人担任军政要职,但是未必就敢显山露水;其二,完颜氏作为女真部族,相较于汉人,缺乏树碑立传之传统,致使留存至今的典籍和金石资料殊为匮乏;其三,明初宋濂等人编修《元史》,虽然保存了不少史料,但是由于仓促求成,误载、重载、漏载之舛误迭出;其四,除《元史》而外,诸如十三朝实录和《皇朝经世大典》等原始文献多已亡佚,或有记载亦无从查考。

洗马庄村之东,一处高耸的墓葬分外引人注目。(图 13-6)墓前有原岐山县革命委员会所立之"岐山县重点文物保护单位完颜鄂和墓"碑。

图 13-6　完颜鄂和墓(元代,杨富学摄)

那么,完颜鄂和何许人也,他和岐山完颜氏世系碑所载之完颜准又是什么关系呢?据明万历十九年(1591)《重修岐山县志》记载,完颜元帅乃"金之宗室也",仅有其姓氏职衔,而不详其名;清康熙六年(1667)《陕西通志》卷二八《陵墓》有"金完颜元帅墓"之记载,亦不详其名;清雍正十三年(1735)《陕西通志》

卷七一《陵墓二》记载:"金完颜元帅墓,在益店北,金之宗室,名失传。"清乾隆四十四年(1779)《岐山县志》卷八记载:"金完颜元帅墓,在益店北,旧志:金之宗室,名失传。"然而民国二十四年(1935)《岐山县志·地理·陵墓》却有较为详备的记载出现:"金完颜鄂和墓,在益店北洗马庄附近,相传金宗室,名轶(佚)。今洗马庄居民,生姓王殁姓完颜者,其后裔也。"①其后新编之《岐山县志》袭用此说,并详加考证:

> 完颜鄂和墓,在蒲村乡洗马庄王家村东,高4米,围大80米。1972年公布为县级文物保护单位。王家村人指此墓为其祖坟。据说今村人约相当墓中人的三十世后代。关于墓中人,清雍正《陕西通志》称之为完颜元帅,民国二十三年(1934)《陕西省通志稿》称之为完颜鄂和,并注:"鄂和,官金签(佥)枢,元兵攻陕遇害。子永禄收父骨葬此。"王家村完颜氏祖祠内同治十二年(1873)碑石载:"始祖完颜氏讳准,系箕子之后也。大元至正年间封镇西侯。"据上所述,完颜鄂和与完颜准显系两人,前者生当元初,为金殉职;后者生当元末,曾受封于元王朝。王家村人认为墓中人应属后者,我们则认为前者近是,故以定墓名。②

此一记载即为古墓立碑之证据所在。然古人修志之时,对于已有定论或尚存疑问之记载,必然前后相因,有关部门仅以方志当中一条突兀的记载就对古墓主人做了断言,未免唐突过甚。

关于完颜鄂和之身份,岐山县蒲村镇洗马庄村王甲午等人均将其以为《金史》所载之"完颜讹可"。检诸《金史》,名为"完颜讹可"者计有三人。《金史》卷一一一《完颜讹可传》云:

---

① 王星:《藏着金代完颜后裔的洗马庄村》,《宝鸡日报》2018年9月7日第11版。
② 岐山县志编纂委员会:《岐山县志》,西安:陕西人民出版社,1992年,第593—594页。

> 完颜讹可,内族也。时有两讹可,皆护卫出身,一曰"草火讹可",每得贼好以草火燎之;一曰"板子讹可",尝误以宫中牙牌报班齐者为板子,故时人各以是目之。

金哀宗正大八年(1231)九月,蒙古军队攻打河中(河中府,今山西省永济市蒲州镇),金廷派内族两讹可带兵三万前去守城,

> 河中破……草(火)讹可战数十合始被擒,寻杀之……板(子)讹可提败卒三千夺船走,北兵追及,鼓噪北岸上,矢石如雨。数里之外有战船横截之,败军不得过,船中有贲火炮名'震天雷'者连发,炮火明,见北船军无几人,力斫横船开,得至潼关,遂入阌乡。寻有诏赦将佐以下,责讹可以不能死,车载入陕州,决杖三百。识者以为河中城守不下,德顺力竭而陷,非战之罪,故讹可之死人有冤之者。①

显而易见,草火讹可在被俘不久之后即死,而板子讹可则"不死于阵而死于刑",故而两讹可均因这场战争而死。

村民王甲午根据史料记载及村中"先祖战死无头"的传说推测,"葬于洗马庄村的完颜鄂和为草火讹可的可能性较大,草火讹可曾长期担任陕西行省及陕州总帅,后官至权签枢密院事,在邠州、泾州和凤翔府境内防备敌军。"②然而是说与《金史》之记载颇有出入:

> 初,讹可以元帅右监军、邠泾总帅、权参知政事,奉旨于邠、泾、凤翔往来防秋,奉御六儿监战,于讹可为孙行,而讹可动为所制,意颇不平,渐生嫌隙。[正大七年(1230)九月,召赴京师,改河中总帅,受京兆节制。此时六

---

① 《金史》卷一一一《完颜讹可传》,北京:中华书局,1975年,第2445—2446页。
② 王星:《藏着金代完颜后裔的洗马庄村》,《宝鸡日报》2018年9月7日第11版。

儿同赴召]谓讹可奉旨往来防秋,而乃畏怯避远,正与朝旨相违,上意颇罪讹可。及河中陷,苦战力尽,而北兵百倍临之,人谓虽至不守犹可以自赎,竟杖而死,盖六儿先入之言主之也。①

由是可知,此一讹可非草火讹可而应为板子讹可。草火讹可在河中之战中已被擒杀,板子讹可力战不支,提兵败走,后因谗言而死。正是板子讹可,担任元帅右监军、邠泾总帅、权参知政事之职。以地缘论,板子讹可确曾任职于今陕西一带,然而仅凭人物姓名在语音方面的相似,而不考虑具体细节就断然确定洗马庄村东古墓中之完颜鄂和即《金史》所载之草火讹可,显然失妥。

另外一人,见于《金史·荆王守纯传》:

荆王守纯本名盘都,宣宗第二子也……守纯三子,长曰讹可,封肃国公,天兴元年(1232)三月进封曹王,出质于军前。②

意即金宣宗次子完颜守纯之长子亦名完颜讹可,封爵曹王,在金与元之战中曾经充当人质。关于此人行踪,《元史·唐庆传》有如下记载:

唐庆……岁丁亥(1227),赐虎符,授龙虎卫上将军,使金。壬辰(1232),太祖复以庆为国信使,取金质子,督岁币,以金曹王来,见帝于官山。③

前文已言草火讹可、板子讹可皆于金正大八年(1231)受金哀宗所遣,在河中之战中先后死亡,而此处之曹王完颜讹可系于金天兴元年(1232)三月封王。民国《陕西省通志稿》曰完颜鄂和"元兵攻陕遇害,子永禄收父骨葬此"。

---

① 《金史》卷一一一《完颜讹可传》,北京:中华书局,1975年,第2446—2447页。
② 《金史》卷九三《荆王守纯传》,北京:中华书局,1975年,第2061—2063页。
③ 《元史》卷一五二《唐庆传》,北京:中华书局,1976年,第3600—3601页。

金朝经营西北的大本营凤翔与岐山毗邻，凤翔区陈村镇紫荆村屈家山发现的纪事砖载："在马年壬午（1222）秋月和狗年丙戌（1226）春月，成吉思汗和木华黎曾先后二度统领探马赤军数十万征伐金之凤翔，但皆以兵败而告终。及至兔年辛卯（1231）春月，窝阔台汗统蒙古探马赤军三十万再攻凤翔，历经三月余的苦战，才终于攻陷其地，守将完颜合达弃城逃往河南，蒙古军'屠城三月余'。"纪事砖对蒙古军三征凤翔的记载与传统史料大体一致。① 岐山之陷落自应在此年。然《金史》所载的曹王获封是在天兴元年（1232），说明《陕西省通志稿》的记载是不可信的。再说，完颜准之受封镇西侯是在元至正年间（1341—1338），比1234年金朝之亡要晚一个多世纪。尤有进者，世系碑中不见永禄其人，如果由他亲自将父亲鄂和之遗骨葬诸岐山，则当地就应奉鄂和为初祖，永禄为二祖。现实情况并非如此。世系碑记载之二世祖完颜西礼吉刺歹等兄弟六人，并无一名为永禄者。尤其需要注意的是，因为三世祖完颜兀阑哈歹活动于元代至大年间（1308—1311），所以高祖、二世祖的活动年代应在13世纪中后期，距离金朝灭亡不久。但是凭此一点，亦不足以完全认定大墓主人就是曹王完颜讹可。

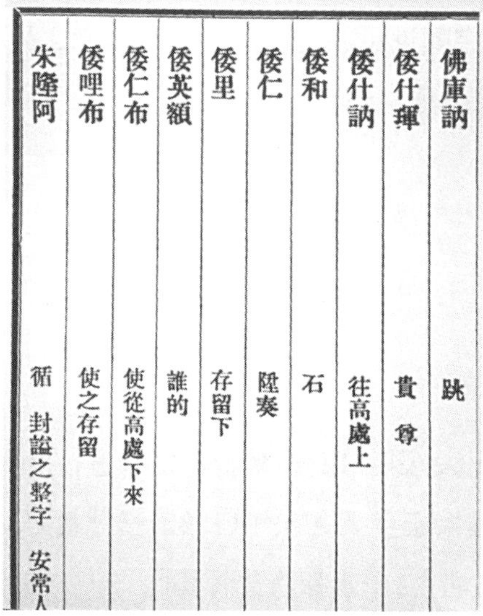

据当地村民所说，"鄂和"为女真语之职官名，相当于汉语之"金枢"。然而求诸文献，并未见到此类记载。明人所编《女真译语》有"倭和"一词，意为"石头"（图13-7）；清人奕赓所撰《清语人名译汉》亦有"鄂和"一词，即"已然之词"（图13-8）。无论如何，鄂和（讹可）作为人名，源于女真语是毋庸置疑的。

按照古之昭穆制度，高祖居中，左昭

佛库讷	倭什讷	倭什讷	倭和	倭仁	倭里	倭英额	倭仁布	倭哩布	朱隆阿
跌	往高处上	贵尊	石	陛奏	存留下	谁的	使从高处下来	使之存留	循 封谥之整字 安常人

图13-7 《女真译语》

---

① 杨富学、张海娟：《凤翔屈家山蒙古纪事砖及相关问题》，《青海民族研究》2014年第4期，第97页。

右穆，因为高祖之墓葬最受尊崇，所以要比一般墓葬高大许多。因此，岐山县蒲村镇洗马庄村东面之大墓，必为岐山完颜氏高祖完颜准之墓无疑。

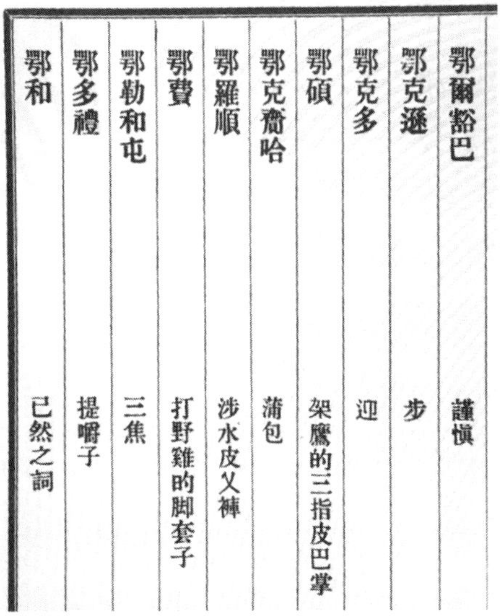

第六节　岐山完颜氏四世祖完颜也先帖木儿考实

岐山完颜氏世系碑对其一至十一世祖的记载相当明确，其中四世祖完颜也先帖木儿之身份尤为特殊。碑文记载："完颜也先帖木儿，元帅，至

鄂爾豁巴	鄂克遜	鄂克多	鄂碩	鄂克齋哈	鄂羅順	鄂費	鄂勒和屯	鄂多禮	鄂和
謹慎	步	迎	架鷹的三指皮巴掌	蒲包	涉水皮义褲	打野雞的脚套子	三焦	提嚼子	已然之詞

图 13-8　《清语人名译汉》

正年守岷州，洪武赐姓王氏，死则归原姓，夫人虎氏。"在《明实录》和《明史》当中，关于朱元璋及其后嗣之君对少数民族人士赐姓之记载颇多，诚如张鸿翔所言："明为怀柔远人，固我边疆，于是授之官职以结其心，赐之田园以固其志，而来归者遽乐不思蜀，改名易姓，占籍华土，久而乃为中原之新氏族矣。"[①]

洪武元年（1368）二月壬子，"诏复衣冠如唐制，禁胡服、胡语、胡姓名"。[②]如此一来，汉族以外诸族纷纷改姓易氏，或从多字姓改为单字姓，或由原姓改为张、王、李、赵等汉族大姓。同时，他们通过与以汉族为主的其他民族通婚的方式，经过二至三代人的时间，便与汉族无异了。朱元璋对少数民族人士赐姓甚多，岐山完颜氏之四世祖也先帖木儿即在这一时期获赐姓"王"。然而《金史·金国语解》即云："完颜，汉姓曰王。"[③]意即在明代洪武年间之前，即有完颜族人姓王之先例，故而洪武年间之赐姓应系顺势而为。据世系碑还可得知，也先帖木

---

① 张鸿翔：《明代各民族人士入仕中原考·绪论》，北京：中央民族大学出版社，1999 年，第 1 页。
② [明]谈迁：《国榷》卷三，北京：中华书局，1958 年，第 357 页。
③ 《金史·附录·金国语解》，北京：中华书局，1975 年，第 2896 页。

儿不仅获赐姓王,还获得了生时姓王死后恢复完颜原姓之特权,并且这一特权作为传统被完颜族人延续至今。

关于完颜也先帖木儿其人,地方志多有记载,清康熙四十一年(1702)《岷州志》卷一三《职官下·镇守都指挥》附以按语,对完颜也先帖木儿做了如是记载:

> 是刘侯亦守岷之一人,且有政绩可表者也,惜乎其名不传。又岷之西郭,有明季勇略将军完颜王公之墓。相传王公为元时完颜铁木,洪武初率众归附,更名王完颜,受指挥职,驻节岷山。及考其实,即公之后人亦茫无确据也。聊识数语,为两公略存其迹云。①

由此可见,完颜铁木于明代洪武初年率众归附并更名为王完颜。较诸碑文,洪武年间守岷州之人,唯完颜也先帖木儿一人而已,此一记载与世系碑中完颜也先帖木儿于"至正年守岷州,洪武赐姓王氏"之记载完全契合,故而《岷州志》中之"完颜铁木"当为岐山完颜氏之四世祖完颜也先帖木儿无疑。古时交通不便,信息闭塞,地方志乘关于官员离任后之去向难以续载,完颜也先帖木儿之此种情况也在情理之中。另外,古人因为宗族庞大,父子叔侄年齿相远者屡见不鲜。完颜兀阑哈歹既为三世祖,完颜也先帖木儿既为四世祖,两者相去恰好一代。前者"守四川"在元代至大年间(1308—1311),后者"守岷州"在元代至正年间(1341—1338),以此可以证明年代推算之不谬也。

《岷州志》卷四《建置·园亭·附古迹古墓》还云:

> 宋安抚使王韶墓,在城南半里金童山下,向为居民侵没,坏土余留无几。康熙四十一年同知汪元?捐资筑台,并立碑以表之。②

---

① 甘肃省岷县志编纂委员会办公室编印:《岷州志校注·岷州志》卷一三《职官下·镇守都指挥》,1988年,第226—227页。
② 甘肃省岷县志编纂委员会办公室编印:《岷州志校注·岷州志》卷四《建置·园亭》,1988年,第118页。

意即岷州城南半里处有宋人王韶之墓。此一错误说法在清代之岷州甚为流行,乃至出现诸如《吊王将军墓》①等诗歌作品。同书卷一四之《宦迹》云:"王韶,神宗熙宁三年为建昌军司理……进谏议大夫端明殿大学士,未几迁枢密使。"②然而并无王韶葬于岷地一说。清光绪初年《岷州乡土志》之《地理》云:"城南金童山有明二郎祠,今废。山下有宋王韶墓,附会不足信。"③按此一说,清代岷州举人陈如平也对王韶墓葬之说提出了明确否定,清光绪三十四年(1908)《岷州续志采访录·艺文》所录陈如平《乡土志附考》云:

> 王韶,江州德安人。其战功在狄道、河州、洮州、西宁,与岷似不相涉。然木征降,而岷、宕、洮、迭皆内附,即以列诸岷之宦迹亦无不可。然史称韶晚年与王安石不和,出知洪州。《扪虱新语》又载其洪州疽发背死矣,而岷州乃有其墓。康熙间同知汪公元·又封培致祭,岷之人啧啧称之弗衰,而究非其实也。④

否定该说之后,陈如平又加按语曰:

> 岷有元将完颜,洪武初归附,自称王完颜,此亦犹廓扩铁木耳之称王保保也。死葬西郭,西郭偏南即金童山下,墓或即此人乎?或别有王姓古墓,亦未可知。要之,不可谓王韶墓在此也。⑤

陈如平否定王韶墓葬之说有理有据,而其书中出现之"元将完颜",必出于清光绪初年《岷州乡土志》之如下记载:

---

① 《岷州志校注·岷州志》卷一九《艺文下》,甘肃省岷县志编纂委员会办公室编印,1988年,第339页。
② 《岷州志校注·岷州志》卷一四《宦迹》,甘肃省岷县志编纂委员会办公室编印,1988年,第234—235页。
③ 《陇右稀见方志三种》,上海:上海书店出版社,1984年,第74页。
④ 《岷州志校注·岷州续志采访录·艺文》,甘肃省岷县志编纂委员会办公室编印,1988年,第502页。
⑤ 《岷州志校注·岷州续志采访录·艺文》,甘肃省岷县志编纂委员会办公室编印,1988年,第502页。

明太祖洪武二年,元将李思齐自凤翔奔临洮,而岷州有元将完颜铁木亦据城守。徐达遣冯胜徇临洮,太祖又敕书招思齐,许以汉待窦融之礼,思齐降,完颜铁木遂率众归附,乃命曹国公李文忠(马烨)开设岷卫,而遣指挥聂纬率兵守御。是为岷州明初用兵缔造之始。按史:思齐养子赵琦,本狄道人,始思齐奔吐蕃,则临洮实狄道也,而完颜铁木时镇岷州,必为思齐据守,及思齐降,则亦归附,此势理宜然,况岷志《职官》明云:"完颜铁木,洪武初率众归附。"安得以完颜之事强属思齐乎?①

由此可见,完颜铁木乃李思齐之部将。《岷州续志采访录》之兵事基本转录自《岷州乡土志》的记载。成书早于《岷州续志采访录》的王继政撰《岷州志》今虽难得一见,然《岷州续志采访录·学问》提及王继政曰:"《岷志》自雍正以来,迄今未有续修者,君采辑旧闻,都为一册,虽不甚详备,然耆旧名氏、职官、爵里、年月先后,颇以足资考核。"②可见陈氏修志亦曾借鉴王氏之《岷州志》,而光绪八年(1882)之王氏《岷州志》③在年代上又与《岷州乡土志》相去无几,故存世岷县方志关于完颜铁木之记载,当以康熙四十一年(1702)之《岷州志》为最早,光绪初年之《岷州乡土志》为最详。

"[洪武二年夏四月]丁丑,冯胜至临洮,李思齐降。"④"二年渡河趋陕西,克凤翔。遂渡陇,取巩昌,进逼临洮,降李思齐。"⑤此类记载足以证明完颜铁木也在降将之列。虽然其人不见于《明太祖实录》等官修史书,但是借由李思齐降明一事,亦可略知一二。《明太祖实录》卷四一云:

> 其养子赵琦者,与其麾下绐之奥西入吐蕃,思齐信之,遂俱奔临洮。琦等私窃宝货妇女避匿山谷间,思齐遂穷蹙,至是宗异师至,遂举临洮降,琦

---

① 《陇右稀见方志三种》,上海:上海书店出版社,1984 年,第 15—16 页。
② 庄威凤、朱士嘉、冯宝琳编:《中国地方志联合目录》,北京:中华书局,1985 年,第 220 页。
③ 庄威凤、朱士嘉、冯宝琳编:《中国地方志联合目录》,北京:中华书局,1985 年,第 220 页。
④ 《明史》卷二《太祖纪二》,北京:中华书局,1974 年,第 22 页。
⑤ 《明史》卷一二九《冯胜传》,北京:中华书局,1974 年,第 3797 页。

等亦相继来归。宗异遣宣使张本中报捷京师,大将军徐达遣指挥韦正及赵琦、司马来兴、朵儿只吉等守之。琦,狄道人,一名脱脱帖木儿,时呼为赵脱儿,世为元土官云。①

关于此事之记载,《明太祖实录》以后诸书,如成书于清康熙年间之《国初群雄事略》和乾隆年间之《明鉴》,皆袭自《明太祖实录》。钱谦益甚至在《国初群雄事略》卷一〇之汝宁李思齐部分明确标注其资料源于《明太祖实录》。《明鉴》卷一〇云:

> 冯胜逼临洮,思齐果不战,降。初,思齐在凤翔,帝以书谕之……思齐得书欲降。其养子赵琦,本狄道人,绐思齐奔吐蕃。思齐信之,遂奔临洮。琦私窃宝货、妇女,逃匿山谷间。思齐穷蹙遂降,琦等亦来归。思齐至京,帝深慰之。授江西行省左丞。不之官。②

据此可言,赵琦为左右李思齐退走临洮和最终降明的关键人物。成书于明初之《纪事录》对此事记载尤详:

> [洪武二年]十二月,[徐]达遣大都督冯胜追思齐,至临洮,土官平章赵脱儿挟思齐出城降,达以金吾卫指挥潘彝守之。达令骑士送思齐、灵真保、脱儿等三人赴京。上欲怀远人,授思齐为平章,食禄而不署事,灵真保为巩昌卫指挥同知,脱儿为临洮卫指挥佥事。达以二城降兵,土著者仍为土著,客兵分调各卫听征,农民俱复本业。汪[灵真保]、赵[琦]二指挥,俱颁以金筒诰命,亦令自举千、百户、镇抚,管领土著军事。③

---

① 《明太祖实录》卷四一"洪武二年夏四月丁丑"条,台北:"中央研究院"历史语言研究所,1962年,第822—823页。
② [清]印鸾章等:《明鉴》卷一,北京:中国书店,1985年,第10页。
③ 李新峰:《纪事录笺证》卷下洪武二年十二月条,北京:中华书局,2015年,第290页。

钱谦益在《国初群雄事略》一书中也引用了这段史料。此处之"二城",当为汪灵真保任职之巩昌和赵琦任职之临洮无疑。汪灵真保、赵琦降明以后,分别被授予巩昌卫指挥同知和临洮卫指挥佥事之职,同时还被授予举荐千户、百户、镇抚及管理土著军事之权力,甚至"世为元土官"的赵琦后裔直至清光绪年间仍为土司,《清史稿》曰:

> [狄道州]脱铁木儿,蒙古人。明初,授陕西平章宣慰使司都元帅,随大将军徐达招抚十八族铁城、岷山等处,赐姓赵,更名安,授临洮卫土官指挥同知……传至赵师范,清顺治二年,底定陇右,师范率子枢勋归附,仍令管理临洮卫指挥使土司事务。同治元年……赵坛领土兵防守州城……四年……以兄子元铭为继……解河州围,加二品衔勇号。①

如此,结合岷县方志之记载不难推定:作为李思齐养子,在李思齐降明之后,赵琦也继踵归附,并被明廷委以临洮卫指挥佥事之职,授以举荐千户、百户、镇抚之权,而完颜铁木作为赵琦部将,当也在所荐官员之列而得以继续任职。《岷州乡土志·氏族》云:

> 李氏,本河南罗山县人。明洪武初思齐降附,其次子义授指挥佥事,掌岷印;义子芳,芳子国柱,俱袭佥事,则世为岷人矣。然入国朝来,世次仍无可考焉。②

可知李思齐后裔之一支定居岷地。岷地完颜铁木之墓不可考,其"后人亦茫无确据",然完颜铁木曾任职岷州并死于其地,殆无可疑。岷县方志记载之完颜铁木,即岐山完颜氏世系碑之四世祖完颜也先帖木儿是也。

---

① 《清史稿》卷五一七《土司传六》,北京:中华书局,1977年,第14304页。
② 《陇右稀见方志三种》,上海:上海书店出版社,1984年,第64页。

第七节　岐山完颜氏五世祖完颜福得与洮岷地区

按照岐山完颜氏世系碑之记载,完颜也先帖木儿为四世祖,完颜福得为五世祖。也先帖木儿既在洪武初年获赐姓王,那么福得之姓王也合情合理。《岷州志》卷一三《职官下·正千户》云:

> 王福德,本卫人,洪武十五年任。①

"得""德"二字在明清时期多有混用,则《岷州志》之"王福德",即岐山完颜氏世系碑之五世祖"完颜福得"也。铸于明洪武十六年(1383)的《岷县二郎山铜钟铭》云:

> 明威将军佥岷州卫军民指挥使司马烨,淮东六合县人。洪武十一年秋八月,钦奉天子制开拓岷州卫……阴功共成圆满。洪武十六年九月初六丙午日。

其后详署本卫官、合属官等官员之职衔姓名,其中即有"武德将军岷州军民千户所正千户王福德"②之题款。

王福德,《岷州志》云其为"本卫人"。在其家族之中,计有二世祖完颜西礼吉剌歹、三世祖完颜得辛、四世祖完颜孛颜帖木儿、完颜也先帖木儿等4人曾经戍守岷州一带。其中,四世祖完颜也先帖木儿于明代洪武初年归附并获赐姓

---

① 甘肃省岷县志编纂委员会办公室编印:《岷州志校注·岷州志》卷一三《职官下》,1988年,第219页。
② 高智慧、武沐:《〈岷州卫建城碑文〉与岷县〈二郎山铜钟铭文〉考论》,《青海民族大学学报》2011年第4期,第41页。

王,抑或其之后继续留任岷职,进而有完颜氏之一支定居岷州,也大有可能。《岷州志》亦云:

> [洪武]十一年……又徙岐山里民在城居之,谓之样民。①

武沐认为:"元末明初,困守在岷州的元守将完颜铁木尔率部归附后,朝廷赐以王姓,并任岷州军民千户所千户,王福德很可能是完颜铁木尔的后裔。"②世系碑云:"完颜福得千户,今授洮州指挥。"《岷州志》谓之于"洪武十五年任[正千户]",二郎山铜钟铭谓之为"武德将军岷州军民千户所正千户",按其于洪武十五年(1382)任正千户,而二郎山铜钟铸于洪武十六年(1383),则世系碑所谓"完颜福得,千户,今授洮州指挥"之记载不谬矣。《明史》云:

> [洪武]十二年(1379),洮州十八族番酋三副使等叛,据纳麟七站之地。命征西将军沐英等讨之……追斩其魁数人,尽获畜产。遂于东笼山南川度地筑城置戍……置洮州卫,以指挥聂纬、陈晖等六人守之。③

光绪《洮州厅志》亦云:

> 明洪武四年置洮州军民千户,隶河州卫。十二年,讨洮州十八族叛番三副使,事竣,筑新城于东笼山,以旧洮城为堡,升为洮州卫军民指挥使司,隶陕西都司。④

据上可知,完颜福得在明代洪武年间活动于岷州,洪武十五年任岷州军民

---

① 甘肃省岷县志编纂委员会办公室编印:《岷州志校注·岷州志》卷二《舆地上》,1988年,第60页。
② 武沐:《岷州卫:明代西北边防卫所的缩影》,《中国边疆史地研究》2009年第6期,第41页。
③ 《明史》卷三三〇《西域传二》,北京:中华书局,1974年,第8540页。
④ [清]张彦笃主修,包永昌总纂:《洮州厅志》卷二《舆地》,台北:成文出版社,1970年,第106页。

千户所正千户,十六年仍为正千户,其"授洮州指挥"应在洪武十六年九月初六丙午之后,当无可疑。

第八节 岐山完颜氏与岷州虎氏之婚姻关系

世系碑所列岐山完颜氏一至十一世共计170人当中,计有5人曾经任职于洮岷地区:

二世祖完颜西礼吉剌歹,元帅,守岷州总帅,夫人石、起、柳、真氏。

三世祖完颜得辛,元帅,守岷州,夫人田氏。

四世祖完颜也先帖木儿,元帅,至正年守岷州,洪武赐姓王氏,死则归原姓,夫人虎氏;完颜拜颜卜花,元帅,领军民一千兼岷州十八族,守梅川并野狐桥,夫人蒙古氏。

五世祖完颜福得,千户,授洮州指挥、千户,宜人康、介氏。

不难看出,自高祖完颜准戍守关西之后,岐山完颜氏二至五世祖之完颜西礼吉剌歹、完颜得辛、完颜也先帖木儿、完颜拜颜卜花、完颜福得等5人先后俱任职于洮岷地区。虽然完颜准戍守关西之具体地望无从得知,但是时之岷州或在"关西"地域之内亦有可能。显而易见,二世祖完颜西礼吉剌歹为戍守洮岷地区之首位岐山完颜氏族人。自此之后,三世祖完颜得辛、四世祖完颜也先帖木儿和完颜拜颜卜花、五世祖完颜福得又相继任职于洮岷地区。值得注意的是,四世祖一辈除戍守洮岷地区之完颜也先帖木儿之外,尚有戍守云南之完颜孛颜帖木儿,二人娶妻均为虎氏。遍查岐山完颜氏世系碑文,除此二人之外,完颜氏族人再无娶妻为虎氏者,此点恰是岐山完颜氏与洮岷地区关系之关键所在。

完颜也先帖木儿和完颜孛颜帖木儿所娶之妻虎氏,均出自岷州世宦虎舍那藏卜家族。

虎舍那藏卜,元时为洮州卫元帅府世袭达鲁花赤,洪武三年(1370)率众归附,除河州卫土千户。朵儿只藏卜袭,洪武十二年(1379)调本卫中所正千户。①

洮岷地区位处金朝的西陲,古为兵家重地。1247年"凉州会盟"之后,随着西藏正式纳入中国版图,作为中原汉族地区与西部少数民族地区交往之重要区域,其突出之战略位置逐渐引起元、明等历代中央王朝之重视。这一时期,因为军屯制度、卫所制度之建立、巩固,大批来自如南京、岐山等中原汉族地区之军民,得以在洮岷地区落地生根。与此同时,中央王朝还通过赐姓、通贡等形式,委任当地少数民族豪酋以各类土官,从而形成一套较为完备之"土流参治"的地方行政体系。

岐山完颜氏四世祖完颜也先帖木儿于元代至正年间戍守岷州,又于明洪武年间归附明廷并获赐姓王。无独有偶,虎舍那藏卜亦于元代末年戍守洮州,又于明洪武三年(1370)率众归附。由此可知,岐山完颜氏四世祖完颜也先帖木儿等人与岷州虎氏之虎舍那藏卜既于同一时代任职同一地区,则岐山完颜氏与岷州虎氏之姻娅不谬矣。根据铸于明代洪武十六年(1383)之岷县二郎山铜钟铭文记载,岐山完颜氏五世祖完颜福得时任"武德将军、岷州军民千户所正千户",虎舍那藏卜之子虎朵儿只藏卜时任洮州军民千户所"武德将军、正千户"。②因此,岐山完颜氏四世祖完颜也先帖木儿、五世祖完颜福得等人与岷州虎氏之虎舍那藏卜、虎朵儿只藏卜父子即为同代之人。

虎舍那藏卜,在元为洮州元帅府世袭达鲁花赤,入明之后为河州卫正千户,调任岷州卫中所正千户;虎舍那藏卜之子虎朵儿只藏卜,继任岷州卫中所正千户;虎朵儿只藏卜之子虎盘,袭任正千户;虎盘之子虎忠,袭任正千户;虎忠之子虎文,袭任正千户;虎文之子虎雄,正德年间袭任,正德五年(1510)升任岷州卫指挥佥事;虎雄之子虎威,正德五年(1510)应袭正千户,因父虎雄之军

---

① 甘肃省岷县志编纂委员会办公室编印:《[康熙]岷州志》卷一三《职官下·正千户》,《岷州志校注》,1988年,第219页。

② 刘琪、樊友文:《二郎山铜钟铭文考略》,《岷县文史资料选辑》第4辑,1997年,第257页。

功而升任岷州卫指挥佥事;虎雄之子虎振,袭任岷州卫指挥佥事,嘉靖十五年(1536)升任岷州卫指挥同知,调任甘州卫都司;虎振之子虎臣,袭任岷州卫指挥同知。虎振次子虎勇,万历十一年(1583),因军功升任西固营守备,历任甘州都司、陕西行都司,后任岷州卫军民指挥使。虎振之子虎翼,万历年间袭任岷州卫指挥同知,后任阶州营守备;虎勇之子虎符,万历年间袭任岷州卫指挥同知,后任文县守备,万历四十年(1612)任岷州卫军民指挥使;虎符之子虎英,万历年间袭任,因功升任起台堡守备,天启三年(1623)升任岷州卫军民指挥使,历任陕西都司、甘州参将。虎英之子虎勋,虎勋之子虎序,虎序之子孙允昇,虎臣之曾孙虎标等人俱有袭任,但因档案湮没,无从查考。

关于岷州虎氏,因为相关文献记载之匮乏,权以虎勇墓葬之发现做一辅证。1974年,岷县十里乡南小路大队修建队址时,在王家山和张家坪交界处之砚瓦坪发现了明代镇国将军虎勇之墓。根据当地村民回忆,墓侧原有石碑一通,惜乎已被挪作他用,碑文亦已失传。墓室大门内侧为一砖刻墓志铭,高85厘米,宽45厘米,顶书"明"字,从右至左依次为"万历二十三年(1595)一月十六日葬""敕封镇国将军显考虎公墓""孝男虎□、虎符、虎篆、□□立厝"字样。根据虎符、虎篆等人名,结合康熙《岷州志》记载,古墓主人当为虎勇无疑。相传虎勇战殁于兰州,归葬于砚瓦坪。时至今日,岷县十里、秦许、梅川、西江等乡镇尚有虎氏族人居住。根据虎勇后裔回忆,虎氏族人曾经每年前往砚瓦坪祭祖。①

岐山完颜氏系女真遗民,岷州虎氏则绪出吐蕃,但是此一区别并非二者结为姻娅之关键所在。根据岐山完颜氏世系碑文及岷州虎氏谱系资料,通过对比不难发现,岷州虎氏作为洮岷地区一支举足轻重之政治力量,其煊赫程度并不亚于号称"岐阳望族""九世帅府"之岐山完颜氏。岐山完颜氏自高祖完颜准始,至五世祖完颜福得,其间为官者多达25人。自六世祖一辈起,丁口渐多,而为官者仅有11人,没落之势由此可见。按五世祖完颜福得于明洪武十五年(1382)任岷州卫军民千户所正千户,后"授洮州指挥",则岐山完颜氏于明初即

---

① 安居善、马乾:《"虎将军"虎勇墓碑考》,《岷县文史》第10辑,2009年,第263—264页。

已呈现没落之势。岷州虎氏家族,自虎舍那藏卜始,终明一代皆任正千户、指挥佥事、指挥同知、军民指挥使等军事要职。二者之区别在于岐山完颜氏趋于没落之际,正是岷州虎氏趋于兴旺之时。

因此,不妨大胆做一推测:岐山完颜氏之完颜也先帖木儿娶妻虎氏,必有出于家族联姻之利益考量。完颜孛颜帖木儿虽然戍守云南,但是其妻虎氏亦必经由完颜也先帖木儿之妻虎氏而来。遍查岐山完颜氏世系碑文,完颜氏族人三妻四妾者比比皆是,而完颜也先帖木儿、完颜孛颜帖木儿二人均仅娶一妻,岷州虎氏之政治实力可见一斑。

岷州虎氏之外,岐山完颜氏还与起氏、蒙古氏、阿真氏、答答氏、阿剌氏、耶律氏、蒲鲁分氏、查查氏、底斤氏等诸多少数民族姓氏建立了婚姻关系,同时也与诸多汉族姓氏建立了婚姻关系。其中,起氏、蒙古氏、答答氏、阿剌氏显然出自蒙古诸部,蒲鲁分(浑)氏、查查氏显然出自女真诸部,耶律氏显然出自契丹,阿真氏、底斤氏虽然无法确定族属,但是属于少数民族姓氏必无可疑。此外,诸如高、郭、刘、李、秦、王等汉族姓氏,在岐山完颜氏世系碑文之中更是随处可见。因此,仅从"完颜"姓氏来看,岐山完颜氏确为女真遗民,但从婚姻关系来看,则此家族之民族成分不一而足,汉、吐蕃、蒙古、契丹、女真等诸多民族,皆可于岐山完颜氏之婚姻关系中得到显现。此种多民族之婚姻关系,正是中华民族亘古以来"你中有我,我中有你"血脉联系之最好例证。

第九节　结　语

岐山完颜氏世系碑,因其所列人物众多,所叙历史跨越元明两代,值得探讨之处甚多。除上文所述之外,完颜氏之婚姻关系也颇具研究价值,如二世祖完颜廷英起之夫人为蒲氏、刘氏,完颜世力卜花之夫人为蒙古氏,完颜朵吉歹之夫人为李氏、秦氏,完颜南吉歹之夫人为李氏、阿真氏,完颜巴思卜花之夫人为答答氏。其中蒲氏、刘氏、李氏、秦氏大有可能为汉人,而蒙古氏、阿真氏、答答氏等人则显然来自蒙古、鞑靼诸部。三世祖完颜兀阑哈歹之夫人阿剌氏,完颜大狗之夫人耶律氏,完颜朵力卜歹之夫人蒲鲁分氏等人,亦显然出身少数民族。诸如此类,在完颜家族之婚姻关系之中频频出现,足以窥见这一家族民族成分之复杂。

另外,世系碑所反映之历史内容,诸如二世祖"完颜西礼吉剌歹,元帅,守岷州总帅",三世祖"完颜得辛,元帅,守岷州",四世祖"完颜字颜帖木儿,元帅,守云南"及"完颜奥鲁帖木儿,元帅,守云南省"之宦迹,尤其是当中多次出现之"元帅""千户""指挥"等职衔,还有史册未见之"镇西侯"爵位,对于元明时期的职官制度不无深究的必要。

岐山完颜氏确为女真遗民。1234年蒙古灭金之后,蒙古人在金朝之核心地区先后设立了斡朵里、胡里改、桃温、脱斡怜、孛苦江等五个万户府,以管辖当地居住之女真人和水达达。及至明初,女真形成了建州女真、海西女真和东海女真等三大部,后又按照地域分为建州、长白、东海和扈伦四大部分。1615年,建州女真首领努尔哈赤在赫图阿拉称汗,建国号为"大金",史称后金。然而在西北地区,女真人之活动自13世纪30年代之后基本上归于沉寂。虽有完颜氏四世祖完颜也先帖木儿、五世祖完颜福得等多人在洮岷地区活动的记载见诸岷县地方史乘,但是多数完颜族人依然以赐姓王氏行世而一般不署原姓完颜,如果没有完颜氏世系碑的确切记载,恐怕不易察觉其女真遗民之真实身份。依世系碑看,除岐山之外,岐山完颜氏集中活动于洮岷地区,而又不局限于洮岷地区,甘肃平凉、云南、贵州、四川等地也有他们活动的踪迹。

岐山完颜氏世系碑分列自高祖至十一世祖之谱系,涉及人物之众,跨越历史亦久。根据是碑阴阳两面所镌内容,兼顾岐山完颜氏之祖先传说、祭祀仪轨等,结合金、宋、元、明乃至清代等诸朝国史,以陕西岐山、甘肃岷县二地方志之记载为主要突破点,或可就碑文内容做一解释。清代同治年间所镌新碑之终极目的和现实意义,即在中国封建社会固有土地制度之下,通过碑文记录田产数量,维护完颜氏之经济利益。

婚姻关系方面,岐山完颜氏与包括高氏、郭氏、虎氏、起氏、蒙古氏、阿真氏、答答氏、阿剌氏、耶律氏、蒲鲁分（浑）氏、查查氏、底斤氏等姓氏在内之汉、吐蕃、蒙古、契丹、女真等多个民族建立了婚姻关系。若从"完颜"姓氏来看，其确为女真遗民，若从婚姻关系来看，则其民族成分不一而足。碑文所载岐山完颜氏族人"元帅""千户""指挥"等职权，与元、明两代之职官制度亦能契合，由此一点，基本可以确定碑文内容之真实性。尤为重要的是，通过对完颜也先帖木儿、完颜拜颜卜花二人有关史料之比对、分析，基本可以确定元代岷州十八族之驻地及管辖区域，此于地方志乘乃至《元史》记载皆为非常重要之补充。

总之，岐山完颜氏世系碑内容丰富，对于认识金、元、明、清时期女真遗民完颜氏之活动，具有重要之意义，应当引起学界重视。

第十四章　甘肃榆中女真遗民的调查与研究

天兴元年（1232），金朝亡于蒙古，曾经广泛活动于松漠之间的女真民族遭受灭顶之灾，逐渐湮没于历史尘埃之中。后来兴起的满族虽与女真一样同出肃慎，满八旗系出建州女真，而建州女真则为受明朝皇帝之命而戍守建州卫的女真人。随着大量的汉人、朝鲜人、锡伯人加入女真人的社会中，他们杂居共处，在长期历史演进的过程中，族群认同也逐渐接近，及至皇太极时期完成了族群整合，定族名为满洲。[①]金代女真与后来的满族虽有继承关系，但二者之间的差别还是比较大的。本文所论专指金亡后同化于其他民族之金国女真遗民，不包括明末及清代以后的满族。

金亡后，部众分崩离析，纷纷外逃，以女真为甚，以至于元代以后的辽东几乎没有女真人存在。[②]这些外逃的女真人后来大多融合于汉族之中，现可觅其踪迹者有山东郓城夹谷氏支系仝氏、安徽肥东完颜氏支系完氏、云南保山完氏、黄氏、蒋氏、河南鹿邑完颜氏、陕西岐山王氏、甘肃泾川完颜氏等。虽然关于其族源尚有诸多争议，但究明其姓氏演变之规律，有助于一定程度上还原女真民族同化于其他民族之部分真相。

[①] 栾凡：《女真民族的历史际遇——从金到后金》，《文化学刊》2007年第5期，第121—132页；孙虹：《满族形成之我见》，《文化学刊》2015年第9期，第215—218页。

[②] 栾凡：《女真民族的历史际遇——从金到后金》，《文化学刊》2007年第5期，第122页。

第一节　甘肃榆中女真遗民汉氏

甘肃除泾川外，榆中也有女真遗民分布，一支称汉氏，一支称蒲氏，前者为金朝皇族完颜氏支系，后者为金朝高门蒲察氏支系。

榆中，位于甘肃省中部，古称金州、金县。关于其境内之女真遗民汉氏，媒体记者等曾有调查与报道。[①]为探明这一支金代完颜氏遗民后裔的来龙去脉，笔者于2020年7月15日前往榆中县城关镇就榆中汉氏进行专门调查。经多方打听，先于下汉村找到汉氏宗祠——"汉氏文化堂"。土木结构之建筑后墙大半坍塌，室内土坯堆砌，诸物杂陈，颇有摇摇欲坠之势，与周围高大、整洁之民居格格不入。

其后，与榆中汉氏家族成员汉尚喜先生取得联系。汉尚喜现居榆中县城，得知笔者来意后非常热情，将近年编纂之《汉氏家谱》《汉氏家族志》等资料赐示。榆中汉氏，主要分布于榆中县城关镇南关村与下汉村之上汉、下汉等自然村。2000年，汉氏族人在老辈指点下先后发掘出因各种原因深埋地下之古碑五通，即《大明故四川资县典史汉公之墓》《皇清例赠显考耆寿汉公讳良辅（之墓？）》《显妣汉母赵孺人淑德旌表节孝》《皇清旌表节妇显妣卢孺人之墓》《汉氏明堂》。其中，《大明故四川资县典史致仕汉祥公墓志铭》于诸碑中年代最久，对确认榆中汉氏之女真遗民身份尤为重要。

根据汉尚喜解释，《大明故四川资县典史汉公之墓》（图14-1）碑复出后，因在拓印之时即有字迹脱落现象，汉氏族人决定摹刻原碑。惜由于考虑欠周，所请石匠文化程度及技艺有限，竟将除大字外之原有碑文小字悉数采用简化字

[①] 黄建强：《榆中汉氏——遗落的金朝皇室贵胄》，《兰州晨报》2009年7月7日；完颜华：《走进榆中"汉"氏家族》，汉尚喜主编《汉氏家族志》，甘肃省榆中县汉氏家族志编纂委员会编印，2010年，第173—178页；完颜玺：《汉氏的足迹》，汉尚喜主编《汉氏家族志》，甘肃省榆中县汉氏家族志编纂委员会编印，2010年，第181—185页。

镌刻,致使古碑虽真似伪。兹摘录《汉氏家族志》所收《大明故四川资县典史致仕汉祥公墓志铭》文字如下:

> 士之抱才略、具志气者,如龙泉、泰阿□□西不□□则□□光彩上□者置为绮霞为□□目。夫嵩山沦落人后裔,齿而已哉!凡无所树立于世者,其必有以树立于家乡而展抱负于……今致仕县幕汉君则其人焉。君讳祥,字廷瑞,其先山后人,元末世乱流入中原,因以汉为姓。居金,祖讳转轮,父讳寻,母傅氏。君生而有异质,器宇魁梧,襟怀开豁。①

图 14-1　榆中汉氏《大明故四川资县典史汉公之墓》碑(王小红摄)

铭文为曾任金县典史之云南昆明人周信所撰,据尾题"孝男汉孺……于万历"知墓主汉祥为明万历年间(1573—1620)人,唯原碑字迹脱落,具体生卒年月不详。铭文关于汉祥身世之信息有三处记载:其一为"嵩山沦落人后裔";其二,祖先为"山后人","元末世乱流入中原,因以汉为姓";其三,祖父为汉转轮,父亲汉寻,母亲傅氏。

根据榆中汉氏家族传说,明弘治年间(1488—1505)迁居金县之榆中汉氏始祖汉转轮,因为寻根问祖之思,将其独子取名为"寻",汉寻即墓主汉祥之父。显而易见,汉转轮迁居金县之明代弘治年间,相去汉祥去世之明代万历年间,时间长达133年,而其中万历年号之使用时间即有48年之久。按照每世20年推算,作为祖父之汉转轮迁居金县应在弘治末年,作为孙子之汉祥去世应在万

---

① 汉尚喜主编:《汉氏家族志》,甘肃省榆中县汉氏家族志编纂委员会编印,2010年,第115页。

历初年,看来,《大明故四川资县典史致仕汉祥公墓志铭》之记载基本可信。至于榆中汉氏是否女真遗民之问题,不妨从"嵩山沦落人后裔"及"其先山后人,元末世乱流入中原,因以汉为姓"两处记载入手展开讨论。

嵩山位于河南省登封市,由太室山、少室山组成,因在左岱(泰山)右华(华山)之间,故称"中岳"。关于颇具文学色彩之"嵩山沦落人",史籍记载鲜少,但依"沦落"二字或可得出嵩山并非汉氏世居之地而是避难之所的结论。据康熙《登封县志》,金代隐寓嵩山之士有张行信、冯璧、杜时升、雷渊、元好问、高仲振等多人。然而,与其说隐寓嵩山为时之潮流,毋宁说其为生逢乱世无奈之举,如杜时升者流是也。《登封县志》记载:

> 杜时升,字进之,霸州人,博学知天文。泰和间,时升谓所亲曰:"吾观天象,当大乱,消息盈虚,孰能违之?"乃南渡河,隐于嵩少山中,从学者甚众。倡伊洛之学教人,自时升始。①

揆诸引文,非杜时升有预知未来之能,实乃国之将乱,征兆已明,而为其所觉察耳!金末乱世之兆,于章宗泰和年间(1201—1208)即现端倪。卫绍王完颜永济在位期间,蒙古军队先后攻破金之西京大同府、东京辽阳府等地。同时,纥石烈执中弑杀完颜永济,完颜珣继位于中都,是为宣宗。在遣使请和赢得喘息之机后,贞祐二年(1214)七月,金宣宗不顾众臣反对而迁都南京开封府,史称"贞祐南迁"。外有蒙古军队步步紧逼,内有各地势力纷纷乘乱起兵,加上"贞祐南迁"使金朝在河北、辽东一带人心大失,风雨飘摇。南迁之后,"宣宗改河南府为金昌府,号中京,又拟少室山顶为御营,命移剌粘合筑之,至是撒合辇为留守"。②乾隆《登封县志》亦云:"金宣宗置兵少室山。旧志。今少室山尚有地名御砦。"③

---

① [清]张圣诰纂辑:《(康熙)登封县志》卷七《人物》,康熙三十五年刻本。
② 《金史》卷一一一《撒合辇传》,北京:中华书局,1975年,第2449页。
③ [清]洪亮吉、陆继萼等纂:《(乾隆)登封县志》卷八《大事记》,台北:成文出版社,1976年,第7页。

金廷之政治中心原在幽燕地区,贞祐后中心南移至中原,如影随形的自然是人口的大量南迁。榆中汉氏祖先抑或即在此时进入中原地区,"沦落"嵩山。金朝之兵诸色人等并用,不能凭此确认"嵩山沦落人"之族属。推而论之,跟随宣宗南迁之军民当中,作为支持金廷统治主要力量之女真民族占有很大比例是毋庸置疑的。金灭后,女真人丧失了统治民族之优势,而作为蒙古"四等人制"中第三等"汉人",与契丹、北方汉人一样受到歧视、压迫,言"嵩山沦落"乃真实心境之写照。"其先山后人,元末世乱流入中原,因以汉为姓"一语,显然可以支持这一推论。

铭文既云榆中汉氏祖先于金末"沦落"嵩山,又于"元末世乱流入中原",嵩山所在岂非中原？初看二者之时间先后有抵牾之嫌,然考诸"山后"地望及元明鼎革之际形势,矛盾自消。"山后"之称早在唐末五代时期即已出现,"山"即燕山,"山后"即燕山以北地区。[1]明代初年之"山后人"即燕山以北之元朝遗民、遗军,其中既有蒙古人,也有其他民族。既无法确认原籍,又出于军政方面考量,遂以"山后人"笼统称之。[2]是以,"山后人"所包括之民族,不唯蒙古人,还应包括契丹人、女真人、色目人甚至汉人等。

洪武元年(1368)二月,明太祖朱元璋"诏复衣冠如唐制,禁胡服、胡语、胡姓名"。[3]八月,徐达破大都,明太祖再颁诏大赦天下:"蒙古、色目人既居我土,即吾赤子,有才能者,一体擢用。"[4]按照唐代标准恢复服饰制度,禁止胡服、胡语、胡姓名,即从风俗习惯角度入手,以明廷之国家强制力量为保障,有意识地阻止元朝以来之"胡化"现象。同时,对于部分元朝遗民而言,是否继续使用本民族原有之服饰、语言乃至姓名,已经没有抉择余地,是为威也。不论民族出

---

[1] 李鸣飞:《"山后"在历史上的变化》,《陕西理工学院学报》(社会科学版)2007年第1期,第35—36页。
[2] 郭嘉辉:《明代"山后人"初探》,《第十五届明史国际学术研讨会暨第五届戚继光国际学术研讨会论文集》,中国明史学会编印,2013年,第410页。
[3] [明]谈迁:《国榷》卷三,北京:中华书局,1958年,第357页。
[4] 《明太祖实录》卷三四"洪武元年八月己卯"条,台北:"中央研究院"历史语言研究所编印,1962年,第616页。

身,明廷一律量才录用,是为恩也。恩威并用,既能迅速安定境内诸民族之人心,又能迅速树立中央政府于诸民族间之权威,从而使新的统治秩序快速建立起来。或云:"明为怀柔远人,固我边疆,于是授之官职以结其心,赐之田园以固其志,而来归者遽乐不思蜀,改名易姓,占籍华土,久而乃为中原之新氏族矣。"①诚不谬也。

归于明朝之元朝遗民,或迫于新政权之压力,或出于生活、生存之需求,更名换姓便是情理中事。因此,榆中汉氏祖先于"元末世乱流入中原,因以汉为姓"自非妄言。所谓"元末世乱流入中原"与其于金代末年进入嵩山所在之中原地区并不矛盾。金亡元兴,蒙古统治者奉行以"四等人制"为实质之民族歧视、压迫政策,有元一代,女真遗民作为第三等级"汉人"的典型代表,其民族特征被突出彰显,加上元朝国祚不长,又为其保留民族特征提供了客观条件。汉氏祖先之"流入中原",并非初次进入中原地区,实是民族特征淡化,与中原汉族混同为一之语。

如果《大明故四川资县典史致仕汉祥公墓志铭》所云榆中汉氏之女真遗民身份尚有可疑,那么榆中汉氏世代相传之口述史资料及部分实物则堪充女真遗民身份之一力证。清同治元年(1862),素有尚武传统之汉氏族人参与地方民团,敌方势力在报复无门的情况下出于愤怒而将汉氏宗祠连同《汉氏祖谱》及分谱付之一炬。据民国时期曾任榆中县政府办公室掌案汉连海回忆,被毁之明代《汉氏祖谱》有云:

> 汉氏先祖山后人是大金国皇室之苗裔,祖孙三代为驻守中都军事门户治国安邦的将帅。元灭金时,鼻祖之孙为避元军追杀,死里逃生,隐姓埋名,因以汉为姓,沦落嵩山入佛教。在嵩山少林习武强身,生息繁衍。于元末世乱,流入中原,揭竿抗元,跟朱元璋参加农民起义,转战到了山东。②

---

① 张鸿翔:《明代各民族人士入仕中原考·绪论》,北京:中央民族大学出版社,1999年,第1页。
② 汉尚喜主编:《汉氏家族志》,甘肃省榆中县汉氏家族志编纂委员会编印,2010年,第187页。

汉连海长孙汉育民1962年亦于家藏旧书——《书经》卷二末尾留白处题写了如下话头(图14-2)：

> [汉]氏原谱记载，汉氏家族，原系大金之苗裔，元灭金，山后人遭杀戮，以汉为姓，四方逃难，元末世乱流落中原，至明弘历(治)定居金县氶汉家庄。只记得这些。记于一九六二年初春正月十五日。长孙 汉育民。①

汉育民的说法在榆中汉氏族人中普遍存在，大同小异。汉连海、汉育民祖孙二人所云榆中汉氏绪出金代皇族完颜氏基本可信。"元灭金，山后人遭杀戮"一语，在除跟随金宣宗南迁嵩山之军民以外，又增加了金亡后女真遗民因躲避元廷追杀而进入嵩山之另外一种可能。同时，此语更能说明汉氏族人作为金代皇族完颜氏后裔之身份，王国维云：

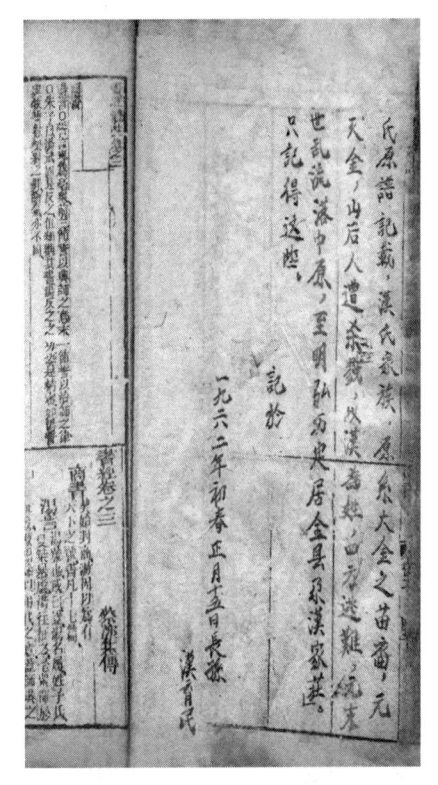

图14-2 榆中汉育民于1962年题写的文字

> 蒙古制，凡敌人拒命，矢石一发则杀无赦。汴京垂陷，首将速不台遣人来报且言："此城相抗日久，多杀伤士卒，意欲尽屠之。"公驰入奏曰："将士暴露凡数十年，所争者，地土人民耳。得地无民，将焉用之？"上疑而未决，复奏曰："凡弓矢甲仗金玉等匠及官民富贵之家皆聚此城中，杀之则一无所得，是徒劳也。"上始然之，诏除完颜氏一族外，余皆原免。②

---

① 汉尚喜主编：《汉氏家族志》，甘肃省榆中县汉氏家族志编纂委员会编印，2010年，第51页。
② 王国维：《耶律文正公年谱》，《王国维遗书》第11册，上海：上海古籍书店，1983年，第14页。

蒙古人曾经备受金廷奴役，其在灭金后归罪于皇族完颜氏，故行斩尽杀绝之策。或云诸多完颜氏族人即在此时改为别姓，亦与形势颇合。虽然有元一代汉氏家族并无只纸片石传世，但其于元明易代之洪武初年改姓汉氏，当无可疑。通过仔细比对不难发现，诸多说法之中皆有"元末世乱""流入中原"等语，其源出《大明故四川资县典史致仕汉祥公墓志铭》之迹不难觉察。至于汉氏祖先三代镇守中都，甚至始祖为金太祖完颜阿骨打末子邺王完颜斡忽之说，目前无法找到确凿证据，尚难分辨究竟。

综上所述，立足《大明故四川资县典史致仕汉祥公墓志铭》之"嵩山沦落人""其先山后人，元末世乱流入中原，因以汉为姓"等语，参照金宣宗"贞祐南迁"后于嵩山练兵之实及"山后"地望，以元、明二代之民族政策为背景，兼采榆中汉氏之家族传说，基本可以确定榆中汉氏之女真遗民身份。榆中汉氏祖先原活动于燕山以北，金元之际进入中原，明代洪武初年改姓汉氏，并于弘治末年迁居榆中。

毋庸讳言，上述结论主要依凭《大明故四川资县典史致仕汉祥公墓志铭》等碑刻和民间传说，就证据链的确凿性而言，似乎尚有欠缺，有俟新史料的进一步发现。

第二节　甘肃榆中女真遗民蒲氏

2020年7月16日，在结束榆中县城关镇汉氏家族考察之翌日，笔者前往该县三角城乡丁官营村蒲家庄，就蒲氏进行专门调查。途中，除了平畴沃野的田园风光之外，最为引人注意的当属丁官营、孙家营、化家营等颇具军事色彩之榆中地名。一番打听之后，笔者找到了蒲家庄的两位村民——时年82岁的蒲元仓老人和时年77岁的蒲元恒老人。此前，在旅居榆中县城的两日之内，笔者不时耳闻关于兴隆山蒲家坟和蒲阴阳的传说，讲述人有出租车司机、退休干部、农民等，梗概如下：

明洪武年间，蒲察氏因为家道中落而改姓蒲氏。为了使蒲氏后人能出帝王，蒲阴阳在兴隆山给自己选好了坟墓，叮嘱儿子在他死后不要穿一丝一缕，如果看到蛇打鼓、马摇铃、驴骑人，就立马下葬。下葬以后，要在坟地守孝满一百天，并且在第一百天的早晨朝着东方连射三箭。但是，他的儿媳实在不忍公爹赤身裸体下葬，就给他穿了一条裤头儿。等到下葬的那一天，人们果然看到了蛇打鼓、马摇铃、驴骑人的景象，于是就将蒲阴阳埋在了那里。好不容易守孝到了第九十九天，前来送饭的妻子抱怨说："有个九十九，没个一百一。"催促丈夫射完三箭赶紧回家。蒲阴阳的儿子听了妻子的话，朝着东方连射三箭，正好射在南京城金銮殿的柱子上，这个时候，起床的大明皇帝朱元璋刚刚走到柱子背后，再差一步，他就必死无疑。随之，耆旧便代代留下这样一种说法："蒲家以前有反朝廷的罪行喽，害怕朝廷追杀呢，就改成了姓察的。"

当笔者问及榆中有无察姓时，两位老人一致否定。同时解释，所谓反叛朝廷之罪行，就指蒲家坟箭射朱元璋一事。蒲元恒老人也说，以前蒲氏族人还到兴隆山蒲家坟上坟，自从景区设立之后，"老先人的坟也就没人上喽"。再当问及蒲氏来源，两位老人根据"老汉们的传留"，皆云蒲氏祖先来自山西洪洞大槐树。曾经见过该村另一家族扎破中指续编家谱之情形，但是蒲氏并无家谱、碑刻等物传世。民间故事虽然不能与历史事实等量齐观，但是在一定程度上可以折射历史事实。笔者之前，并无相关专家、学者就榆中蒲氏开展专门考察，况且二位老人仅有小学文化程度，"姓察的"一词出自他们之口，尤当引起注意。

关于甘肃榆中女真遗民蒲察氏，榆中、皋兰地方志皆有记载。今之皋兰县辖境直至清乾隆四年（1739）才独立建县，且在金县多有瓯脱之地，[①]故而关于蒲察氏之记载当以榆中方志为准。康熙《金县志·人物》云：

金　蒲察俊，字复亨，金知枢密院事，仪府同三司，统军都指挥，上柱

[①] 甘肃省皋兰县志编纂委员会：《皋兰县志》，兰州：甘肃人民出版社，1999年，第71页。

国,封熙国公;蒲察仲,俊之弟,奉政大夫,中书左丞兼翰林承旨;蒲察在,俊之子,大将军,监军,元帅,权知政事。

元　蒲察菘,字叔成,俊之后,为陕西诸路兵马都总统,后授巩昌等处都总管,金、兰、定、会都元帅,卒谥武敏;蒲察仁亨,菘之子,开成路同知;蒲察必达,翰林学士,奉命穷星宿海之源,后人知星宿海自必达始;蒲察世禄,巩昌路都元帅,金、兰、定、会都元帅,阆州安抚使。①

清代初年,金县为临洮府所辖,故康熙《临洮府志》关于蒲察氏诸人之记载,皆采自于康熙《金县志》,唯蒲察俊之爵位由"熙国公"更为"燕国公"。②《古今图书集成·明伦汇编·氏族典》兼采康熙《金县志》《临洮府志》之说,③并无任何明显更改,道光《金县志》踵之。④康熙《金县志》应为记载榆中蒲察氏之较早史料,所载蒲察俊、蒲察仲、蒲察在、蒲察菘、蒲察仁亨、蒲察必达、蒲察世禄等人于《金史》《元史》等正史均未见记载,可补历史之缺。

蒲察,既为部落名称,亦为部落姓氏。蒲察部起源于斡泯水流域,早在金朝尚未建立之完颜乌古乃时期(1021—1074)即已归附,⑤与完颜、徒单、乌古论同为女真四大部落。有金一代,蒲察氏与皇族完颜氏之关系非常密切,仅出自蒲察氏之皇后(追封)与出嫁蒲察氏之公主即有十余位之多,另有诸如蒲察阿虎迭、蒲察通、蒲察鼎寿、蒲察石家奴、蒲察官奴之类的达官显贵更是不胜枚举。

康熙《金县志》出现的当地人物有蒲察俊、蒲察仲、蒲察在、蒲察菘、蒲察仁亨、蒲察必达、蒲察世禄等,惜史书无考,但据蒲察必达"奉命穷星宿海之源"一事可知,其人乃金末元初之蒲察笃实。至元十七年(1280),元世祖忽必烈"命学

---

① [清]耿喻修,郭殿邦等纂:《(康熙)金县志》卷下《人物》,台北:成文出版社,1970年,第81—83页。
② [清]高锡爵修,郭巍纂:《(康熙)临洮府志》卷一五《列传》,《中国地方志集成·甘肃府县志辑》(2),南京:凤凰出版社,上海:上海书店,成都:巴蜀书社,2008年,第156—157页。
③ 陈梦雷、蒋廷锡等辑:《钦定古今图书集成》第381册卷五六七《明伦汇编·氏族典》,上海:中华书局,1934年,第13—14页。
④ [清]恩福修,冒蕖等纂:《(道光)金县志》卷一〇《人物志》,《中国地方志集成·甘肃府县志辑》(6),南京:凤凰出版社,上海:上海书店,成都:巴蜀书社,2008年,第369页。
⑤ 《金史》卷一《世纪》,北京:中华书局,1975年,第6页。

士蒲察笃实西穷河源,始得其详。今西蕃朵甘思南鄙曰星宿海者,其源也。四山之间,有泉近百泓,汇而为海,登高望之,若星宿布列,故名"。①《元史》亦云:"命都实为招讨使,佩金虎符,往求河源。都实既受命,是岁至河州。州之东六十里,有宁河驿。驿西南六十里,有山曰杀马关,林麓穿隘,举足浸高,行一日至巅。西去愈高,四阅月,始抵河源。是冬还报,并图其城传位置以闻。其后翰林学士潘昂霄从都实之弟阔阔出得其说,撰为《河源志》。"②比对二说,蒲察必达与蒲察笃实正是一人,笃实亦即都实,同音异书而已。让人费解的是,康熙《金县志》既采蒲察笃实之事,为何又别书其名,或其人有女真(蒙古)、汉文双名,或一为其名,一为其字,未可知也。蒲察必达而外诸人于史无证之因,或许亦出于此。当然,金、元作为游牧民族建立之王朝,重武轻文,亦是相关史籍记载缺乏之重要因素。

关于蒲氏与蒲察氏之关系,通过地名之使用亦可窥其一斑,道光《金县志》云:

> 蒲家坟,在县西南十五里大峡内,相传金蒲察氏之坟。③

此处之蒲家坟,正是前文蒲元恒老人所云之兴隆山蒲家坟,由此可见蒲察氏改姓蒲氏之不谬。《金史·金国语解》云:"完颜,汉姓曰王……蒲察曰李。"④今陕西省岐山县蒲村镇洗马庄村留存的女真遗民完颜氏世系碑记载:"完颜也先帖木儿,元帅,至正年守岷州,洪武赐姓王氏,死则归原姓。"⑤民国《重修岐山县志》亦言该村村民"生姓王,殁姓完颜"。⑥这些记载正与《金史》所言相合,而且

---

① 《宋史》卷九一《河渠志》,北京:中华书局,1977年,第2255页。
② 《元史》卷六三《地理志》,北京:中华书局,1976年,第1563—1564页。
③ [清]恩福修、冒荣等纂:《(道光)金县志》卷五《祠祀志》,《中国地方志集成·甘肃府县志辑》(6),南京:凤凰出版社,上海:上海书店,成都:巴蜀书社,2008年,第277页。
④ 《金史·附录·金国语解》,北京:中华书局,1975年,第2896页。
⑤ 杨富学、王小红:《陕西岐山女真遗民完颜氏世系碑文考释》,《吉林大学社会科学学报》2020年第1期,第190—199页。
⑥ [明]田惟均重修,白岫云等编次:《重修岐山县志》卷一《地理·陵墓》,台北:成文出版社,1976年,第59页。

这一习俗保留至今。[①]元代有一女真遗民曰李庭,"本金人蒲察氏,金末来中原,改称李氏"。[②]亦与《金史》所谓"蒲察曰李"之载合。既然女真蒲察氏对应汉姓李氏,榆中蒲察氏何以未改姓李而改姓蒲呢?金末元初,作为前朝遗民之蒲察氏,为躲避蒙古统治者之迫害而改姓李,于情于理皆无不合,但不可一概而论,就榆中蒲察氏而言,直至明代,尚有使用蒲察氏之族人蒲察谊职任永州县丞。[③]《榆中县志》亦云:"金、元有蒲察、完颜氏,明代有蒲察氏随蒲,完颜氏随金。"[④]元末有名蒲察景道者撰诗《题德风新亭》,[⑤]元末明初人魏观有诗《次韵蒲察少府出入韵》,[⑥]尤其是清代著名满族女词人顾太清所撰《金缕曲·题蒲察夫人〈闺塾千字文〉》更有言:"古蒲察,巍巍令族,声名久远。"[⑦]蒲察夫人,生卒不详,顾太清自注云:"宗室远林先生淑配",即皇族爱新觉罗氏宗室远林之夫人。"巍巍令族",意在说明蒲察夫人身份的高贵。上述诸般庶几可作为颇具文化符号意义之女真复姓"蒲察"由金元历明清而不绝如缕之佐证。

综上所述,榆中蒲察氏之变,并非迫于政治强权,实则出于复姓简化。试想金朝灭亡以后,故国不再,唯遗老遗少独存。元灭明兴,推行禁止胡化之策,使用文化符号意义分外明显之女真复姓"蒲察"的榆中蒲察氏族人,尴尬境况可想而知。榆中蒲察氏族人又不愿意径改他姓,遂取"蒲察"之首字,以"蒲"为姓。人事沧桑,延及今日,甘肃榆中之女真遗民蒲察氏已经全部由复姓改为单字"蒲"。

[①] 王星:《藏着金代完颜后裔的洗马庄村》,《宝鸡日报》2018年9月7日第11版。
[②] 《元史》卷一六二《李庭传》,北京:中华书局,1976年,第3795页。
[③] [清]耿喻修,郭殿邦等纂:《(康熙)金县志》,台北:成文出版社,1970年,第84页。
[④] 甘肃省榆中县志编纂委员会:《榆中县志》,兰州:甘肃人民出版社,2001年,第693页。
[⑤] 杨镰主编:《全元诗》第68册,北京:中华书局,2013年,第103页。
[⑥] 章培恒主编:《全明诗》第1册,上海:上海古籍出版社,1990年,第528—529页。
[⑦] 卢兴基编著:《顾太清词新释辑评》卷五,北京:中国书店出版社,2005年,第447—448页。

辽金西夏篇

第十五章　辽金佛教与西夏佛教之关联

关于辽夏间的佛教文化交流，史书少有记载，学界熟知的资料仅有二则，其一为辽咸雍三年（1067）"冬十一月壬辰，夏国遣使进回鹘僧、金佛、《梵觉经》"。①从这一记载可知，西夏统治者曾将回鹘佛僧和金佛像、佛经一道作为贡品奉献辽朝。以佛像、佛经为贡品，是不足为怪的，但将回鹘的和尚当作贡品来奉献，以讨辽朝统治者的欢心，却是闻所未闻之举，诚辽国朝野对回鹘佛教推崇备至所致。②其二为辽寿昌元年（1095）"十一月……夏国进贝多叶佛经"。③舍此，不闻再有其他记载，唯黑水城、敦煌等地出土的文献文物和石窟艺术中含有一些相关信息，学界虽有关注，但大多未予详究，即使偶有探讨，也主要局限于文献方面。有鉴于此，特撰此文，以黑水城、敦煌石窟所见西夏文献文物与应县木塔、朝阳北塔等地发现的辽代实物进行比对，以探寻辽与西夏佛教历史文化关系的蛛丝马迹。

---

① 《辽史》卷二六《道宗纪六》，北京：中华书局，1974年，第267页。
② 杨富学：《回鹘文献与回鹘文化》，北京：民族出版社，2003年，第447页。
③ 《辽史》卷二六《道宗纪六》，北京：中华书局，1974年，第108页。

第一节 《契丹藏》在西夏境内的流播

辽朝佛教对西夏重要的影响之一即为辽代《契丹藏》在西夏的流传。辽道宗清宁八年(1062)西夏李秉常在位时,接受了以宋《开宝藏》为底本的新印《契丹藏》,作为编校西夏佛经的补充材料。仁宗李仁孝之前,大藏经的主要部分已经陆续译成西夏文,但译文尚有不足,仁孝遂结合《开宝藏》和《契丹藏》对西夏文大藏经进行校勘。西夏文《过去庄严劫千佛名经》发愿文所记即反映了此事:"后奉护城帝敕,与南北经重校,令国土盛。"[①]此处的"护城帝"即指西夏仁宗李仁孝,"南经"为《开宝藏》,"北经"当为辽代刻印的《契丹藏》。二者相较,《契丹藏》优于《开宝藏》,故而得到很广泛的传播,不只西夏,甚至在更西的高昌回鹘王国,也都有《契丹藏》存在。20 世纪初,在高昌回鹘王国故都高昌故城出土的文献中即有《契丹藏》残片,庋藏于德国柏林国立图书馆,编号为 Ch.5555),内容为《增壹阿含经》卷三(图 15–1)。值得注意的是,在其尾部余白部分有回鹘文题记,内容讲托里都统拜读了雕版的 sang ir(a)γam(《增壹阿含》)。[②]

印本残片的正面所书汉文佛经,尾书"增壹阿含经卷第三"等文字,内容是明确的。除此之外,吐鲁番出土文献中还有一些回鹘语题铭,言及契丹版《大藏经》,庶几可证契丹版《大藏经》在西域的流通。

日本学者竺沙雅章以俄罗斯科学院东方文献研究所、中国社科院民族学与人类学研究所与上海古籍出版社联合编辑的《俄藏黑水城文献》(1996—2000)为依据,甄别出属于《契丹藏》的文献残片数端:

TK274"佛说长阿含经第四分世记经阿须伦品第六";

Ф.123A"增一阿含经利养品第十三";

---

① 史金波:《西夏佛教史略》,银川:宁夏人民出版社,1988 年,第 322 页。
② [日]松井太:《契丹とウイグルの関係》,《アジア遊学》第 160 号,2013 年,第 65 页。

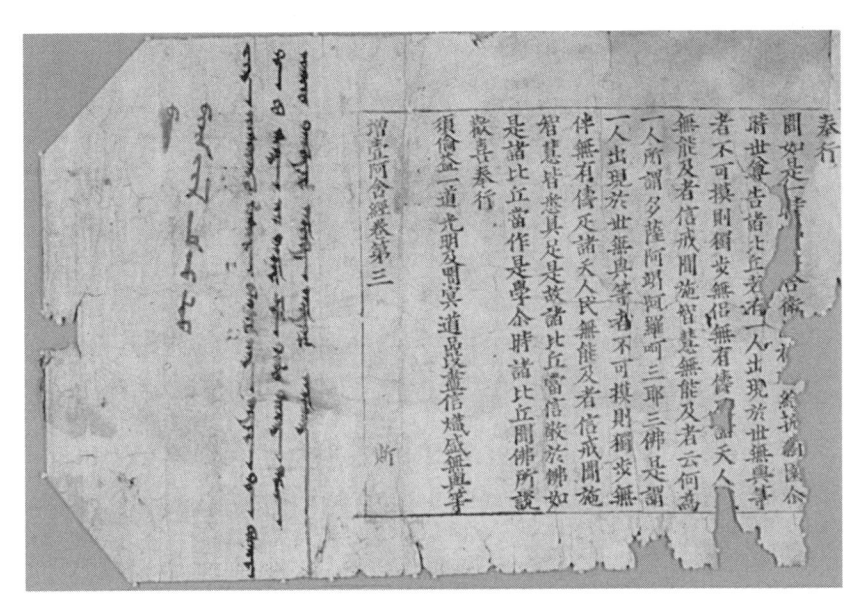

图 15-1：吐鲁番出土契丹藏《□壹阿含经》残片
（原图采自：Kōgi Kudara–P.Zieme, Uigurische Āgama-Fragmente(1)Taf.1）

Ф.204A"增一阿含经结禁品第四十六"；

TK273"杂阿含经卷第三十四"题签。

此外，诸如 TK307"仁王护国般若波罗蜜多经卷下"、TK276"般若灯论释观圣谛品第二十四"、Ф317A"佛说长阿含经卷第五"也很有可能是辽刻《契丹藏》之残片。[①]足见，如同高昌回鹘一样，在西夏国境内辽代《契丹藏》也是相当流行的。

辽与西夏各自为政，尽管常有敌对行为，但其间的佛教联系却不曾因战争而终止。关于辽与西夏佛教界之间的密切关系，学界已有论述，兹不复赘。[②]值得注意的是，据辽代石刻《法均大师遗行碑铭》载，辽道宗咸雍五年（1069），法

[①] [日]竺沙雅章：《黑水城出土の辽刊本について》，《汲古》第 43 号，2003 年，第 22—24 页。
[②] 陈爱峰、杨富学：《西夏与辽金间的佛教关系》，杜建录主编《西夏学》第 1 辑，银川：宁夏人民出版社，2006 年，第 31—35 页；杨富学、陈爱峰：《西夏与周边关系研究》，兰州：甘肃民族出版社，2012 年，第 197—210 页；索罗宁：《辽与西夏之禅宗关系：以黑水城〈解行照心图〉为例》，黄夏年主编《辽金元佛教研究》，郑州：大象出版社，2012 年，第 72—85 页。

均大师在燕京马鞍山开戒坛讲法,当时"来者如云,官莫可御。凡瘖聋伛偻顽,苟或求哀,无不蒙利。至有领邦父老,绝域羌浑,并越境冒刑,捐躯归命"。①此处之"羌浑"主要指西夏统治下之部众。②自然包括西夏人,果若是,则西夏人越境到辽朝听戒说明辽朝佛教在西夏的影响力可见一斑。这种关系的存在,自然与《契丹藏》在西夏境内的流播息息相关。

第二节 辽朝佛教思想在西夏境内的流播与影响

辽朝佛教以华严学与密教最为盛行,同时也兼修净土以及律学、唯识学、俱舍学等,相关的多部佛教典籍均在黑水城得以发现,其中,尤以华严学为最,反映了辽朝佛典对西夏的影响。

1. 辽朝华严思想在西夏的传播与影响

黑水城出土编号 TK88《大方广佛花严经》卷第四十(图 15-2),竺沙章雅认为是辽朝大安十年(1094)单刻本。③此时间节点刚好是辽代通理大师及其弟子善定等,在北京房山云居寺发起受戒大法会,续刻石经的时间,据大安九年所刻《菩萨善戒经》卷九题记载:

> 添续成办石经功德主当寺通理大师赐紫沙门恒策、提点善慧大德沙门崇教、校勘沙门志妙……校勘沙门善定。④

是见,TK88《大方广佛花严经》卷第四十残片可能就是在这种活动的推动

---

① 向南辑注:《辽代石刻文续编》,沈阳:辽宁人民出版社,2010 年,第 438 页。
② [日]古松崇志:《法均と燕京马鞍山の菩萨戒坛——契丹(辽)における大乘菩萨戒の流行》,《东洋史研究》第 65 卷第 3 号,2006 年,第 21—22 页;[日]古松崇志著,姚义田译:《法均与燕京马鞍山的菩萨戒坛——大乘菩萨戒在契丹(辽)的流行》,《辽金历史与考古》第 3 辑,沈阳:辽宁教育出版社,2011 年,第 258 页。
③ [日]竺沙雅章:《黑水城出土の辽刊本について》,《汲古》第 43 号,2003 年,第 22 页。
④ 北京图书馆金石组、中国佛教图书文物馆石经组编:《房山石经题记汇编》,北京:书目文献出版社,1987 年,第 442 页。

图 15-2　俄藏黑水城 TK88《大方广佛花严经》卷第四十

下刻印而成的本子，并且传播到西夏，而编号 F14:W13《大方广佛花严经光明觉品第九》残片（图 15-3）也应为辽代刻本。①

《俄藏黑水城文献》所收录编号 TK252《新集藏经音义随函录》写本文献仅存《大方广佛华严经》音义部分，乃信徒参读《大方广佛华严经》过程中以原本《随函录》为参照，自行增订摘抄之产物。②辽朝《华严经》刻本在西夏的传播和西夏华严诸师密切关联，元代西夏遗僧一行慧觉法师辑录的《华严忏仪》，全称《大方广佛华严经海印道场十重行愿常徧（遍）礼忏仪》，计有 42 卷，收入明刻《嘉兴藏》，在末卷尾

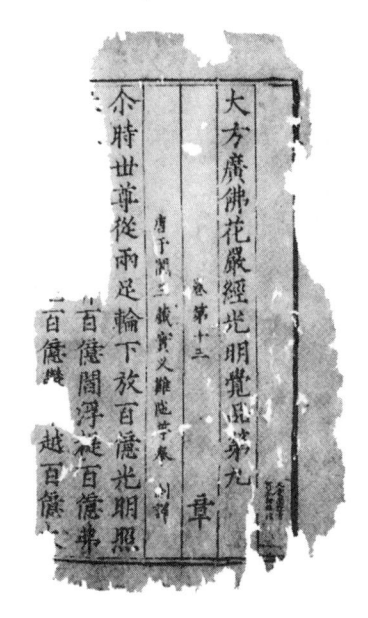

图 15-3　黑水城出土《八十华严》卷十三（F14:W13）

---

① [日]竺沙雅章：《黑水城出土の辽刊本について》，《汲古》第 43 号，2003 年，第 24 页。
② 赵阳：《黑水城出土新集藏经音义随函录探微》，《吐鲁番学研究》2016 年第 1 期，第 36—37 页。

部记载了西夏华严诸师：

> 南无大方广佛华严经中讲经律论重译诸经正趣净戒鲜卑真义国师；
> 南无大方广佛华严经中传译经者救脱三藏鲁布智云国师；
> 南无大方广佛华严经中令观门增盛者真国妙觉寂照帝师；
> 南无大方广佛华严经中流传印造大疏钞者新圆真证帝师；
> 南无大方广佛华严经中开演疏钞久远流传卧利华严国师；
> 南无大方广佛华严经中传译开演自在唵𠱥海印国师；
> 南无大方广佛华严经中开演流传智辩无碍颇尊者觉国师；
> 南无大方广佛华严经中西域东土依大方广佛华严经十种法行劝赞随喜一切法师；
> 南无大方广佛华严经中兰山云岩慈恩寺流通忏法护国一行慧觉法师。①

其中，第三、四位分别是"南无大方广佛华严经中流传印造大疏钞者新圆真证帝师"和"南无大方广佛华严经中开演疏钞久远流传卧利华严国师"。借由"疏钞"二字，盖可观见二者对澄观《大方广佛华严经疏》和《大方广佛华严经随书演义钞》在西夏的印造和讲读咸有所贡献。辽代鲜演大师《华严经玄谈决择记》是对澄观《华严经疏》的解释，因而也在西夏流布。俄藏黑水城出土编号为Инв. No.7211 的西夏文文献，克恰诺夫曾据尾题著录为《大方广佛华严经注由义释补》，此编号的其中一叶实为辽代高僧鲜演大师所著之《华严经玄谈决择记》卷四的西夏文译本。②

---

① 白滨：《元代西夏一行慧觉法师辑汉文〈华严忏仪〉补释》，杜建录主编《西夏学》第1辑，银川：宁夏人民出版社，2006年，第97页。
② 孙伯君：《鲜演大师〈华严经玄谈决择记〉的西夏文译本》，《西夏研究》2013年第1期，第27—34页；孙伯君：《澄观"华严大疏钞"的西夏文译本》，《宁夏社会科学》2014年第4期，第95—99页。

尤有进者,辽朝因受华严信仰影响而崇奉五台山,遂依宋境代州五台山之制而于立国之初在蔚州(河北省张家口市蔚县)境内另建设五台山,清人厉鹗撰《辽史拾遗》卷十五引《山西通志》言:"金河十寺在蔚州东南八十里五台山下,河中碎石为金,故名金河寺,俱辽统和(983—1012)间所建。"①有意思的是,西夏于1038年立国后,同样亦于贺兰山一带另建五台山,又称"北五台山"。②这一现象纯属巧合还是依辽如法炮制,因缺乏证据,尚不得而知。

2. 西夏晚期显密圆通思想之辽朝溯源

西夏晚期流行显密圆通佛教思想,也与辽朝的华严思想存在着密切关联。密教经典《秘咒圆因往生集》与《释摩诃衍论》较具代表性,前者为西夏桓宗天庆七年(1200)由西夏僧人智广、慧真辑录,金刚幢译定完成的一部诸经神验秘咒的总集,在西夏广为流传。《俄藏黑水城文献》第四册收录了《秘咒圆因往生集》(TK271)残卷影印部分,刻本经折装,共10折半,21面,行10字,上下双栏,有佚文,首缺。其辑录形式与行琳辑《释教最上乘秘密藏陀罗尼集》和道㲀撰《显密圆通成佛心要集》有很大相似性,其中《观自在菩萨六字大明心咒》的内容与五台山金河寺沙门道㲀集《显密圆通成佛心要集》卷上"次诵六字大明真言"的内容更为接近。《智炬如来心破地狱咒》根据《显密圆通成佛心要集》卷下"供佛利生仪"内容辑录完成。《秘咒圆因往生集》"教外之圆宗"之理论实则源于华严思想,与辽代华严之"华严一乘法界"为主的圆宗教义有共同的趋向。

与华严思想密切相关的《释摩诃衍论》在辽朝盛行,辽道宗耶律洪基"备究于群经而尤精于此论"。③辽高僧法悟曾奉道宗之命,结合华严经为《释摩诃衍论》作注,从而在辽朝形成了《释摩诃衍论》传习的热潮。在《俄藏黑水城文献》第2册中收有两件佛教文献,编号分别为TK79.2和TK80.2,原定名为《龙论》,即"龙树所造论"的简称。这两件实为同一残本,共计98页。乃法悟所著《释摩

---

① [清]厉鹗:《辽史拾遗》,北京:商务印书馆,1936年,第309页。
② 杨富学:《西夏五台山信仰斟议》,《西夏研究》2010年第1期,第14—22页。
③ [辽]法悟:《释摩诃衍论通赞疏》,《卍续藏经》第45册,No.772,页830c。

词衍论赞玄疏》卷二中的内容。除此之外,《黑城出土文书》(汉文文书卷)编号为 F64:W1 的文书,原定名为"某辞书残页",实则为辽代僧人希麟编集的《续一切经音义》卷六,是对《无量寿如来念诵修观行仪轨》的音义注释。①可以肯定辽代佛教之华严思想及显密融合对西夏佛教之密教思想产生了重要的影响作用。

3. 辽朝禅宗对西夏的影响

辽朝的禅宗也对西夏产生了一定影响。黑水城出土文献 TK254《中华传心地禅门师资承袭图》,其内容与《禅源诸诠集都序》有相同之处,均为宗密作品。竺沙雅章根据版式及"明""真"的避讳用法,确定 TK254《中华传心地禅门师资承袭图》为辽道宗时期刊印。②后者据大德七年(1303)贾汝舟"重刻禅源诠序"所述,刊刻者雪堂禅师曾从万寿寺方丈那里,得到辽清宁八年(1062)崇天皇太后主持印造,并颁行天下的定本。"崇天皇太后"之称呼,不见《辽史》本纪、传及表,据载辽兴宗之仁懿皇后,生道宗,于重熙二十三年(1054),被封为崇圣皇后,辽道宗清宁二年(1056)被封为宗天皇太后,辽道宗大康二年(1076)皇太后崩,则此处之崇天皇太后应即此人,只是后世将皇后和皇太后的封号混乱所致错误。西夏惠宗天赐礼盛国庆二年(1070),禅宗经典《六祖坛经》被译成西夏文。《俄藏黑水城文献》编号为 TK323 中的《往生净土偈》及 TK132《慈觉禅师劝化集》中所收之《人生未悟歌》《未悟歌》皆出辽僧思孝之手。③俄藏黑水城文献 TK134《立志铭心戒》前部、A26《无上圆宗性海解脱三制律》全部与《立志铭心戒》后部、A6V《究竟一乘圆通心要》均为辽代通理大师恒策之作品。④而通理大师(1049—1099)是辽朝禅宗的重要代表人物,其中《究竟一乘圆通心要》与禅宗经典《少室六门》之《血脉论》《心经颂》同抄于编号为 A6V 的卷子之上。

俄国圣彼得堡东方写本研究所庋藏的一件西夏文佛教文献《镜》,从其禅

---

① 聂鸿音:《黑城所出〈续一切经音义〉残片考》,《北方文物》2001 年第 1 期,第 95 页。
② [日]竺沙雅章:《黑水城出土の辽刊本について》,《汲古》第 43 号,2003 年,第 25 页。
③ 冯国栋、李辉:《〈俄藏黑水城文献〉辽代高僧海山思孝著作考》,杜建录主编《西夏学》第 8 辑,上海:上海古籍出版社,2011 年,第 276—280 页。
④ 冯国栋、李辉:《〈俄藏黑水城文献〉中通理大师著作考》,《文献》2011 年第 3 期,第 162—169 页。

宗内容分析，其或许为辽代道㲀的《镜心录》的翻译本，[①]或可观见西夏僧修习禅宗的事实。西夏流行的对禅宗的理解不超越契丹法幢法师在《心镜录》和《显密圆通成佛心要》内所提供的"圆融"典范，是一种附属于华严宗的华严禅。[②]彼时，辽和西夏禅学皆倡解行合一，如俄藏黑水城禅宗文献《解行照心图》所展示的思想即与辽朝道㲀的修行论一致。[③]其禅学一致性跃然纸上。

4. 辽朝八塔信仰对西夏影响

辽朝八大灵塔信仰盛行，对西夏也有影响，此前尚未引起关注。黑水城出土的《金刚座佛与五大塔》棉布唐卡（图15-4），现藏俄罗斯圣彼得堡艾尔米塔什博物馆，虽然其绘画风格有别于辽代八塔的密檐式，但其八塔名称与辽代朝阳北塔基本一致，其中央大塔内为释迦牟尼佛及二菩萨，榜题为菩提树下成道场（笔者按：塔），其下方四个小塔分列一大塔左右，大塔左右各二个小塔，铭文为：降服（笔者按：伏）外道名称塔，主尊右侧从上而下依次为：耆阇崛山大乘塔、菴罗林会维摩塔、佛从天下宝阶塔。主尊左侧从上而下分别为：尘园法轮初转

图15-4 黑水城出土金刚座佛与五大塔
（原图采自：Lost Empire of the Silk Road-Buddhist Art from Khara Khoto（Ⅹ-ⅩⅢth），p.118）

---

① K. J. Solonin, Khitan Connection of Tangut Buddhism, 沈卫荣、中尾正义、史金波主编：《黑水城人文与环境研究——黑水城人文与环境国际学术研讨会文集》，北京：中国人民大学出版社，2007年，第395页。

② 索罗宁：《禅宗在辽与西夏：以黑水城出土〈解行照心图〉和通理大师〈究竟一乘圆明心义〉为例》，怡学主编《辽金佛教研究》，北京：金城出版社，2012年，第297—298页。

③ 索罗宁：《辽与西夏之禅宗关系：以黑水城〈解行照心图〉为例》，黄夏年主编《辽金元佛教研究》，郑州：大象出版社，2012年，第84—85页。

塔、释迦如来生处塔、拘尸那城涅槃塔。①

而辽代八大灵塔雕塑以朝阳北塔塔身一层为例,从塔身南面的"净饭王宫生处塔"开始,按顺时针方向,依次为净饭王宫生处塔、菩提树下成佛塔、鹿野园中法轮塔、给孤独园名称塔、曲女城边宝阶塔、耆阇崛山般若塔、庵罗卫林维摩塔及娑罗林中圆寂塔。朝阳北塔天宫出土银塔上之八塔线描图也是辽代八大灵塔的重要例证。②(图 15-5)

图 15-5 朝阳北塔天宫出土银塔上之八塔线描
(原图采自《朝阳北塔——考古发掘与维修工程报告》,第 71 页)

观西夏八塔,和辽代八大灵塔在名称上何其似也,并且此种风格的八塔作品,科兹洛夫收藏有 5 件,说明八塔信仰在西夏国时期的黑水城一带是非常流行的,与辽朝的八塔信仰存在着密切联系。而据《大方广佛华严经入不思议解脱境界普贤行愿品》卷末题记载:罗太后为西夏仁宗(1139—1193)三周年祭而

---

① Mikhail Piotrovsky, *Lost Empire of the Silk Road-Buddhist Art from Khara Khoto (X -XIIIth)*, Electa: Thyssen Bornemisze Foundation, 1993, p. 118, pl. 6.
② 辽宁省文物考古研究所、朝阳市北塔博物馆编:《朝阳北塔——考古发掘与维修工程报告》,北京:文物出版社,2007 年,第 71 页。

祈福散施的 77276 帧《八塔成道图》，其目的在于净除业障功德。宁夏贺兰县宏佛塔天宫藏彩绘绢质八相塔图（图 15-6），画面不全残存六塔，与此相类，佛塔侧有竖书榜题，书写塔名，仅有□□□涅槃塔、释□□□处塔可辨，为 12 世纪末西夏八塔变。①辽代八大灵塔流行早于西夏，如此足见辽朝八大灵塔的信仰对西夏的影响之深。

辽朝佛塔对西夏的影响值得关注。辽朝的塔无论是塔身还是其上雕刻之八大灵塔基本为六角或八角密檐式。而西夏的佛塔中，拜寺口双塔，均为八角十三级密檐式砖塔，约 45 米，塔身通体涂抹白灰，施以彩绘，装饰华丽，在形制上和辽塔颇似。

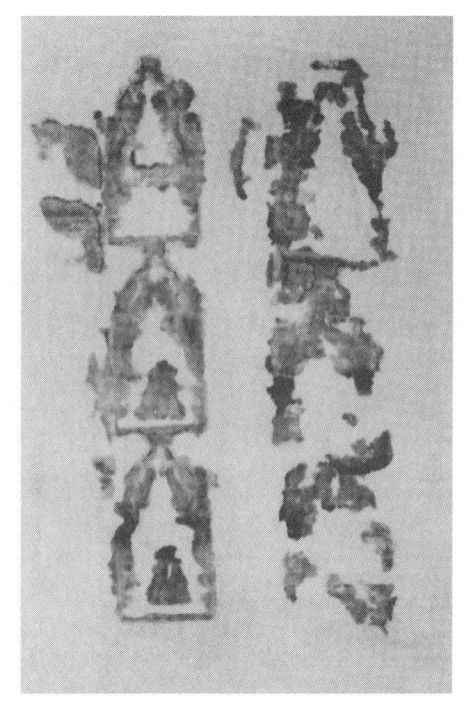

图 15-6 宏佛塔天宫藏彩绘绢质八相塔图
（原图采自《西夏佛塔》，图版 47）

第三节 辽朝造像艺术对西夏的影响

西夏佛教艺术研究应置于 10—13 世纪大的时代背景下去研究，这对于研究辽夏间的佛教文化交流具有重要意义。

辽朝的佛画对西夏的影响是重要的一方面。黑水城出土西夏时代之《佛说长阿含经第四分世纪经阿须伦品第六》(TK274) 首题前后有格线，每行字 17

---

① 雷润泽编：《西夏佛塔》，北京：文物出版社，1995 年，第 61 页，图版 47。

图15-7 黑水城出土《长阿含经·阿须伦品》护法神王版画(TK274)
(原图采自《俄藏黑水城文献》第4册)

个。①其纸背书有"长阿含经卷第二十薄",与《契丹藏》"薄"的帙号一致,因而竺沙雅章确定其为《契丹藏》本,其卷首附有"护法神王"扉画(图15-7),与山西应县木塔所出未完成的版画(图15-8)不无相近之处。②应县木塔所出《妙法莲华经》卷一卷首画(图15-9)比较完整,其与TK274相比,护法神王头饰相类,人物面部栩栩如生,两眼炯炯有神,有八字胡须,呈坐姿,一腿蹬地,一腿屈膝,腿部刻画几乎完全一致。推而论之,黑水城所出护法神王版画残片很可能属于辽朝版画。③无独有偶,笔者发现黑水城所出敦煌文献 Дx11472A.B.《佛说长阿含经》佛经版画残片④、Дx11572 护法神王像以及 Дx11576 护法神王像(图15-10)也与之相类,并且可以还原完整的护法神王像,画面左侧有武士装人物,头戴

---

① 俄罗斯科学院东方文献研究所等编:《俄藏黑水城文献》第4册,上海:上海古籍出版社,1997年,第365页。
② [日]竺沙雅章:《黑水城出土の遼刊本について》,《汲古》第43号,2003年,第22页;山西省文物局、中国历史博物馆编:《应县木塔辽代秘藏》,北京:文物出版社,1991年,第19页。
③ Shih-shan Susan Huang, Reassessing Printed Buddhist Frontispieces from Xi Xia, *Zhejiang University Journal of Art and Archaeology* Vol. 1, 2014, pp.149-150.
④ 俄罗斯科学院东方文献研究所等编:《俄藏敦煌文献》第15册,上海:上海古籍出版社,2000年,第221页。

第十五章 辽金佛教与西夏佛教之关联 | 291

图 15-8　应县木塔出土《大方广佛华严经》卷四十七卷首画
（原图采自《应县木塔辽代秘藏》第 19 页）

图 15-9　应县木塔出土《妙法莲华经》卷一卷首画
（原图采自《应县木塔辽代秘藏》第 183 页）

图 15-10　俄藏敦煌文献 Дx11576 护法神王版画
（原图采自《俄藏敦煌文献》第 15 册）

宝冠，右手横持剑。画面右侧，上部有一持宝棒的夜叉，下部是与右侧相类的武士形象，背景为祥云、山、水。因而，辽朝的佛教版画题材同样影响到了敦煌地区。

山西应县木塔出土《契丹藏》之《中阿含经》卷三十六（图15-11）和《大法炬陀罗尼经》卷十三均为硬黄纸、卷轴装，二者卷首插图在构图方式上几无二致，图像正中为结智拳印的大日如来，其坐于大瓣的仰莲之上。左右为两大菩萨，

图15-11　应县木塔出土《中阿含经》卷三十六
（原图采自《应县木塔辽代秘藏》，第52页）

其右侧为文殊，左侧为普贤，两大菩萨四周各围绕四大菩萨和四大天龙八部众。大日如来前方是一个供案，上置花卉及其他供物，供案两旁各一个仰头的举灯菩萨，供案前跪着五人，其中一人背对观者。据研究，此藏经为印刻于1003年的《契丹藏》。[1]其中八大菩萨的此种配置是辽朝的典型代表。[2]一个背对观者的僧人形象比较突出，此类图像较早发现于山西省博物院所藏691年雕刻涅槃佛的石碑，碑正面底部佛陀右下侧有一身背对观者的跪姿僧人图像。[3]有两个或两个以上背对观者的跪姿图像也出现在敦煌莫高窟第12窟、第61窟华严经变壁画中，但这种作品在9、10世纪的壁画中并不多见。西夏普贤菩萨行愿经TK142版画（图15-12）根据榜题可知，主尊为"教主大毗卢遮那佛"主尊

图 15-12　西夏普贤菩萨行愿品 TK142
（原图采自《俄藏黑水城文献》第 3 册）

---

[1] 国家文物局文物保护科学技术研究所等：《山西应县佛宫寺木塔内发现辽代珍贵文物》，《文物》1982年第 6 期，第 2 页。
[2] Laurence Sickman-Alexander Soper, *The Art And Architecture of China*, Puffin, 1971, p. 443.
[3] 李琛妍：《幸存的涅槃：中国视觉文化中的佛陀之死》，香港：香港大学出版社，2010 年，第 81—82 页。

右侧为文殊菩萨,被四大菩萨环绕,主尊左侧为普贤菩萨,同样在其周围配置四大菩萨,和辽朝时典型的构图方式一致。同时也有一个背对观者的人物,并且和敦煌莫高窟北区第 B53 窟所发现的金代《华严经》残片(B53:1,图 15-13)的构图方式极为相似,除了背对观者的人物,疑似主尊大日如来的宝冠、服饰、智拳印相似。而此种宝冠佛样式的大日如来和西夏《华严经》版画(TK243)中的构图方式相似,尤其主尊两侧仰头听法的胁侍菩萨神态特别相似,金代的这幅华严经版画时间大约在 11 世纪末、12 世纪初,西夏和金共存了 112 年,此间二者之间的影响从版画的构图看可见一斑,而其创作的粉本均是来源于辽朝,宋代的构图中也有华严经中背对观者的人物出现,表明这种版画方式在当时普遍存在。

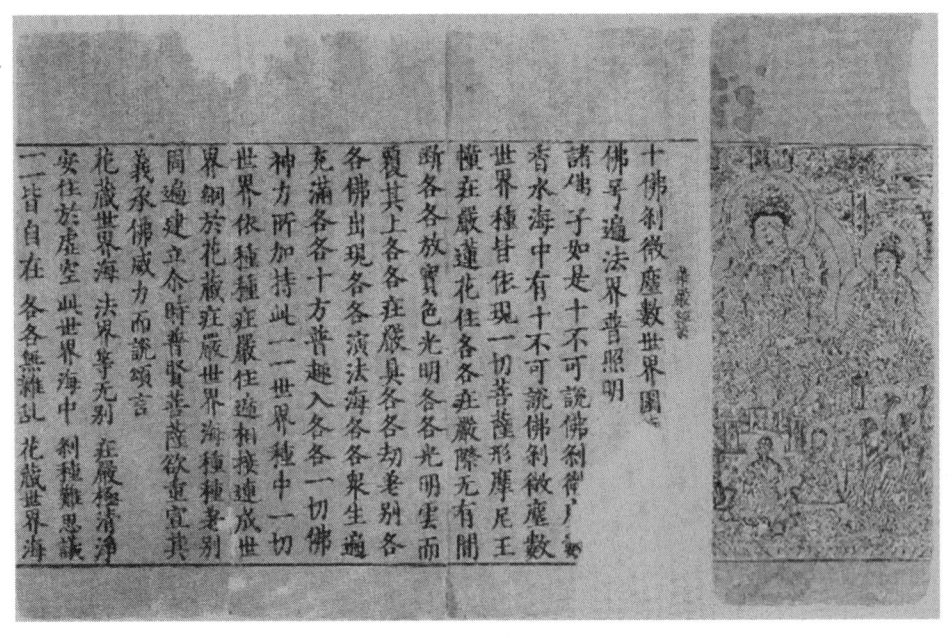

图 15-13　莫高窟北区 B53 窟出土金代《华严经》
(原图采自《敦煌莫高窟北区石窟》第 1 卷)

辽代的三珠火焰纹对西夏也产生了重要影响。火焰宝珠纹在辽墓壁画中比较流行,辽朝早期的宝山 1 号辽墓壁画中就绘有多幅用云气托起的火焰宝珠图案，2 号墓石室门外正面还绘有四周以云气围绕的莲花宝珠火焰。[1]在赤峰和库伦发现的晚期辽墓壁画中，宝珠火焰和莲花宝珠火焰仍然存在。宋金墓葬与辽代相比，宝珠火焰纹出现的次数明显较少。这和辽朝对摩羯的崇拜有一定关系。《杂宝藏经》中云：

> 此珠磨竭大鱼脑中出。鱼身长二十八万里，此珠名曰金刚坚也。有第一力耐，使一切被毒之人，见悉消灭，又见光触身，亦复消毒。第二力者，热病之人，见则除愈，光触其身，亦复得差。第三力者，人有无量百千怨家，捉此珠者，悉得亲善。[2]

可见在辽人眼中宝珠有去病除怨之功能，辽朝摩羯图像的流行，使得从其脑中所出的宝珠也同样盛行。《大智度论》中亦云：

> 此宝珠名如意，无有定色，清澈轻妙，四天下物，皆悉照现。如意珠义，如先说。是宝常能出一切宝物，衣服饮食，随意所欲，尽能与之，亦能除诸衰恼病苦等。[3]

则宝珠不仅能光照万物，还能满足民众对衣食的需求。这些可能都和辽朝流行的摩尼宝珠有一定关系。西夏在与辽交往的过程中，宝珠火焰纹的艺术风格一定程度上也必然会受其影响。西夏时期，多见莲花宝珠火焰及花砖，则辽代的火焰宝珠纹对西夏无疑也是有着重要的影响。有人认为三珠火焰纹和阴阳珠火焰纹为西夏时期所独有，[4]实不足取。

---

[1] 巫鸿、李清泉：《宝山辽墓：材料与释读》，上海：上海书画出版社，2013 年，第 166 页图 5；第 188 页图 48。
[2] [北魏]吉迦夜、昙曜译：《杂宝藏经》卷七，《大正藏》第 4 册，No. 203，页 480c。
[3] [印度]龙树造，[姚秦]鸠摩罗什译：《大智度论》卷五九，《大正藏》第 25 册，No. 1509，页 478a。
[4] 岳键：《敦煌西夏石窟断代的新证据——三珠火焰纹和阴阳珠火焰纹》，杜建录主编《西夏学》第 7 辑，上海：上海古籍出版社，2011 年，第 235—242 页。

在佛教服饰上辽朝对西夏也产生了影响。如辽代石雕佛像中贴体裙裳以膝盖为中心，进而扩展到整个腿部的涡旋状衣纹就影响到西夏。其裙子涡纹式样可追溯到北魏时期，天水麦积山石窟第169龛正壁交脚菩萨贴腿衣纹便是北魏时期这种衣纹的代表（图15-14）。内蒙古阿拉善盟额济纳旗绿城遗址出土的西夏泥塑菩萨像膝盖部有此种衣纹（图15-15），或许是仿辽朝而制作（图15-16）。同时期的北宋也发现有此种纹样的裙裳，如麦积山石窟第43窟主尊左、右侧胁侍腿部裙子皆是此种旋涡纹（图15-17），说明这种涡旋状衣褶也是辽、宋、西夏时期交互影响下形成的风格样式。

辽、夏各自为政，但西夏人积极借鉴辽朝的以华严思想为中心的佛教经典，包括大藏经及其他佛典，使西夏佛教在较短的时间内得到迅速发展。无论是显教还是密宗都表现出此种特点。同时在八塔信仰及佛教绘画、造像上又和辽朝佛教有着千丝万缕的联系。从而使得辽朝与西夏在佛教思想及艺术上体现出相似性和紧密性。

图15-14 麦积山石窟第169龛交脚菩萨（程嘉静摄）

图15-15 西夏绿城遗址出土泥塑菩萨残件（原图采自《额济纳旗绿城新见西夏文物考》，第73页）

图 15-16 薄伽教藏殿北次间主尊（原图采自《大同华严寺及薄伽教藏殿建筑研究》，第 190 页）

图 15-17 麦积山石窟第 43 窟主尊右侧胁侍（程嘉静摄）

第四节　西夏与金朝的佛教文化交流

西夏是辽朝的盟友、姻亲，关系极为笃厚。以此之故，在辽朝存在之时，西夏与女真人素无往来。1115 年，金朝以其强大的军事力量，企图一举歼灭辽朝。这时，西夏一方面笃守对辽朝的情义，"不渝终始，为难相救"，[①]另一方面，也想以救辽为契机，从辽国获取疆土，欲将自己的疆域扩展到黄河以东。于是派李良辅领兵救辽，与金军在天德军境内野谷一带鏖战，结果，3 万夏军"败之几尽"。野谷战败，使西夏认识到金朝军事力量的强大，于是改变原来对外政策，弃辽附金。

夏金交好之初，即从夏元德四年（1122）至大庆元年（1140）的 18 年中，双

[①]《金史》卷一三四《西夏传》，北京：中华书局，1975 年，第 2865 页。

方关系相当微妙。由于双方互不信任,加之西夏对金是阳奉阴违,导致冲突的发生在所难免。夏金之间的真正友好关系,主要是在仁孝与纯祐统治时期,也就是金熙宗、金世宗、金章宗在位之时。这种友好关系的突出反映就是夏金双方的交聘活动。史谓:"自天会议和,八十余年来与夏人未尝有兵革之事。"[①]此说虽有饰美之嫌,但基本上反映了两国长期的友好关系。

政治上的友好关系,必将带来文化上的交流。在辽朝覆亡后,女真人入居中原,宋室南渡,于是,金朝和西夏成了近邻。西夏于天盛六年(1154)派使臣到金朝购买儒学和佛教书籍,《金史》记载:"九月辛亥朔,夏使谢恩,切请市儒、释书。"[②]所购佛书为何种类,史无详载。是时,金朝正在解州天宁寺雕造汉文大藏经《赵城金藏》(图17-8)。此经开雕于金熙宗皇统八年(1148),毕工于世宗大定十三年(1173)。西夏去购书时尚未完工,因此,西夏所购佛书当非《赵城金藏》。

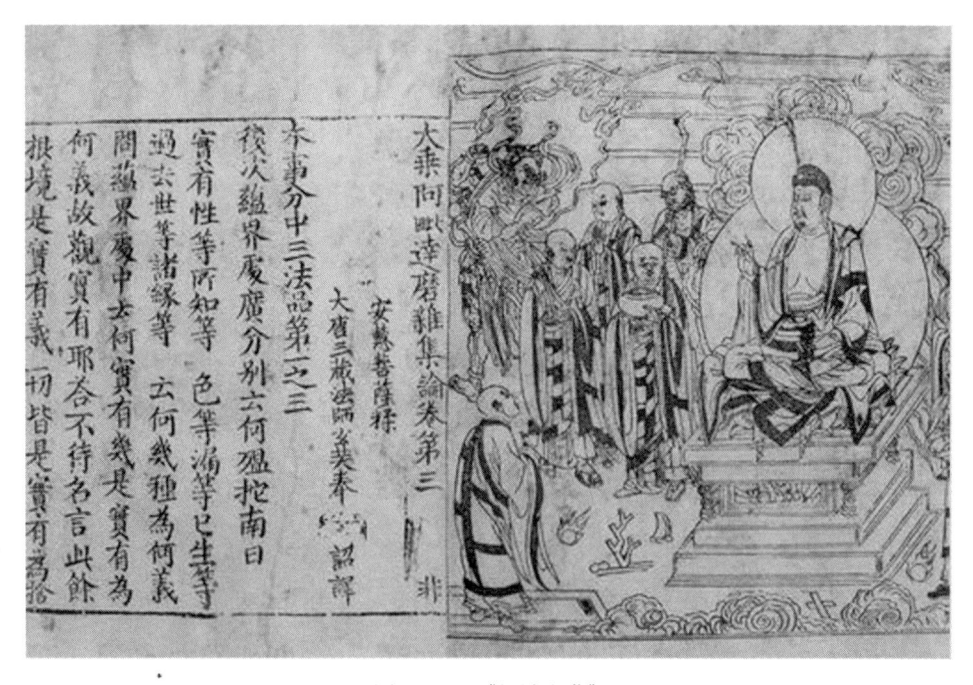

图 15-18 《赵城金藏》

---

① 《金史》卷一三四《西夏传》,北京:中华书局,1975 年,第 2867 页。
② 《金史》卷六〇《交聘表上》,北京:中华书局,1975 年,第 1408 页。

大藏经的雕印是金代佛教事业中的一件盛事。金版大藏经是由私人集资雕印的,潞州女子崔法珍断臂苦行,感动了许多善男信女,大家共同捐献钱物,在解州天宁寺雕印。大定十八年(1178),由崔法珍将印好的大藏经进于朝廷,朝廷命圣安寺为法珍受戒为比丘尼,大定二十年(1180),将经版运抵京师,收藏于弘法寺。元朝初年又有补刻。金版大藏经共收佛典六千九百余卷,因最初发现于山西赵城广胜寺(图15-19),又称《赵城金藏》。[1]西夏向来重视佛教书籍的购买,从宋得到《开宝藏》,由辽得到《契丹藏》。自元昊称帝(1038)至夏崇宗乾顺天祐民安元年(1090),用西夏文译完了从《开宝藏》中拣选出来的经典820部,3579卷,分装入362帙中。此后,又以《契丹藏》为底本对西夏文大藏经进行校勘。对金朝雕刻的规模宏大的大藏经,西夏人自然也会尽早得到。如果此推测不误,那么,西夏对《赵城金藏》的购进当在大定二十年(1180)之后不久。

图 15-19　山西赵城广胜寺

---

[1] 段建凤:《〈赵城金藏〉的发现及其现代意义》,《文物世界》2016年第4期,第42—44页。

金代除中央机构刻印出版书籍外，在平阳(今山西临汾)又形成了出版中心。这里有专门刻书机构，出版了很多精美的书籍。金朝的刻印中心平阳距西夏很近，两国来往密切。黑水城还出土有平阳姬家雕印的《四美图》，绘画高超，刊刻精细。此外，黑水城还出土有金朝的杂剧本《刘知远诸宫调》(图 15-20)、《六壬课秘诀新雕文酒清话》以及佛经《南华真经》《心经注》《大方广佛华严经普贤行愿品》《金刚般若波罗蜜多经》《摩诃般若波罗蜜多经》《三十五佛名经》等。[①]

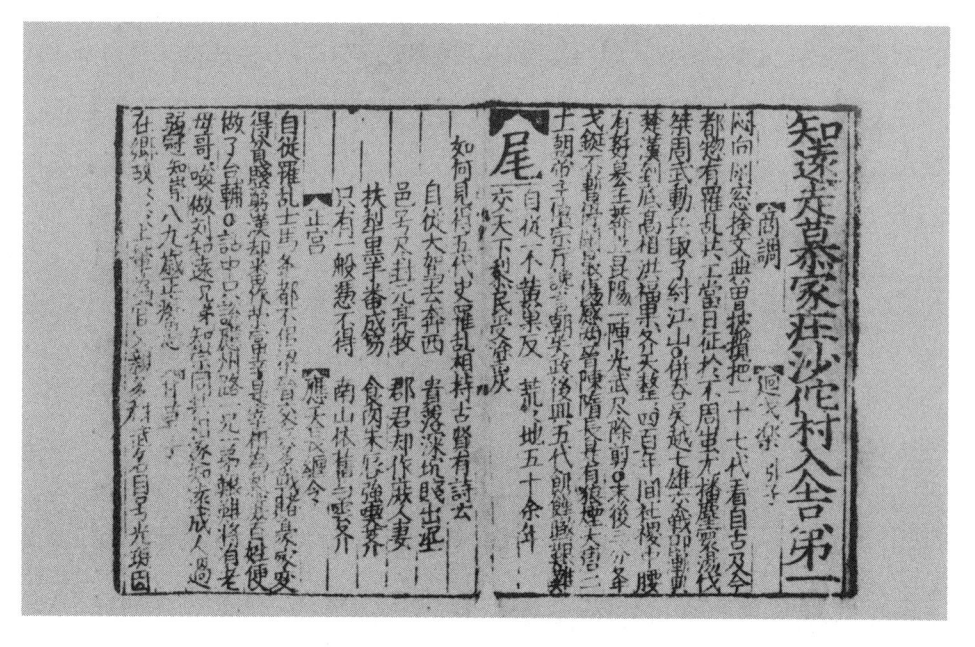

图 15-20 黑水城出土金刻本《刘知远诸宫调》残卷首页

《刘知远诸宫调》是现存三部诸宫调作品中年代最早的一部，目前学术界基本认同郑振铎的说法，认为它为民间文人或艺人所作，是 12 世纪的产物，和《西厢记诸宫调》出于同一时代，但要早一些。《刘知远诸宫调》是在黑水城发现的。黑水城当时属西夏管辖，而该书因为从纸质、版式、刊工刀法和字体，和故宫旧藏的金刻本"曾子固先生集"、潘氏滂喜斋旧藏的金刻本"云斋广录"、内阁

---

① 史金波：《西夏出版研究》，银川：宁夏人民出版社，2004 年，第 70 页。

图 15-21　黑水城出土金刻本《刘知远诸宫调》残卷插图

大库旧藏的金刻本"五音集韵"等书都非常相似,故而可以断定是金代刻本。①

　　《刘知远诸宫调》的原作者目前已无法考证,有学者推测其作者是孔三传这类山西本土的民间说书艺人,亦未可知。②原本共有 12 则,每卷的开头、末尾都有题目。今仅残存四则多,四十二页,约占全书的三分之一。值得庆幸的是首尾两则完整地保存着。这使我们对于全书的面貌和故事的进展,尚能有一个大概的了解。

　　由于西夏佛教的传播与普及,西夏的佛事活动也呈现出蓬勃发展的趋势。因西夏早期的文献资料较少,佛事活动多见于赎经、建寺、译经等,至于史书则很少涉及。至西夏中期以后,随着密宗的发展,特别是藏传佛教的兴盛,法事活动在佛教信仰中占据越来越重要的地位。而在这些法事活动中,散施佛经于信众是一项很重要的内容,在西夏这样一个地域促狭、人口较少的王朝,印经数量动辄数万,甚至数十万。这么多佛经,肯定要耗费大量的纸张,也势必造成西

---

① 郑振铎:《中国俗文学史》,北京:商务印书馆,2010 年,第 338 页。
② 付燕:《黑水城文献〈刘知远诸宫调〉创作时期及作者考辨》,《西夏学》第 10 辑,上海:上海古籍出版社,2013 年,第 269—270 页。

夏用纸的紧缺。为缓解用纸的压力,西夏常从邻国利用各种手段获取纸张,如黑水城出土文书里面,就发现有大量的宋朝纸张,正面是宋朝的各类文书,背面多是西夏文、汉文佛经以及各类文书。同时,在《俄藏黑水城文献》里,发现有三件编号分别为 A32、Инв.No. 4484、Инв.No. 5176 的金写本文书,其中 Инв. No. 4484 号文书《毛克下正军编册》,背为西夏文写本佛教禅宗文献;Инв.No. 5176 号文书,《俄藏黑水城文献》将其定为西夏写本,据考,其实应为金写本。① 此文书背面为西夏文写本《梵语金刚王乘典触》。

西夏与金朝虽能长期友好相处,仅在自金太宗至章宗在位的八十余年间曾发生过三次比较严重的对峙。第一次夏金对峙发生在海陵王完颜亮正隆末年(1160)。完颜亮弑熙宗自立后,遭到西夏仁孝皇帝的责难,由此产生矛盾。同时完颜亮自恃武力强盛,扩军备战,发动了对宋的战争,还企图以兵定夏国。期间,双方发生了多次战争。至金世宗时,双方才正式恢复和好。

夏金第二次对峙发生在金章宗明昌元年(1190),诱因是金朝对西夏使者态度比较蛮横,仁孝皇帝盛怒之下,发兵攻打金朝的边境地区。金朝对西夏一系列的军事进攻采取理智、忍让的态度,除要求西夏严惩肇事者外,并没有采取军事报复行动。因此,在夏仁宗仁孝死后,纯祐即位,夏金关系又重新归于和好。

夏金第三次对峙是在金大安元年(1209),此时蒙古军再次攻入西夏,夏主安全(夏襄宗)遣使至金求援。然而,昏庸的卫绍王却拒绝出兵援助。这使本已积怨甚深的夏金矛盾白炽化,终于爆发了一场长达十余年的战争。

值得注意的是,在夏金交战期间,曾发生过三次耐人寻味的事例。

1. 金大定十八年(1178),"九月,西夏遣将蒲鲁合野来攻麟州,至宕遵源,有邛都部之酋名禄东贺者,密与之通。番僧谛刺者,约日为应。兵与战,禄东贺从中而叛,与西夏兵首尾夹击之,师熸。戊子,麟州城险,夏人掳金帛而去"。②

2. 光定四年(1214),西夏右枢密使、吐蕃路都招讨使万庆义勇以书信约宋夹攻金朝,派去联络的,是蕃僧减波把波,他带着蜡丸书,前往西和州的宕昌寨

---

① 杨浣:《黑城〈西北诸地马步军编册〉考释》,《中国史研究》2006 年第 1 期,第 137—144 页。
② [宋]宇文懋昭撰,崔文印校证:《大金国志校证》卷一七,北京:中华书局,1986 年,第 240 页。

进行联络。①

3. 光定十二年(1222),金、夏大通城之战,则是金宣宗利用河西蕃部僧人入城为内应而取得了胜利。②

上面三个典型事例,有一个共同的特点,就是都使用僧人作为使者或内应。类似情况,早在西夏与北宋、辽对峙时期就已经出现过。天授礼法延祚五年(1042),北宋知清涧事种世衡派僧人王光信潜入西夏行反间计,以蜡丸书送交西夏大将野利旺荣,使元昊产生怀疑,终于杀掉旺荣。③北宋知渭州王韶、总管葛怀敏也曾使僧人法淳持书信前往西夏活动。④

这些现象,庶几乎可以确定,西夏与辽、宋、金作战时,喜以僧人为使者或内应。那么,双方在战争中为什么频繁采取这种手段,而且屡试不爽呢?据笔者推断,僧人似乎有一种特权,即使在战争期间,他们出入两国边界较常人相对自由一些。作为使者或内应的僧人固然是战争中的一分子,然而,他们毕竟只是战争中的一枚棋子而已。更多僧人却没有参与战争,他们利用自己特殊的身份,来维系着两国之间的交往。

文化间的交流是双向的,但综观西夏与辽、金间的佛教文化交流,西夏往往是受者,输入的远远多于输出。辽朝的《契丹藏》被用作校勘佛经的底本,金朝的《赵城藏》也极有可能被列入所购买的儒、释书籍之中。不唯如此,辽、金私人编撰的或地方出版的佛教书籍,也都受到西夏佛教徒的重视。西夏人积极学习各民族佛教文化,以容纳百川之气概,借鉴周边各民族之优秀文化成果,汲取其精华,以充实、发展自己的民族文化,使西夏佛教文化在较短的时间内得到迅速发展,特别值得一提的是,辽人甚至一度把西夏看作是佛教圣地。相比之下,金朝却绝少从西夏输入佛教方面的东西,倒是佛教信仰浓厚的西夏往往因与宋朝佛教界联系不畅而把金朝看作汉文化,尤其是佛教文化的一个中心,不断从中吸取营养。

---

① 《宋史》卷四八六《夏国传下》,北京:中华书局,1977年,第14027页。
② [清]吴广成撰,龚世俊等校证:《西夏书事校证》卷四一,兰州:甘肃文化出版社,1995年,第487页。
③ 《宋史》卷三三五《种世衡传》,北京:中华书局,1977年,第10743—10744页。
④ 《宋史》卷四八五《夏国传上》,北京:中华书局,1977年,第13998页。

第十六章　黑水城出土夏金榷场贸易文书研究

党项本为游牧民族，经济并不发达。李继迁时占领了宋的灵州和兴庆等地，又向西占领了河西走廊地区。这些地区适宜种植蔬菜、水果和粮食，五谷丰饶。党项人长期与汉人杂居，从当地汉人那里逐步学会了先进的农业生产技术，促进了西夏经济的发展，"耕稼之事，略与汉同"。①

西夏与周边地区保持着密切的商贸关系。在和平时期，西夏与宋、辽、金诸政权间贡使往来频繁、榷场贸易兴盛；在战争状态下，北宋为迫使西夏就范，惯用的手段之一就是使用经济制裁，如停止使节往来，关闭榷场，甚至不许他国商人经由西夏入宋贸易。但这一切还是未能阻止双方边民的互通有无，私市贸易禁而不绝。同时，西夏利用扼控中原通西域要道——丝绸之路中段的地理优势，积极展开与西域诸国的贸易，与大食、高昌回鹘、喀喇汗王朝及西辽等国均有频繁往来。西夏还通过与宋朝的贸易，获取茶叶、丝绢、瓷器等物资，转而卖于西域诸国，抑或将西域诸国的货物转售于宋朝，从而获取中转贸易之利益。②关于西夏与北宋的贸易，很早就引起学者们的注意，而且成绩斐然，此不赘

---

① [清]吴广成撰，龚世俊等校注：《西夏书事校证》卷一一，兰州：甘肃文化出版社，1995年，第186页。
② [日]長澤和俊：《五代·宋初における河西地方の中繼交易》，《シルク·ロード史研究》，東京：國書刊行會，1979年，第291—304页；李范文主编《西夏通史》，北京：人民出版社，银川：宁夏人民出版社，2005年，第504—506页；陈炳应、赵萍：《西夏的国内外贸易剖析》，《陇右文博》2007年第2期，第64—73页。

述。①至于西夏与金朝的贸易,学界虽有关注,但由于史料记载比较匮乏,故一直进展不大。②

近期,《俄藏黑水城文献》出版,刊布了大量珍贵的黑水城(遗址在今内蒙古额济纳旗东南25公里处)出土文书,非常难得。其中收录了15件西夏与金朝榷场贸易有关的汉文文书,其编号分别为 Инв. No. 307(2-1)、Инв. No. 307(2-2)、Инв. No. 308、Инв. No. 313、Инв. No. 315(2-1)、Инв. No. 315(2-2)、Инв. No. 316、Инв. No. 347、Инв. No. 348、Инв. No. 348V、Инв. No. 351、Инв. No. 352A、Инв. No. 352B、Инв. No. 353、Инв. No. 354。③这15件文书皆来自西夏文刻本《大方广佛华严经》的封套裱纸。考虑到文书来源的一致性,笔者认为这些文书在内容上应存在一定的连续性。由于史书对西夏与金朝贸易关系的记载极为稀少,故这些文献对于我们认识二者间的贸易关系具有重要意义。其中的12件文书——Инв. No. 307(2-1)、Инв. No. 307(2-2)、Инв. No. 313、Инв. No. 315(2-1)、Инв. No. 316、Инв. No. 347、Инв. No. 348、Инв. No. 351、Инв. No. 352A、Инв. No. 352B、Инв. No. 353、Инв. No. 354——已由日本学者佐藤贵保释读刊布,重点探讨了文书的书写格式问题,④以其内容,佐藤氏将 Инв. No. 307(2-2)和 Инв. No. 313 缀合为1件文书,可取。需要说明的是,由于各种原因,佐藤氏对文献的释读尚存在着一些可供商榷的地方。本文拟对文献内容重新进行释读,补录佐藤氏所遗3篇文献,即Инв. No. 308、Инв. No. 315(2-2)和 Инв. No. 348V 以成全帙。此外在《英藏黑水城文献》中有两件文书,编号为 Or. 12380-

---

① 这方面的研究成果甚多,举其荦荦大端者有:[日]宫崎市定:《西夏の興起と青白鹽問題》,《東亞經濟研究》第18卷2号,1934年,第22—37页;[日]冈崎精郎:《宋初における夏州政權の展開と貿易問題——西夏建國前史の一節として——》,《追手門学院大学文学部紀要》第1号,1967年,第17—30页;杜建录:《宋夏商业贸易初探》,《宁夏社会科学》1988年第3期,第73—78页;丁柏传:《试论西夏与北宋的经贸往来及其影响》,《首届西夏学国际学术讨论会论文集》,银川:宁夏人民出版社,1998年,第158—164页;李华瑞:《宋夏关系史》第九章《宋夏贸易与宋夏战争的关系》,石家庄:河北人民出版社,1998年,第312—342页。
② 张慧:《西夏黄河沿岸的榷场经济——兼论西夏与中亚地区的贸易往来》,《内蒙古地方志》1995年第3期;杜建录:《西夏经济史》,北京:中国社会科学出版社,2002年,第271—272页。
③ 俄罗斯科学院东方文献研究所等编:《俄藏黑水城文献》第6册,上海:上海古籍出版社,2000年,第279—286页。
④ [日]佐藤贵保:《ロシア藏カラホト出土西夏文〈大方廣佛華嚴經〉經帙文書の研究——西夏榷場使關連漢文文書群を中心に》,《東トルキスタン出土"胡語文書"の綜合調査》,2006年,第61—76页。

3638b 与 Or. 12380–3673V，与上述《俄藏黑水城文献》中的 15 件文书应为同组文书。① 下面就这些文献的时代、性质及其他相关问题略做探讨。

第一节　夏金榷场贸易相关文书

本录文以佐藤贵保氏的研究成果为基础，同时稽核《俄藏黑水城文献》所刊照片，对原录文略有修正，并加标点。其中大写数字表示文献的序号，括弧内的阿拉伯数字表示行次，⬜⬜⬜表示前缺，⬜⬜⬜表示后缺，□表示缺一字，框内为拟补文字，长方框⬜⬜⬜则表示所缺字数无法确定，中间空格为原文所有。现录文如下：

壹、Инв. No. 348《大庆三年呈状》（图 16-1）

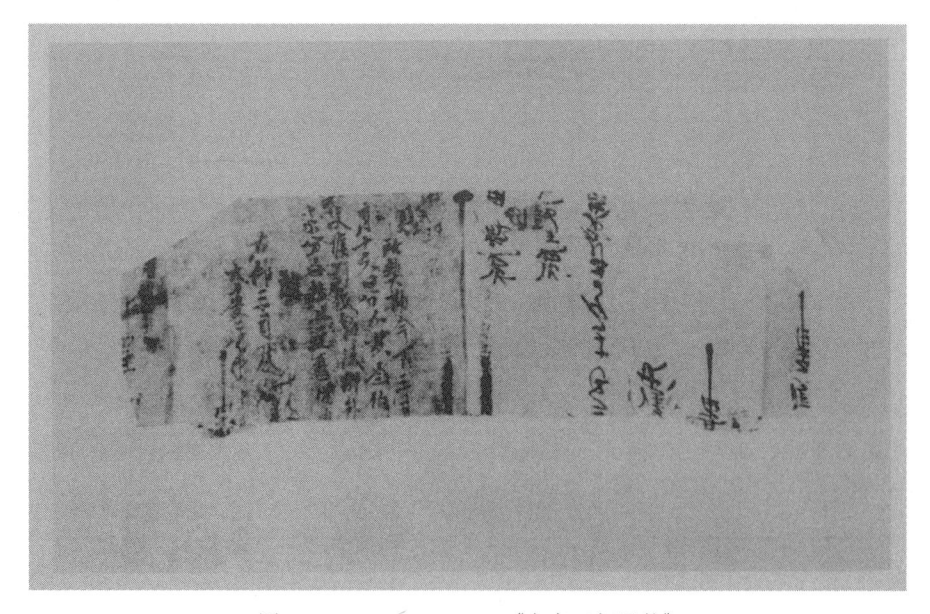

图 16-1　Инв. No. 348《大庆三年呈状》

---

① 许会玲：《黑水城所出西夏汉文榷场文书考释》，河北师范大学硕士学位论文，2009 年，第 15—18 页。

第十六章 黑水城出土夏金榷场贸易文书研究 | 307

（前缺）

（1）▭所契勘今下三司▭

（2）▭月十六日分钱贯叁佰▭[

（3）▭□候到依《新法》□赴▭

（4）▭□分白抄上税历供出▭

（5）▭关

（6）　右仰三司处①▭

（7）　　大庆三年▭

贰、Инв. No. 347《榷场使兼拘榷西凉府签判文书》（图16-2）

图16-2　Инв. No. 347《榷场使兼拘榷西凉府签判文书》

（前缺）

（1）▭匹壹赤柒寸伍分▭

（2）▭壹拾陆匹，计叁拾贰②匹，小绢子▭

---

① "处"，佐藤氏误释为"度"。
② 此处佐藤氏漏录"贰"字。

(3)☐☐匹,计肆匹,小晕缬贰匹,计贰☐☐
(4)☐☐叁匹,粗射箭叁班半,计☐☐
(5)☐☐匹,计陆匹,
(6)☐☐带黄褐肆拾伍段、白褐叁段☐☐
(7)☐☐川绢价伍拾柒匹半,收税川绢☐☐
(8)☐☐捌赤,准河北①绢壹匹壹②拾伍赤☐☐
(9)☐☐计贰匹肆分,笔壹阡伍拾管☐☐
(10)☐☐计肆匹捌分,川绢壹拾叁匹☐☐
(11)☐☐匹半,计壹拾③叁匹,紫绮壹☐☐
(12)☐☐计壹匹贰分,大匙筋壹拾玖☐☐
(13)☐☐壹匹,计贰匹。
(14)☐☐状
(15)☐☐正月日,榷场使兼拘榷西凉府签判☐☐

叁、Инв. No. 352B《榷场使文书》(16-3)

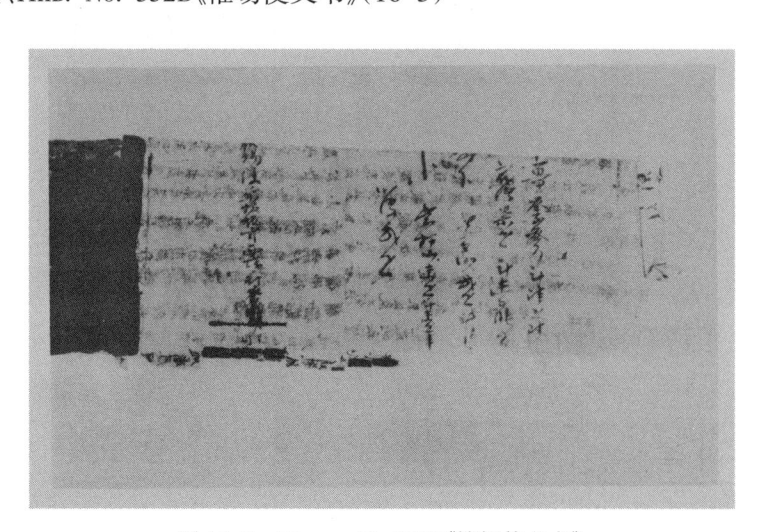

图 16-3　Инв. No. 352B《榷场使文书》

---

① "北",此前曾录为"地",以字形难以区别。然观文意,应以"北"为胜。下同,不另注。
② 此处佐藤氏漏录"壹"字。
③ "拾",佐藤氏未读出。

（1）▭▭▭▭ 姜叁拾叁斤,计陆匹陆①

（2）▭▭▭▭ □绢柒匹,计壹拾肆匹

（3）▭▭▭▭ 貳分,□沙贰匹,计肆匹

（4）▭▭▭▭ 分,紫押□壹匹,计壹匹半

（5）▭▭▭▭ 川绢贰匹

（6）▭▭▭▭ 榷场使兼拘榷官西凉府签判（押字）崇同

肆、Инв. No. 354《南边榷场使呈状》（图 16-4）

图 16-4　Инв. No. 354《南边榷场使呈状》

（1）南边榷场使 申

（2）准安排官头子,所有 本 ▭▭▭▭

（3）段。依法搜检,并无违禁。▭▭▭▭

（4）尽卖,替头博买到②回货,依 ▭▭▭▭

---

① "陆匹陆",佐藤氏误释为"肆匹肆"。
② "到",佐藤氏误释为"计"。

(5)印讫。仍将所博买回货,一就▢▢▢▢

(6)上司前去。伏乞照会作何,▢▢▢

(7)上者

(8)张师公黄褐壹拾▢▢▢▢

(下残)

伍、Инв. No. 315(2-1)《文书》

(1)南边榷场使

(2)准银牌安排官头▢▢▢▢

(3)成等元带褐①段下▢▢▢

(4)褐段等尽卖,博买回货▢▢▢▢

(5)会印讫。仍将回货,一就▢▢▢▢

(6)银牌安排官所前去▢▢▢

(7)上者

(8)　　　王大成:黄褐壹佰匹▢▢▢

(9)　　　　　伍段▢▢▢▢[

(10)　　　　税绢壹▢▢▢

(11)　　　　绢柒▢▢

(12)川绢壹佰叁拾柒▢▢▢

(13)大纱玖匹,计②贰拾柒▢▢▢

(14)小绫叁拾匹▢▢▢

(15)中罗缬贰匹,计▢▢▢

(16)河北绢陆匹,计壹拾

(17)槐子捌斗,计贰匹▢▢▢

(18)蜜壹佰斤,计捌匹▢▢▢[

―――――――――

① 此处之"褐",佐藤氏未读出。
② 此处之"计",佐藤氏漏录。

（19）康牛儿①：黄褐壹拾□□□□
（20）　　　　买川绢□□□□
（21）　　　　拾玖□□□□
（22）　　□绢②玖匹，计壹拾捌□□□□
（23）　　　□□□匹，计肆□□□□
（下残）

陆、Инв. No. 307（2-2）《呈状》+Инв. No. 313《收椒绢等文书》（图16-5）

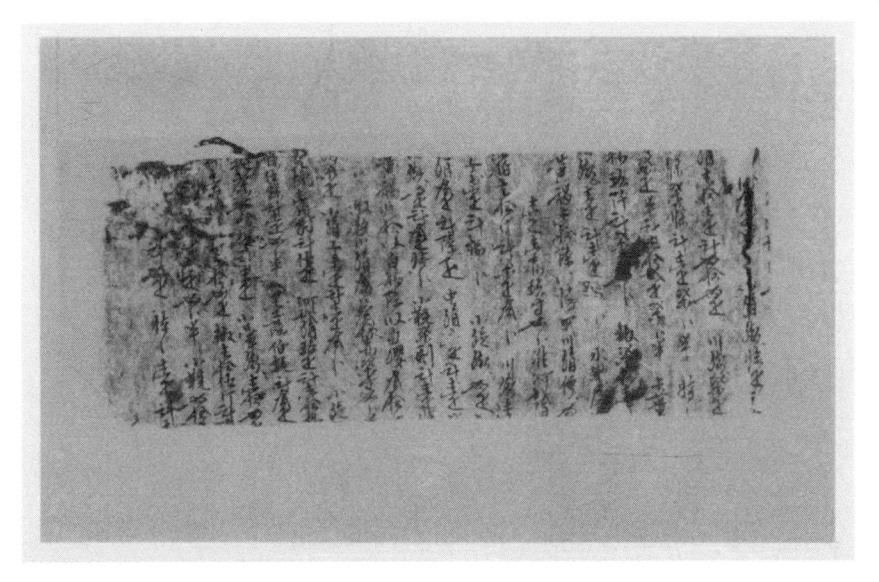

图16-5　Инв. No.313《收椒绢等文书》

（1）□□□使申
（2）□□□排官买子，所有镇夷住户何□□□
（3）□□□依法搜检，并无违禁。其何□□□
（4）□□□回货，依例扭算收上税历，会□□□

---

① 此处之"牛儿"，佐藤氏未释读出。
② "绢"，佐藤氏读作"分"。

(5)☐☐☐☐下项开坐,发遣,赴☐☐☐☐

(6)☐☐☐☐伏☐照会作何,须至申☐☐☐☐

(7)☐☐☐☐黄褐伍拾捌段、白褐叁段、毛罗☐☐☐☐

(8) 价壹佰壹拾壹段①,收税②川绢☐☐☐☐

(9) 准河北绢贰匹柒赤柒寸☐☐☐☐

(10)☐☐☐☐拾叁匹半,小绢缬肆匹,计☐☐☐☐

(11)☐☐☐☐绢壹拾壹匹,计③贰拾贰匹,川缬柒匹☐☐☐☐

(12)☐☐☐☐条柒条,计壹匹柒分半,躰☐☐☐☐

(13)☐☐☐☐柒匹半,计壹拾贰匹柒分半,干姜☐☐☐☐

(14)☐☐☐☐抄玖阡,计柒☐分,椒柒拾壹斤☐☐☐☐

(15)☐☐☐☐绢缬壹匹,计壹匹☐分,水獭皮④☐☐☐☐

(16)☐☐☐☐黄褐壹拾陆段,博买川绢价贰☐☐☐☐

(17) 壹匹壹赤玖寸贰分,准河北绢☐☐☐☐

(18)☐☐☐☐壹佰壹拾斤,计柒匹叁分,川缬壹☐☐☐☐

(19)☐☐☐☐子壹匹,计捌分,小紬缬贰匹☐☐☐☐

(20)☐☐☐☐绢叁匹,计陆匹,中绢壹匹,计壹匹叁☐☐☐☐

(21)☐☐☐☐缬贰匹,计叁匹肆分。小鞦柒副,计贰匹肆☐☐☐☐

(22)☐☐☐☐黄褐肆拾段、白褐陆段、白缨叁拾☐☐☐☐

(23) 收税川绢叁匹叁拾伍赤柒寸贰分半☐☐☐☐

(24)☐☐☐☐柒匹,小绢子壹匹,计壹匹叁分,小紬☐☐☐☐

(25)☐☐☐☐瓷⑤椀壹佰对,计伍匹,河北绢玖匹,计壹拾捌☐☐☐☐

(26)☐☐☐☐条伍条,计壹匹贰分半,墨陆佰挺,计叁匹☐☐☐☐

---

① "段",佐藤氏误释为"匹"。
② "收税"二字,佐藤氏误释为"段"。
③ 此处之"计",佐藤氏漏录。
④ "皮",佐藤氏误释为"度"。
⑤ 此处之"瓷",佐藤氏未释读出。

(27)〔　　〕挺茶贰拾①块,计壹匹,小晕缬壹拾贰匹〔　　〕

(28)〔　　〕壹拾□,计壹拾贰匹,椒壹拾伍斤,计〔　　〕

(29)〔　　〕□□柒,计壹匹贰分半,小鞦贰拾〔　　〕

(30)　　　　计贰匹,舻舻壹匹,计壹〔　　〕

(下残)

柒、Инв. No. 307(2-1)《呈状》

(1)〔　　〕申

(2)〔　　〕有本府住户酒五斤等部〔

(3)〔　　〕无违禁。其五斤等元带褐段毛②

(4)〔　　〕扭算收上税历,会为印迄。仍将〔

(5)〔　　〕发遣,赴〔

(6)〔　　〕作何须至申上者〔

(7)〔　　〕伍段,博买川绢价肆拾捌匹半,收税〔

(8)〔　　〕叁拾赤捌分,准河北绢叁拾叁赤玖寸〔

(9)〔　　〕肆匹,生押纱半匹,计陆分〔　　〕

(10)〔　　〕壹拾柒匹,连抄壹千伍佰张,计捌匹〔　　〕

(11)　〕计壹匹,河北绢贰匹,计肆匹〔　　〕

(下残)

捌、Инв. No. 353《呈状》

(1)〔　　〕申

(2)〔　　〕头子,所有镇夷郡住户〔

(3)〔　　〕段毛罗。依法搜检,并无〔

(4)〔　　〕毛罗,尽出卖了绝,替〔

(5)〔　　〕例扭算收税上历,会印迄。〔

---

① "贰拾",佐藤氏误释为"拾贰"。
② 此处之"褐段毛"三字,佐藤氏未释读出。

（6）▭项，一就发遣，赴上司▭

（7）▭至申上者。

（8）▭褐肆拾段、白褐肆段，博买川绢▭

（下残）

玖、Инв. No. 352A《呈状》

（1）▭申

（2）▭本府住户关光▭

（3）▭依法搜检，并无违禁。▭

（4）▭替头博买到回货，▭

（5）▭印迄。仍将□□等回货，▭

（6）▭上司前去。伏乞□会作

（7）▭拾段、白褐▭

（8）▭柒□，博买川绢价叁拾壹▭

（9）▭川绢壹匹贰拾①赤捌寸，准河地绢

（10）▭贰拾捌赤肆寸贰分半▭

（11）▭拾匹，□米贰石贰斗，计伍匹半▭

（下残）

拾、Инв. No. 316《呈状》

（1）　　　申

（2）▭所有本府住户席智▭

（3）▭彼出彼出卖，前去博▭

（4）▭前来者依准凭由将▭

（5）▭并无违禁。其智觉等▭

（6）▭到回货，依例扭算收税▭

---

① 此处之"拾"，佐藤氏未释读出。

第十六章 黑水城出土夏金榷场贸易文书研究 | 315

(7)☐☐☐回货开坐下项,一就,发☐☐☐

(8)☐☐☐乞照作何,须至申☐☐☐

(9)☐☐☐柒段,博买川绢价玖拾陆匹,收税☐☐☐

(10)☐☐☐贰拾伍赤陆寸,准河北绢壹匹壹拾肆赤☐☐☐

(11)☐☐☐姜叁佰柒拾斤,计柒拾肆匹,☐☐☐

(12)☐☐☐☐壹拾贰斤,计肆匹☐☐☐

(下残)

拾壹、Инв. No. 351《文书》

(前缺)

(1)☐☐☐头子,所有镇夷郡住户

(2)☐☐☐恩将到粗☐抄贰段、白褐陆段,依法搜检☐☐☐

(3)☐☐☐并无违禁。其上件粗褐尽卖,替头☐☐☐

(4)☐☐☐回货,依例扭算☐税☐☐未☐☐☐

(5)☐☐☐柒匹壹拾陆赤☐替头准☐☐匹贰☐

(6)☐☐☐壹寸贰分半☐☐上☐例,会印迄。仍将☐☐☐

(7)☐☐☐叁回货一☐☐☐下项,赴安☐☐☐

(8)☐☐☐所前去,伏乞照会作何,须至申

(9)☐☐☐上者。

(10)   𰀀子伍匹,计☐匹,粗押纱壹匹,计半匹☐☐☐

(11)☐☐☐匹,小绢条☐条,计☐☐☐

(下残)

另有三件文书,佐藤贵保未予译释,现录文如下:

拾贰、Инв. No. 308《收税文书》

(前缺)

(1)☐☐☐褐肆拾玖段白褐 ☐段毛罗 〔

(2)☐☐☐绢价玖拾玖匹半,收税川绢☐☐☐

(3)☐☐☐壹赤叁寸陆分,准河北绢☐☐☐

（4）☐肆赤陆寸柒分

（5）☐拾捌斤，计壹拾叁匹陆分☐

（6）☐斤，计壹拾☐匹☐

（中间空三行）

（7）☐匹计壹拾叁匹陆分，生姜贰拾伍☐

（8）☐拾玖段、白褐陆段，博买川绢☐

（9）☐拾柒匹半，收税川绢壹拾☐

（10）☐淮河北绢壹匹贰拾陆赤贰☐

（11）☐柒匹，计壹拾伍拾匹肆☐

（12）☐贰拾捌斤，计贰拾伍匹陆☐

（13）　　　捌分

（下残）

拾叁、Инв. No. 315(2-2)《文书》

（上缺）

（1）☐☐☐☐肆斤，计捌☐☐

（2）☐干姜叁斤，计陆分，

（3）☐白褐☐贰☐

（4）☐捌段、白褐壹段，博买到川绢☐

（5）☐绢贰拾陆赤贰寸半☐

（6）☐干姜叁拾伍斤，计柒匹，☐

（7）☐孙☐☐押纱贰匹，计贰匹肆分☐

（8）☐绢拾壹匹，计壹匹贰分☐

（下残）

拾肆、Инв. No. 348V《呈状》

（上缺）

（1）☐须至申

（2）☐☐申

(3)▢▢▢谨状

(4)▢▢▢二(或三)年十二月专(？)贺车▢

(5)　　　　监▢▢▢

(押字)

(6)▢▢▢监都用▢

《英藏黑水城文献》所载两件文书，录文如下：

壹、Or12380-3638b(K.K.Ⅱ.0253.bb.ii)，《汉文绢褐姜等收支历》

(前缺)

(1)▢▢▢刘屎▢

(2)▢▢▢等元带褐收，毛▢

(3)▢▢▢会为印讫，仍将▢

(4)去，伏乞照会作何，

(5)段，白褐贰段，博买川▢

(6)捌分，准河北绢壹疋柒▢

(7)茶壹拾肆斤计四疋柒▢

(8)姜贰拾柒斤计伍▢

(9)皂中纱五疋▢

(后缺)[①]

贰、Or12380-3673V(K.K.Ⅱ.0258.w)，《残片》

(前缺)

(1)▢▢▢榷场使兼拘▢

(2)▢▢▢申

(3)▢▢▢府住户▢

---

① 西北第二民族学院、英国国家图书馆、上海古籍出版社编：《英藏黑水城文献》第4册，上海：上海古籍出版社，2005年，第295页。

第二节　文书的年代与性质

这组文书唯一的具有标志性的纪年是第壹件文书末尾出现的"大庆三年"。其中，ИHB. No. 348《大庆三年呈状》中的"大"字，在《俄藏黑水城文献》中被误录作"天"。①后来原刊布者又将"天庆三年"改作"大庆三年"。②佐藤贵保亦读作"大庆三年"。③细观照片，确以"大庆三年"为是。

历史上的"大庆"年号有二，其一在西夏景宗李元昊时期（1032—1048），其二为西夏仁宗仁孝时期（1140—1193）。当以何者为是呢？

如前所述，这批文书原是用来装裱西夏文《大方广佛华严经》的。吾人固知，西夏文《大藏经》的翻译始于元昊时期。北京国家图书馆收藏的西夏文《过去庄严劫千佛名经》印本尾跋述及西夏文《大藏经》翻译的历史：

> 夏国风帝起兴礼式德。戊寅年中，国师白法信及后稟德岁臣智光等，先后三十二人为头，令依蕃译。民安元年，五十三岁，国中先后大小三乘半满教及传中不有者，作成三百六十二帙，八百十二部，三千五百七十九卷。④

据考，其中的"风帝"即西夏王元昊；⑤戊寅年为 1038 年（元昊天授礼法延祚元年，即大庆三年），说明元昊在称帝之初便开始了西夏文大藏经的翻译。从

---

① 俄罗斯科学院东方文献研究所等编：《俄藏黑水城文献》第 6 册，上海：上海古籍出版社，2000 年，第 283 页。
② 史金波：《西夏社会》，上海：上海人民出版社，2007 年，第 154 页。
③ 参见佐藤贵保《ロシア藏カラホト出土西夏文〈大方廣佛華嚴經〉經帙文書の研究——西夏権場使關連漢文文書群を中心に》，《東トルキスタン出土"胡語文書"の綜合調查》，2006 年，第 62—63 页。
④ 史金波：《西夏佛教史略》，银川：宁夏人民出版社，1988 年，第 66 页。参见野村博《西夏語譯經史研究——西夏語文獻（盜聞）よりみた李元昊の譯經事業について——》(I)，《仏教史学研究》第 19 卷 2 号，1979 年，第 73 页。
⑤ 风帝，文献中多作"风角城皇帝"，指元昊。参见李范文《西夏研究论集》，银川：宁夏人民出版社，1984 年，第 76—78 页。

是年至夏崇宗乾顺天祐民安元年(1090),历时53年,终于用西夏文译完了从《开宝藏》中拣选出来的经典820部,3579卷,分装入362帙中。[①]至于《大方广佛华严经》译成的时代,时当在大庆三年之后,殆无疑义。一般而言,佛经的装裱多是用前代废弃的纸张来装裱的。当文书写成之日,佛经还未译出,当然就谈不上装裱问题了。故可以肯定,此"大庆三年"与元昊无关,只能是仁孝时期的年号,时当公元1142年。在《大方广佛华严经》刻本中有发愿文称经文的校订者为"奉天显道光耀武宣文神谋睿智制义去邪惇睦懿恭皇帝嵬名",即西夏国第五代皇帝仁宗仁孝,署明该刻本为仁孝时期(1139—1193)的遗物。亦可佐证文书的年代应为"大庆三年"无疑。

这里又出现了另外一个问题,即 IHB. No. 348 号文书中出现有"新法"二字。按照学术界通行的说法,在黑水城出土的西夏文文献中,最著名的为夏仁宗于天盛年间(1149—1169)颁行的《天盛改旧新定律令》(图16-6),此后,又编成《新法》,至神宗光定五年(1215)又编纂出了《亥年新法》。既然《新法》是在

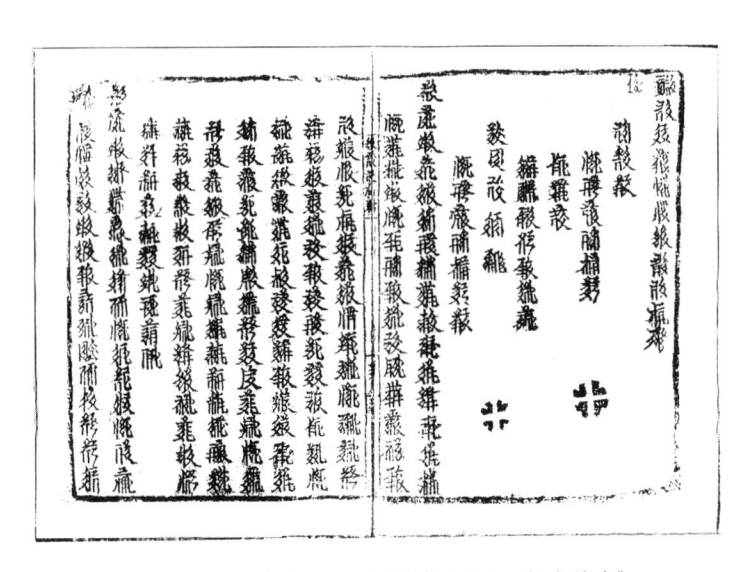

图 16-6　黑水城出土西夏文《天盛改旧新定律令》

[①]《开宝藏》原收经1081部,5057卷,分为480帙。参见童玮《北宋〈开宝大藏经〉雕印考释》,《印度宗教与中国佛教》,北京:中国社会科学出版社,1988年,第158—173页。

《天盛改旧新定律令》以后颁行，而天盛年号之后没有大庆年号，那岂不与"大庆"之说相抵牾？其实非也。这里所谓的《新法》，有时又被译作《法则》，也编成于仁宗时期，目的在于对《天盛改旧新定律令》进行补充。

西夏王朝历代统治者都非常重视法律建设，如西夏王国的奠基者李德明（981—1031）"晓佛书，通法律"。①1032 年，德明死，其子李元昊继位，受宋封为定难军节度、夏银绥宥静等州观察处置押蕃落使、西平王。元昊继位后，申明号令，以兵法约束部族，继续对吐蕃、回鹘用兵，占领了河西走廊，势力大张。1038 年称帝建国，自称"世祖始文本武兴法建礼仁孝皇帝"，改元"天授礼法延祚"。从所用帝号与年号，即充分彰显出元昊对法律的高度重视。②《宋史》记载元昊"晓浮图学，通蕃汉文字，案上置法律，常携《野战歌》《太乙金鉴诀》"。③说明西夏国建立前后其辖区内已有成熟的法律与法令。故上引榷场文书中经常出现"依法搜检"之语。这里的"法"当即 ИНВ. No. 348 号文书中所谓的颁行于 1142 年前的"新法"。学界的研究表明，差不多每隔半个世纪，西夏就要重新修订一次法律。④每次新改定的法律当然都可称作《新法》，不一定非仁宗时期所编的不可。故 ИНВ. No. 348 号文书中出现有"新法"二字与"大庆三年"之说并不抵牾。

关于这批文书的性质，史金波简言之为"有关西夏贸易的文书，系榷场使兼拘榷西凉签判检验商人货物，依例收税的文书"。⑤就宏观而论，此说可谓一语破的。但若虑及西夏之贸易对象问题，恐怕就需再做进一步的深究。

在上引文献中多次出现"榷场使"一词：

贰（15）："榷场使兼拘榷西凉府签判"。

叁（6）："榷场使兼拘榷官西凉府签判"。

---

① 《辽史》卷一一五《西夏外纪》，北京：中华书局，1974 年，第 1523 页。
② 杨积堂：《法典中的西夏文化：西夏〈天盛改旧新定律令〉研究》，北京：法律出版社，2004 年，第 18 页。
③ 《宋史》卷四八五《夏国传上》，北京：中华书局，1977 年，第 13993 页。
④ 史金波、聂鸿音、白滨译注：《天盛改旧新定律令》前言，北京：法律出版社，2000 年，第 2 页。
⑤ 史金波：《西夏社会》，上海：上海人民出版社，2007 年，第 154 页。

肆(1):"南边榷场使"。

伍(1):"南边榷场使"。

这些信息表明,文书内容与榷场贸易密切相关。榷场是指辽、宋、西夏、金政权在各自疆土接界地点设置的互市市场。《金史》载:"榷场,与敌国互市之所也。皆设场官,严厉禁,广屋宇以通二国之货,岁之所获亦大有助于经用焉。"① 可见,榷场的设置,除了物资交流之外,还有一个重要的目的就是要垄断市场。榷场贸易出现于10世纪末,结束于13世纪后期,历经近三百年,是辽、宋、西夏、金时期隶属于不同政权的地区之间经济交流的重要途径。它是通过在边地州军设置榷场,由榷场上的政府官员严格管理、评定货色等级、兜揽承交、征收商税等条件下进行的商品交换。②

宋太宗太平兴国二年,宋于镇州(今河北省正定县)、易州(今河北省易县)等地设置榷场与辽展开贸易,不久因宋辽战争而罢。澶渊之盟(1004)后,宋辽之间,主要有在宋境的雄州(今河北省雄县)、霸州(今河北省霸州市)、安肃军(今河北省保定市徐水区)、广信军(今河北省保定市徐水区西)等河北四榷场,以及辽境的新城(今河北高碑店市东南)榷场。③

宋夏之间,先于宋真宗景德四年(1007)在保安军(今陕西省志丹县)置榷场互市,后来又在镇戎军(今宁夏回族自治区固原市)高平寨新设置了一处榷场。此外,在延州(今陕西省延安市)、麟州(今陕西省神木市)也置榷场,但规模相对较小。在宋仁宗赵祯、宋神宗赵顼等各朝,都曾因战争而一度废罢,关系和好时再予重开。④

辽夏之间,也存在榷场贸易,辽朝在唐朝云中(今山西省大同市)西北的过腰带、上石楞坡及天德军(内蒙古自治区呼和浩特市赛罕区白塔村)、云内州(今内蒙古自治区呼和浩特市托克托县云内州遗址)、银瓮口(今内蒙古自治区

---

① 《金史》卷五〇《食货志五·榷场》,北京:中华书局,1975年,第1113页。
② 王福君:《辽宋夏金时期宋的榷场贸易考述》,《鞍山师范学院学报》1997年第1期,第36—39页。
③ 王晓燕:《官营茶马贸易研究》,北京:民族出版社,2004年,第58—60页。
④ [日]冈崎精郎:《タングート古代史研究》,京都:東洋史研究會,1972年,第209—210、427—428页。

土默特右旗萨拉齐西北)等地设有榷场,让居住在这一带的鞑靼及契丹人同西夏进行畜产品以及日用品的交易,"惟铁禁甚严,夏国与鞑靼人不得夹带交易"[①]。

西夏与北宋经济互补性较强,故其贸易对象主要是北宋,其次才是辽,尽管西夏与辽在政治上长期存在着盟友关系。1125年,金灭辽,接着进攻北宋,于1127年灭北宋。赵构南逃,迁都于临安(今浙江省杭州市),史称南宋。金朝经过战争,从宋人手中夺取了大片土地,从东边的淮河以北直到西边的兰州、临洮等地,尽为金朝所有。西夏与南宋由此而不再成为地域相连的邻邦,自然也就失去了设置榷场的地理条件。从此以后,金取代宋、辽而成为西夏最重要的贸易伙伴。故而可以推定,文书所反映的榷场贸易对象指的应为金朝。

金与西夏间的榷场多集中在西夏国的东部边疆,如云中西北过腰带、上石楞坡及天德军、云内州、银瓮口、东胜州等,其次在东南部,如环州、庆州、绥德州、保安州等,而位于西夏国南部的榷场仅有一处,即兰州榷场。[②]由此可定,文书中的"南边榷场"当指与金置兰州榷场对应的夏置互市场所,而史书中却没有西夏曾设"南边榷场"的记载,以其地理位置推之,当指设于卓啰和南(今甘肃永登县南庄浪河畔)的边中转运司。

在西夏法典《天盛改旧新定律令》中未见西夏有"榷场使"的官职,而有"转运司"掌管经济诸事,故而史金波认为:"或许转运司的转运使是'榷场使'之西夏文称谓。西夏有都转运司设在首都,又有各地转运司,其中有南院转运司。南院转运司或为南边榷场使司。"[③]这一推测虽不无道理,但也存在着明显的问题。关于转运司,西夏法典《天盛改旧新定律令》第十《司序行文门》有如下记载:

中等司……都转运司。

---

① [宋]宇文懋昭著,崔文印校证:《大金国志校证》卷一三《海陵炀王纪上》,北京:中华书局,1986年,第186页。
② [日]井上孝范:《北宋期、陕西路の対外貿易について——榷场贸易を中心にして——》,《九州共立大学纪要》第10卷2号—第11卷1号合期,1976年,第1—7页。
③ 史金波:《西夏社会》,上海:上海人民出版社,2007年,第154—155页。

第十六章 黑水城出土夏金榷场贸易文书研究 | 323

下等司……边中转运司:沙州、黑水、官黑山、卓啰、南院、西院、肃州、瓜州、大都督府、寺庙山。

二种转运司:西院、大都督府。

一种南院转运司四正、六承旨。

六种转运司二正、二承旨:寺庙山、卓啰、肃州、瓜州、沙州、黑水。

一种官黑山转运司二正、四承旨。①

从中可以看出,西夏在中央设有都转运司,属于中等司,其下设置边中转运司,为下等司,计有十处:沙州(今甘肃敦煌市)、黑水(今内蒙古自治区额济纳旗政府所在地达来呼布镇东南二十五公里处黑水城遗址)、官黑山、卓啰、南院(凉州,今甘肃武威市)、西院(甘州,今甘肃张掖市)、肃州(今甘肃酒泉市)、瓜州(今甘肃瓜州县)、大都督府(西平府,今宁夏灵武市西南)、寺庙山。②由此而构成了西夏国内交通运输的主要网络。在上述十处边中转运司中,有七处地理方位比较明确,其余三处尚有考实的必要。

卓啰,当为卓啰和南之简称。卓啰,即"庄浪"之西夏语音译,和南,为"河南"之西夏语音译,意为"庄浪河南"。今甘肃兰州市永登县旧称庄浪县,因此,西夏卓啰城应在永登县庄浪河南岸。③

官黑山之地理位置学界有不同说法。据考,《天盛改旧新定律令》中的官黑山④,应即黑山威福监军司所在地,具体方位,学界有三种说法。一说在今额济纳旗的居延故城,⑤一说在西夏东北边境与契丹天德军接壤处,即今陕西省榆

---

① 俄罗斯科学院东方文献研究所等编:《俄藏黑水城文献》第 6 册,上海:上海古籍出版社,2000 年,第 363—371 页。

② 上述转运司位置的确定,请参见刘菊湘《西夏地理中几个问题的探讨》,《宁夏大学学报》1998 年第 3 期,第 24—27 页。

③ 鲁人勇:《西夏监军司考》,《宁夏社会科学》2001 年第 1 期,第 86—87 页。

④ 官黑山,陈炳应译之为"黑函山",见《贞观玉镜将研究》,银川:宁夏人民出版社,1995 年,第 15 页。克恰诺夫、李范文、罗矛昆则译做"[卧]黑山",见《圣立义海研究》,银川:宁夏人民出版社,1995 年,第 59 页。聂鸿音认为,这里的"官黑山"译法有误,应为《宋史》卷四八五《夏国传上》中的"午腊蒻",即《元史》中的"兀剌海""斡罗孩"。见《黑山威福监军司补证》,《宁夏师范学院学报》2008 年第 4 期,第 67—69 页。

⑤ 《元史》卷六〇《地理志三》,北京:中华书局,1976 年,第 1451 页。

林县西北十里之黑山营。①第三种说法是认为其地在今天内蒙古巴彦淖尔市临河区高油坊古城。该城规模宏大,超过额济纳旗的黑水城,与宁夏惠农区省嵬同等规模。该处北临黄河,离狼山口古要塞颇近。因其地近黑山,故名黑山威福军司,中期更名为黑山军司,备御辽金。②在以上三说中,笔者认为应第三说较为可信。

寺庙山地理方位各种文献都未见记载,无从考知。

从可以大体确定位置的九处转运司看,卓啰和官黑山二处设在夏金边界地带,前者在南,后者在东。所以,南边榷场使司应设于卓啰和南(今甘肃永登县南庄浪河南岸)一带。如果说"转运司的转运使是'榷场使'之西夏文称谓"正确的话,那么,南边榷场使司就应为卓啰转运司,而非南院转运司,南院转运司应设于西凉府一带。南边榷场使之所以又兼任"拘榷西凉府签判"一职,则是为了保证货物的供应。西凉府地近卓啰,是南边榷场使司主要的货物供应地和发散地。

从文书内容看,榷场贸易事务多处涉及西凉府(南院)和镇夷郡(西院)之商户,说明西夏与金朝的榷场贸易中,西凉府和镇夷郡是重要的货物供应地。特别值得注意的是,文书的末尾标明榷场使兼任西凉府的榷货之职,更可证上述推测之不误。从文书可以看出,榷场使是其正职,负责榷场贸易;西凉府的榷货是其"兼职",负责榷场货物的筹备,同时又负责将榷来之货分发往西凉府、镇夷郡等地的商户手中。

总之,可以将这批文书定性为大庆三年(1142)西夏南边榷场使处理对金朝榷场贸易事务的文书。

第三节 作为价值尺度的"绢"与"干姜"

在黑水城出土的这些西夏榷场贸易文献中,多次出现有"绢""川绢""河北绢"

---

① 汤开建:《西夏监军司驻所辨析》,《党项西夏史探微》,台北:允晨文化实业股份有限公司,2005年,第384页。
② 鲁人勇:《西夏坚军司考》,《宁夏社会科学》2001年第1期,第86—87页。

等词。为论述方便,这里先将涉及榷场税收及川绢价值尺度的一些文字检出:

贰(7—8):"川绢价伍拾柒匹半,收税川绢……捌赤,准河北绢壹匹壹拾伍赤……"

陆(8—9):"价壹佰壹拾壹段,收税川绢……准河北绢贰匹柒赤柒寸……"

陆(16—17):"博买川绢价贰……壹匹壹赤玖寸贰分,准河北绢……"

陆(23):"收税川绢叁匹叁拾伍赤柒寸贰分半……"

柒(7—8):"博买川绢价肆拾捌匹半,收税……叁拾赤捌分,准河北绢叁拾叁赤玖寸……"

玖(8—10):"博买川绢价叁拾壹……川绢壹匹贰拾赤捌寸,准河北绢……贰拾捌赤肆寸贰分半……"

拾(9—10):"博买川绢价玖拾陆匹,收税……贰拾伍赤陆寸,准河北绢壹匹壹拾肆赤……"

拾贰(2—4):"绢价玖拾玖匹半,收税川绢……壹赤叁寸陆分,准河北绢……肆赤陆寸柒分……"

拾贰(8—10):"博买川绢……拾柒匹半,收税川绢壹拾……准河北绢壹匹贰拾陆赤贰……"

拾叁(4—5)"博买到川绢……绢贰拾陆赤贰寸半……"

在上文所检文书与"绢""川绢"有关的内容中,经常出现针对这些物品"博买"而产生的"税"。从中隐约透露出榷场贸易活动中存在的税收问题。如果将收税川绢的数量除以博买川绢的数量,其值即为税收比率。以现有资料粗略推算,榷场贸易的税率大致在 3%到 5%之间。[1]洪皓《松漠纪闻》记载:"[回鹘]多为商贾于燕,载以橐它,过夏地,夏人率十而指一,必得其最上品者,贾人苦之。"[2]由此可知,西夏对回鹘商人收取的是十分之一的税,而且常常是择其上

---

[1] 根据宋代度量衡制度,一匹等于四十尺,一尺等于十寸,而西夏计量单位中的"分"有些特殊,他可以等分匹、尺、寸,即十分可以等于一匹,也可以等于一尺,还可以等于一寸。又文书缺失信息太多,故不能准确推算出榷场税率。

[2] [宋]洪皓著,翟立伟标注:《松漠纪闻》,长春:吉林文史出版社,1986 年,第 15 页。

品而取。这种重税政策使回鹘商人不堪忍受,以至于他们为规避西夏人的掠夺而放弃路途较近且行走便利的河西,而转道青藏高原的河南道与宋交往。而西夏与金榷场贸易的税率仅为 3%~5%,与过境税相比,榷场贸易的税率是相当低的。

西夏借鉴中原地区先进的纺织技术,发展起自己的织绢业。西夏政府设置织绢院专管织绢事业,与刻字司、作房司、首饰院、铁工院等同为末等司,设 2 头监管理,1 案头辅助。[①]西夏政府为了提高丝绸纺织技术,多次请求宋朝派遣熟悉丝绸纺织的匠人。西夏的纺织品技术进步很快,直逼中原,在黑水城出土的不少西夏文献中,有的就是以绢帛做封面的,其中有蓝色、紫色,也有黄地、绿地染花,显示出西夏绢帛的品种繁多。黑水城和银川附近出土的西夏佛教绘画唐卡所用的画布多数也是绢帛。西夏军事法典中规定西夏在赏赐有功的将士时、除赏赐银两、茶外,还赏绢、衣服。[②]西夏法典规定,政府对任官三年而合格的官员进行赏赐,除擢升职位、赏赐银茶等物外,还赏赐大锦、绢、杂花锦等纺织品。显然,在这里,绢已经成为西夏政府的一种支付手段。

有宋一代,绢帛是具有一定货币职能的,既可作为交换媒介,用于官方籴买、禁榷品交易以及日常生活中以绢代钱,又可作为支付手段,用于税收、官方财政调拨、官员军兵俸禄、朝廷例赐、朝廷赏赐、岁币等,还可作为支付手段,用于刑法计赃、向蕃族买马。[③]西夏作为与宋朝同时代的割据政权,受宋朝影响颇深,经济制度多有与宋朝雷同甚至完全一致之处。绢帛之功用即其一例。

早在西夏正式立国前,就从宋朝取得赐绢,如宋景德二年(1005),德明袭位,与宋和约,宋封其为西平王,每年赐予金、帛、缗钱各 4 万,茶 2 万斤。此外遇事另有赐予。如天圣六年(1028)德明卒,宋仁宗派使者祭奠,与皇太后各赠绢 700 匹、布 300 匹。特别是宋庆历四年(1044)宋夏和盟,宋朝每年赐给西夏

[①] 史金波、聂鸿音、白滨译注:《天盛改旧新定律令》第十"司序行文门",北京:法律出版社,2000 年,第 364 页。
[②] 陈炳应:《贞观玉镜将研究》,银川:宁夏人民出版社,1995 年,第 71—78 页。
[③] 汪圣铎:《试论宋代绢帛的货币功能》,《中国经济史研究》2004 年第 3 期,第 139—146 页。

银、绢、茶的数量达 25.5 万：

> 朝廷岁赐绢十三万匹，银五万两，茶二万斤，进奉乾元节回赐银一万两，绢一万匹，茶五千斤，贺正贡献回赐银五千两，绢五千匹，茶五千斤，仲冬赐时服银五千两，绢五千匹，及赐臣生日礼物银器二千两，细衣着一千匹，杂帛二千匹。①

其中绢数量巨大，共 15.3 万匹。给西夏的岁赐成为宋朝的沉重负担。西夏则从岁赐中得到大量精美的绢帛，获取很大实惠。

借由对宋朝绢帛职能的考察，可以发现，我们不能将文书中"博买川绢价"简单地理解为买到多少川绢，而应该理解为购买货物折合成川绢价值是多少，也不能将"收税川绢"理解为收税的实物就是川绢。这里的川绢具有价值尺度的功能，而非用于交换的商品。《金史》载："陕右边荒，种艺不过麻、粟、荞麦，赋入甚薄，市井交易惟川绢、干姜。"②说明在金朝统治下的陕西东部地区，货币不行，川绢与干姜成为当地通行的商品交易媒介。与宋情况相仿。

此外，执行准价值尺度的还有河北绢。河北绢与川绢的比值，榷场文书未有明确显示，但有两处隐约透露出这方面的信息：

陆(25)："河北绢玖匹，计壹拾捌……"

柒(11)："河北绢贰匹，计肆匹……"

河北绢折合的对象不明确，但从榷场文书内容分析，应为川绢。文书中频繁出现某某商品多少斤（或匹、条、块等）计多少匹，把所有的单位都换算成了匹，笔者推测，这里的匹指的是川绢数量。如果这一分析不误，那么河北绢与川绢的比值即为 1∶2，也就是说，一匹河北绢可换二匹川绢。宋人李焘撰《续资治通鉴长编》卷五一六元符二年(1099)闰九月条引邵伯温题贾炎家传后云："治

---

① [宋]李焘：《续资治通鉴长编》卷一五二"庆历四年(1044)十月乙丑"条，北京：中华书局，1985 年，第 3706 页。
② 《金史》卷九二《毛硕传》，北京：中华书局，1975 年，第 2034 页。

平(1064—1067)之末……川绢二千一匹,河北、山东绢差贵三二百。"①其中提到河北山东绢比川绢每匹要贵二三百钱。这里的河北山东绢是否即榷场文书中出现的河北绢,不得而知。

如果将"博买川绢价"设为 X,某某商品多少斤(或匹、条、块等)计多少匹中的"多少匹"设为 N1、N2、N3……Nn,则 X=N1+N2+N3+……+Nn,根据数据验证,这个公式接近预想推算。由此可证,川绢执行的就是货币的价值尺度功能。明白了这一点,我们就可以对文书进行部分的复原。

根据河北绢与川绢比值为 1∶2 这个思路,我们可以将第贰件文书第 2 行内容"壹拾陆匹,计叁拾贰匹,小绢子"复原为"河北绢壹拾陆匹,计叁拾贰匹,小绢子"。

如同金朝一样,干姜在西夏与金朝的交易中也具有价值尺度的作用。从榷场文书看,西夏用于与金贸易的姜可分干姜和生姜两种:

叁(1):"姜叁拾叁斤"。

陆(13):"干姜……"

拾(11):"姜叁佰柒拾斤,计柒拾肆匹"。

拾贰(7):"生姜贰拾伍……"

拾叁(2):"干姜叁斤"。

拾叁(6):"干姜叁拾伍斤,计柒匹"。

值得注意的是,在第拾件文书的第 11 行出现有"姜叁佰柒拾斤,计柒拾肆匹",在第拾叁件文书之第 4—6 行则有"博买到川绢……绢贰拾陆赤贰寸半……干姜叁拾伍斤,计柒匹"之语。通过换算,可以看出,5 斤干姜可换取 1 匹川绢,说明干姜和川绢一样是具有交换媒介功能的,正与《金史》卷九二《毛硕传》所谓陕西东部"市井交易惟川绢、干姜"之载吻合。生姜收缩性较大,不适宜于作为等价物使用,故而可定,第拾件文书第 11 行所谓"姜叁佰柒拾斤,计柒拾肆

---

① [宋]李焘:《续资治通鉴长编》卷五一六"元符二年(1099)闰九月甲戌"条,北京:中华书局,1985 年,第 12269 页。

匹",其中的姜应该是干姜。同样是1匹绢可换取5斤干姜,可以肯定,这里的绢亦应为川绢。

西夏统治区内本不生产干姜,也不产绢,隆兴二年(1164)二月,南宋中书门下说:"西北必用之物,而本处所无,如干姜、绢、布、茶货、丝、麻之类,访闻有商旅私相博易。"①而文书中大量出现"川绢""河北绢""绢""干姜""姜"及"生姜"等词语,结合南宋中书门下所言,可证当地市场上出售的这些产品都应是从南宋经过贸易而来。以其珍贵价值及善于携带、分割等优点,川绢、河北绢和干姜长期充任西夏与金榷场贸易的等价物。

第四节　文书所见河西的商户

文书涉及的人名有:张师公、王大成、康牛儿、何□□、关光□、席智觉、酒五斤②等,他们都是西凉府或镇夷郡的住户。"镇夷郡"一名在三件榷场文书中出现过。

陆(2)"排官头子,所有镇夷住户何"。

捌(2):"头子,所有镇夷郡住户"。

拾壹(1):"头子,所有镇夷郡住户"。

关于镇夷郡,史书上不乏记载。《元史·地理志三》甘州路条载:

> 甘州路,上。唐为甘州,又为张掖郡,宋初为西夏所据,改镇夷郡,又立宣化府。元初仍称甘州。③

---

① [清]徐松辑:《宋会要辑稿》食货三六之一九,北京:中华书局,1957年,第5441页。
② 《凉州重修护国寺感通塔碑》中有汉僧名"酒智清"(见陈炳应《西夏文物研究》,银川:宁夏人民出版社,1985年,第110页),而黑水城出土西夏汉文文献《杂字》则明载"酒"为汉族姓氏(见史金波《西夏汉文本〈杂字〉研究》,《中国民族史研究》第2辑,北京:中央民族学院出版社,1989年,第170页)。
③ 《元史》卷六〇《地理志三》,北京:中华书局,1976年,第1450页。

说明镇夷郡由甘州(甘肃张掖市)改名而来,直到明代,仍以"镇夷"指代甘州,《明史》卷四二《地理志三》载:"镇夷守御千户所,洪武三十年以甘州卫地置。建文二年罢。永乐元年复置所。"西夏于北宋仁宗天圣六年(1028)占甘州,消灭回鹘政权,以其地民族众多,故改称镇夷郡,升为宣化府。西夏时期所设西院转运司之所在,很可能就在这里。张掖扼控丝绸之路孔道,长期充任丝绸之路东段诸路线的交通枢纽。丝绸之路东段路线很多,其中最重要的路线有北路、中路和南路3条。北路从长安开始,沿着泾河西北行,经过咸阳、泾川等地到达平凉,越六盘山西行而达张掖。中路从长安出发沿着渭河到达宝鸡东,越大震关,经过秦安、通渭、陇西、渭源、临洮,北达兰州,从河口渡黄河,经过永登,越乌鞘岭,经武威至张掖。南路则从长安出发后沿着中路途径到达临洮后,到达临夏,在炳灵寺附近渡过黄河,再途经青海民和、乐都、西宁等地,翻越祁连山,过扁都口后到达张掖。三路于张掖相汇后再西行而至敦煌。西夏时期,这里仍是东西方货物贸易的重要集散地。

文书中出现"西凉府"凡二次,"本府"凡四次,根据文意,"本府"实指"西凉府"。西凉府(今甘肃省武威市)在西夏时期亦称凉州,是南院转运司所在地,地位仅次于兴庆府,为西夏第二大城市,长期充任河西走廊一带之政治、经济、文化中心,著名的《凉州重修护国寺感通塔碑》汉文铭文生动地描述了凉州的交通情况:"况武威当四冲地,车辙马迹,辐辏交会,日有千数。"[①]每天都有各色人等从四面八方汇集凉州,其中既有行旅、商贾,也有行脚僧人和官吏、使者等,但应以行商之人居多。

若从文书所涉住户经营商品的数量之多来看,似应称之为商户更为恰切。这些商户均为汉姓,其中席智觉可能是一位僧人,康、何二姓则有可能为来自中亚的粟特人。3~8世纪,亦即魏晋至隋唐时期,由于商业利益的驱使,以及粟特地区的动乱和战争等原因,粟特人沿丝绸之路大批东行,经商贸易,甚至有不少人最终移居中国,一去不复返。尽管自唐末五代以来粟特商人的地位逐渐

[①] 陈炳应:《西夏文物研究》,银川:宁夏人民出版社,1985年,第108页。

被回鹘商人所取代,但他们在西域、河西地区的商业活动却从未停止。西夏文《天盛改旧新定律令》中多处提到的"大食"商人,即应包括粟特人在内。因为大食国于625年灭波斯国后即攫有了整个中亚地区,粟特人也沦为大食国的属民。西域乃至河西地区分布的康、何之姓,有不少即为来自中亚的粟特人,故此西凉府和镇夷郡的康、何住户有可能即为中亚粟特商人后裔。如果此推测不误,那么他们的名字在榷场贸易文书中的出现就可以表明,虽然这些粟特人已经成为西夏的编户齐民,但仍旧保持着祖先的经商传统。

第五节 文书所见夏金榷场贸易与物色

女真人灭辽和北宋之后,占有淮河以北非常广袤的土地,中原财富和先进的生产技术、设备及劳动者尽为其掌握,进而取代成为西夏外贸的主要对象,而且双方互补性很强,故而夏金双方都很重视。

西夏与金贡使贸易频繁。《西夏书事》卷四八载:"先是,夏使至金,许带货物与富商交易。大定中(1161—1189),使者辄市禁物。"金尚书省奏请禁止,获准。大定二十年(1180),西夏国王仁孝"乞使人入界相易用物",金世宗同意"使副往来,听留都亭贸易"。[1]即同意恢复贡使贸易,但限制在官府的都亭内进行。西夏给金朝的贡物主要是马、海东青、细犬、地方特产,金给西夏的赐物主要有绢帛、衣服、金镀银束带等。西夏为了得到金与西域间贸易的中转利益,努力促进并维护丝绸之路的畅通。[2]《金史·西夏传》记载,西夏国主乾顺的降金誓表中保证:"至如殊方异域朝觐天阙,合经当国道路,亦不阻节。"[3]是知金朝在努力保障金与西北各国的贡使往来与贸易之畅通无阻。这不仅有利于金的对外贸

---

[1] 《金史》卷一三四《西夏传》,北京:中华书局,1975年,第2870页。
[2] 关于西夏与丝绸之路的关系,可参见杨富学、陈爱峰《西夏与丝绸之路的关系——以黑水城出土文献为中心》,沈卫荣、中尾正义、史金波主编《黑水城人文与环境研究——黑水城人文与环境国际学术讨论会文集》,北京:中国人民大学出版社,2007年,第469—488页。
[3] 《金史》卷一三四《西夏传》,北京:中华书局,1975年,第2866页。

易与对外政治关系,对西夏来说也是大有好处的,非但可从中收税获利,各国使节穿梭于西夏境内,也有利于加强西夏与周边政权的政治经济联系。[①]

除了贡使贸易外,夏金间的榷场贸易也很繁荣。原来,辽、宋与西夏的贸易都有固定的榷场,金人占领这些地区后,初因战乱而暂时关闭。金皇统元年(1141),应西夏仁孝皇帝之请,金熙宗首先在云中(今山西省大同市)西北的过腰带、上石楞坡及天德军(今内蒙古自治区呼和浩特市赛罕区白塔村)、云内州(今内蒙古自治区呼和浩特市托克托县云内州遗址)、银瓮口(今内蒙古自治区土默特右旗萨拉齐西北)等地设有榷场,与党项人互通有无。随后金朝又相继在东胜州(今内蒙古自治区托克托县)、环州(今甘肃省环县)、庆州(今甘肃省庆阳市)、兰州(今甘肃省兰州市)、绥德州(今陕西省绥德县)、保安州(今陕西省志丹县)等沿边州军设置了贸易榷场,其中个别是恢复北宋对西夏贸易的旧榷场。金朝对贸易货物的限制曾有所放宽,如契丹在云中西北一带的市场,"铁禁甚严,禁不得夹带交易",而金时"唯利是视,铁禁遂弛"[②]。金大定十二年(1172),金朝以"夏国以珠玉易我丝帛,是以无用易我有用也"[③]为由,下令关闭保安、兰州两个规模较大的榷场。不久金世宗又以"夏国与陕西边民私相越境,盗窃财畜,奸人托名榷场贸易,得以往来,恐为边患"为由,"复罢绥德榷场,止存东胜、环州而已"[④]。直到金承安二年(1197)才复置兰州、保安榷场。

双方交易的物品,史籍没有详细记载。《金史·西夏传》有"夏国以珠玉易我丝帛"之语,说明珠玉和丝帛是两国贸易货物的大宗。《金史·食货志五·榷场》记载:"大定三年(1163),市马于夏国之榷场。"看来,西夏的良马也是金国所需的,而西夏则需要金朝的铁。从黑水城出土的榷场贸易文书看,双方贸易所涉及的物品之种类是相当多的。其中以丝毛织品居多,有粗褐、黄褐、白褐、白缨、绢、小绢(子)、中绢、川绢、河北绢、紫绮、紫押、纱、大纱、生押纱、粗押纱、小绫、

[①] 陈炳应、赵萍:《西夏的国内外贸易剖析》,《陇右文博》2007 年第 2 期,第 67 页。

[②] [宋]宇文懋昭著,崔文印校证:《大金国志校证》卷一三《海陵炀王纪上》,北京:中华书局,1986 年,第 186 页。

[③] 《金史》卷一三四《西夏传》,北京:中华书局,1975 年,第 2866 页。

[④] 《金史》卷一三四《西夏传》,北京:中华书局,1975 年,第 2870 页。

中罗缬、(小)晕缬、小絁缬、川缬等,食用品有生姜、干姜、椒、蜜、茶、米等,书写用品笔、墨、连抄(纸)等,归结起来说都是些生活日用品,这与史书的记载是相符的。其中粗褐、黄褐、白褐等为西凉府或镇夷郡商户出售的商品,皆为当地特产。而川绢、河北绢与干姜既可为商品,又可作为商品交换的媒介。

河西走廊自古以来畜牧业发达,凉州素有"畜牧甲天下"的美誉,有牧养马、牛、羊、骆驼的传统。甘州"水草丰美,畜牧孳息",①而"瓜、沙诸州素鲜耕稼,专业畜牧为生"②。黑水城出土的西夏文法典《天盛改旧新定律令》称:"牦牛在燕支山、贺兰山两地中,燕支山土地好,因是牦牛地,年年利仔为十牛五犊,赔偿死亡时,当偿实牦牛。"③燕支山即祁连支脉焉支山,早在秦汉之际匈奴占据河西时就为其依依眷恋的主要牧场,西夏时又成为良种牦牛的主产地。发达的畜牧业使西夏出产大量畜毛,毛织品是党项人传统的手工业产品。西夏文《文海》对"毛布"的解释是"做褐用也"。④《番汉合时掌中珠》中有"褐布"当是用毛织成的布,还有"褐衫"应是用毛布做成的衣衫。《宋史》卷一八六《食货志下》称,西夏所产毛褐成为与中原贸易的出口商品。同样西凉府和镇夷郡商户所出卖的粗褐、黄褐、白褐等毛织品,被西夏政府购买之后,成了与金朝贸易的大宗。

我们再看西凉府和镇夷郡商户所购买的商品,会发现这些商品以丝织品居多,其次是日用百货。诚然,西夏已有能力制造出多种丝织品,但其生产的质量与数量远远不能满足国内的需要。

由上叙述可知,本文所讨论的这些榷场文书的年代恰好是金朝向西夏开放沿边榷场之始。金朝输往西夏的主要商品是丝帛,这也与西凉府和镇夷郡商户购买商品以丝织品居多的情况相符合,故而我们更有理由相信榷场文书中出现的丝织品来自夏金榷场贸易品。

---

① [清]吴广成撰,龚世俊等校注:《西夏书事校证》卷一一,兰州:甘肃文化出版社,1995年,第126页。
② [清]吴广成撰,龚世俊等校注:《西夏书事校证》卷三二,兰州:甘肃文化出版社,1995年,第370页。
③ 史金波、聂鸿音、白滨译注:《天盛改旧新定律令》卷一九《畜利限门》,北京:法律出版社,2000年,第577页。
④ 史金波、白滨、黄振华:《文海研究》83.231,北京:中国社会科学出版社,1983年,第518页。

如果我们再细看这些贸易物色,会发现有些并非金朝所产,如川绢、川缬、茶等,很明显,这些都是金朝从南宋贸易而来的。

"绍兴和议"之后,宋金双方开始了以榷场贸易为主要形式的交换活动。在西起秦州(今甘肃省天水市)、东沿淮水之分界线上,南宋于盱眙(今江苏省盱眙县)、楚州(今江苏省淮安市)之北神镇、杨家寨、淮阴(今江苏省淮阴市西南)之磨盘、安丰军(今安徽省寿县)之水寨、花靥镇、霍邱县(今安徽省霍邱县)之封家渡、信阳军(今河南省信阳市南)之齐冒镇及枣阳军(今湖北省枣阳市)和光州(今河南省潢川县)等开设榷场,而以盱眙为中心榷场。金亦于泗州(今江苏省盱眙县西北淮水西岸)、寿州(今安徽省凤台县)、颍州(今安徽省阜阳市)、蔡州(今河南省汝南县)、唐州(今河南省唐河县)、邓州(今河南省邓州市)、凤翔府(今陕西省凤翔县)、秦州(今甘肃省天水市)、巩州(今甘肃省陇西县)、洮州(今甘肃省临潭县)以及密州胶西县(今山东省胶州市)等处置榷场,而以泗州为中心榷场。[1]其中南宋向金输出的物品有茶、象牙、犀角、乳香、檀香、生姜、陈皮、绢、丝、木棉、钱币、牛、米、兵器、书籍等,而以茶和米麦为大宗。[2]从文书内容可知,金朝将获得的茶、绢、米等生活用品的一部分又转卖给西夏,从而获取中转贸易的利益。

---

[1] [宋]李心传:《建炎以来系年要录》卷一四五绍兴十二年(1142)五月甲辰条,北京:中华书局,1956年,第2325页。

[2] [日]加藤繁:《支那経済史考證》(下),東京:東洋文庫,1952年,第247—283页;[日]大崎富士夫:《宋金貿易の形態》,《廣島大学文学部紀要》第5号,1954年,第159—182页;张博泉:《金代经济史略》,沈阳:辽宁人民出版社,1981年,第79—82页。

辽金丝路篇

第十七章　辽鎏金双龙银冠及其所反映的辽与敦煌之关系

第一节　辽鎏金双龙银冠及其佛教意蕴

鎏金双龙银冠是辽代较有特色的随葬物品,现存一顶,发现于辽宁省建平县张家营子的契丹墓中。银胎,模制,再经錾花、表面鎏金而成,呈直筒状,顶部高耸,如五峰起伏。正中为火焰状摩尼宝珠,坐落于弯曲而立的三株卷草之上。"摩尼"者,梵语"离垢"之意。佛经称此宝珠光净,不为垢秽所染,"意中所须财宝衣服饮食种种之物,此珠悉能出生,令人皆得如意"。[1]两侧二龙相对,昂首翘尾,神态栩栩如生。双龙与宝珠间各绘云纹,对称分布,盘绕流转。冠面空处满錾枝叶繁茂的卷草纹与忍冬纹,虚实相间,主次分明,雕刻非常精细、考究。(图17-1)这是我们目前所见时代最早且最为精美的"二龙戏珠"图之一,弥足珍贵。

以其形制及纹饰,有人认为"此冠为佛门之冠,而非王者之冠"[2]。这里就出现了一个值得思考的问题。如所周知,佛头上是无冠的,只有螺髻(后演化出肉

---

[1] [明]一如法师:《三藏法数》,南京:金陵刻经处,1991年,第322页。
[2] 周英:《辽代鎏金双龙银冠》,《中国文物报》1995年4月9日第3版。

图 17-1　辽宁省建平县张家营子契丹墓出土鎏金双龙银冠

髻）；菩萨所戴宝冠为"三花冠"，观音菩萨之宝冠更有化佛、净瓶等明显标志，根本不可能出现"二龙戏珠"造型；至于和尚所戴的毗卢帽，一般来说都是很简单的，更无法与此辽冠之华美相提并论了，况且也不可能出现如此复杂的构图。那么，此"佛门之冠"又当何指呢？我们认为此冠可能就是一种贵族之冠，而且不是一般的贵族，极有可能为身份地位极高的皇族显贵人物。契丹贵族早在耶律阿保机于916年称帝建辽之前，即已从汉、回鹘诸族那里接受了佛教。与契丹皇帝"共任国事"的后族回鹘萧氏更是佛教的大力倡导者、支持者。上尤下效，使佛教很快蔓延全境。人们对佛教的崇奉至圣、兴、道三朝更盛。史称圣宗之后萧氏"普全六行之余，洞达三乘之意，动必协于人心，静必从于佛意"。[1]其行为规范都完全佛化了。辽兴宗"酷好沙门，纵情无检"。[2]在此文化背景下双龙护法宝冠的出现，看来应是辽朝统治者"护法思想"的表现。同时也有可能用以表示亡故者已修成正果。《大般涅槃经》曰："一切众生，悉有佛性。如来常住，无

---

[1] [宋]辽道宗：《圣宗钦爱皇后哀册》，陈述辑《全辽文》卷二，北京：中华书局，1982年，第36页。
[2] [宋]叶隆礼：《契丹国志》卷一三，上海：上海古籍出版社，1985年，第145页。

有变易。"①凡发心上求菩提,下化众生之仁人皆可成佛。该契丹显贵既有佛性,又以信佛是好,死后佩戴此冠或用此陪葬,自然是情理中事。

冠中心的"摩尼宝珠"既可能是"七宝"之一的"珠宝",同时亦可为佛法的代表。所谓"七宝",《长阿含经》有载,称转轮王有七宝:"一者金轮宝,二者白象宝,三者绀马宝,四者神珠宝,五者玉女宝,六者居士宝,七者主兵宝。"②

这里的"神珠宝"即为"摩尼宝珠"。"金轮宝"可在空中飞行。其他"五宝"若非"动物"便是"人",均能独自行动。七宝之中,只有"珠宝"需要佩戴在身。佛经中有许多菩萨、转轮王藏珠宝于发髻或冠中的记载。辽宁发现的此冠之宝珠在冠前部居中,左右两侧二龙护卫,实是"护法思想"的具体表现。这里的"龙"应是"真龙天子"的化身。佩戴这种冠的人物,很可能就是辽朝皇帝或太子之类显贵人物。

这里,还必须对上文中提到的"转轮王"作一说明。转轮王是古代印度民间传说的圣王。传说此王出世,"七宝"相随,轮宝导引。凡敌国见之,望风而降,故转轮王可兵不血刃而一统天下。转轮王治世,天下太平,人们可以各取所需,无有困乏,等等。佛教兴起之后,大量吸收古印度的这类民间传说,塑造了众多的转轮王形象,如佛典中所说的阿育王、迦腻色迦、波斯匿王、儴佉王、月光王、顶生王等都被称为转轮王。众多转轮王故事的出现,实际上是故事产生地区人民希望天下太平、社会安定、生活美好,有贤明国王当政的一种理想。与此同时,世俗的统治者也希望自己能像转轮王一样兵不血刃而统一天下,并能长治久安。因此做转轮王是世俗的最高统治者所梦寐以求的。佛教传到中国之后,受其影响,想当转轮王的中国皇帝也不少,如北凉沮渠蒙逊、隋文帝、武则天等等。与此相关,就是在这类皇帝当权时,佛教最为兴盛。佛教所说的转轮王,差不多都是"护法弘法"的君王。

《法华经·安乐行品》曰:"文殊师利,譬如强力转轮圣王,欲以威势降伏诸

---

① [北凉]昙无谶译:《大般涅槃经》卷二七,《大正藏》第 12 册,No. 374,页 523c。
② [后秦]佛陀耶舍、竺佛念译:《长阿含经》卷六《转轮圣王修行经》,《大正藏》第 1 册,No. 1,页 39b。

国,而诸小王不顺其命,时转轮王起种种兵而往讨伐。王见兵众战有功者,即大欢喜,随功赏赐。或与田宅、聚落、城邑……奴婢人民,唯髻中明珠,不以与之。所以者何? 独王顶上有此一珠。若以与之,王诸眷属,必大惊怪。"①《大般涅槃经》卷三也说:"譬如国王髻中明珠,付典藏臣,藏臣得已,顶戴恭敬,增加守护。"②《大方等陀罗尼集经》中也曰:"譬如国王髻中明珠,爱之甚重。若临终时,授与所爱之子。我今为诸法王,此经即如髻中明珠,汝如我子,今以此《大方等陀罗尼经》授予汝。譬如此王以髻中明珠授与其子。"③《大唐大慈恩寺三藏法师传序》中也说到释迦传法时有"解其髻宝,示以衣珠"④之语。所有这些文献所载佛教的传说中的转轮王,都是将自己的宝珠藏于发髻中的。《大方等大集经》卷二十六《宝髻菩萨品》中所塑造的主人翁即王子宝髻菩萨,经中说"宝髻菩萨闻是法已,即以髻上真宝之珠价值无量,从无量业之所出生奉献如来,作是誓愿:我今以是顶宝施佛,愿此功德为众生首。因是因缘,得无上智"。⑤这个为"众生首"的宝髻菩萨,实际上也是一个转轮王。

有辽一代,护法思想与转轮王思想相当流行,这在当时的文献中有着相当多的记载。如重熙十三年(1044)辽人张轮翼所撰《罗汉院八十灵塔记》即称:

> 金枝联七叶之荣,宝位禅千龄之运,谨按内典云:初地修一无数劫,受华报果,为自在□(应补为"王")今我皇帝是也。恒怀宵旰,肯构灵祠,系玉毫尊,恢八万四千定慧之力,继金轮职威尘,数万类束手而降,威如海表既如彼,恢张佛刹又若此……九层俄就,揆□建事白众议曰:佛法付与国□(应补为"王")大臣,今则特仗当仁,遽成胜槊。⑥

---

① [隋]阇那崛多、笈多译:《添品妙法莲华经卷》卷五,《大正藏》第9册,No. 262,页38c。
② [北凉]昙无谶译:《大般涅槃经》卷三,《大正藏》第12册,No. 374,页380b。
③ [北凉]法众译:《大方等陀罗尼集经》卷四,《大正藏》第21册,No. 1339,页660c。
④ [唐]慧立、彦悰著,孙毓棠、谢方点校:《大慈恩寺三藏法师传》,北京:中华书局,1983年,第1页。
⑤ [北凉]昙无谶译:《大方等大集经》卷二六《宝髻菩萨品》,《大正藏》第13册,No. 397,页183b。
⑥ [辽]张轮:《罗汉院八十灵塔记》,陈述辑《全辽文》卷七,北京:中华书局,1982年,第159页。

这里所说的"继金轮"实际上是把当时辽朝的皇帝与佛教的"转轮王"相提并论;"数万类束手而降",是佛典中描写的"转轮王"君临天下的情况;"佛法付与国王大臣",也是佛典中常见的佛对转轮王的"嘱累"。

辽清宁八年(1062)沙门法悟所撰的《释摩诃衍论赞玄疏序》说得更明白,其文中有:"我天祐皇帝,传刹利之华宗。嗣轮王之宝系……我圣文神武全功大略聪仁睿孝天祐皇帝,位纂四轮,道逾三右。"前句中的"刹利之华宗,嗣轮王之宝系"是比喻辽天祐皇帝同释迦一样出身为"刹帝利"种族,同释迦一样即使不出家,也可继承"转轮王"之位;后句中说的"位纂四轮",实指转轮王的四个等级,即金、银、铜、铁四等,以金轮王最高。①

辽大安九年(1093)沙门志延撰《景州陈公山观鸡寺碑铭并序》,在其铭中又有这样的表述:

懿彼能仁,迦维降神。挺生粹表,溥接迷伦。
恩及动植,慈等恕亲。示归寂灭,遗付王臣。
我朝建国,嗣纂金轮。三教助化,千龄在辰。②

这里的"金轮",无疑指的也是"金轮王"。如果再仔细查找,此类例子肯定还有不少,然而以上几例,足以证明辽朝境内"转轮王""护法思想"之流行程度了。

"护法思想"的产生实际上基于"末法思想",佛教认为在释迦牟尼涅槃之后,佛法会日益衰微,故将其流行期分为正、像、末三时。正,指正确无误之佛法;像,即相似正法的佛法;末,意为佛法将灭。有鉴于此,"护法思想"应运而生。能够最大限度地保护佛法的人物,无疑就应是现实世界的最高统治者——世俗的人间帝王了。

---

① [辽]法悟:《释摩诃衍论赞玄疏序》,陈述辑《全辽文》卷八,北京:中华书局,1982年,第178页。
② [辽]志延:《景州陈公山观鸡寺碑铭并序》,陈述辑《全辽文》卷八,北京:中华书局,1982年,第189页。

辽朝统治者既以转轮王自居，佩戴这类具有明显护法标志的皇冠就毫不足怪了。

第二节　从辽鎏金双龙银冠看辽与敦煌之关系

此冠造型别致，有人以之与大同华严寺辽塑观音所戴宝冠相对照，认为此银冠的制作当模仿自观音菩萨之冠。笔者反复检视二者之异同，发现除开冠之典雅、高贵之外，很难看出其源流关系何在。以冠之佛学意蕴结合其造型特点，我们很自然地联想到了敦煌石窟中与此类似的画面。

甘肃敦煌莫高窟北魏285窟南顶有一幅壁画（图17-2），其中心为一典型的置于开敷莲花之上的摩尼宝珠，两侧有二飞天相对护持。其主题构图与辽冠如出一辙，甚至连辽冠宝珠下的三株卷草纹都和莫高窟中所见不无雷同，只是后者非卷草而为荷叶而已。

285窟东顶还有一图，中心也是摩尼宝珠，但两侧的护持已不再是飞天，改成了伏羲与女娲。通过比较不难看出辽冠之二龙护宝珠造型与敦煌艺术中的二飞天或伏羲女娲护宝珠造型之间的密切关系。

敦煌与辽，一个在西北，一个在东北，遥隔万里。那么，敦煌艺术何以影响

图17-2　敦煌莫高窟第285窟飞天护宝珠图像

辽代之艺术呢？从二者相距之辽远看，间接的可能性甚大，但若就辽与敦煌的历史文化关系之密切而言，我们却无法排除契丹人直接模仿敦煌艺术的可能性。契丹原为内蒙古东部西拉木伦河与老哈河一带之游牧民族，在耶律阿保机统治时期，势力大张，先统一东北地区，后又于916、918、924年三度西征，将疆域向西拓展至今阿尔泰山一带。为了巩固边疆并牵制西夏、甘州回鹘等敌对势力，辽十分注意加强与沙州归义军政权的关系。从辽太宗天显十二年（937）至辽圣宗开泰九年（1020）间，辽与沙州多次互派使节以通好，这在史乘中不乏记载：

一、天显十二年（937）"冬十月庚辰朔，皇太后永宁节，晋及回鹘、敦煌诸国皆遣使来贡"。[1]

二、会同二年（939）"十一月丁亥，铁骊、敦煌并遣使来贡"。[2]

三、会同三年（940）"五月庚午，以端午宴群臣及诸国使。命回鹘、敦煌二使作本俗舞，俾诸使观之"。[3]

四、统和二十四年（1006）八月，"沙州敦煌王曹寿遣使进大食国马及美玉，以对衣、银器等物赐之"。[4]

五、景德四年（辽统和二十五）五月"甲子，归义军节度使曹宗寿遣使来贡"。[5]

这里的曹寿、曹宗寿实为一人。《辽史》写作曹寿以避兴宗耶律宗真之讳。

六、开泰三年（1014）四月"乙亥，沙州回鹘曹顺遣使来贡"。[6]

七、开泰六年（1017）六月"乙酉，菫离菫阿鲁勃送沙州节度使曹恭顺还，授于越"。[7]

---

[1]《辽史》卷三《太宗纪上》，北京：中华书局，1974年，第41页。
[2]《辽史》卷四《太宗纪下》，北京：中华书局，1974年，第46页。
[3]《辽史》卷四《太宗纪下》，北京：中华书局，1974年，第47页。
[4]《辽史》卷一四《圣宗纪五》，北京：中华书局，1974年，第162页。
[5] [宋]李焘：《续资治通鉴长编》卷六五"景德四年五月甲子"条，北京：中华书局，1980年，第1457页。
[6]《辽史》卷一五《圣宗纪六》，北京：中华书局，1974年，第174页。
[7]《辽史》卷一二《圣宗纪三》，北京：中华书局，1974年，第131页。

上面的曹顺、曹恭顺,指的都是曹贤顺,系《辽史》为避讳景宗耶律贤之讳而改。这条史料说明,沙州归义军节度使曹贤顺曾亲自觐辽。该事《辽史》原作"统和六年",而当时沙州归义军节度使是曹延禄,而非曹贤顺。曹贤顺之继任归义军的具体日期不详,但可以肯定是在 1002 年曹延禄被杀之后。可见,《辽史》将这次交聘活动系于统和六年（988）是不正确的,故而改为开泰六年（1017）。

八、开泰八年(1019)正月壬戌,"封沙州节度使曹顺为敦煌郡王"。①从《全辽文》卷六所收《韩橁墓志》看,这次封曹贤顺的使者应为韩橁。②

九、开泰九年(1020)七月"甲寅,遣使赐沙州回鹘敦煌郡王曹顺衣物"。③

十、开泰九年九月"乙亥,沙州回鹘敦煌郡王曹顺遣使来贡"。④

辽朝所封的这位敦煌郡王曹贤顺实为汉人,但《辽史》却称其为"沙州回鹘"。沙州之有回鹘人,始于 9 世纪中叶漠北回鹘的西迁。最初影响不大,仅偶见于史册。但发展到归义军政权的晚期,其势力日张,甚至左右了归义军政权。⑤而辽朝权势甚大的后族萧氏又恰为回鹘人。有辽一代,回鹘人颇受优遇。据载,辽政府曾于上京(今内蒙古自治区巴林左旗)南城设"回鹘营",以安置"回鹘商贩留居上京"。⑥在敦煌出土的回鹘文社会经济文书中,我们可以看到沙州回鹘商人赴契丹经商的记录,有的甚至到了辽朝的西鄙于都斤山(今蒙古国杭爱山)一带。⑦窃以为,"沙州回鹘"很可能是曹贤顺为取悦辽朝后族而采用的策略性自称。

十一、开泰九年"冬十月……郎君老使沙州还,诏释宿果。国家旧使远国,多用犯徒罪而有才略者,使还,即除其罪"。⑧

---

① 《辽史》卷一六《圣宗纪七》,北京:中华书局,1974 年,第 185 页。
② 汤开建:《韩橁出使敦煌年代考》,《社会科学》1983 年第 4 期,第 44—45 页。
③ 《辽史》卷一六《圣宗纪七》,北京:中华书局,1974 年,第 187 页。
④ 《辽史》卷一六《圣宗纪七》,北京:中华书局,1974 年,第 187 页。
⑤ 杨富学、牛汝极:《沙州回鹘及其文献》,兰州:甘肃文化出版社,1995 年,第 10—11 页。
⑥ 《辽史》卷三七《地理志一》,北京:中华书局,1974 年,第 441 页。
⑦ 杨富学、牛汝极:《沙州回鹘及其文献》,兰州:甘肃文化出版社,1995 年,第 8、9 号文献。
⑧ 《辽史》卷一六《圣宗纪七》,北京:中华书局,1974 年,第 188 页。

十二，《契丹国志·外国贡进礼物》中将沙州与高昌国、龟兹国、于阗国、大食国及甘州、凉州并提，称"已上诸国三年一次遣使，约四百余人，至契丹贡献"。[1]《辽史·兵卫志》甚至将"沙州敦煌"(当指曹贤顺以前的归义军)、"沙州回鹘"(当指曹贤顺继任后的归义军)列入其"属国军"中。

随着辽与敦煌亲善关系的发展，辽朝的佛教典籍也得以传入敦煌，如辽代名僧诠明的著作就可见于敦煌莫高窟藏经洞中。[2]敦煌遗书 P.2159 为《金刚般若经依天亲菩萨赞略释秦本义记》，经背有"燕台悯忠寺沙门诠明科定"之《妙法莲华经玄赞科文卷第二》。辽代的燕台即今之北京，这里的悯忠寺初建于唐太宗时期，是专门为阵亡将士祈福而建的，武后时扩建并赐名悯忠，清雍正时改为法源寺，系北京市内现存最古老的名刹。唐、辽时期的北京佛教发达，而敦煌自汉代以来就一直是河西佛教的一大中心，都是名师学僧传道弘法之理想场所，也是学经受法者向往之地。尤其敦煌，更是中印僧侣来往的必由之路。辽悯忠寺高僧诠明著作之传入敦煌，恐怕就与辽代北京—敦煌间的僧侣来往有关。

在敦煌莫高窟五代时期的壁画中，我们甚至可以见到契丹人的画像。莫高窟 346 窟内现残存有一射手图(图 17-3)，为五代时期之遗画。射手髡发，头扎红布头巾，身着紧袖交领长衫，腰束菱花革带，带上斜插羽箭两枝，足蹬长统战靴，胡跪于地，仰面前视。箭在弦上，引弓待发。其装束和发型与辽代内蒙古库伦 2 号壁画墓墓道南壁屈膝席地而坐的髡发青年驭者(图 17-4)极为接近，可明显看出契丹服饰与髡发之俗的影响。

敦煌艺术与辽朝艺术间的联系在回鹘统治瓜、沙时期(1036—1070)更趋密切。天津蓟州区独乐寺观音阁是在辽景宗之后回鹘萧氏及其女观音奴的直接扶持下修建的。阁中有巨型观音造像一尊，造型独特，与沙州回鹘王室或贵族之洞窟——瓜州榆林窟第 39 窟的回鹘风观音造像极为接近；河北易县八佛

---

[1] [宋]叶隆礼：《契丹国志》卷二一《外国贡进礼物》，上海：上海古籍出版社，1985年，第201页。
[2] 毕素娟：《辽代名僧诠明著作在敦煌藏经洞出现及有关问题——敦煌遗书 P.2159V1 研究》，《1990年敦煌学国际研讨会文集·石窟考古编》，沈阳：辽宁美术出版社，1995年，第165—177页。

图17-3：敦煌莫高窟第346窟五代射手图
（敦煌研究院数字中心供图）

图17-4：内蒙古库伦2号辽墓髡发驭者
（《库伦辽代壁画墓》，文物出版社，
1989年，图版20）

洼为辽代佛教艺术的一大中心，1912年发现的辽代罗汉造像为八尊双双相对的罗汉。八佛洼一名的来源可能即与此有关。八罗汉的出现，标志着由印度罗汉由以四为组向以十六为组的转换。关于十八罗汉，其出现的时代就更晚了，多出来的两个是由后世中国佛徒增添的。值得注意的是，大致又是在同时，敦煌艺术中也出现了八罗汉群像，同样可见于安西榆林窟第39窟。① 这些艺术品在风格上都属创新，且同时发生在中国的东北和西北。这种巧合并非偶然，而是互有联系的，他们之间的共同纽带应该说正是回鹘佛教。

---

① Marilyn Gridley, A Study of Uighur Patronage at Yulin and Uighur（Xiao Clan）Patronage of Buddhist Art under the Liao, M. Ghose and L. Russell-Smith(2ds.), From Nisa to Niya. New Discoveries and Studies in Central and Inner Asian Art and Archaeology, ed. London: Saffron Press. Spiro, Melford E. 1978；[美]葛雾莲著，杨富学译：《榆林窟回鹘画像及回鹘萧氏对辽朝佛教艺术的影响》，《昭乌达蒙族师专学报》1995年第1期，第3—8页。

第十八章　辽朝东北亚丝路及其贸易考实

古代的"东北亚"一词是以历史考古学为基础的地域划分，并不是如现在作为经济地理学名词。本文探讨的辽代的"东北亚"也是基于这一基础。徐苹芳早就指出，草原丝绸之路"从新疆伊犁、吉木萨尔、哈密，经额济纳、河套、呼和浩特、大同、张北、赤城、宁城、赤峰、朝阳、义县、辽阳，东经朝鲜而至日本"。[①]辽朝曾控制草原丝绸之路，西与回鹘[②]、大食[③]关系密切，学界已多有研究。其东北亚的丝绸之路，则是从辽上京通往当时的高丽、新罗、日本、俄罗斯远东及东西伯利亚等地，对此学界少有探讨，故试作考论。

第一节　辽与东北亚各地的交通路线

辽太祖天显元年（926），随着渤海国被纳入辽朝的版图，则渤海国从唐以来开辟的交通线则为辽朝继承，因而可以通过探索渤海国的交通线探讨辽代

---

① 徐苹芳：《考古学上所见的中国境内的丝绸之路》，《燕京学报》1995年新1期，第322页。
② 杨富学：《回鹘与辽上京》，《首届辽上京契丹·辽文化学术研讨会论文集》，呼和浩特：内蒙古文化出版社，2009年，第128—139页；[日]松井太：《契丹とウイグルの関係》，《アジア遊学》第160号，2013年，第56—69页；[日]松井太著，巩彦芬译，杨富学校：《契丹和回鹘的关系》，《河西学院学报》2018年第3期，第11—19页。
③ 杨富学、陈爱峰：《辽朝与大食帝国关系考论》，《河北大学学报》2007年第5期，第36—39页。

东部沿海的交通线;而有关辽朝和今俄罗斯远东及东西伯利亚等地的交通线则是辽代鹰路的重要组成部分。

首先,看辽朝与其东部各国的交通路线。

渤海国时期有6条交通路线,即日本道、新罗道、营州道、朝贡道、契丹道以及黑水靺鞨道。其中日本道和新罗道则是渤海通往高丽、日本的道路。李孝聪认为,辽朝与高丽的交通路线为:"在高丽境内,是自开京(今朝鲜开城市)经西京(今朝鲜平壤),北至龙州(今朝鲜龙川),由此进入辽境内的保州来远城(今鸭绿江南岸的朝鲜义州);在辽朝境内,是从来远城经开远城(今辽宁凤城)至东京辽阳府;在东京至中京之间辽朝设有专门的驿道,高丽朝贡使团可以凭借这条驿道从辽朝东京而进入中京;再分途去上京或南京。"[1]从东京至上京及南京、中京的道路,学界多有论述,在此不赘述。

关于前半段的路线,需要说明一下。据朝阳北票市小塔子乡莲花山山村耶律仁先家族墓地(图18-1)曾出土《耶律仁先墓志》,其中记载:"时朝廷以高丽女真等五国入寇闻,上曰:'仁先可往。'命驰驿安定之。因奏保定二州联于北鄙,宜置关铺,以为备守。有诏报,自是五国绝不敢窥扰。"[2]当时耶律仁先任东

图18-1 耶律仁先家族墓地全景

---

[1] 李孝聪:《中国区域历史地理》,北京:北京大学出版社,2004年,第462页。
[2] 向南编:《辽代石刻文编》,石家庄:河北教育出版社,1995年,第352—353页。

京留守,其"驰驿安定"鸭绿江女真和高丽,说明从东京辽阳府至高丽有驿道可行,而保州和定州是两个重要的交通点,都在鸭绿江东南岸,即今朝鲜平安道西北部,是控制高丽的要地,因而要设置关铺。辽道宗清宁元年(1055),辽又在鸭绿江东岸设置邮亭,便于辽和高丽的驿传。

又据《东国通鉴》载,高丽成宗文懿王十三年(994)春二月萧逊宁致书高丽国王"伏请大王预先指挥,从安北府至鸭江东,计二百八十里,踏行稳便田地,酌量地里远近,并令筑城,发遣夫役,同时下手,其合筑城数,早与回报。"其中安北府治所大致在今朝鲜平安南道位于清川江附近的安州,从此地280里至鸭绿江东之地,辽朝要求创五城,即后来高丽所设之通州(今朝鲜宣川西北东林)、龙州(朝鲜龙川)、铁州(朝鲜铁山)、郭州(朝鲜郭山)、龟州(朝鲜龟城)五城。

这些城的设立是为了"交通车马,开贡觐之途",说明辽和高丽的交通线上这五城是重要的地点。辽朝为了防御高丽、女直等国,东京至鸭绿西北峰设置:军堡凡七十,辽代从东京辽阳府至高丽有军事防御措施,这些防御措施有保障这条交通线的功能。从此五城再往南走,据《新唐书·渤海传》记载的"南海—新罗道"即为这条交通道的明确记载。南海,即渤海"南京南海府",对于其位置,学界普遍认同为今朝鲜北青古城。《三国史记》卷37引贾耽《古今郡国志》"自新罗泉井郡至栅城府,凡三十九驿"。[①]其中新罗泉井郡,为今朝鲜咸镜南道的德源,而魏存成查中国地图出版社1996年出版的《朝鲜·韩国地图册》,在咸镜南道没查到德源郡,而江原道元山市北侧有德源里,其应为泉井郡故址,而栅城为今天珲春市萨其城。渤海被辽灭后,此三十九驿,即是从辽至新罗、高丽的交通道线。而从高丽南部的耽罗(今韩国济州岛)可越过对马海峡,到达日本的北九州等地。

从辽朝至日本的交通。据载在渤海国时有三条航线可达日本:一、北线,从

---

① 金富轼著,孙文范校勘:《三国史记》卷37《杂志六·地理四》引贾耽《古今郡国志》,长春:吉林文史出版社,2003年,第452页。

龙原（渤海东京龙原府，今珲春市八连城）东南行至盐州（即毛口崴，今俄罗斯哈桑地区波谢特湾克拉斯基诺港口）出海到日本；二、筑紫线，从龙原出发，沿朝鲜半岛东海岸南下，到达日本的筑紫（今日本北九州）；三、南海府线，从渤海南海府（今朝鲜北青古城）"吐号浦"出发，沿朝鲜半岛东海岸南行，到达筑紫。这些线路在日本筑紫、能登、加贺、隐岐、但马、长门、出云、伯耆、若侠等地登陆。唐代著名的日本高僧圆仁于唐文宗开成三年（838）从日本到唐朝，是从筑紫（今日本九州福冈）的"博多港"出发，经朝鲜半岛而到达唐朝的。在盐州曾出土唐产瓷器片和新罗陶器，见证了其作为交通线的重要位置。辽朝的灭渤海之后，东京龙原府和南京南海府归辽朝版图，因而此地也应是辽朝通往日本的道路。

其次，再看辽上京通往生女真、五国部的道路。该道路被称为"贡鹰道"，也就是鹰路，指从辽代上京临潢府（今内蒙古自治区赤峰市巴林左旗波罗城，图18-2、图18-3）至黑龙江下游乃至库页岛的道路。这条路上既是五代后晋皇帝石重贵及其母李太后被辽太宗耶律德光流放之路，也是宋徽宗、钦宗流放之路。这条路从库页岛（今俄罗斯萨哈林岛）向东可达千岛群岛、堪察加半岛、阿

图 18-2　辽上京故城遗址全景

图 18-3　辽上京夯筑城墙断面

留申群岛,直至北美洲。①"贡鹰道"一词首次出现于辽代。其实早在唐朝,这条道路就已延伸至流鬼国,根据《通典》卷二〇〇记载:流鬼国君长孟蜉遣其子可也余志于贞观十四年(640)"三译而来朝贡",流鬼国学界一般认为是在今天的堪察加半岛上,而可也余志应为阿留申先世,居美洲。②则唐代已经通过鹰路与美洲地区有所交往。

史书明确记载这条道路的首航者为北魏时期的乙力支。《魏书》在"勿吉国"中载:"延兴(471—476)中,遣使乙力支朝献。太和(477—499)初,又贡马五百匹。乙力支称,初发其国,乘船泝难河西上,至太沵河,沉船于水,南出陆行,渡洛孤水,从契丹西界达和龙。自云其国先破高句丽十落,密共百济谋从水道并力取高句丽……乙力支乃还,从其来道,取得本船,汎达其国。"③难河即今松花江及其上游嫩江,太沵河即嫩江支流洮儿河,洛孤水即今西拉木伦河。《魏书·勿吉传》记载太和十年(486)勿吉人侯尼支入贡,据其描述,其地临近大莫

---

① 傅朗云:《东北亚丝绸之路初探》,《东北师范大学学报》1991年第4期,第33页。
② 周维衍:《唐代的"流鬼"和"窟说"》,《复旦学报》1984年第2期,第109—110页。
③ 《魏书》卷一〇〇《勿吉传》,北京:中华书局,1974年,第2220页。

卢国、覆钟国、莫多回国、库娄国。其中覆钟国即为奴儿干地区。

此条交通路线上从上京到五国部的道路分有东北路和东南路两条。东北路是从辽上京北经长春州（吉林省白城市城四家子古城），东行到宁江州（今吉林省松原市扶余市西部的伯都讷古城），沿第一松花江直到黑龙江下游的五国部；东南路是从辽上京到信州（吉林省公主岭市秦家屯古城），再从黄龙府（今吉林农安县）北行，沿第一松花江到达生女真和五国部。

其中东南路据渤海国时期的"扶余契丹道"记载，从上京龙泉府至上京临潢府的道路如下：从渤海的上京龙泉府（今黑龙江省宁安市）出发，至"吉林龙潭山或南城子（古扶余城）—西南桦甸苏密城（长岭府）—柳河罗通山城—东丰山城镇—开原东（八棵树古城）—老开原（咸州）—康平小塔子（祺州）—法库四家子古城（熊山县）—彰武苇子沟（洪州）—阜新塔营子（懿州）—阜新红帽子（成州）—兴中府（营州），然后出大青山关隘，至今赤峰市宁城县的辽中京之地"，[①] 进而至上京临潢府。《辽史》记载辽太祖耶律阿保机于925—926年亲征渤海，先拔扶余城（今吉林农安县），然后南下，攻打忽汗城（渤海中京显德府），行军路线和此路有重合之处。辽代应沿用此道。这条路是从辽上京通往东北地区的一条重要干道。辽代通往五国部的道路，被后世的金元明清所继承和沿用，是重要的交通枢纽。

鹰路上发现了许多辽金时代的遗迹和城址。一些是渤海国时修建，辽时沿用；一些则是辽代新建。牡丹江流域，沿用渤海时期的古城有8座，如横道河子古城、孙船口古城、黑石古城、通沟岭山城、南湖头古城、城子后山城、城墙砬子山城、龙头山古城、菱角崴子遗址。建于辽金时期古城有22座，即背荫砬子城址、帽儿山山城、西北岔山城、西营城子古城、营城子古城、东营城子古城、杏花古城、长路山古城、萨尔浒古城、满城古城、沙虎古城、乌斯浑河古城、古城子古城、新城古城、三道通古城、白虎哨古城、建堂乡古城、大山头古城、湖水古城、土城子古城、依兰县城古城、五国头城。这22座辽金古城中多为建于水陆交通

[①] 王绵厚、朴文英：《中国东北与东北亚古代交通史》，沈阳：辽宁人民出版社，2016年，第259—260页。

便利的江河沿岸的台地上平原城。除此之外,牡丹江流域的鹰嘴峰遗址也有辽代的遗迹。村落外边有河卵石垒砌的石墙,既有防御性质又有防水性质。房址中有典型的辽代火炕。①

黑龙江中游南岸墓葬共有98座,辽代中期墓葬35座,包括绥滨县三号墓葬群14座、黑河市卡伦山古墓葬18座、绥滨县新城辽墓2座、汤原县新城辽墓1座。辽末金初的墓葬共计22座,包括绥滨县永生墓群12座、佳木斯市黎明村辽金墓群5座、嘉荫农场双桥三号墓葬1座。绥滨县奥里米墓群4座。出土典型器类有重唇口罐、鼓腹罐、扁腹罐、瓜棱罐、瓜棱壶。②辽代五国部文化特征则以其中的绥滨地区永生、中兴、奥里米3个墓群为代表。出土的短颈弦纹瓜棱罐、葫芦口长颈瓜棱罐、席纹和小菱形块组成的横条纹带最有代表性。其中绥滨永生墓出土侈口深腹平底周身排印方格纹的夹砂粗陶罐、细泥灰陶罐、瓜棱罐、铁削、铁带卡、扁凿式箭头、硅化木等,这些都是五国部文化的典型特征,属于辽代五国部文化即三号类型文化。黑龙江中游黑河卡伦山墓葬,出土的陶器更接近黑龙江绥滨辽代三号古墓。汤原新城墓葬出土的瓜棱壶,与绥滨三号墓出土的同类器物相仿,马镫与赤峰大营子辽墓所出的马镫相似,为辽代时期五国部文化。

临近绥滨县的今俄罗斯犹太自治州比罗比詹区、纳杰日金斯科耶、哈巴罗夫斯克以及黑龙江下游博朗湖地区是辽代五国部的分布区,10—11世纪墓葬中,发现了与绥滨县永生文化十分相似的出土器物如瓜棱壶、瓜棱罐及素面夹砂罐等。③而在科尔萨科沃墓葬中,表现出了明显的阶层分化,有随葬品的墓仅集中在1—2个中,且陪葬品很多。出土的器物以喇叭口瓜棱壶为多,说明辽代的势力已达到这些地方。据胡峤《陷虏记》载:"西北至妪厥律……地苦寒,水出大鱼,契丹仰食。又多黑、白、黄貂鼠皮,北方诸国皆仰足……又北,狗国,人身

---

① 张泰湘:《牡丹江莲花水库淹没区考古发掘》,《东北亚研究——东北考古研究(三)》,郑州:中州古籍出版社,1994年,第221页。
② 李则宇:《10—12世纪黑龙江中游南北两岸墓葬比较研究》,东北师范大学硕士学位论文,2016年。
③ В. Е. Медведев, Культура амурских Иуражэней, Новосирск, 1977, стр. 2.

狗首，长毛不衣。"①胡峤所记的姻厥律，应为羽厥里的不同音译。而狗国即奴儿干地方，位于黑龙江下游地区，根据明永乐十一年（1413），在奴儿干都司所在地（今俄罗斯特林）为纪念修建永宁寺所刻石《敕修奴儿干永宁寺记》（图18-4）载：

> 惟东北奴儿干国，道在三译之表，其民曰"吉列迷"及诸种野人杂居焉。皆闻风慕化，未能自至。况其地不生五谷，不产布帛，畜养惟狗。或野人养狗驾舟，运器用诸物。或以捕鱼为业，食肉而衣皮，好弓矢……永乐九年春……开设奴儿干都司，昔辽金時民安故业，皆相庆曰：□□今日复见而服矣。②

永宁寺附近还发现辽代的钱币和瓷器。奴儿干永宁寺前有砖塔，其形制具有明显的辽代特点。鸟居龙藏认为："确为辽金时代之砖塔形式。"③则黑龙江下

图18-4 永宁寺碑与重建永宁寺碑（王俊铮摄于符拉迪沃斯托克滨海国立博物馆）

---

① 赵永春辑注：《奉使辽金行程录·胡峤陷虏记》，北京：商务印书馆，2017年，第11页。
② 钟民岩、那森柏、金启孮：《明代奴儿干永宁寺碑记校释》，《考古学报》1975年第2期，第37页。
③ 鸟居龙藏：《奴儿干都司考》，《燕京学报》第33期，1947年，第52页。

游地区曾为辽代所统,应为辽代五国部管辖区。辽代兀惹人居地在黑龙江和松花江合流处至黑龙江口,库页岛一带,即今同江市秦得利古城。也应在这一范围之内。

第二节 辽朝和女真的贸易往来

辽朝与东北亚诸部的经贸往来主要是辽和女真、五国部之间的经贸往来,而辽与东北亚诸国的贸易主要是辽朝与高丽、日本间的贸易往来。

辽朝和女真的贸易主要是朝贡贸易和榷场贸易。女真朝贡辽朝的记录从辽太祖天显元年(926)至天祚帝天庆四年(1114),都有记载。即使道宗、天祚帝两朝大部分女真不再朝贡,但反映了辽朝对女真的统治形式已由羁縻朝贡统辖体制转向一般行政建置管理体制。[①]耶律阿保机时,为控制女真各族,将较为强大、汉化较深的一部分女真人迁至辽阳以南,入辽籍,对其直接控制,史称"熟女真";而未被迁徙者,仍留居"粟末江(今松花江)之北,宁江州(吉林省扶余市境)之东北者,地方千余里"[②]。他们不入辽籍,社会发展较缓慢,史称"生女真"。而这部分生女真一直都和辽朝保持了良好的贸易往来关系,"以金、帛、布、蜜、蜡诸药材及铁离、靺鞨、于厥等部以蚌珠、青鼠、貂鼠、胶鱼之皮、牛羊驼马、麂麕等物,来易于辽者,道路襁属"。[③]

辽朝于生女真交界地带设置了宁江州榷场,据考,其地当在今吉林省松原市扶余市伯都讷古城。[④]据《契丹国志》卷一〇载:"先是,州有榷场,女真以北珠、人参、生金、松实、白附子、蜜蜡、麻布之类为市。"[⑤]此处的"州"即为宁江州,

---

[①] 程妮娜:《女真与辽朝的朝贡关系》,《社会科学辑刊》2015 年第 4 期,第 110 页。
[②] [宋]徐梦莘:《三朝北盟会编》卷三《政宣上帙三》,上海:上海古籍出版社,1987 年,第 16 页。
[③] 《辽史》卷六〇《食货志下》,北京:中华书局,1974 年,第 929 页。
[④] 李健才:《辽代宁江州考》,《东北师范大学学报》1981 年第 6 期,第 72—74 页。
[⑤] [南宋]叶隆礼著,贾敬颜、林荣贵校点:《契丹国志》卷一〇《天祚皇帝上》,北京:中华书局,2014 年,第 115 页。

辽道宗"清宁中置,初防御、后升。兵事属东北统军司。"①洪皓《松漠纪闻》载,宁江州"女真率来献方物,若貂鼠之属。各以所产,量轻重而打博,谓之'打女真'。"②熟女真也从辽阳附近到宁江州榷场进行贸易。据《契丹国志》卷二二载:"居民等自意相率赍以金、帛、布、黄蜡、天南星、人参、白附子、松子、蜜等诸物,入贡北番;或只于边上买卖,讫,却归本国。"③所谓的"于边上买卖"即是指到宁江州榷场进行贸易。辽朝曾在宁江州附近的拉林河两岸设置边防城数座,作为防守女真前沿阵地。考古发现在今黑龙江省双城区境内共发现古城九座,距拉林河较近的有六座,分别为石家崴子古城、车家子古城、花园古城、唐家崴子古城、万斛古城、杏山古城。④这些古城间距大致相等,形制基本相同,周长大都在1000—1800米,城四角有角楼,城垣上有马面,城外有一道护城河,每城又皆有一门,且都开于北墙,具有明显的军事性质。为辽末完颜阿骨打起兵反辽之初所建。⑤这些军事防御城归东北路统军司⑥统管。这种戍边防御措施,在辽代晚期阻碍了辽和女真及五国部的贸易。⑦但同时也说明这条线路是女真到辽代榷场交易的主要交通要道。辽末女真人来榷场易物时,辽人肆意压价,"低其直(值),且拘辱之,谓之'打女真'"。⑧正是这种不平等的贸易,才导致了辽朝末年完颜阿骨打首先以宁江州作为首战的地点掀起了反抗辽朝的斗争,也说明宁江州的经济和军事的重要作用。

---

① 《辽史》卷三八《地理志二》,北京:中华书局,1974年,第477页。
② [宋]洪皓著,翟立伟标注:《松漠纪闻》,长春:吉林文史出版社,1986年,第26页。
③ [南宋]叶隆礼著,贾敬颜、林荣贵校点:《契丹国志》卷二二《州县载记》,北京:中华书局,2014年,第237页。
④ 松花江地区文物管理站:《松花江地区一九八一年文物普查简报》,《黑龙江文物丛刊》1983年第1期,第28—32页。
⑤ 庞志国、夏若英:《拉林河沿岸的辽金遗迹》,《黑龙江文物丛刊》1984年第2期,第76页。
⑥ 关于东北路统军司设置的时间,李锡厚:《中国政治制度通史·辽金西夏卷》(北京:人民出版社,1997年,第173页)认为:"当生女真完颜部最初发动叛乱时,辽朝主持战事始有东北路统军司";王曾瑜:《辽金军制》(保定:河北大学出版社,2011年,第55页)认为,其最初的名称可能是东北路女直兵马司,辽兴宗时"方才成为一个单独的军区机构",王雪萍、吴树国:《辽代东北统军司考论》(《中国边疆史地研究》2014年第1期,第57页)认为,东北路统军司有别于原来的东北路详稳司,确立时间应在道宗咸雍七年(1071)至大康三年(1077)期间。
⑦ 林荣贵:《辽代东北地区的经济开发》,《中国边疆史地研究》1992年第2期,第26页。
⑧ [南宋]叶隆礼著,贾敬颜、林荣贵点校:《契丹国志》卷一〇《天祚皇帝上》,北京:中华书局,2014年,第115页。

第三节　辽和五国部的往来贸易

　　五国部是指剖阿里、盆奴里、奥里米、越里笃、越里吉组成的部落群体。而学界一般认为越里吉为五国头城,①在今黑龙江省哈尔滨市依兰县境内。奥里米古城为绥滨县城西九公里的古城。剖阿里城在今俄罗斯境内哈巴罗夫斯克城;越里笃城为桦川境内的万里霍通古城;盆奴里城为汤原境内的桃温城(明代称托温城,清代称固木讷城)。②五国部的分布区域为从黑龙江依兰县东到大海间许多部落的总称,并不限于五部,这一范围也不仅五个城。

　　这条路之所以被称为鹰路,因五国部以海东青朝贡辽朝而得名③。其中五国部分布在从松花江中游到黑龙江下游的水路交通线上。他们不定期向辽朝朝贡。④据《三朝北盟会编》卷三记载:"北珠者,皆北中来榷场相贸易……美者大如弹子,小者如梧子,皆出辽东海汊中……又有天鹅,能食蚌,则珠藏其嗉;又有俊鹘号海东青者,能击天鹅;人既以俊鹘而得天鹅,则于其嗉得珠焉。海东青者出五国,五国之东接大海,自海东而来者,谓之'海东青',小而俊健,爪白者尤以为异。必求之女真,每岁遣外鹰坊子弟趣女真发甲马千余人入五国界,即海东巢穴取之,与五国战斗而后得,女真不胜其扰。"⑤而明代的文献记载:

---

①　张博泉先生认为的五国的盆奴里为辽之五国头城,在今依兰附近;苏金源:《辽代东北女真和汉人的分布》(《社会科学战线》1980年第2期)也持此说;陈继礼:《五国城故址刍议》(《学术论坛》1980年第3期)一文认为五国头城位于宁安县。

②　李英魁:《辽金五国城丛谈——省级文物保护单位之一》,《黑龙江文物丛刊》1982年第3期,第94—96页。

③　苏联学者麦德维杰夫认为:一种是南部女真人为契丹所役使去捕获海东青,另一种是契丹人亲自赴北方捕获海东青。见姚凤:《苏联学者对黑龙江沿岸中世纪部落的研究》,《北方文物》1990年第1期,第107页。

④　克恰诺夫认为,这种臣服往往只是名义上的,实际上所有五部并非依附于契丹政权。Е. И. Кычанова, Чжурчжэни в XI в. Материалы для этнографического исследования, Древняя Сибирь.Вып 2. Сибирский археологический сборник, Новосибирск: Наука, Сиб. отд-ние, 1966, стр. 269—281.

⑤　[宋]徐梦莘:《三朝北盟会编》卷三《政宣上帙三》,上海:上海古籍出版社,1987年,第21页。

"海东青,鹘之至俊者也,出于女真,在辽国已极重之。因是起变而契丹以亡。其物善擒天鹅。飞放时,旋风羊角而上,直入云际。"①《宋史》云徽宗时,梁子美为河北都转运使,"倾漕计以奉上,至捐缗钱三百万市北珠以进。崇宁间,诸路漕进羡余,自子美始。北珠出女真,子美市于契丹,契丹嗜其利,虐女真捕海东青以求珠,两国之祸盖基于此"。②则契丹为了在商贸中获利,需要用海东青捕天鹅,以取得蚌中珍珠。辽朝统治者为了获得海东青,"岁岁求之女真,女真至五国,战斗而后得,女真不胜其扰"③。辽朝为此还设置了专门的机构,早在辽太宗会同元年(938),就设立了鹰坊,置鹰坊使、鹰人等职官,负责管理驯养海东青。辽代鹰路经常不通,因而辽代设防南北两千里,后期主要是依赖完颜部女真控制鹰路。如完颜部景祖乌古乃、穆宗盈歌时就多次帮辽朝征讨五国部。

据载,五国部于圣宗时来附,镇东北境,属黄龙府都部署司。④辽圣宗统和二十一年(1003)夏四月戊辰,兀惹、渤海、奥里米、越里笃、越里吉等五部遣使来贡。⑤开泰七年(1018),三月辛丑,命东北越里笃、剖阿里、奥里米、蒲奴里、铁骊等五部岁贡貂皮六万五千,马三百。⑥《辽史·食货志》记载与此基本相同,"越里笃、剖阿里、奥里米、蒲奴里、铁骊等诸部三百疋"。而《契丹国志》更详细记载了五国部初海东青之外所贡之物。据《契丹国志》卷二二载,混同江(今松花江)中游流域的屋惹(兀惹)、阿里眉(奥里米)、破骨鲁(剖阿里)等,"每年惟贡进大马、蛤珠、青鼠皮、貂鼠皮、胶鱼皮、蜜蜡之物,以与北番人任便往来买卖";阿里眉(奥里米)以北的铁离(骊),"以大马、蛤珠、鹰鹘、青鼠等皮、胶鱼皮等物与契丹交易";铁离(骊)西南的靺鞨族,"以细鹰鹘、鹿、细白布、青鼠皮、大马、胶鱼皮等与契丹交易";靺鞨以北的喜失牵族,"以、羊、马、牛、驼、皮、毛之物与契丹

---

① [明]叶子奇:《草木子》卷四,北京:中华书局,1959年,第85页。
② 《宋史》卷二八五《梁适传》,北京:中华书局,1977年,第9625页。
③ [南宋]叶隆礼著,贾敬颜、林荣贵点校:《契丹国志》卷一〇《天祚皇帝上》,北京:中华书局,2014年,第115页。
④ 《辽史》卷三三《营卫志下》,北京:中华书局,1974年,第392页。
⑤ 《辽史》卷一四《圣宗纪五》,北京:中华书局,1974年,第158页。
⑥ 《辽史》卷一六《圣宗纪七》,北京:中华书局,1974年,第183页。

交易"。这些部族一般都到宁江州榷场进行贸易,而交易物品主要有鹰鹘、各种鼠皮、大马、蛤珠、胶鱼皮等。辽设立东北路统军司之后,辽对五国部的统治方式发生了改变,即辽中央重新加封了五国部各酋长为节度使,五国部节度使逐步撤销。①并且将打通鹰路和保证海东青贡御的任务交给了由完颜部首领担任的生女真部落节度使。②

第四节　辽朝和东部诸国的经贸往来

1. 辽朝和新罗的经贸往来

辽朝和新罗的贸易往来不是很多,935 年新罗被高丽吞并。则如果从 906 年阿保机建立政权开始,二者并存时间将近 30 年。辽太祖九年(915)冬十月"新罗遣使贡方物"③,辽太祖天赞四年(925)十一月己酉"新罗国来贡"。④辽中京还专门设置"朝天馆待新罗使"⑤。而据《契丹国志》记载新罗按八节入贡辽的物品有:"金器二百两、金抱肚一条五十两、金钞锣五十两、金鞍辔马一匹五十两、紫花绵绸一百匹、白绵绸五百匹、细布一千匹、粗布五千匹、铜器一千斤、法清酒醋共一百瓶、脑元茶十斤、藤造器物五十事、成形人参不定数、无灰木刀把十个、细纸墨不定数目。"⑥而契丹回赐的物品包括:"犀玉腰带二条、细衣二袭、金涂鞍辔马二匹、素鞍辔马五匹、散马二十匹、弓箭器杖二副、细绵绮罗绫二百匹、衣着绢一千匹、羊二百口、酒果子不定数。"⑦此外还有辽朝对新罗使节的回赐,这些其实都是官方的一种经贸往来。

---

① 程尼娜:《辽代女真属国、属部研究》,《史学集刊》2004 年第 2 期,第 84—94 页。
② 王雪萍、吴树国:《辽代东北路统军司考论》,《中国边疆史地研究》2014 年第 1 期,第 63 页。
③ 《辽史》卷一《太祖纪上》,北京:中华书局,1974 年,第 10 页。
④ 《辽史》卷二《太祖纪下》,北京:中华书局,1974 年,第 20 页。
⑤ 《辽史》卷三九《地理志三》,北京:中华书局,1974 年,第 482 页。
⑥ [南宋]叶隆礼著,贾敬颜、林荣贵点校:《契丹国志》卷二一《外国贡进礼物》,北京:中华书局,2014 年,第 228—229 页。
⑦ [南宋]叶隆礼著,贾敬颜、林荣贵点校:《契丹国志》卷二一《外国贡进礼物》,北京:中华书局,2014 年,第 229 页。

2. 辽朝和高丽的丝路贸易

辽朝在926年灭渤海国,和高丽相邻。二者关系为境外藩属国的关系。和平交往为二者关系的主流。①辽太祖天赞元年(922),契丹遣使至高丽,"赠送骆驼及毡"。这是契丹与高丽正式交往的最早记载。②辽圣宗统和十三年(995)遣使册封高丽成王王治,意味高丽正式成为辽朝的藩属国。③后因二者战争,双方关系破裂。到辽圣宗开泰十年(1021)十一月,上尊号,大赦天下,改元"太平",高丽派出使者聘问,第二年(1022)高丽复用辽的年号,双方重新确立起藩属关系,一直持续到辽末。今天内蒙古林西县三道营子出土一枚篆书"海东通宝",为高丽钱币,为高丽肃宗时期所铸,见证了辽丽之间经贸往来。

辽朝和高丽之间的友好交往,使得二者间的交流频繁。主要表现在朝贡贸易、榷场贸易、互市贸易等。据统计从922年辽朝第一次遣使高丽至1120年最后一次遣使高丽,辽朝出使高丽约242次。④高丽从924年至1123年,共遣使辽朝250次。⑤均为一年1.2次的频率,但实际会随二者关系的好坏有所不同。《宋史》卷四八七《高丽传》:"自王徽(高丽文宗)以降,虽通使不绝,然受契丹封册,奉其正朔,上朝廷及他文书,盖有称甲子者。岁贡契丹至于六,而诛求不已……尝诘其西向修贡事,高丽表谢,其略云:'中国,三甲子方得一朝;大邦,一周天每修六贡。'契丹悟,乃得免。"⑥则宋朝记载高丽对契丹的朝贡每年6次;而《高丽史》高丽显宗十三年(1022)记载:"契丹东京持礼使李克方来,言自今春夏季问候使并差一次,与贺千龄、正旦使同行;秋冬季问候使并差一次,与

---

① 武玉环:《论辽与高丽的关系及辽的东部边疆政策》,《吉林大学社会科学学报》2001年第4期,第78页。
② 《辽史》卷一《太祖纪上》载,辽朝阿保机第九年(915),"高丽遣使贡宝剑",神册三年(918)二月高丽"遣使来贡"。但王建立高丽政权是在918年,因而不是正式的官方往来。见魏志江《〈辽史·高丽传〉疏证稿》,沈善洪主编《韩国研究》第三辑,杭州:杭州出版社,1996年,第50页。
③ 《高丽史》系年于996年,不取。
④ 张亮采:《补辽史交聘表》(北京:中华书局,1958年)和陈俊达:《辽朝遣使高丽考补》(《绥化学院学报》2016年第11期)统计为231次;姜卫东:《辽史"儒化"现象研究》(《辽金史论集》第12辑,吉林大学出版社,2012)认为是231次正式使团;李孝聪:《中国区域历史地理》(北京大学出版社,2004年,第462页)统计,辽朝向高丽派遣212次,高丽先后派遣173次。
⑤ 陈俊达:《高丽遣使辽朝研究》,吉林大学硕士学位论文,2016年,第43页。
⑥ 《宋史》卷四八七《高丽传》,北京:中华书局,1977年,第14049—14050页。

贺太后生辰使同行。"①则自辽圣宗太平十二年（1022）后，基本一年4次的朝贡频率。

至于高丽朝贡之物和辽朝的回赐物品，参考上述新罗国贡进物件可见一斑。而高丽的特殊贡物一般是："粳米五百石，糯米五百石，织成五彩御衣金不定数"。辽朝回赐高丽贡使的物品为："金涂银带二条，衣二袭，锦绮三十匹，色绢一百匹，鞍辔马二匹，散马五匹，弓箭器一副，酒果不定数。"②据记载，高丽朝贡的物品还有更多种类。如伎乐③、地里图④、鹰⑤等。辽圣宗二十六年（1008）高丽进龙须草席，贺中京城落成。以作为中京的文化殿、武功殿铺地之用。⑥《高丽史》载：靖宗四年（辽兴宗重熙七年，1039）夏四月，遣尚书左丞金元冲赴辽"并进捧金吸瓶、银药瓶、幞纻头、纱纻布、贡平布、脑原茶、大纸、细墨、龙须簟席等。⑦一些中原书籍也由于贡使贸易从高丽流入契丹。如《高丽史》载睿宗八年（辽天庆三年，1113）二月"庚寅，耶律固等将还，请《春秋释例》《金华瀛洲集》，王各赐一本"⑧。北宋名臣苏轼在《论高丽进奉状》中指出此为宋朝的一大流弊。据载高丽"使者所至，图画山川，购买书籍。议者以为所得赐予，大半归之契丹。⑨高丽天文知识，也得以传入辽域。辽圣宗时，翰林学士耶律纯精通星象占卜之学，其于辽圣宗统和二年（高丽成宗三年，984）使高丽，得到高丽国禅师所赐之星躔之学。⑩辽朝赐予高丽的物品除《契丹国志》所记外还有羊、车⑪、书籍、天文等。辽朝曾三次向高丽赠送《大藏经》，分别为辽道宗清宁九年（高丽文宗十年，1063）三月、辽道宗寿昌五年（高丽肃宗四年，1099）、辽天祚帝乾统七年

---

① [朝]郑麟趾：《高丽史第一》卷六《靖宗世家》，日本：國書刊行會株式會社，1977年，第66页。
② [南宋]叶隆礼著，贾敬颜、林荣贵点校：《契丹国志》卷二一《外国贡进礼物》，北京：中华书局，2014年，第229页。
③ 《辽史》卷一三《圣宗纪四》，北京：中华书局，1974年，第145页。
④ 《辽史》卷一四《圣宗纪五》，北京：中华书局，1974年，第157页。
⑤ 《辽史》卷一三《圣宗纪四》，北京：中华书局，1974年，第146页。
⑥ 《辽史》卷七九《属国表》，北京：中华书局，1974年，第1150页。
⑦ [朝]郑麟趾：《高丽史第一》卷六《靖宗世家》，日本：國書刊行會株式會社，1977年，第85页。
⑧ [朝]郑麟趾：《高丽史第一》卷六《靖宗世家》，日本：國書刊行會株式會社，1977年，第197页。
⑨ [宋]苏轼：《苏轼文集》卷三〇，北京：中华书局，1986年，第847页。
⑩ 丁丙：《善本书室藏书志》卷一七；蒋祖怡、张涤云：《全辽诗话》，长沙：岳麓书社，1992年，第73页。
⑪ [朝]郑麟趾：《高丽史第一》卷六《靖宗世家》，日本：國書刊行會株式會社，1977年，第147—148页。

（高丽睿宗二年，1107）。契丹语也被高丽学习。《高丽史》卷三成宗十四年（辽统和十三年，995）遣派"童子十人于契丹，习其语"。①

榷场贸易。辽丽间设置榷场进行贸易，主要有榆州（今辽宁凌源西十八里堡）榷场和保州（今朝鲜平安北道义州及新义州之间）②榷场。保州榷场设置时间当在开泰四年（1015）以后。③但不知何时废却。辽大安二年（1086），辽准备在鸭绿江东保州等地再置榷场，高丽宣宗派遣尚书右丞韩莹等出使辽朝，"请罢之"。④大安四年（1088）九月，高丽宣宗再次派遣"太仆少卿金先锡如辽，乞罢榷场"⑤。辽道宗回诏曰："屡抗封章，请停榷易，谅惟细故，讵假繁辞。迩然议于便宜，况未期于创置，务从安帖，以尽倾输。释乃深疑。体予至意。"⑥说明道宗对高丽的请求表示谅解，遂取消了在保州设榷场的计划。

同时辽和高丽之间还有互市贸易存在。因为辽朝曾在渤海立互市，以通南宋、西北诸部、高丽之货，⑦而《高丽史》载邵台辅上奏云："北路边城将士，多自山南州县充入，故丁田在远，赀产贫乏，脱有兵事，并为先锋。请自今令入辽使臣，拣壮健者为兼从，因使侦察疆域事势，且有互市之利，人必竞劝。从之。"⑧也证明了互市贸易的存在。高丽和重视和辽朝的贸易。文宗九年（1055），又设置娱宾、清河和朝宗等客馆，以为使臣和商人寄宿提供便利。文宗十六年（1062），更特设"辽国买卖院于宣义南"以为贸易的固定场所。高丽名僧义天曾于⑨年五月入宋求法，第二年返回。他曾从宋、辽、日本朝购得佛教典籍，并奏请在高丽兴王寺编刻，共计四千七百四十余卷，刻为《续藏经》，亦称《义天续藏经》。现存《大觉国师文集外集》第八卷，收录有辽朝御史中丞耶律思齐给义天的三封信及辽僧智佶诗一首。此外，义天所编《圆宗文类》卷二二，收录辽道宗所作《大方

---

① [朝]郑麟趾：《高丽史第一》卷六《靖宗世家》，日本：國書刊行會株式會社，1977年，第46页。
② 谭其骧主编：《中国历史地图集释文汇编(东北卷)》，北京：中央民族学院出版社，1988年，第134页。
③ 程嘉静：《辽代榷场设置述论》，《内蒙古社会科学》2015年第2期，第58页。
④ [韩]金渭显：《高丽史中中韩关系史料汇编》，台北：食货出版社，1983年，第169页。
⑤ [韩]金渭显：《高丽史中中韩关系史料汇编》，台北：食货出版社，1983年，第170页。
⑥ [韩]金渭显：《高丽史中中韩关系史料汇编》，台北：食货出版社，1983年，第172页。
⑦ 《辽史》卷六〇《食货志下》，北京：中华书局，1974年，第929页。
⑧ [朝]郑麟趾：《高丽史第一》卷六《靖宗世家》，日本：國書刊行會株式會社，1977年，第102页。
⑨ [日]木宫泰彦著，胡锡年译：《中日文化交流史》，北京：商务印书馆，1980年，第224页。

广佛华严经随品赞》。并且辽僧行均所撰《龙龛手镜》一书也在高丽得以传播。

1977年在今内蒙古赤峰市巴林左旗十三敖包乡水泉村白草洼出土一枚"高氏之宝"铜印（图18-5），现藏辽上京博物馆，其与辽代私印关系密切，证明了二者间的交流。

3. 辽朝和日本的贸易往来

辽朝时期，正值日本的平安时代（794—1192），这时的日本采取的是锁国政策。[①]加之其他因素，史籍所载使得二者交往甚少。[②]《辽史》中却有"日本国王府"之设。因而有学者认为这是辽朝统治者的一厢情愿，实际上日本根本就不是他的属国。[③]史书所记最早的辽朝和日本之间的往来是在天赞四年（日本醍醐天皇延长三年，925）[④]但是否为官方往来，无法断言。[⑤]其后直到辽道宗年间才有二者交往的记载，即大安七年（1091）九月"己亥，日本国遣郑元、郑心及僧应范等二十八人来贡。"[⑥]次年九月，"日本国遣使来贡"[⑦]。又据《百练抄》卷五记载宽治七年（1093）二月十九日，日本官府有审查道言、能算等渡契丹之商客之举。《中右记》记载："宽治七年（1093）十月十五日……是彼契丹事，可被问对马守敦辅等者，伴敦辅依召近日上洛也。"对事件进行追究是在朝贡之后的一两年，应该追究的是1091和1092年朝贡之事，实际上这两次朝贡均是堀河天皇时任大宰帅的藤原伊房的私人

图18-5 上京博物馆藏辽代"高氏之宝"铜印
（唐彩兰编著：《辽上京文物撷英》，第177页）

---

① [日]木宫泰彦著，胡锡年译：《中日文化交流史》，北京：商务印书馆，1980年，第224页。
② 覃旭、任爱君：《浅析辽朝与日本交往甚少之原因》，《黑龙江民族丛刊》2017年第1期，第107—111页。
③ 《辽史》卷四六《百官志二》，第758页。田久川：《古代中日关系史》，大连工学院出版社，1987年，第198页，认为"辽朝统治者的一厢情愿，实际上日本根本就不是他的属国"。
④ 《辽史》卷二《太祖纪下》，北京：中华书局，1974年，第21页。
⑤ 冯继钦：《辽与日本的关系琐谈》，《北方文物》1988年第1期，第74页。
⑥ 《辽史》卷二五《道宗纪五》，北京：中华书局，1974年，第300页。
⑦ 《辽史》卷二五《道宗纪五》，北京：中华书局，1974年，第300页。

行为,均不是官方行为,郑元、郑心可能是从对马海峡带去的翻译,[①]而明范等28人赴辽是从对马出发的。[②]藤原伊房失势后被追责,应范受处分,藤原伊房被降职。

辽朝和日本的贸易往来主要表现为文化方面的交流,最突出的是宗教方面,其次为历法。就宗教而言,辽代许多佛学经典传入日本。辽僧人行钧的《龙龛手鉴》、觉范《大日经义释演密抄》、志福《释论抄》、法悟《释论赞玄疏》、鲜演《华严经谈玄抉择》以及道㲄《显密圆通成佛心要集》都在日本流传很广。可能是日本僧人应范(明范)带回或是从高丽间接传入。[③]日本宽治八年(1094)兴福寺僧永超献于青莲院的《东域传灯目录》卷上《随函音疏》99卷可能是以契丹藏为基础的后晋可洪撰《新集藏经随函录》30卷。而日本尾州真福寺所藏《释摩诃衍论通玄抄》系义天法师于续一切经雕刻之际编入者,也正是辽代佛典传入日本的实物例证。[④]历法方面,据《辽史·历象志下》载:"宋元丰元年(1078)十二月,诏司天监考辽及高丽、日本国历与《奉元历》同异。辽己未岁气朔与《宣明历》合,日本戊午岁与辽历相近,高丽戊午年朔与《奉元历》合,气有不同。戊午,辽大康四年(1078);己未,五年也。当辽、宋之世,二国司天固相参考矣。"这里的日本戊午岁和辽戊午岁年份相同,均为1078年。[⑤]则二者之间在历法方面相互影响。

辽朝的东北亚地区,不仅连接了辽朝和五国部、新罗、高丽、日本,辽朝甚至和当时的美洲已经有联系。辽朝继承并发展渤海国时期的水路交通,与东北亚各国展开朝贡、榷场及互市贸易,鹰路使得辽朝获利丰厚。辽朝和高丽之间的来往最为频繁,和日本之间的交往则相对较少。辽朝通过这些交通路线加强了和各国的经济文化交流。

---

① [日]常盤大定:《平安朝时代日本僧人之入遼》,《東方學報》第11册,1940年,第33页。
② 冯继钦:《辽与日本的关系琐谈》,《北方文物》1988年第1期,第75页。
③ [日]常盤大定:《平安朝时代日本僧人之入遼》,《東方學報》第11册,1940年,第31—33页。
④ 陈述:《辽代宗教史论证》,《纪念陈垣诞辰百周年——史学论文集》,北京:北京师范大学出版社,1981年,第329页。
⑤ 《辽史》卷四四《历象志下》,北京:中华书局,1974年,第678页。

第十九章 "黑龙江"名称溯源兼及民族语文对历史研究之贡献

第一节 "黑龙江"名出阿尔泰语考

碧波荡漾的黑龙江今天是中俄两国的界河,但在不平等的中俄《瑷珲条约》签订以前,它却一直是我国北方境内的一条大河。

富饶而广阔的黑龙江流域,自古以来就繁衍生息着汉、满、蒙古、鄂伦春、鄂温克、达斡尔、赫哲等诸多民族。由于各民族的语言不同,这条河也随之被冠以各种各样的称呼。达斡尔族管黑龙江叫 har muru,因 h 音弱化而读作阿木鲁。俄国人称黑龙江为阿穆尔(Amur),显系达斡尔语 har muru 之转借。①蒙古语称之哈喇木伦(hara muro),我国古代汉籍史乘则一般称之为"黑水"。据考,古代史志中的"混同江""鸭河""涑木河"指的都是该江,"鸭子河"有时也指代该江。②

从现有的记载看,汉语"黑水"之称出现最早,早在隋唐时期即见诸史志。

---

① 刘凤翥:《"阿穆尔"源于契丹语的"黑水"说》,《黑龙江文物丛刊》1984 年第 4 期,第 82 页。
② 贾敬颜:《东北古代民族古代地理丛考》,北京:中国社会科学出版社,1994 年,第 32—37 页。

例如《隋书》卷八一载靺鞨七部中有"黑水部",《新唐书》卷二二〇提到"他漏河,东北流入黑水"。嘉庆十五年(1810),西清撰《黑龙江外记》,曾对该水之得名及历史演变做过较为细致的考证:

> 黑龙江,国语曰萨哈连乌拉……黑龙江水黑,古名黑水,土人称黑河。《松漠纪闻》诸书,谓黑水掬之微黑是已……《山海经》:"西望幽都之山,浴水出焉。"郭景纯注:"浴即黑水。"黑水,今黑龙江。《北史》谓之完水,《唐书》谓之室建河,至《辽史》始有黑龙江之称。《道宗本纪》:"太康三年夏四月,泛舟黑龙江。"前此未之见。然观《地理志》,太祖陵有黑龙门,祖州有黑龙殿,陵、秒殿并在上京,并名黑龙,又似辽初即名黑龙江,陵、殿因以为号者。近人以《金史》有混同一名黑龙江之语,遂谓黑龙江名至金始著,失之远矣。黑龙江亦称乌江……又称乌龙江。①

文中正确地将黑龙江一名的出现定于辽代,而非金代。将《北史》中的完水,《唐书》中的室建河(又作望建河),《辽史》中的黑龙江之称联系起来,也是颇具见地的。但将该江之得名归因于其水"掬之微黑",则不免穿凿之嫌。过去,笔者受此说影响,一直误认为"黑水"是以该江水深、其色湛蓝、显黑而得名。"龙"呢,自然成了形容词,喻其逶迤千里,如龙横亘之势。近访黑龙江时,观察到当地地名多与古代民族活动有关,幡然有所感悟:原来"黑水""黑龙江"之称并非源自汉语,而是当地阿尔泰语系民族固有之称谓也。

众所周知,阿尔泰语系是由突厥、蒙古、满–通古斯三大语族构成的,其主要民族一般都有崇尚 qara/hara/har(音译"哈喇""喀喇"或"哈拉"等)之习俗。

突厥是我国北方的一个古老而强大的民族,在隋唐之交曾建立过地跨蒙古高原,东起今黑龙江流域,西至新疆维吾尔自治区乃至中亚的大帝国,"东自

---

① 西清:《黑龙江外记》卷一,小方壶斋舆地丛抄本。

契丹、室韦,西尽吐谷浑、高昌诸国,皆臣属焉,控弦百余万,北狄之盛,未之有也。"①其影响甚巨,故学界将其语言连同与之有亲缘关系的许多语言,如回鹘语、辖戛斯语、哈萨克语等统称作突厥语族。我国北方的许多地名都与其密切相关。这里尤当注意带有"哈喇"一词的地名。如喀喇昆仑(qaraqorum)山、喀拉库姆(qarakum)沙漠、哈喇和卓(qara-hoja)村、喀喇苏(qarasu)河、喀拉布拉克(qarabulak)泉、喀拉吐干(qaratoghan)、喀喇沙尔(qarashar)等。据不完全统计,仅新疆的地名(包括山名、水名等)中就有400多个冠有"哈喇"一词。②哈喇(qara)者,本义为"黑"。如"克拉玛依"意为"黑油"、"喀拉喀什"意为"墨玉",都表示的这层意思。但若用以理解有些地名,似乎就不大合适了,如"喀拉布拉克"中的"布拉克",意为"泉","喀拉库姆"中的"库姆"意为"沙","喀喇苏"中的"苏"意为"水",不论是泉、水,还是沙,都不会是黑色的,显然将其中的"喀喇"译为"黑"就显得不妥。再如"喀拉吐干"中的"吐干"意为"拦河坝","喀喇沙尔"中的"沙尔"意为"城",那么,"喀喇"就更不能理解为"黑"了。看来,在理解这些地名时,一方面要尊重"喀喇"一词的本义,同时也应考虑其引申义。

按我国北方一些民族都习惯把方位和颜色联系起来表示某种含义,如北方—黑色、南方—红色、东方—青色、西方—白色,而以北方为尊,从而尚黑,赋予"黑"以"伟大""辽阔""神圣""雄伟""沌净"等多种含义。所以,我们可依次把上述地名作这样的理解:喀喇昆仑—大石头、喀喇库姆—大沙漠、哈喇和卓—圣都高昌(和卓是高昌的音变)、喀喇苏—清亮的水、喀拉布拉克—清泉、喀拉吐干—大拦河坝、喀喇沙尔—大城。中亚还出现过由操突厥语民族建立的"喀喇汗王朝",有人译之为"黑汗王朝",窃以为若译作"大汗王朝"或"圣汗王朝",似乎更切合其统治者立此国号之初衷。

对"喀喇/哈剌"的崇拜,在蒙古及满-通古斯语族中也同样很盛行。蒙古人

---

① 《旧唐书》卷一九四上《突厥传上》,北京:中华书局,1975年,第5153页。
② 牛汝辰:《新疆地名中的"喀拉"一词辨析》,《新疆社会科学》1984年第4期,第144—146页;牛汝辰:《新疆地名概说》,北京:中央民族大学出版社,1994年,第98—100页。

名中有不少都冠以"哈剌"一词,[①]在女真、满族中,"哈喇"成了"姓氏"的代称。契丹人更以尚黑闻名,如12世纪时雄踞中亚的西辽王朝就是以"哈喇契丹"作为国号的。陈述的研究还证实,辽朝也曾以"哈喇契丹"自称。[②]例如契丹小字道宗哀册篆盖上即有"伟大的中央的哈喇契丹仁圣大孝文皇帝哀册文"之题名(图19-1)。[③]1999年9月,辽宁阜新发现的契丹小字《耶律奴墓志铭》首行开头即写有"大哈喇契丹"之语。[④]通过比较可以看出,突厥语族诸民族善以"哈喇"

图19-1 契丹小字道宗哀册拓片

[①] 如《元史》中可见即有哈剌哈孙、哈剌那海、哈剌不花、哈剌章、哈剌拔都、哈剌帖木儿等数十人。
[②] 陈述:《哈喇契丹说——兼论拓拔改姓和元代清代的国号》,《历史研究》1956年第2期,第67—77页。
[③] 刘凤翥:《契丹小字解读再探》,《考古学报》1983年第2期,第257页。
[④] 石金民、于泽民:《契丹小字〈耶律奴墓志铭〉考释》,李品清主编《阜新辽金史研究》第5辑,北京:中国社会出版社,2002年,第106页。

来命名地名、山名、水名,而契丹、女真、蒙古、满诸族则喜以之命名或集团名。

突厥的强盛和对黑龙江流域的统治是在隋唐时代,而"黑水"一名的出现恰在此时,不由使笔者推想此名的出现当与突厥语有某种联系。我国古代史乘一般都意译"哈喇"为"黑",推而论之,隋唐史志所载"黑水"中的"黑",亦当然为"哈喇"一词之意译。今蒙古语之 hara muro,达斡尔语之 har muru 等称谓,均可作为此说的最佳脚注。作为契丹人的后裔,达斡尔人用以表示"黑"意的 har,当然应承袭自契丹语的哈喇(hara)。根据《契丹国志》卷首《契丹国初兴本末》载,契丹语称"河""江"为"没里"。达斡尔语中的 muru 即来源于契丹语的"没里(muri)"。将 har/hara 与 muru/muri 连用,则为受突厥语影响之结果。

那么,"黑水"又是如何演变为"黑龙江"的呢?这里就牵涉到"哈喇"的音变问题。今甘肃河西走廊北侧有一山名唤"合黎",此名最早见于《尚书·禹贡》。而古代史志乃至民间都俗称其为"黑山"。山下有水名"黑水",而人们又称之为"合黎水"。显而易见,"合黎"意为"黑",乃"哈喇"之音转。《禹贡》是先秦时代的文献,而"突厥"一名是 542 年才始见于史册的,这里将"合黎"与突厥语族的"哈喇"画等号,时代上是否自相矛盾呢?其实,"突厥语族"只是后来的语言学家为表示与突厥语有亲缘关系的一组语言而创造的集合名词,在"突厥"一名出现以前,其语言就早已存在,称原始突厥语。商周、秦汉直到魏晋一直游牧于蒙古草原、阿尔泰山及西伯利亚贝加尔湖一带的丁零人(今维吾尔族的远祖)操的就是这种语言。早在公元前 2 世纪张骞出使西域时,今新疆南部地区即已存在以原始突厥语命名的小王国,如温宿(《唐书》称"于祝",今译"乌什",为 üč 之音译,突厥语意为"三")、疏勒(突厥称水为疏勒 suluk)、姑墨(当为突厥语 qum "沙"之音译)。①今哈萨克族的祖先乌孙人,早在战国、秦汉时代即活动于"祁连、敦煌间"。其语言对河西地名产生影响,自不必怀疑。甚至有人认为"敦煌"一名,其实本身就是突厥语 Tawuz(瓜)之音转。②

---

① [日]白鸟库吉:《西域史上の新研究》,《白鸟库吉全集》第六卷,東京:岩波書店,1970 年,第 192—193 页。
② 钱伯泉:《"敦煌"和"莫高窟"音义考析》,《敦煌研究》1994 年第 1 期,第 49 页。

那么,黑龙江呢?蒙古语称之为哈喇木伦,其意同为"黑江"或"大江",而汉籍史乘中又确有称该江为"大江"的记录,可见,所谓"黑水",并非"黑色之龙"意,而是同"合黎"一样,也是阿尔泰语 hara 之音转,其意为"黑"、为"大"。满语称黑龙江为萨哈连乌拉,同样意为"黑江",与"龙"字无干。"黑龙"一名的出现当系徙居此地的汉人根据自己的习惯专门为音译"喀喇"而创造的雅名,民间传说中甚至还演绎出黑龙救人的故事。现在有人简称黑龙江为"龙江",那就更离谱了。看来,我们对黑龙江一名的理解应做某些修正。按其音,可译作"哈喇江"或"喀喇江",如硬要音译作"黑龙江"亦无不可;但若按意来译,那就只能译为"大江"或"黑江"了,而又以"大江"一称显得更为妥帖,切不可受"龙"字误导。

第二节　民族语文与民族史研究

语言是人们进行交际和沟通思想的工具,是民族的特征之一。中国民族众多,语言情况复杂。文字是记录和传达语言的书写符号,中华各族所使用文字多种多样,将现存的和已经"死亡"的加在一起,文字总数在 30 种以上,既有象形文字,也有音节文字、字母文字,更有来自汉字系统的方块文字,其中,比较著名的有佉卢文、焉耆文、龟兹文、粟特文、于阗文、突厥卢尼文、回鹘文、察哈台文、吐蕃文、西夏文、彝文、东巴文、老傣文、白文、水文、契丹文、女真文、回鹘式蒙古文、八思巴文、满文等(图 19-2)。这些文字创制于不同时期,保存古籍文献多寡情况也各不相同;还有一些民族虽有自己的语言,但无文字,一直使用他族的文字,更有的直到 1949 年以前还处在刻木结绳的阶段,从未使用过任何文字,对自己的历史文化的记忆主要通过口耳相传。不管有无文字,也不管文字创制时代早晚及文献数量多少,各民族的语言文字都有其重要的历史价值和文化价值,是中华民族文化研究不可缺少的重要组成部分。

对民族语文之形成、使用与发展变化规律的研究,本身就是民族史研究的

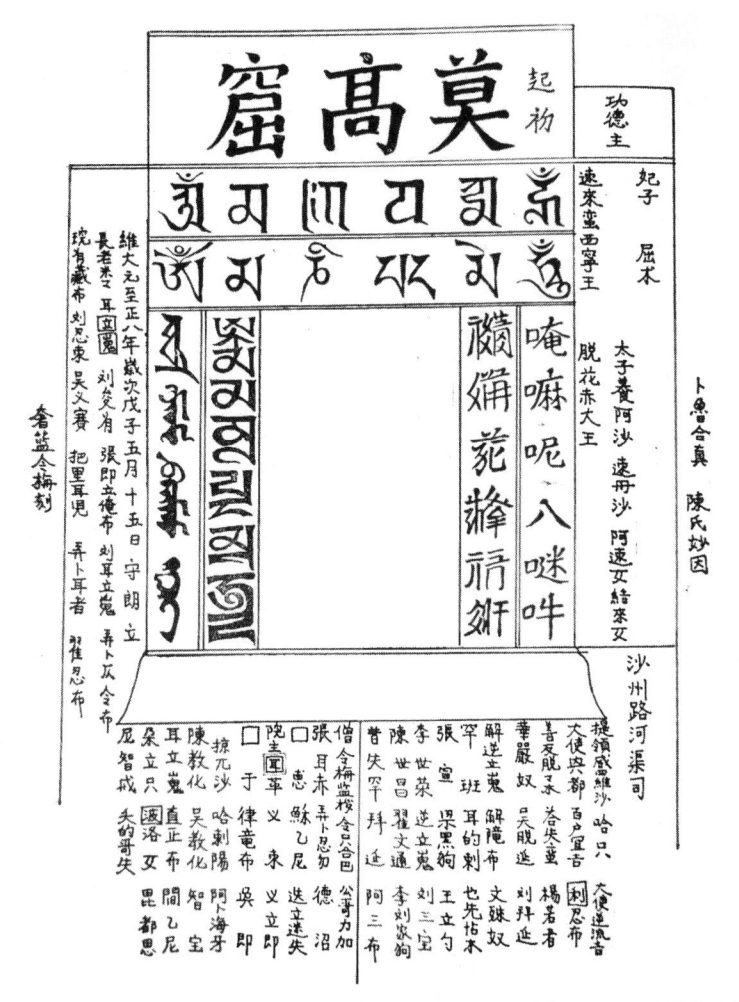

图 19-2 《莫高窟六字真言碑》,用汉文、梵文、藏文、西夏文、回鹘文、八思巴式蒙古文镌刻,元代

重要内容之一。世上现存或已消亡的语言、文字,他们的形成都不是词汇与符号的任意堆积,而是多种因素综合作用的结果。如维吾尔族,历史上曾使用过十多种文字,其文种之多,堪称中国之冠。在漠北回鹘汗国时期(744—840),维吾尔族初兴,尚无自己的文字,主要借用突厥的卢尼文、中原的汉文及中亚的粟特文(图 19-3)。763 年,摩尼教输入回鹘,并很快发展成为全民信仰的国教,于是,回鹘人便借用粟特摩尼教徒所使用的粟特文而创制了回鹘文,只是由于当时回鹘草昧初开,文风不兴,加上游牧生活的不稳定性,回鹘文未能流行开

来,使用范围有限。840年,漠北回鹘汗国灭亡,部众西迁至文化高度发展的河西走廊、新疆及中亚地区。由于受到迁入地不同宗教信仰和不同文化氛围的影响,回鹘文化开始以地域之别而分道扬镳,西域、河西者盛行佛教文化,文字以回鹘文为主,同时兼行摩尼文、粟特文、突厥卢尼文、叙利亚文、汉文、婆罗迷文、吐蕃文、八思巴文等;①而葱岭以西的喀喇汗王朝则在伊斯兰文化的影响下采用了以阿拉伯文字母为基础而形成的哈喀尼耶文,间或使用回鹘文。在察合台汗国统治时期,哈喀尼耶文逐步演变为察合台文,并进一步转化为现行的维吾尔文字。

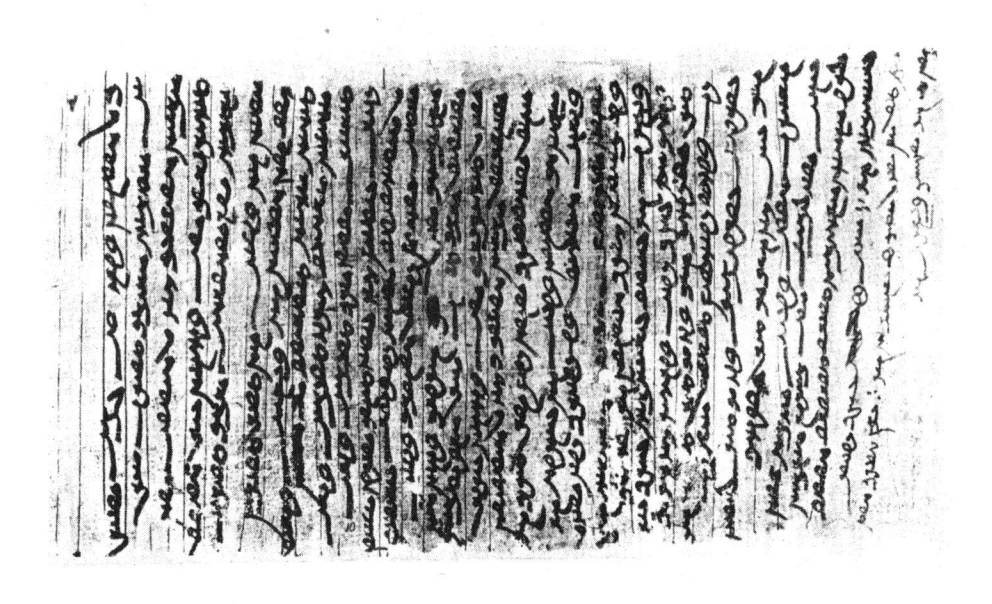

图19-3 敦煌出土粟特文信札,4世纪

生活环境的变迁及宗教信仰的更替,直接对回鹘语言产生了影响。如漠北回鹘汗国时期,回鹘语言主要受汉语及粟特语的影响,西迁以后,由于回鹘地处联系东西方交通的孔道上,东来西往的文化于此汇合,交相辉映,影响共施于回鹘,使回鹘语言中新增了比漠北时期多得多的外来语词汇,既有大量的汉

---

① 杨富学:《回鹘文献与回鹘文化》,北京:民族出版社,2003年,第107—139页。

语借词和梵语借词,也有一定数量的粟特语与吐火罗语借词,藏语、蒙古语,甚至中亚地区的大宛语等也都对回鹘语言产生了影响。社会历史环境的变化,是导致回鹘语言文字不断演变递嬗的前提与条件。

八思巴文的形成与消亡,更能体现出社会政治因素的影响力。八思巴文创制于至元六年(1269),是蒙古统治者推崇藏传佛教的产物。忽必烈时期,以藏传佛教萨迦派第五代祖师八思巴为"国师",任命他以藏文字母为基础创制新的蒙古文字,以取代原来流行的回鹘式蒙古文,颁行全国,称"蒙古新字",俗称"八思巴文"。八思巴文虽作为国字颁行全国,但难以推广下去。除去政治和文化传统因素外,主要是因为这种文字字形难以辨识,而且不如回鹘式字母更适用于蒙古语的语言特点,因为蒙古语毕竟和回鹘语一样,同属粘连语。易言之,八思巴文的创制既不适应社会的需要,也有违民族语文发展的自然规律,因此,尽管元廷三令五申用八思巴文"译写一切文字"①(也确曾用八思巴文译写过一些书籍,还转写过汉文、藏文等),但民间还是用汉字及回鹘式蒙古文。八思巴文最终还是主要应用于官方文件,后来随着元朝的灭亡而销声匿迹了,很快便成了一种"死文字",存在时间前后还不到一个世纪。

作为记录语言的工具,任何一种民族文字的产生、使用到消亡,都不是孤立的现象,而是通过诸要素之间的互相联系和相互制约,从而形成一种组织严密的网络,历史的、宗教的、社会的,以至外来的影响和统治者的个人意志,都会对民族文字的发展演变起程度不同的作用,这些不容忽视的现象是历史研究,尤其是古代民族文化史研究中一项特殊而有意义的工作。

民族语文对民族史研究具有非常重要的意义。这里以黑龙江的名称演变为例。黑龙江,在隋唐时期以"黑水"见称,如《隋书》卷八一载靺鞨七部中有"黑水部",《新唐书》卷二二〇提到"他漏河,东北流入黑水"。那么,"黑水"后来何以演化成了"黑龙江"呢? 学界长期不得其解。其实,"黑龙"并非如人们想象的

---

① 《元史》卷二〇二《释老传》,北京:中华书局,1976 年,第 4518 页。

那样为"黑色之龙"之简写,而是突厥语喀喇(qara)的音转。"黑龙江"者其实是"喀喇江"的音转,为"大江"之意,而喀喇之本意为"黑",故黑龙江又被称为"黑水"。清人西清撰《黑龙江外记》时将该江之得名归因于其水"掬之微黑",显然为穿凿之辞。那么,俄国人何以又将该江称为阿穆尔江(Amur)呢?也需从民族语文中找原因。在达斡尔语中,黑龙江被称作 har muru,因 h 音弱化而读作阿木鲁。俄国人称黑龙江为阿穆尔(Amur),显系达斡尔语 har muru 之转借。[1]

20 世纪末叶,在甘肃天水市及陕西洋县等地发现了批量的大朝通宝银钱(图 19-4),引起了学术界的关注。学界一般都认为该钱当铸于蒙古国初期,当时蒙古人自称"大朝",故这种钱币的出现应与成吉思汗征西夏时曾在天水一带驻扎、休养有关,[2]甚至更有人进一步认为,此钱当铸于天水,是当地在成吉思汗认可之下,以"大朝"名义而铸造的,用以满足流通中的需求。[3]然而,笔者在观察这种钱币时却意外地发现,部分银钱的背面有回鹘式蒙古文(图 19-5)。内容为汉文"宝"的音译。众所周知,八思巴文颁布于 1269 年,此后即被规定为

图 19-4 大朝通宝银钱,元代

---

[1] 刘凤翥:《"阿穆尔"源于契丹语的"黑水"说》,《黑龙江文物丛刊》1984 年第 4 期,第 82 页。
[2] 徐渊:《谈"大朝通宝"与"大朝合金钱"》,《元代货币论文选集》,呼和浩特:内蒙古人民出版社,1993 年,第 252—255 页;张忠山主编《中国丝绸之路货币》,兰州:兰州大学出版社,1999 年,第 242 页。
[3] 邹志谅:《大朝通宝银钱研究》,《西部金融·钱币研究增刊》2008 年第 1 期,第 45—47 页。

元朝的官方文字。按照忽必烈最初的构想，是要用八思巴文"译写一切文字"的，①即在用之拼写蒙古语外，还用以记录其他语言。现存资料证明，除蒙古语外，它至少还记录了汉语、藏语、梵语及回鹘语等多种语言。②大朝通宝钱中的八思巴文戳印（图19-6），就是以八思巴文拼写汉字的一个例证。八思巴文戳印的出现，庶几乎可以推翻大朝通宝铸造于蒙古国初期的定论。

图 19-5　大朝通宝钱背蒙古文铭文，元代

在民族史研究中，如果不能精通民族语言，对民族文献的利用只能转引他人的研究成果，难免会有犯错误的危险。俄国著名学者巴托尔德曾针对突厥文碑铭的历史学价值论述道："碑铭除了其语言学意义外，对历史学家的意义也并不小，如8世纪突厥的自述，在许多方面充实了汉文史料的记载。然而，必须记住，从丹麦语言学家汤姆森发现解读碑文的钥匙起，虽已过去了30多年，研究工作还远未结束，许多地方的解释仍有争论。如果离开语言知识，以现有的译文为基础把碑文当作历史文献来利用，这种尝试

图 19-6　大朝通宝钱背形八思巴文戳印，元代

---

① 《元史》卷二〇二《释老传》，北京：中华书局，1976年，第4518页。
② 照那斯图、杨耐思：《八思巴字研究》，《中国民族古文字研究》，北京：中国社会科学出版社，1984年，第377页。

可能得出并已经常常得出截然错误的历史结论。"①即使到了今天,我们对突厥碑铭的译释和研究仍不能说已达到尽善尽美,仍有许多工作要做,以碑铭为基础而得出的历史结论,有的还有待于进一步验证。

这类例子是很多的,在这篇短文中不能枚举,仅从上举数例中即不难窥见民族语文在民族史研究中的独特价值。

当然,对民族史研究来说,民族文字文献所提供的丰富而真实的资料是最为重要的。

在我国少数民族古文字中,以佉卢文使用的时代最早,在公元前即已由印度传入我国,2—4世纪通行于新疆鄯善、于阗地区,文书分为木质简牍、纸质文书、帛书、题记、碑铭和汉佉二体钱币六种;内容涉及地方管理、国王赦谕、各种契约、身份证明、簿籍帐历、公私信札和佛经等。②对于新疆,尤其是鄯善国历史的研究,具有非常重要的价值。

稍晚于佉卢文的是彝文,大致形成于汉代(一说唐代)。古彝文拥有比较丰富的文献,现存最早的文献为明嘉靖十二年(1533)的《禄劝䂞字崖彝文碑》和嘉靖二十五年(1546)的《千岁衢碑记》。此外,还有大量的古彝文文献抄本和少数木刻本、石印本等。内容包括历史传说、家族谱牒、地理、堪舆、医药、农技、工艺、诗歌、神话、散文、民间故事、格言谚语、天文律历、占卜、宗教祭祀等。多鸿篇巨制,如《指路经》就是其中卷帙较多的一种经籍,在各地区彝族中流传广泛,影响甚大。这是彝人给亡故者举行祭祀活动时念诵的一种经文,集天文、地理、历史、文学、艺术为一体,包罗万象,是研究彝族古代社会的重要资料之一。指路就是指引亡者灵魂从居住地沿着古代彝族迁徙路线,回归到祖先聚居的地方,与祖先的亡灵团聚,这对研究彝族的族属渊源及迁徙史有极其重要的价值。沿着该文献所述彝族先民的迁徙路线,可以了解不同地区的地理风貌、社

---

① В.В.Бартольд,Современное состояние и ближайщие задачи изучения истории турецких народностей, Баку, 1926, стр. 4;[苏]С.Г.克利亚什托尔内著,李佩娟译:《古代突厥鲁尼文碑铭——中亚细亚史原始文献》,哈尔滨:黑龙江教育出版社,1991年,第5页。
② 马雍:《古代鄯善、于阗地区佉卢文字资料综考》,《中国民族古文字研究》,北京:中国社会科学出版社,1984年,第6—49页。

会习俗、植物、气候等情况；同时，还可以了解历史上各民族之间的相互交往，可在一定程度上填补汉文文献记载的空白。①

在我国众多的少数民族古文字中，东巴文具有突出的地位。这是一种原始的图画象形文字，主要为东巴教徒传授使用，书写东巴经文，故称东巴文。纳西语称之为"深究鲁究"，意为"木石的记号"，见木画木，见石画石，取象于事物之形。东巴文创始于唐代（一说11世纪），至今已有上千年的历史，大约有1400个单字，至今仍为东巴（祭司）、研究者和艺术家所使用，被当今学者们认为比巴比伦楔形文字、古埃及圣书文字、中美洲玛雅文字和中国甲骨文字显得更为原始古朴，是目前世界上唯一仍然活着的象形文字，被视为全人类的珍贵文化遗产。这种古文字对于研究比较文字学和人类文化史具有很高的学术价值，是人类社会文字起源和发展的"活化石"。用东巴文书写的东巴经典很多，内容包括祭风经、求寿经、开丧经、超荐经、祭龙王经、除秽经、消灾经、零杂经等。这些文献保存了原始宗教史的丰富资料，记载了纳西族祖先的社会生活和文化创造，也记录了不少有关事物起源和鬼怪来历的故事，尽管这些文献大多内容荒诞，从中很难找到社会情况的真实反映，但却是研究原始宗教不可多得的资料，对认识纳西族的古代文化，对研究人类认识发展史，也都有很大的价值。②

对于王朝史的研究来说，西夏文的重要性鲜有匹者。西夏立国长久，地域广袤，文化昌明，但由于辖境局限于西北，未能像辽金那样将势力扩张到黄河中下游的华夏文明中心区域，故元人在修史时，从大一统的史观出发纂修了辽、宋、金三史，将三个朝代置于平等的地位，而独没有为西夏写出一部分量同样足观的纪传体专史，只在三史的《外国传》中以少许篇幅专载西夏史事，致使西夏史料很快湮灭亡佚，给西夏历史文化的研究造成了难以弥补的损失，以致于后世学者在研究西夏历史文化时不得不把重心放在对内蒙古额济纳旗黑城

---

① 果吉·哈宁、岭福祥主编：《彝文〈指路经〉译集》，北京：中央民族学院出版社，1993年，前言。
② 林向萧：《东巴经与纳西族古代文化》，《东巴文化论集》，昆明：云南人民出版社，1985年，第7—15页；和志武：《从象形文东巴经看纳西族社会历史发展的几个问题》，《东巴文化论集》，昆明：云南人民出版社，1985年，第189—222页。

遗址、宁夏灵武、甘肃敦煌等地出土西夏文文献的解读和考古新资料的发现上。保存至今的西夏文文献种类繁多,既有法律、历史、文学、医学著作,也有字典、辞书、官私应用文书,还有碑文、石刻、题记、印牌钱币等,而数量最多的则是各种佛教经典。①这些丰富多彩的文献,充分证明了西夏文化的高度发展,同时也为西夏社会结构、经济状况、宗教艺术、民族关系等问题的研究提供了弥足珍贵的第一手资料。

　　过去所能见到的西夏史料,多系史家辑录的第二手、第三手的汉文资料,虽不乏其价值,但内容零散,百不存一,可靠性差,而且,所述内容多以西夏与周边宋、辽、金之关系为主,述及西夏自身的历史却极少;政治、军事稍多一些,经济、文化偏少。新发现的西夏文文献均出自西夏人之手,其内容多反映西夏的历史和文化,不仅有详细的军事内容,也包括众多的经济、文化方面的资料。如著名的西夏文《天盛改旧新定律令》详尽地记录了西夏的行政法、军事法和经济法的系统内容,是汉文史料所不载的,非常难得。②

　　我国历史悠久,民族众多,语言情况复杂,文字种类繁多,为世之少有。研究中国少数民族语言文字,不仅对于了解各民族的文化渊源、语言文字的发展演变规律及民族间的文化交流有重要意义,而且对于历史研究,尤其是民族史研究来说,也是具有特殊意义的。

---

　　① 史金波:《西夏文概述》,《中国民族古文字研究》,北京:中国社会科学出版社,1984年,第142—168页。
　　② 史金波:《西夏学与国学》,《中国少数民族古籍论》,成都:巴蜀书社,1997年,第35页。

参考文献

说明:汉文基本史籍以书名第一字的音序排列;研究著作、译著、资料汇编等以著作权人姓名或单位名称的第一个字母音序排列,同一作者的著作,则以发表时间顺序排列,佚名文献则以著作第一字的音序排列。

一、汉文基本史料

《巴林左旗志》,巴林左旗志编委会编印,1985年。

《草木子》,[明]叶子奇,北京:中华书局,1959年。

《长阿含经》,[后秦]佛陀耶舍、竺佛念译,《大正藏》第1册,No.1。

《册府元龟》,[北宋]王钦若等编,北京:中华书局,1960年。

《乘轺录》,[北宋]路振,见赵永春辑注《奉使辽金行程录》(增订本),北京:商务印书馆,2017年。

《重修岐山县志》,[明]田惟均重修,白岫云等编次,台北:成文出版社,1976年。

《大般涅槃经》,[北凉]昙无谶译,《大正藏》第12册,No.374。

《大慈恩寺三藏法师传》,[唐]慧立、彦悰著,孙毓棠、谢方点校,北京:中华书局,1983年。

《大方等大集经》,[北凉]昙无谶译,《大正藏》第13册,No.397。

《大方等陀罗尼集经》,[北凉]法众译,《大正藏》第 21 册,No. 1339。

《大方广佛华严经》,[东晋]佛陀跋陀罗,《大正藏》第 9 册,No. 278。

《大方广佛华严经疏》,[唐]澄观,《大正藏》第 35 册,No. 1735。

《大金国志校证》,[宋]宇文懋昭著,崔文印校证,北京:中华书局,1986 年。

《大智度论》,[印度]龙树造,[姚秦]鸠摩罗什译,《大正藏》第 25 册,No. 1509。

《道里邦国志》,[伊朗]伊本·胡尔达比赫著,宋岘译,北京:中华书局,1991 年。

《(康熙)登封县志》,[清]张圣诰纂辑,康熙三十五年刻本。

《(乾隆)登封县志》,[清]洪亮吉、陆继萼等纂,台北:成文出版社,1976 年。

《佛顶尊胜陀罗尼经》,[唐]佛陀波利译,《大正藏》第 19 册,No. 967。

《佛说文殊师利法宝藏陀罗尼经》,[唐]菩提流志译,《大正藏》第 20 册,No. 1185a。

《国榷》,[明]谈迁,北京:中华书局,1958 年。

《黑鞑事略》,[宋]彭大雅:王国维《蒙鞑备录黑鞑事略笺证》,北平:文殿阁书社,1936 年。

《黑龙江外记》,[清]西清,小方壶斋舆地丛抄本。

《挥麈录》,[宋]王明清,上海:中华书局上海编辑所,1961 年。

《畿辅金石志》,黄彭年等,上海:商务印书馆,1934 年。

《建炎以来系年要录》,[宋]李心传,北京:中华书局,1956 年。

《晋书》,[唐]房玄龄纂,北京:中华书局上海,1974 年。

《觉非集》,[明]罗亨信,清康熙罗哲刻本。

《金石萃编》,[清]王昶著,上海:上海古籍出版社,2020 年。

《金史》,[元]脱脱等,北京:中华书局,1975 年。

《经行记笺注》,[唐]杜环著,张一纯笺注,北京:中华书局,1994 年。

《景德传灯录》,[宋]道元著,妙音、文雄点校,成都:成都古籍出版社,2000 年。

《旧唐书》，[后晋]刘昫等，北京：中华书局，1975年。

《旧五代史》，[宋]薛居正等，北京：中华书局，1976年。

《[康熙]金县志》，[清]耿喻修，郭殿邦等纂，台北：成文出版社，1970年。

《[道光]金县志》，[清]恩福修，冒藳等纂，《中国地方志集成·甘肃府县志辑》6，南京：凤凰出版社，上海：上海书店，成都：巴蜀书社，2008年。

《李德裕文集校笺》，[唐]李德裕著，傅璇琮、周建国校笺，石家庄：河北教育出版社，2000年。

《辽代金石录》，[清]黄任恒撰，《历代碑志丛书》第13册，南京：江苏古籍出版社，1998年。

《辽代金石录》，黄任恒，清光绪三十一年排印本。

《辽史》，[元]脱脱等，北京：中华书局，1974年。

《辽史拾遗》，[清]厉鹗，北京：商务印书馆，1936年。

《辽文存》（任继愈主编《中华传世文选》），[清]缪荃孙辑，长春：吉林人民出版社，1998年；

《洮州厅志》，[清]张彦笃主修，包永昌总纂，台北：成文出版社，1970年。

《(康熙)临洮府志》，[清]高锡爵修，郭巍纂，《中国地方志集成·甘肃府县志辑》2，南京：凤凰出版社，上海：上海书店，成都：巴蜀书社，2008年。

《岭外代答校注》，[宋]周去非著，杨武泉校注，北京：中华书局，1999年。

《龙龛手镜》，[辽]释行均编，北京：中华书局，1985年。

《陇右稀见方志三种》，上海：上海书店出版社，1984年。

《虏庭事实》，[宋]文惟简著，学海类编本。

《蒙古入侵时期的突厥斯坦》，巴托尔德著，张锡彤、张广达译，上海：上海古籍出版社，2007年。

《蒙古游牧记》，[清]张穆撰，张正明、宋举成点校，太原：山西人民出版社，1991年。

《梦溪笔谈》，[宋]沈括著，侯真平校点，长沙：岳麓书社，2002年。

《岷州志校注》，甘肃省岷县志编纂委员会办公室编印，1988年。

《明鉴》，[清]印鸾章等，北京：中国书店，1985年。

《明史》，[清]张廷玉等，北京：中华书局，1974年。

《明太祖实录》，台北："中央研究院"历史语言研究所，1962年。

《[光绪]岷州续志采访录》，甘肃省岷县志编纂委员会办公室编印《岷州志校注》，1988年，第397页。

《南齐书》，[梁]萧子显，北京：中华书局，1972年。

《欧阳玄集》，[元]欧阳玄著，魏崇武、刘建立点校，长春：吉林文史出版社，2009年。

《岐山县志》，乾隆四十四年（1779）纂修。

《契丹国志》，[宋]叶隆礼，上海古籍出版社，1985年。

《契丹国志》，[南宋]叶隆礼著，贾敬颜、林荣贵校点，北京：中华书局，2014年。

《潜研堂文集》，[清]钱大昕，四部丛刊初编本。

《清史稿》，[民国]赵尔巽，北京：中华书局，1977年。

《全唐文》，[清]董诰编，北京：中华书局，1983年。

《日下旧闻考》，清英廉等奉敕编，清乾隆五十三年（1788）武英殿刻本。

《三国史记》，[朝鲜]金富轼著，孙文范校勘，长春：吉林文史出版社，2003年。

《三朝北盟会编》，[宋]徐梦莘，上海：上海古籍出版社，1987年。

《三藏法数》，[明]一如法师，南京：金陵刻经处，1991年。

《陕西省通志稿》，民国纂修。

《陕西通志》，清康熙六年（1667）编印。

《善本书室藏书志》，[清]丁丙，杭州：浙江古籍出版社，2016年。

《史集》第1—3卷，[波斯]拉施特主编，余大钧、周建奇译，北京：商务印书馆，1983—1986年。

《释摩诃衍论通赞疏》，[辽]法悟，《卍续藏经》第45册，No. 772。

《十三经注疏·尚书正义》，北京：中华书局，1980年。

《世界征服者史》(上、下),[伊朗]志费尼著,何高济译,呼和浩特:内蒙古人民出版社,1981年。

《松漠纪闻》,[宋]洪皓著,翟立伟标注,长春:吉林文史出版社,1986年。

《宋会要辑稿》,[清]徐松辑,北京:中华书局,1957年。

《宋史》,[元]脱脱等,北京:中华书局,1977年。

《苏轼文集》,[宋]苏轼,北京:中华书局,1986年。

《唐大诏令集》,[宋]宋敏求编,北京:中华书局,2008年。

《添品妙法莲华经卷》,[隋]阇那崛多、笈多译,《大正藏》第9册,No. 262。

《突厥语大词典》第1—3卷,麻赫默德·喀什噶里著,校仲彝等译,北京:民族出版社,2002年。

《蔚州志》,[清]庆之金著,王立明标点,光绪版。

《魏书》,[北齐]魏收,北京:中华书局,1974年。

《五代会要》,[宋]王溥,上海:上海古籍出版社,1978年。

《武溪集》,[宋]余靖,四库全书本。

《西夏书事校证》,[清]吴广成撰,龚世俊等校注,兰州:甘肃文化出版社,1995年。

《陷北记》,[宋]胡峤撰,载叶隆礼《契丹国志》,上海古籍出版社,1985年。

《[民国]新城县志》,[民国]袁励杰、张儒玉等修,王寀廷纂,北平:文华斋出版社,1935年。

《新唐书》,[宋]欧阳修、宋祁纂,北京:中华书局,1975年。

《新五代史》,[宋]欧阳修撰,北京:中华书局,1974年。

《续补寰宇访碑录》,[清]刘声木,直介堂丛刻本。

《续资治通鉴长编》,[宋]李焘,北京:中华书局,1979—1993年。

《西阳杂俎》,[唐]段成式,北京:中华书局,1981年。

《御定广群芳谱》,摘藻堂钦定四库全书荟要本。

《元史》,[明]宋濂,北京:中华书局,1976年。

《杂宝藏经》,[北魏]吉迦夜、昙曜译,《大正藏》第4册,No. 203。

《证类本草》，[宋]唐慎微撰，尚志钧等校点，北京：华夏出版社，1993年。

《诸蕃志校释》，[宋]赵汝适原著，杨博文校释，北京：中华书局上海，1996年。

《资治通鉴》，[宋]司马光纂，北京：中华书局，1963年。

二、研究著作、译著、资料汇编

[日]安部健夫著，宋肃瀛、刘美崧、徐伯夫译：《西回鹘国史的研究》，新疆人民出版社，1986年。

[日]星川清亲著，段传德等译：《栽培植物的起源与传播》，郑州：河南科学技术出版社，1981年。

安家瑶：《中国的早期玻璃器皿》，《考古学报》1984年第4期。

安居善、马乾：《"虎将军"虎勇墓碑考》，《岷县文史》第10辑，2009年。

安瓦尔·巴依图尔、克由木·霍加：《关于"吐蕃"一词的语源考证》，《新疆社会科学》1982年第3期。

敖汉旗博物馆：《敖汉旗羊山1—3号辽墓清理简报》，《内蒙古文物考古》1999年第1期。

《敖汉旗下湾子辽墓清理简报》，《内蒙古文物考古》1999年第1期。

[英]约·弗·巴德利著，吴持哲、吴有刚译，胡钟达校：《俄国·蒙古·中国》，北京：商务印书馆，1984年。

[美]巴菲尔德著，袁剑译：《危险的边疆：游牧帝国与中国》，南京：江苏人民出版社，2011年。

巴哈提·依加汉：《9世纪中叶以后黠戛斯的南下活动》，《西域研究》1991年第3期。

巴哈提·依加汉：《辽代的拔悉密部落》，《西北民族研究》1992年第1期。

巴哈提·依加汉：《读〈史集·部族志〉"乃蛮"条札记》，《元史及北方民族史研究集刊》第12—13期，1989—1990年。

K.B.巴集列维奇等著,黄巨兴、姚家积译:《蒙古统治时期的俄国史略》(下册),北京:科学出版社,1959年。

巴林左旗地名志编辑委员会编:《巴林左旗地名志》,巴林左旗人民政府印制,1987年。

维·维·巴尔托里德著,耿世民译:《中亚简史》,北京:中华书局,1980年。

巴托尔德著,罗致平译:《中亚突厥史十二讲》,北京:中国社会科学出版社,1984年。

巴托尔德著,张丽译:《中亚历史——巴托尔德文集》第2卷第1分册,兰州:兰州大学出版社,2014年。

巴托尔德著,张锡彤、张广达译:《蒙古入侵时期的突厥斯坦》,上海:上海古籍出版社,2007年。

白滨:《元代西夏一行慧觉法师辑汉文〈华严忏仪〉补释》,杜建录主编《西夏学》第1辑,银川:宁夏人民出版社,2006年。

白玉冬:《九姓达靼游牧王国史研究(8—11世纪)》,北京:中国社会科学出版社,2017年。

白玉冬、杨富学:《新疆和田出土突厥卢尼文木牍初探——突厥语部族联手于阗对抗喀喇汗朝的新证据》,《西域研究》2016年第4期。

包世轩:《门头沟发现五座辽代经幢》,《北京考古信息》1990年第1期。

包世轩:《辽玉河县清水院统和十年经幢考》,《北京文博》1995第1—2期。

包世轩:《辽统和十年清水院经幢题记》,《辽金西夏史研究——纪念陈述先生逝世三周年论文集》,天津古籍出版社,1997年。

包世轩:《辽玉河县清水院经幢考》,《北京旧事存真》第3辑,北京古籍出版社,1997年。

北京市文物事业管理局、门头沟区文化办公室发掘小组:《北京市斋堂辽壁画墓发掘简报》,《文物》1980年7期。

北京图书馆金石组、中国佛教图书文物馆石经组编:《房山石经题记汇编》,北京:书目文献出版社,1987年。

毕素娟:《辽代名僧诠明著作在敦煌藏经洞出现及有关问题——敦煌遗书P.2159V1研究》,《1990年敦煌学国际研讨会文集·石窟考古编》,沈阳:辽宁美术出版社,1995年。

[法]伯希和著,耿昇译:《卡尔梅克史评注》,北京:中华书局,1994年。

布莱资须奈德著,梁园东译:《西辽史》,北京:商务印书馆,1934年。

蔡美彪:《契丹的部落组织和国家的产生》,《历史研究》1964年第5—6期。

蔡美彪、周清澍、朱瑞熙、丁伟志、王忠:《中国通史》第6册,北京:人民出版社,1979年。

岑仲勉:《达怛问题》,《中山大学学报》1957年第3期。

常绍民:《何为内亚？内亚史何为？——由新近引进的几部内亚史专著说起》,《文汇报》2021年8月4日第7版。

朝阳北塔考古勘察队:《辽宁朝阳北塔天宫地宫清理简报》,《文物》1992年第7期。

朝阳地区博物馆:《辽宁朝阳姑营子辽耿氏墓发掘报告》,《考古学集刊》第4辑,北京:文物出版社,1983年。

陈爱峰、杨富学:《西夏与辽金间的佛教关系》,杜建录主编《西夏学》第1辑,银川:宁夏人民出版社,2006年。

陈炳应:《西夏文物研究》,银川:宁夏人民出版社,1985年。

陈炳应:《贞观玉镜将研究》,银川:宁夏人民出版社,1995年。

陈炳应、赵萍:《西夏的国内外贸易剖析》,《陇右文博》2007年第2期。

陈得芝:《辽代的西北路招讨司》,《元史及北方民族史研究集刊》第2期,1978年。

陈得芝:《十三世纪以前的克烈王国》,《元史论丛》第3辑,北京:中华书局,1986年。

陈得芝:《元岭北行省建置考》,《元史及北方民族史研究集刊》(第12—13辑),1988—1989年。

陈得芝:《刘郁〈[常德]西使记〉校注》,《中华文史论丛》2015年第1期。

陈高华:《元代新疆和中原汉族地区的经济、文化交流》,《新疆历史论文集》,乌鲁木齐:新疆人民出版社,1978年。

陈高华:《元代新疆史事杂考》,《新疆历史论文续集》,乌鲁木齐:新疆人民出版社,1982年。

陈继礼:《五国城故址刍议》,《学术论坛》1980年第3期。

陈俊达:《高丽遣使辽朝研究》,吉林大学硕士学位论文,2016年。

陈俊达:《辽朝遣使高丽考补》,《绥化学院学报》2016年第11期。

陈俊谋:《试论回鹘路的开通及其对回鹘的影响》,《中央民族学院学报》(哲学社会科学版)1987年第2期。

陈梦雷、蒋廷锡等辑:《钦定古今图书集成》,上海:中华书局,1934年。

陈述:《哈喇契丹说——兼论拓拔改姓和元代清代的国号》,《历史研究》1956年第2期。

陈述:《辽代宗教史论证》,《纪念陈垣诞辰百周年——史学论文集》,北京:北京师范大学出版社,1981年。

陈述辑校:《全辽文》,北京:中华书局,1982年。

陈晓伟:《浅述辽代山西地区的佛教和寺院——以朔州"辽天庆八年经幢"为中心》,《文物世界》2009年第2期。

程嘉静:《辽代榷场设置述论》,《内蒙古社会科学》2015年第2期。

程杰:《西瓜传入我国的时间、来源和途径考》,《南京师大学报》(社会科学版)2017年第4期。

程尼娜:《辽代女真属国、属部研究》,《史学集刊》2004年第2期。

程妮娜:《女真与辽朝的朝贡关系》,《社会科学辑刊》2015年第4期。

程溯洛:《论辽金与回鹘的关系》,《辽金史论集》第1辑,上海古籍出版社,1987年。

崔明德:《中国古代和亲史》,北京:人民出版社,2005年。

党宝海:《吐鲁番出土金藏考》,《敦煌吐鲁番研究》第四卷,北京:北京大学出版社,1999年。

［英］道森编，吕浦译，周良宵注：《出使蒙古记》，北京：中国社会科学出版社，1983年。

邓庆平编录，赵世瑜审订：《蔚县碑铭辑录》，桂林：广西师范大学出版社，2009年。

邓锐龄：《西辽疆域浅释》，《民族研究》1980年第2期。

丁柏传：《试论西夏与北宋的经贸往来及其影响》，《首届西夏学国际学术讨论会论文集》，银川：宁夏人民出版社，1998年。

丁谦：《魏书各外国传地理考证》，《浙江图书馆丛书第一辑》，1915年。

杜斗城：《敦煌五台山文献校录研究》，太原：山西人民出版社，1991年。

杜斗城、党燕妮：《八到十一世纪的五台山文殊信仰》，崔正森主编《文殊智慧之光——五台山佛教文化国际学术会议论文集》，北京：宗教文化出版社，2004年。

杜建录：《宋夏商业贸易初探》，《宁夏社会科学》1988年第3期。

杜建录：《西夏经济史》，北京：中国社会科学出版社，2002年。

杜君立：《历史的细节——马镫、轮子和机器如何重构中国与世界》，上海：上海三联书店，2013年。

段建凤：《〈赵城金藏〉的发现及其现代意义》，《文物世界》2016年第4期。

［瑞典］多桑著，冯承钧译：《多桑蒙古史》，北京：商务印书馆，1936年。

俄罗斯科学院东方文献研究所等编：《俄藏黑水城文献》第2册，上海：上海古籍出版社，1996年。

俄罗斯科学院东方文献研究所等编：《俄藏黑水城文献》第4册，上海：上海古籍出版社，1997年。

俄罗斯科学院东方文献研究所等编：《俄藏黑水城文献》第6册，上海：上海古籍出版社，2000年。

俄罗斯科学院东方文献研究所编：《俄藏敦煌文献》第10册，上海：上海古籍出版社，1998年。

俄罗斯科学院东方文献研究所等编：《俄藏敦煌文献》第15册，上海：上海古籍出版社,2000年。

恩格斯:《家庭、私有制和国家的起源》,北京:人民出版社,1956年。

樊锦诗:《P. 3317号敦煌文书及其与莫高窟第61窟佛传故事画关系之研究》,《华学》第9、10辑,上海:上海古籍出版社,2008年。

樊进:《辽代金银器设计研究》,南京艺术学院博士学位论文,2017年。

[苏]M. H. 费多罗夫著,秦卫星译,华涛、魏良弢校:《十世纪末至十三世纪初东部喀喇汗王朝历史概要(根据古钱资料)》,《新疆文物》1987年第1期。

冯国栋、李辉:《〈俄藏黑水城文献〉辽代高僧海山思孝著作考》,杜建录主编《西夏学》第8辑,上海:上海古籍出版社,2011年。

冯国栋、李辉:《〈俄藏黑水城文献〉中通理大师著作考》,《文献》2011年第3期。

冯继钦:《辽与日本的关系琐谈》,《北方文物》1988年第1期。

冯继钦、孟古托力、黄凤岐:《契丹族文化史》,哈尔滨:黑龙江人民出版社,1994年。

阜新市博物馆筹备处:《辽宁阜新地区契丹辽墓的清理》,《考古》1995年第11期。

阜新市文物队、彰武县文物管理所、阜新市博物馆:《阜新程沟辽墓清理简报》,《北方文物》1998年第2期。

傅朗云:《东北亚丝绸之路初探》,《东北师范大学学报》1991年第4期。

付燕:《黑水城文献〈刘知远诸宫调〉创作时期及作者考辨》,《西夏学》第10辑,上海:上海古籍出版社,2013年。

盖之庸:《探寻失去的王朝——辽耶律羽之墓》,呼和浩特:内蒙古大学出版社,2004年。

盖之庸编著:《内蒙古辽代石刻文研究》,呼和浩特:内蒙古大学出版社,2002年。

盖之庸编著:《内蒙古辽代石刻文研究》(增订本),呼和浩特:内蒙古大学出版社,2007年。

甘肃省皋兰县志编纂委员会:《皋兰县志》,兰州:甘肃人民出版社,1999年。

甘肃省榆中县志编纂委员会:《榆中县志》,兰州:甘肃人民出版社,2001年。

高路加:《契丹小字的制作与突厥文》,《吉林大学学报》1981年第2期。

高智慧、武沐:《〈岷州卫建城碑文〉与岷县〈二郎山铜钟铭文〉考论》,《青海民族大学学报》2011年第2期。

葛全胜等:《中国历史时期温度变化特征的新认识》,《地球科学进展》2002年第4期。

[德]葛雾莲著,杨富学译:《榆林窟回鹘画像及回鹘萧氏对辽朝佛教艺术的影响》,杨富学:《中国北方民族历史文化论稿》(附录),兰州:甘肃人民出版社,2001年。

耿璞等编:《开鲁县志》,海拉尔:内蒙古文化出版社,2001年。

耿世民译:《乌古斯可汗的传说》,乌鲁木齐:新疆人民出版社,1982年。

龚缨晏、石青芳:《约翰长老:中世纪欧洲的东方想象》,《社会科学战线》2010第2期。

[日]古松崇志著,姚义田译:《法均与燕京马鞍山的菩萨戒坛——大乘菩萨戒在契丹(辽)的流行》,《辽金历史与考古》第3辑,沈阳:辽宁教育出版社,2011年。

郭嘉辉:《明代"山后人"初探》,《第十五届明史国际学术研讨会暨第五届戚继光国际学术研讨会论文集》,中国明史学会编印,2013年。

国家图书馆金石组编:《中国历代石刻史料汇编》,北京:北京图书馆出版社,2000年。

国家文物局文物保护科学技术研究所等:《山西应县佛宫寺木塔内发现辽代珍贵文物》,《文物》1982年第6期。

果吉·哈宁、岭福祥主编:《彝文〈指路经〉译集》,北京:中央民族学院出版社,1993年。

[法]韩百诗著,耿昇译:《谦河考》,《蒙古学信息》1999年第1期。

韩儒林:《唐代都波》,《社会科学战线》1978年第3期。

韩儒林:《关于西辽的几个地名》,《元史及北方民族史研究集刊》第 4 期,1980 年。

韩中义:《喀喇汗王朝名称杂考》,《中国历史地理论丛》2006 年第 4 辑。

汉尚喜主编:《汉氏家族志》,甘肃省榆中县汉氏家族志编纂委员会编印,2010 年。

何高济译:《海屯行纪鄂多立克东游录沙哈鲁遣使中国记》,北京:中华书局,1981 年。

和志武:《从象形文东巴经看纳西族社会历史发展的几个问题》,《东巴文化论集》,昆明:云南人民出版社,1985 年。

河北定县博物馆:《河北定县发现两座宋代塔基》,《文物》1972 年第 8 期。

贺晓燕:《岐山、泾川完颜考察报告》,https://wenku.baidu.com/view/c4243ec5aa00b52acfc7caeb.html。

金富主编:《"中央研究院"历史语言研究所藏辽金石刻拓本目录》("中央研究院"历史语言研究所目录索引丛刊),台北:"中研院"史语所,2012 年。

胡小鹏:《辽可老公主出嫁"大食"史实考辨》,《西北师大学报》1995 年第 6 期。

胡小鹏:《"回回"一词的起源及含义新探》,氏著《西北民族文献与历史研究》,兰州:甘肃人民出版社,2004 年。

华涛:《贾玛尔·喀尔施和他的〈苏拉赫词典补编〉》(上),《元史及北方民族史研究集刊》1986 年第 10 期。

黄凤岐:《契丹史研究》,赤峰:内蒙古科学技术出版社,1999 年。

黄盛璋:《西瓜引种中国与发展考信录》,《农业考古》2005 年第 1 期。

黄时鉴:《辽与"大食"》,《东西交流史论稿》,上海:上海古籍出版社,1998 年。

黄文弼:《亦都护高昌王世勋碑复原并校记》,《考古》1964 年第 2 期。

[苏]吉谢列夫:《南西伯利亚古代史》,新疆社会科学院民族研究所,1985 年。

纪宗安:《关于耶律大石和西辽建国时期的几个问题》,《西域研究》1993 年第 4 期。

纪宗安:《西辽史论·耶律大石研究》,乌鲁木齐:新疆人民出版社,1996 年。

贾丛江:《西辽契丹人生活方式考辩》,《西域研究》1997 年第 4 期。

贾敬颜:《东北古代民族古代地理丛考》,北京:中国社会科学出版社,1994 年。

贾敬颜:《五代宋金元人边疆行记十三种疏证稿》,北京:中华书局,2004 年。

姜卫东:《辽史"儒化"现象研究》,《辽金史论集》第 12 辑,吉林大学出版社,2012 年。

蒋祖怡、张涤云:《全辽诗话》,长沙:岳麓书社,1992 年。

金维诺:《敦煌窟龛名数考》,《文物》1959 年第 5 期。

[韩]金渭显:《高丽史中中韩关系史料汇编》,台北:食货出版社,1983 年。

康建国:《辽朝佛教中独特的文化现象初探》,《内蒙古社会科学》(汉文版) 2011 年第 1 期。

康鹏:《马卫集书中的契丹"都城"——兼谈辽代东西交通路线》,《民族研究》2017 年第 2 期。

科齐涅夫著,魏良弢译:《喀喇汗王朝世系和年表的新资料》,《中亚研究》1988 年 1—2 期。

[苏]C.Г.克利亚什托尔内著,李佩娟译:《古代突厥鲁尼文碑铭——中亚细亚史原始文献》,哈尔滨:黑龙江教育出版社,1991 年。

克恰诺夫、李范文、罗矛昆:《圣立义海研究》,银川:宁夏人民出版社,1995 年。

[俄]波·德·阔奇涅夫著,张铁山编译:《喀喇汗钱币综述》,中国钱币学会编《中国钱币论文集》第 5 辑,中国金融出版社,2010 年。

[美]拉铁摩尔著,唐晓峰译:《中国的亚洲内陆边疆》,南京:江苏人民出版社,2005 年。

[美]劳费尔著,林筠因译:《中国伊朗编》,北京:商务印书馆,2001 年。

雷霖生：《河北蔚县小五台山金河寺调查记》，《文物》1995年第1期。

雷润泽编：《西夏佛塔》，北京：文物出版社，1995年。

李琛妍：《幸存的涅槃：中国视觉文化中的佛陀之死》，香港：香港大学出版社，2010年。

李范文：《西夏研究论集》，银川：宁夏人民出版社，1984年。

李范文主编：《西夏通史》，北京：人民出版社，银川：宁夏人民出版社，2005年。

李符桐：《回鹘与辽朝建国之关系》，台北：文风出版社，1968年（收入《李符桐论著全集》第2册，台北：学生书局，1992年）。

李红军：《试论辽宁出土的唐三彩与辽三彩器及相关问题》，《辽海文物学刊》1989年第1期。

李红侠：《从两族关系上看回鹘对契丹的影响》，李品清主编《阜新辽金史研究》第5辑，北京：中国社会出版社，2002年。

李华瑞：《宋夏关系史》，石家庄：河北人民出版社，1998年。

李健才：《辽代宁江州考》，《东北师范大学学报》1981年第6期。

李健才：《东北史地考略》（续集），长春：吉林文史出版社，1995年。

李俊义、庞昊：《辽上京松山州刘氏家族墓地经幢残文考释》，《北方文物》2010年第3期。

李卡宁译：《乌马里〈眼里诸国记〉（选译）》，《蒙古史研究参考资料》新编第32·33辑（总第57·58辑）。

李鸣飞：《"山后"在历史上的变化》，《陕西理工学院学报》（社会科学版）2007年第1期。

李卫：《辽金钱币》，北京：紫禁城出版社，2009年。

李文信：《义县清河门辽墓发掘报告》，《考古学报》1954年第8期。

李锡厚：《论西辽的政治制度》，《中国社会科学院研究生院学报》1989年第4期。

李锡厚：《中国政治制度通史·辽金西夏卷》，北京：人民出版社，1997年。

李孝聪：《中国区域历史地理》，北京：北京大学出版社，2004年。

李新峰：《纪事录笺证》，北京：中华书局，2015年。

李学良：《巴林左旗发现两处辽代墓幢》，《辽金历史与考古》第3辑，辽宁教育出版社，2011年。

李彦、张映莹：《〈佛顶尊胜陀罗尼经〉及经幢》，《文物世界》2007年第5期。

李逸友：《内蒙古巴林左旗前后昭庙的辽代石窟》，《文物》1961年第9期。

李逸友：《黑水城出土文书(汉文文书卷)》，北京：科学出版社，1991年。

李英魁：《辽金五国城丛谈——省级文物保护单位之一》，《黑龙江文物丛刊》1982年第3期。

李宇峰：《阜新海力板辽墓》，纪兵、刘国有主编《阜新辽金史研究》，香港：香港新天出版社，1992年。

李则宇：《10—12世纪黑龙江中游南北两岸墓葬比较研究》，东北师范大学硕士学位论文，2016年。

厉鼎煃：《试用古回鹘文比较研究契丹文字》，《中山大学学报》1957年第2期。

梁思成：《山西应县佛宫寺辽释迦木塔》，《建筑创作》2006年第4期。

辽宁省文物考古研究所、朝阳市北塔博物馆编：《朝阳北塔——考古发掘与维修工程报告》，北京：文物出版社，2007年。

林梅村：《松漠之间——考古新发现所见中外文化交流》，北京：生活·读书·新知三联书店，2007年。

林荣贵：《辽代东北地区的经济开发》，《中国边疆史地研究》1992年第2期。

林向萧：《东巴经与纳西族古代文化》，《东巴文化论集》，昆明：云南人民出版社，1985年。

刘冰：《赤峰博物馆馆藏辽代石幢浅析》，《内蒙古文物考古》2008年第2期。

刘凤翥：《契丹小字解读再探》，《考古学报》1983年第2期。

刘凤翥:《"阿穆尔"源于契丹语的"黑水"说》,《黑龙江文物丛刊》1984年第4期。

刘凤翥、于宝林:《契丹字研究概况》,《中国民族古文字研究》,北京:中国社会科学出版社,1984年。

刘精义、齐心:《辽应历五年石幢题记初探》,《北方文物》1985年第4期。

刘精义、齐心:《新发现的辽应历五年经幢题记考释》,《北京史苑》第3辑,北京:北京出版社,1985年。

刘菊湘:《西夏地理中几个问题的探讨》,《宁夏大学学报》1998年第3期。

刘浦江:《松漠之间——辽金契丹女真史研究》,北京:中华书局,2008年。

刘琪、樊友文:《二郎山铜钟铭文考略》,《岷县文史资料选辑》第4辑,1997年。

刘淑芬:《〈佛顶尊胜陀罗尼经〉与唐代尊胜幢的建立——经幢研究之一》,《"中央研究院"历史语言研究所集刊》第六十七本第一分,1996年。

刘淑芬:《经幢的形制、性质和来源——经幢研究之二》,《"中央研究院"历史语言研究所集刊》第六十八本第三分,1997年。

刘淑芬:《墓幢——经幢研究之三》,《"中央研究院"历史语言研究所集刊》第七十四本第四分,2003年。

刘淑芬:《灭罪与度亡——佛顶尊胜陀罗尼经幢之研究》,上海古籍出版社,2008年。

刘肃勇:《"放偷日"与辽代女真婚俗》,《社会科学辑刊》1985年第4期。

刘义棠:《回鹘与唐朝婚姻关系及其影响研究》,《维吾尔研究》(修订本),台北:正中书局,1997年。

刘义棠:《维吾尔研究》(修订版),台北:正中书局,1997年。

刘迎胜:《论塔剌思会议》,《元史论丛》第4辑,北京:中华书局,1992年。

刘迎胜:《西北民族史与察合台汗国史研究》,南京:南京大学出版社,1994年。

刘迎胜:《关于元代中国的犹太人》,《元史论丛》第6辑,北京:中国社会科学出版社,1997 年。

刘迎胜:《辽与漠北诸部——胡母思山蕃与阻卜》,《欧亚学刊》第 3 辑,北京:中华书局,2001 年。

刘迎胜:《巴托尔德〈突厥斯坦〉汉译本读后》,《西域研究》2008 年第 4 期。

刘迎胜:《亦必儿与失必儿》,收入氏著《蒙元帝国与 13—15 世纪的世界》,北京:生活·读书·新知三联书店,2013 年。

刘正民:《辽代杰出的回鹘后妃》,《新疆师范大学学报》1990 年第 2 期。

卢兴基编著:《顾太清词新释辑评》,北京:中国书店出版社,2005 年。

鲁人勇:《西夏坚军司考》,《宁夏社会科学》2001 年第 1 期。

栾凡:《女真民族的历史际遇——从金到后金》,《文化学刊》2007 年第 5 期。

罗旺扎布等:《蒙古族古代战争史》,北京:民族出版社,1992 年。

罗炤:《应县木塔塑像的宗教崇拜体系》,《艺术史研究》第 12 辑,中山大学出版社,2010 年。

吕建福:《中国密教史》,北京:中国社会科学出版社,1995 年。

吕一飞:《北朝鲜卑正月十五日夜"相偷戏"考》,《北朝研究》1995 年第 4 期。

[英]马丁奈兹著,杨富学、凯旋译:《迦尔迪齐论突厥》,《回鹘学译文集新》,兰州:甘肃教育出版社,2015 年。

马文宽:《法库叶茂台早期辽墓出土的伊斯兰玻璃调味方盘》,《中国历史文物》2002 年第 3 期。

马雍:《古代鄯善、于阗地区佉卢文字资料综考》,《中国民族古文字研究》,北京:中国社会科学出版社,1984 年。

[法]阿里·玛扎海里著,耿昇译:《丝绸之路:中国—波斯文化交流史》,乌鲁木齐:新疆人民出版社,2006 年。

满志敏:《关于唐代气候冷暖问题的讨论》,《第四纪研究》1998 年第 2 期。

满志敏:《中国历史时期气候变化研究》,济南:山东教育出版社,2009 年。

梅宁华主编:《北京辽金史迹图志》,北京:北京燕山出版社,2003年。

孟凡云、陶玉坤:《辽代后妃参政现象考略》,北京:国际华文出版社,2001年。

孟志东:《云南契丹后裔研究》,北京:中国社会科学出版社,1995年。

苗润博:《蒙古西征视野下的信息流通与文本生成——〈辽史〉所记"西辽事迹"探源》,《文史》2019年第3期。

莫宗江:《涞源阁院寺文殊殿》,《建筑史论文集》第2辑,清华大学建筑工程系建筑历史教研组编印,1979年。

[日]木宫泰彦著,胡锡年译:《中日文化交流史》,北京:商务印书馆,1980年。

内蒙古文物考古研究所:《辽上京城址勘查报告》,《内蒙古文物考古文集》第1辑,北京:中国大百科全书出版社,1994年。

内蒙古文物考古研究所、辽中京博物馆:《宁城县埋王沟辽代墓地发掘简报》,《内蒙古文物考古文集》第2集,北京:中国大百科全书出版社,1997年。

内蒙古自治区文物考古研究所、哲里木盟博物馆:《辽陈国公主墓》,北京:文物出版社,1993年。

[日]鸟居龙藏:《契丹黑山黑岭考》,《燕京学报》第28期,1940年。

[日]鸟居龙藏:《奴儿干都司考》,《燕京学报》第33期,1947年。

聂鸿音:《黑城所出〈续一切经音义〉残片考》,《北方文物》2001年第1期。

聂鸿音:《黑山威福军司补证》,《宁夏师范学院学报》2008年第4期。

牛汝辰:《新疆地名中的"喀拉"一词辨析》,《新疆社会科学》1984年第4期。

牛汝辰:《新疆地名概说》,北京:中央民族大学出版社,1994年。

牛汝极:《莎车出土的喀喇汗朝阿拉伯语法律文书与〈福乐智慧〉研究》,《西域研究》1999年第3期。

庞志国、夏若英:《拉林河沿岸的辽金遗迹》,《黑龙江文物丛刊》1984年第2期。

［蒙］呼·佩尔列著,陈弘法译:《蒙古境内的契丹古城遗址》,《蒙古高原考古研究》,呼和浩特:内蒙古人民出版社,2016年。

彭杰:《吐鲁番柏孜克里克石窟出土汉文佛教文书相关问题研究》,兰州大学博士学位论文,2016年。

［美］普雷特萨克著,陈一鸣译:《"失必儿"一词之来源》,《蒙古学信息》1996年第1期。

［日］蒲田大作著,赵冬晖、冯继钦译:《释契丹古传说——萨满教研究之一》,王承礼主编《辽金契丹女真史译文集》,长春:吉林文史出版社,1990年。

齐达拉图:《乃蛮部若干历史问题研究》,内蒙古大学硕士学位论文,2010年。

齐鸿浩:《辽代伎乐石经幢考》,《北京文物与考古》第4辑,北京文物考古研究所编印,1994年。

齐心、刘精义:《北京市房山县北郑村辽塔清理记》,《考古》1980年第2期。

齐子通:《五代时期继颙大师的身世、出家及与辽朝关系》,《五台山研究》2016年第1期。

岐山县志编纂委员会:《岐山县志》,西安:陕西人民出版社,1992年。

迁安市文物管理所:《河北迁安发现辽代石刻》,《文物春秋》2008年第1期。

前热河省博物馆筹备组:《赤峰县大营子辽墓发掘报告》,《考古学报》1956年第3期。

钱伯泉:《"敦煌"和"莫高窟"音义考析》,《敦煌研究》1994年第1期。

钱伯泉:《大石、黑衣大食、喀喇汗王朝考实》,《民族研究》1995年第1期。

钱伯泉:《耶律大石西行路线研究》,《西域研究》1999年第3期。

清格尔泰、刘凤翥、陈乃雄、于宝林、邢复礼:《契丹小字研究》,北京:中国社会科学出版社,1985年。

饶宗颐:《说占卜》,《饶宗颐东方学论集》,汕头:汕头大学出版社,1999年。

任爱君:《回鹘"楼居"与契丹"四楼"之关系研究》,《西北民族研究》1997年第2期。

任爱君:《对敦煌遗书"楼上"一词的释义——兼谈敦煌文化在研究游牧民族的文化传承中的贡献》,《敦煌研究》1999年第1期。

任爱君:《契丹史事揭要》,哈尔滨:哈尔滨出版社,2001年。

任爱君:《内蒙古巴林左旗真寂之寺调查报告》,提交"回鹘·西夏·元代敦煌石窟与民族文化学术研讨会"(敦煌,2017年10月13—17日)论文。

荣新江:《〈俄藏敦煌文献〉中的黑水城文献》,沈卫荣、中尾正义、史金波主编《黑水城人文与环境研究——黑水城人文与环境国际学术研讨会文集》,北京:中国人民大学出版社,2007年。

[英]丹尼斯·塞诺著,曹流译,党宝海校:《西方的契丹史料及相关问题》,北京大学历史系民族史教研室译《丹尼斯·塞诺内亚研究文选》,北京:中华书局,2006年。

[日]三上次男著,李锡经、高喜美译:《陶瓷之路》,北京:文物出版社,1984年。

[日]三宅俊成著,戴岳曦译,李俊义、程嘉静等校注:《林东辽代遗迹踏查记》,呼和浩特:内蒙古人民出版社,2014年。

[日]森安孝夫著,陈俊谋译:《敦煌与西回鹘王国——寄自吐鲁番的书信及礼物》,《西北史地》1987年第3期。

沙武田:《敦煌藏经洞封闭原因再探》,《中国史研究》2006年第3期。

山西省文物局、中国历史博物馆编:《应县木塔辽代秘藏》,北京:文物出版社,1991年。

上海古籍出版社、法国国家图书馆编《法藏敦煌西域文献》第26册,上海:上海古籍出版社,2002年。

邵国田:《辽代马球考——兼述皮匠沟1号辽墓壁画中的马球图》,《内蒙古东部区考古学文化研究文集》,北京:海洋出版社,1991年。

沈雪曼:《辽与北宋舍利塔内藏经之研究》,《美术史研究集刊》(台北)第12期,2002年。

石金民、于泽民:《契丹小字〈耶律奴墓志铭〉考释》,《阜新辽金史研究》第5

辑,北京:中国社会出版社,2002年。

史金波:《西夏文概述》,《中国民族古文字研究》,北京:中国社会科学出版社,1984年。

史金波:《西夏佛教史略》,银川:宁夏人民出版社,1988年。

史金波:《西夏汉文本〈杂字〉初探》,《中国民族史研究》第2辑,北京:中央民族学院出版社,1989年。

史金波:《西夏学与国学》,《中国少数民族古籍论》,成都:巴蜀书社,1997年。

史金波:《西夏出版研究》,银川:宁夏人民出版社,2004年。

史金波:《西夏社会》,上海:上海人民出版社,2007年。

史金波、白滨、黄振华:《文海研究》,北京:中国社会科学出版社,1983年。

史金波、陈育宁主编:《中国藏西夏文献》第17册,兰州:甘肃人民出版社、敦煌文艺出版社,2006年。

史金波、聂鸿音、白滨译注《天盛改旧新定律令》,北京:法律出版社,2000年。

史为乐主编:《中国历史地名大辞典》,北京:中国社会出版社,2005年。

松花江地区文物管理站:《松花江地区一九八一年文物普查简报》,《黑龙江文物丛刊》1983年第1期。

[日]松井著,冯家昇译:《契丹可敦城考》,《禹贡》1937年第6卷11期。

[日]松井太著,杨富学、陈爱峰译:《吐鲁番诸城古回鹘语称谓》,《吐鲁番学研究》2017年第1期。

[日]松井太著,巩彦芬译,杨富学校《契丹和回鹘的关系》,《河西学院学报》2018年第3期。

[日]松田孝一著,乌云高娃译:《西辽与金朝的对立及成吉思汗兴起》,《杨志玖百年诞辰纪念文集》,天津:天津古籍出版社,2017年。

宋焕居:《丰润车轴山的文物》,《文物》1965年第1期。

苏北海:《回鹘族在辽代的贡献》,《新疆大学学报》1986年第2期。

苏北海:《耶律大石西征及统一中亚》,氏著《西域历史地理》,乌鲁木齐:新疆大学出版社,2000年。

苏金源:《辽代东北女真和汉人的分布》,《社会科学战线》1980年第2期。

孙伯君:《鲜演大师〈华严经玄谈决择记〉的西夏文译本》,《西夏研究》2013年第1期。

孙伯君:《澄观"华严大疏钞"的西夏文译本》,《宁夏社会科学》2014年第4期。

孙昊:《10世纪契丹的西征及其与辖戛斯人的交通》,《欧亚学刊》新9辑,北京:商务印书馆,2019年。

孙虹:《满族形成之我见》,《文化学刊》2015年第9期。

孙继民:《试论契丹祀木叶山崇黑山》,《昭乌达蒙族师专学报》1990年第1期。

孙建权:《固安王龙村经幢不是金代文物》,2011年第6期。

孙学瑞:《辽朔州李氏墓地经幢》,张畅耕主编《辽金史论集》第6辑,北京:社会科学文献出版社,2001年。

索罗宁:《禅宗在辽与西夏:以黑水城出土〈解行照心图〉和通理大师〈究竟一乘圆明心义〉为例》,怡学主编《辽金佛教研究》,北京:金城出版社,2012年。

索罗宁:《辽与西夏之禅宗关系:以黑水城〈解行照心图〉为例》,黄夏年主编《辽金元佛教研究》,郑州:大象出版社,2012年。

覃旭、任爱君:《浅析辽朝与日本交往甚少之原因》,《黑龙江民族丛刊》2017年第1期。

谭其骧:《长水集》,北京:人民出版社,1987年。

谭其骧主编:《中国历史地图集释文汇编(东北卷)》,北京:中央民族学院出版社,1988年。

汤开建:《韩楷出使敦煌年代考》,《社会科学》1983年第4期。

汤开建:《西夏监军司驻所辨析》,《党项西夏史探微》,台北:允晨文化实业股份有限公司,2005年。

唐彩兰编著:《辽上京文物撷英》,北京:东方出版社,2005年。

唐统天:《〈辽史·萧恒德传〉详考》,《昭乌达蒙族师专学报》1992年增刊。

天津艺术博物馆编:《天津艺术博物馆藏敦煌文献》,上海古籍出版社,1996年。

田广林:《契丹礼俗考论》,哈尔滨:哈尔滨出版社,1996年。

田久川:《古代中日关系史》,大连工学院出版社,1987年。

童玮:《北宋〈开宝大藏经〉雕印考释》,《印度宗教与中国佛教》,北京:中国社会科学出版社,1988年。

完颜华:《走进榆中"汉"氏家族》,汉尚喜主编《汉氏家族志》,甘肃省榆中县汉氏家族志编纂委员会编印,2010年。

完颜玺:《汉氏的足迹》,汉尚喜主编《汉氏家族志》,甘肃省榆中县汉氏家族志编纂委员会编印,2010年。

汪圣铎:《试论宋代绢帛的货币功能》,《中国经济史研究》2004年第3期。

汪艳敏、孙杰、张春宇:《彰武县发现多起窖藏钱币综述》,《阜新辽金史研究》第2辑,阜新市辽金元契丹女真蒙古例释考古研究会编印,1995年。

王春燕:《辽代金银器研究》,北京:科学出版社,2020年。

王大方:《敖汉旗羊山1号辽墓"西瓜图"——兼论契丹引种西瓜及我国出土古代"西瓜籽"等问题》,《内蒙古文物考古》1998年第1期。

王大方:《草原丝绸之路》,《草原访古》,呼和浩特:内蒙古大学出版社,1999年。

王丁:《初论〈开宝藏〉向西域的流传——西域出土印本汉文佛典研究》,初刊于『佛教文獻と文學——日台共同ワヘクショップの記録』東京,2008年,后收录于束迪生、李肖、娜仁高娃主编《高昌社会变迁及宗教演变》,乌鲁木齐:新疆人民出版社,2010年。

王福君:《辽宋夏金时期宋的榷场贸易考述》,《鞍山师范学院学报》1997年第1期。

王国维:《耶律文正公年谱》,《王国维遗书》第11册,上海:上海古籍书店,

1983 年。

王国维:《观堂集林》,北京:中华书局,1994 年。

王洁:《黠戛斯历史研究》,内蒙古大学博士学位论文,2009 年。

王洁、杨富学:《突厥碑铭所见黠戛斯与突厥回鹘关系考》,《内蒙古社会科学》2009 年第 1 期。

王静如、李范文:《西夏〈杂字〉研究》,《西北民族研究》1997 年第 2 期。

王绵厚、朴文英:《中国东北与东北亚古代交通史》,沈阳:辽宁人民出版社,2016 年。

王民信:《辽史"契丹语官名"杂考》,氏著《契丹史论丛》,台北:学海出版社,1973 年。

王璞:《从经幢记看辽代的密教信仰》,怡学主编《辽金佛教研究》,北京:金城出版社,2012 年。

王晴:《辽上京遗址及其出土文物记述》,王禹浪等编《东北辽代古城研究汇编》(上),哈尔滨:哈尔滨出版社,2007 年。

王日蔚:《契丹与回鹘关系考》,《禹贡》第 4 卷第 8 期,1935 年。

王日蔚:《唐后回鹘考》,《国立北平研究院史学集刊》第 1 期,1936 年。

王使臻:《俄藏文献 Дх. 2822"字书"的来源及相关问题》,《西夏学》第 5 辑,上海:上海古籍出版社,2015 年。

王颂:《从日本华严宗的两大派别反观中国华严思想史》,《世界宗教研究》2005 年第 4 期。

王颋:《辽的西南面经营及其与西夏的关系》,《元史及北方民族史研究集刊》第 6 期,1982 年。

王晓燕:《官营茶马贸易研究》,北京:民族出版社,2004 年。

王新英:《金代石刻辑校》,吉林人民出版社,2000 年。

王雪萍、吴树国:《辽代东北路统军司考论》,《中国边疆史地研究》2014 年第 1 期。

王贻樑、陈建敏选编:《穆天子传汇校集释》,上海:华东师范大学出版社,

1994年。

王曾瑜:《辽金军制》,保定:河北大学出版社,2011年。

王治来:《关于"后西辽"》,《新疆社会科学》1983年第1期。

魏奎阁:《阜新地区最早的州治——壕州》,纪兵、刘国有主编《阜新辽金史研究》第2辑,阜新市辽金元契丹女真蒙古例释考古研究会编印,1995年。

魏良弢:《喀喇汗王朝政治史述略》,《新疆大学学报》(哲学社会科学版)1982年第2期。

魏良弢:《西辽史研究》,银川:宁夏人民出版社,1987年。

魏良弢:《西辽史纲》,北京:人民出版社,1991年。

魏志江:《〈辽史·高丽传〉疏证稿》,沈善洪主编《韩国研究》第三辑,杭州:杭州出版社,1996年。

魏志江、杨立中:《论辽与内陆亚洲的关系》,《江海学刊》2019年第2期,第163—171页。

乌兰:《蒙古征乞儿吉思史实的几个问题》,《内蒙古大学学报》1979年第3—4期。

巫鸿、李清泉:《宝山辽墓:材料与释读》,上海:上海书画出版社,2013年。

武海龙、彭杰:《吐鲁番博物馆所藏〈契丹藏〉佛经残片考释——从〈囉嚩拏说救疗小儿疾病经〉看〈契丹藏〉传入高昌回鹘的时间》,《西域研究》2019年第4期。

武沐:《岷州卫:明代西北边防卫所的缩影》,《中国边疆史地研究》2009年第6期。

武沐:《明代吐蕃十八族考》,《西藏研究》2010年第2期。

武玉环:《论辽与高丽的关系及辽的东部边疆政策》,《吉林大学社会科学学报》2001年第4期。

武玉环:《试论辽代妇女崇佛》,中国辽金史学会编《辽金史论集》第5辑,北京:文津出版社,1991年。

西北第二民族学院、英国国家图书馆、上海古籍出版社编:《英藏黑水城文献》第 4 册,上海:上海古籍出版社,2005 年。

向南编:《辽代医巫闾地区与契丹耶律倍家族的崛起》,《社会科学辑刊》1994 年第 1 期。

向南:《辽代石刻文编》,石家庄:河北教育出版社,1995 年。

向南、张国庆、李宇峰辑注:《辽代石刻文续编》,沈阳:辽宁人民出版社,2010 年。

项春松:《克什克腾旗二八地一、二号辽墓》,《内蒙古文物考古》1994 年第 3 期。

项春松:《辽代历史与考古》,呼和浩特:内蒙古人民出版社,1996 年。

肖村:《辽朝别有一五台山》,《文物》1984 年第 9 期。

肖之兴:《回鹘后裔在辽朝"共任国事"》,《民族研究》1980 年第 4 期。

新疆维吾尔自治区吐鲁番学研究院、武汉大学中国三至九世纪研究所编《吐鲁番柏孜克里克石窟出土汉文佛教典籍》,北京:文物出版社,2007 年。

徐苹芳:《考古学上所见的中国境内的丝绸之路》,《燕京学报》1995 年新 1 期。

徐怡涛:《河北涞源阁院寺文殊殿建筑年代鉴别研究》,张复合主编《建筑史论文集》第 16 辑,北京:清华大学出版社,2002 年。

徐渊:《谈"大朝通宝"与"大朝合金钱"》,《元代货币论文选集》,呼和浩特:内蒙古人民出版社,1993 年。

许会玲:《黑水城所出西夏汉文榷场文书考释》,河北师范大学硕士学位论文,2009 年。

阎凤梧主编:《全辽金文》(上、中、下),太原:山西古籍出版社,2002 年。

杨福瑞:《辽代徙民置州考论》,《昭乌达蒙族师专学报》1990 年第 3 期。

杨富学:《两件回鹘文敕令译释》,《新疆文物》1989 年第 4 期。

杨富学:《回鹘之佛教》,乌鲁木齐:新疆人民出版社,1998 年。

杨富学:《西域敦煌宗教论稿》,兰州:甘肃文化出版社,1998 年。

杨富学:《契丹族源传说借自回鹘论》,《历史研究》2002 年第 2 期。

杨富学：《回鹘文献与回鹘文化》，北京：民族出版社，2003年。

杨富学：《回鹘与辽上京》，《首届辽上京契丹·辽文化学术研讨会论文集》，呼和浩特：内蒙古文化出版社，2009年。

杨富学：《西夏五台山信仰斠议》，《西夏研究》2010年第1期。

杨富学、陈爱峰：《辽朝与大食帝国关系考论》，《河北大学学报》2007年第5期。

杨富学、陈爱峰：《西夏与丝绸之路的关系——以黑水城出土文献为中心》，沈卫荣、中尾正义、史金波主编《黑水城人文与环境研究——黑水城人文与环境国际学术讨论会文集》，北京：中国人民大学出版社，2007年。

杨富学、陈爱峰：《西夏与周边关系研究》，兰州：甘肃民族出版社，2012年。

杨富学、邓浩：《略论辽朝的西疆经略》，《社会科学辑刊》1998年第4期。

杨富学、杜斗城：《辽鎏金双龙银冠之佛学旨趣——兼论敦煌与辽之历史文化关系》，《北方文物》1999年第2期。

杨富学、葛启航：《耶律大石西征与河中"回回国王"之归降》，《青海民族研究》2020年第3期。

杨富学、葛启航：《回鹘木杵铭文所见"乌什"与高昌回鹘西部疆域》，《中国历史地理论丛》（待刊）。

杨富学、牛汝极：《沙州回鹘及其文献》，兰州：甘肃文化出版社，1995年。

杨富学、王小红：《陕西岐山女真遗民完颜氏世系碑文考释》，《吉林大学社会科学学报》2020年第1期。

杨富学、张海娟：《凤翔屈家山蒙古纪事砖及相关问题》，《青海民族研究》2014年第4期。

杨富学、张艳：《裕固族文殊信仰及其心目中的文殊道场》，《河西学院学报》2019年第1期。

杨富学、朱满良：《辽朝经幢及相关问题初探》，吕建福主编《密教文物整理与研究》，北京：中国社会科学出版社，2015年。

杨浣：《黑城〈西北诸地马步军编册〉考释》，《中国史研究》2006年第1期，第 137—144 页。

杨积堂:《法典中的西夏文化:西夏〈天盛改旧新定律令〉研究》,北京:法律出版社,2004 年。

杨镰主编:《全元诗》第 68 册,北京:中华书局,2013 年。

杨树森:《辽史简编》,沈阳:辽宁人民出版社,1984 年。

杨卫东:《与契丹藏有关的一件石刻——读辽咸雍四年刊〈新赎大藏经建立香幢记〉》,《文物春秋》2007 年第 3 期。

姚大力:《"回回祖国"与回族认同的历史变迁》,《北方民族史十论》,广西:广西师范大学出版社,2007 年。

姚凤:《苏联学者对黑龙江沿岸中世纪部落的研究》,《北方文物》1990 年第 1 期。

伊本·阿西尔著,刘戈译:《〈全史〉选译》,《中亚研究》1988 年第 2—3 期。

[苏]伊斯卡阔夫著,热夏提·努拉赫迈德译:《回鹘人在图瓦》,《民族译丛》1985 年第 5 期。

殷宪:《大同新出唐辽金元志石新解》,太原:三晋出版社,2012 年。

尹伟先:《维吾尔族与藏族历史关系研究》(《中国西北文献丛书续编·别卷》1),兰州:甘肃文化出版社,1999 年。

尤李:《〈李翊为亡姚建陀罗尼幢记〉小考》,《内江师范学院学报》2012 年第 7 期。

尤素甫·哈斯·哈吉甫著,耿世民、魏萃一译:《福乐智慧》,乌鲁木齐:新疆人民出版社,1979 年。

于宝林:《略论〈契丹文字的解读方法〉》,中国民族古文字研究会编《中国民族古文字研究》,北京:中国社会科学出版社,1984 年。

于宝林:《契丹古代史论稿》,合肥:黄山书社,1998 年。

余大钧:《耶律大石创建西辽帝国过程及纪年新探》,陈述主编《辽金史论丛》第 1 辑,上海:上海古籍出版社,1987 年。

[日]羽田亨著,冯家昇译:《西辽建国始末及其纪年》,《禹贡半月刊》5 卷 7

期,1936年。

袁志伟:《辽代华严思想研究》,西北大学博士学位论文,2011年。

约瑟夫·塞比斯著,王立人译《耶稣会士徐日升关于中俄尼布楚谈判的日记》,北京:商务印书馆,1973年。

岳键:《敦煌西夏石窟断代的新证据——三珠火焰纹和阴阳珠火焰纹》,杜建录主编《西夏学》第7辑,上海:上海古籍出版社,2011年。

扎洛:《吐蕃求"五台山图"史事杂考》,《民族研究》1998年第1期。

翟禹:《山西省朔州市败虎堡发现辽代经幢残件》,《中国长城博物馆》2010年第4期。

张柏忠:《陈国公主与驸马萧绍矩的家世》,《内蒙古文物考古》1992年第1—2期。

张碧波:《契丹与回鹘族源文化异同论》,《西北民族研究》1999年第1期。

张博泉:《金代经济史略》,沈阳:辽宁人民出版社,1981年。

张畅耕等:《契丹仁懿皇后与应州宝宫寺释迦塔》,《辽金史论集》第6辑,北京:社会科学文献出版社,2001年。

张承志:《关于阿力麻里、叶密立、普剌三城的调查及探讨》,《中国民族史研究》,北京:中国社会科学出版社,1987年。

张广达:《关于马合木·喀什噶里的〈突厥语词汇〉与见于此书的圆形地图》,《西域史地丛稿初编》,上海:上海古籍出版社,1995年。

张国庆:《辽代经幢及其宗教功能——以石刻资料为中心》,《北方文物》2011年第2期。

张国庆、朴忠国:《辽代契丹习俗史》,沈阳:辽宁人民出版社,1997年。

张鸿翔:《明代各民族人士入仕中原考》,北京:中央民族大学出版社,1999年。

张慧:《西夏黄河沿岸的榷场经济——兼论西夏与中亚地区的贸易往来》,《内蒙古地方志》1995年第3期。

张景明:《金银器与草原丝绸之路研究》,兰州:兰州大学出版社,2017年。

张亮采:《补辽史交聘表》,北京:中华书局,1958年。

张明悟:《辽金经幢研究》,北京:中国科学技术出版社,2013年。

张松柏:《木叶山考古的新发现》,《赤峰日报》1998年8月21日第3版。

张泰湘:《牡丹江莲花水库淹没区考古发掘》,《东北亚研究——东北考古研究(三)》,郑州:中州古籍出版社,1994年。

张晓峰、陈卓然:《固安王龙金代陀罗尼经幢》,《北京文博》2000年第2期。

张星烺编注,朱杰勤校订:《中西交通史料汇编》第1—6册,北京:中华书局,2003年。

张艳:《回鹘五台山信仰研究》,西北师范大学硕士论文,2015年。

张涌泉主编:《敦煌经部文献合集》,北京:中华书局,2008年。

张云:《回鹘与辽的关系》,《西北历史研究》1988年号,西安:三秦出版社,1990年。

张忠山主编:《中国丝绸之路货币》,兰州:兰州大学出版社,1999年。

章巽:《桃花石与回纥国》,氏著《章巽文集》,北京:海洋出版社,1986年。

[日]长泽和俊著,钟美珠译:《丝绸之路史研究》,天津:天津古籍出版社,1990年。

赵改萍:《文物资料中所见辽代密教信仰在山西的流行》,吕建福主编《密教文物整理与研究》,北京:中国社会科学出版社,2014年。

赵声良:《莫高窟第61窟五台山图研究》,《敦煌研究》1993年第4期。

赵阳:《黑水城出土新集藏经音义随函录探微》,《吐鲁番学研究》2016年第1期。

赵永春辑注:《奉使辽金行程录》,北京:商务印书馆,2017年。

照那斯图、杨耐思:《八思巴字研究》,《中国民族古文字研究》,北京:中国社会科学出版社,1984年。

政协巴林左旗委员会编:《临潢史迹》,呼和浩特:内蒙古人民出版社,1999年。

郑振铎:《中国俗文学史》,北京:商务印书馆,2010年。

钟焓:《一位阿尔泰学家论内亚史——〈丹尼斯·塞诺内亚研究文选〉评介》,达力扎布编《中国边疆民族研究》第 4 辑,北京:中央民族大学出版社,2011 年。

钟焓:《辽代东西交通路线的走向——以可敦墓地望研究为中心》,《历史研究》2014 年第 4 期。

钟焓:《重写以"中央欧亚"为中心的"世界史"——对日本内亚史学界新近动向的剖析》,《文史哲》2019 年第 6 期,第 5—25 页。

钟民岩、那森柏、金启孮:《明代奴儿干永宁寺碑记校释》,《考古学报》1975 年第 2 期。

周良宵:《关于西辽史的几个问题》,《中华文史论丛》1981 年第 3 辑。

周清澍:《元朝对唐努乌梁海及其周围地区的统治》,《社会科学战线》1978 年第 3 期。

周清澍:《谦谦州》,韩儒林主编《中国大百科全书·中国历史·元史》,上海:中国大百科全书出版社,1985 年。

周清澍:《蒙元时期的中西陆路交通》,《元史论丛》第 4 辑,北京:中华书局,1992 年。

周维衍:《唐代的"流鬼"和"窟说"》,《复旦学报》1984 年第 2 期。

周一良:《唐代密宗》,上海:远东出版社,1996 年。

朱凤玉:《敦煌写本〈俗务要名林〉研究》,《第二届国际唐代学术会议论文集》,台北:文津出版社,1993 年。

朱天舒:《辽代金银器》,北京:文物出版社,1998 年。

[日]竺沙雅章著,申军译:《关于黑水城出土的辽代刻本》,《文津学志》第 2 辑,北京:北京图书馆出版社,2007 年。

庄威凤、朱士嘉、冯宝琳编:《中国地方志联合目录》,北京:中华书局,1985 年。

邹逸麟:《辽代西辽河流域的农业开发》,陈述主编《辽金史论集》第 2 辑,北京:书目文献出版社,1987 年。

邹志谅:《大朝通宝银钱研究》,《西部金融·钱币研究增刊》2008 年第 1 期。

［日］井上孝範:《北宋期,陝西路の対外貿易について——榷場貿易を中心にして——》,《九州共立大学紀要》第 10 卷 2 号—第 11 卷 1 号合期,1976 年。

［日］大崎富士夫:《宋金貿易の形態》,《廣島大学文学部紀要》第 5 号,1954 年。

［日］岡崎精郎:《宋初における夏州政權の展開と貿易問題——西夏建國前史の一節として——》,《追手門学院大学文学部紀要》第 1 号,1967 年。

［日］岡崎精郎:《タングート古代史研究》,京都:東洋史研究會,1972 年。

［日］加藤繁:《支那經濟史考證》下,東京:東洋文庫,1952 年。

［日］古松崇志:《法均と燕京馬鞍山の菩薩戒壇——契丹(遼)における大乘菩薩戒的流行》,《東洋史研究》第 65 卷第 3 号,2006 年。

［日］佐藤貴保:《ロシア藏カラホト出土西夏文〈大方廣佛華嚴經〉經帙文書の研究——西夏榷場使關連漢文文書群を中心に》,《東トルキスタン出土"胡語文書"の綜合調査》,2006 年。

白玉冬:《十世紀における九姓タタルとシルロード貿易》,《史学雜誌》第 120 編第 10 號,2011 年。

［日］白鳥庫吉:《西域史上の新研究》,《白鳥庫吉全集》第六卷,東京:岩波書店,1970 年。

［日］竹島卓一、島田正郎:《中國文化史跡增補》,京都:法藏館,1976 年,第 172 頁。

［日］田阪興道:《中國における回教の伝来とその弘通》,東京:東洋文庫,1964 年。

［日］田坂興道:《漠北時代に於ける回紇の諸城郭に就いて》,《蒙古学報》第 2 号,1941 年。

［日］田村實造:《契丹文字の發見から解讀まで——村山七郎〈契丹字解讀の方法〉》,《民族学研究》第 16 卷第 1 期,1951 年。

［日］竺沙雅章:《黑水城出土の遼刊本について》,《汲古》第 43 号,2003 年。

鄭麟趾:《高麗史第一》日本:國書刊行會株式會社,1977年。

［日］鳥居龍藏:《景教に關する畫像石》,《考古学雜誌》第27卷第2期,1937年。

［日］鳥居龍藏:《考古學上より見たる遼之文化圖譜》,《鳥居龍藏全集》第10卷,東京:朝日新聞社,1981年。

杜斗城、許棟:《早期五臺山図の図像源泉について》,《美術曆參——百橋明穗先生退職紀念獻呈論文集》,東京:中央公論美術出版,2013年。

［日］常盤大定:《平安朝時代日本僧人之入遼》,《東方学報》第11冊,1940年。

［日］長澤和俊:《シルク・ロード史研究》,東京:國書刊行會,1979年。

［日］野村博:《西夏語譯經史研究——西夏語文獻(盜聞)よりみた李元昊の譯經事業について——》(I),《仏教史学研究》,第19卷2号,1979年。

［日］羽田亨:《回鶻文摩尼教徒祈願文の斷簡》,《羽田博士史学論文集》下卷,《言語・宗教篇》,京都:同朋舍,1975年。

［日］羽田亨:《西遼建國の始末及び其の年紀》,《羽田博士史学論文集》上卷,《歷史篇》,京都:同朋舍,1975年。

［日］前田直典:《十世紀時代の九族韃靼:蒙古人の蒙古地方の成立》,《東洋学報》,第32卷第1号,1948年。

［日］前田直典:《元朝史研究》,東京:東京大学出版會,1973年。

［日］宮崎市定:《西夏の興起と青白鹽問題》,《東亞經濟研究》第18卷2号,1934年。

［日］和田清:《乜克力考》,《桑原博士還曆紀念東洋史論叢》,京都:弘文堂,1931年。

［日］村山七郎:《契丹字解讀の方法》,《言語研究》第17—18期合刊,1951年。

［日］松井:《契丹可敦城考》,《滿鮮地理歷史研究報告》第1冊,東京帝國大学文科大学,1915年。

[日]松井太:《契丹とウイグルの関係》,《アジア遊学》第 160 号,2013 年。

[日]森安孝夫:《ウィグルの西遷について》,《東洋学報》第 59 巻 1—2 号,1977 年。

[日]森安孝夫:《敦煌と西ウイグル王國——トゥルファンからの書簡と贈り物を中心に——》,《東方学》第 74 輯,1987 年。

[日] 森安孝夫:《ウイグル=マニ教史の研究》(《大阪大学文学部紀要》第 31・32 巻合刊),大阪大学文学部,1991 年。

[日]林俊雄、白石典之、松田孝一:《バィバリク遺跡》,載森安孝夫、オチル編《モンゴル國現存遺跡・碑文調調査研究報告》,中央ユーラシァ学研究會,1999 年。

Bailey,H.W.,Turks in Khotanese Texts,*Journal of the Royal Asiatic Society*,1939.

Barfield,Thomas J.,*The Perilous Frontier: Nomadic Empires and China*,Cambridge, Mass.: Basil Blackwell, 1989.

Barthold,W.,trs. by V. And T. Minorsky,*Four Studies on Central Asia Vol. I: History of the Semirechye*,Leiden: Brill,1956.

Barthold,W.,*Turkestan Down to the Mongol Invasion*,Second edition,London,1928.

Biran,Michal,*The Empire of the Qara Khitai in Eurasian History Between China and the Islamic World*,New York,2005.

Bosworth,C. E.,*The history of the Seljuq Turks*,Routledge,2001.

Boyle, J. A. (ed.),*The Cambridge History of Iran* Vol. 5,Cambridge at the University Press,1968.

Bretschneider,E.,*Mediaeval Researches from Eastern Asiatic Sources*,Vol.1-2,London,1888.

Buswell,Robert E.,Korean Buddhist Journeys to Lands Worldly and Otherworldly,*The Journal of Asian Studies* Vol. 68, No. 4, 2009.

Chavannes, É., *Documents sur les Tou-Kiue (Turcs) Occidentaux*, St. Petersbourg, 1903.

Chou, I-liang, Tantrism in China, *Harvard Journal of Asiatic Studies* 8, 1945.

Crowe, Y., Early Islamic Pottery and China, *Transactions of the Oriental Ceramic Society*, 1975-1977.

Dai, MATSUI, Old Uigur Toponyms of the Turfan Oases, *Kutadgu Nom Bitig. Festschrift für JENS PETER LAUT zum 60. Geburtstag*, Wiesbaden, 2015.

Dani, Ahmad Hasan, *History of Civilization of Central Asia*, Paris: NESCO, 2005.

Dankoff, R.-J. Kelly (eds. and trs.), *Compendium of the Turkic Dialects*, by Mahmud al-Kašγari Vol.1, Cambridge: Harvard University Printing Office, 1982.

Dankoff, R., Three Turkic Verse Cycles Relating to Inner Asian Warfare, *Harvard Ukrainian Studies* Vol. 3/4, Part 1: *Eucharisterion: Essays presented to Omeljan Pritsak on his Sixtieth Birthday by his Colleagues and Students*, 1979-1980.

Dawson, Ch., *The Mongol Mission. Narratives and Letters of the Franciscan Missionaries in Mongolia and China in the Thirteenth and Fourteenth Centuries*, New York, 1955.

Di Cosmo, Nicola, State Formation and Periodization in Inner Asian History, *Journal of World History*, Vol. 10, No. 1 (Spring, 1999), pp. 1-40.

Engels, Friedrich, Der Ursprung der Familie, des Privateigentums und des Staats, *Karl Marx·Friedrich Engels Werke* Bd. 21 Dietzverlag Berlin, 1962.

Franke, Herbert, Bemerkungen zu den sprachlichen Verhaltnissen in Liao-Reich, *Zentralasiatische Studien* 3, 1960.

Frye, R. N. (ed.), *The Cambridge History of Iran* Vol.4, Cambridge at the University Press, 2008.

Golden, P.B., Cumanica IV. The Tribes of the Cuman-Qipchaqs, *Archivum Eurasiae Medii Aevi* IX, 1995-1997.

Gridley, Marilyn, A Study of Uighur Patronage at Yulin and Uighur(Xiao Clan) Patronage of Buddhist Art under the Liao, M. Ghose and L. Russell-Smith(2ds.), *From Nisa to Niya. New Discoveries and Studies in Central and Inner Asian Art and Archaeology*, ed. London: Saffron Press. Spiro, Melford E. 1978.

Guláçsi, Zauzsanna, *Manichaean Art in Berlin Collections. A Comprehensive Catalogue of Manichaean Artifacts Belong to the Berlin State Museums of the Prussian Cultural Foundation, Museum of Indian Art, and the Berlin-Brandenburg Academy of Sciences. Deposited in the Berlin State Library of the Prussian Cultural Foundation*, Turnhout: Brepols, 2001.

Hambis, Louis, Notes sur Kam, nom de l'Yenissei superieur, *Journal Asiatique* 244, 1956.

Härter, H.-M. Yaldiz, *Along the Silk Routes, Central Asia Arts from the West, Berlin State Museums*, New York, 1982.

Huang, Shih-shan Susan, Reassessing Printed Buddhist Frontispieces from Xi Xia, *Zhejiang University Journal of Art and Archaeology* Vol. 1, 2014.

Solonin, K. J., Khitan Connection of Tangut Buddhism, 沈卫荣、中尾正义、史金波主编《黑水城人文与环境研究——黑水城人文与环境国际学术研讨会文集》，北京：中国人民大学出版社，2007年。

Karev, Yury, From Tents to City. The Royal Court of the Western Qarakhanids between Bukhara and Samarqand, David Durand-Guédy(ed.), *Turko-Mongol Rulers, Cities and City Life*, Leiden/Boston: Brill, 2013.

Lattimore, Owen, *Inner Asian Frontiers of China*, New York, 1940.

Laufer, T., *SINO-IRANICA. Chinese Contributions to the History of Civilization in Ancient Iran. With Special Reference to the History of Cultivated Plants and Products*, Chicago, 1919.

Le Coq, A. von, Türkische Manichaica aus ChotschoIII, APAW, Berlin, 1922.

Le Coq, A. von, *Buried Treasures of Chinese Turkestan*, London, 1928.

Martinez, A.P., Gardīzī's Two Chapters on the Turks, Archivum Eurasiae Medii Aevi II (1982), 1983.

Minorsiky, V., *Marvazi on China, the Turks and India*, London, 1942.

Minorsiky, V., Sharaf al-Zamān Tāhir Marvazi on China, the Turks and India, London, 1942.

Minorsky, V., *Hudud al-'Ālam."The Regions of the World", a Persian Geography 372 A H.-982 A.D*, London, 1937.

Moule, A. C., &Paul Pelliot, *Marco Polo: the Description of the World I*, London: George Routledge&Sons Limited, 1938.

Müller, F. W. K., Zwei Pfahlinschriften aus den Turfanfunden, *Abhandlungen der Preussischen Akademie der Wissenschaften, Phil.-hist. Klasse*, Berlin, 1915.

Narshakhi, *The History of Bukhara*, translated by R. N. Frye, Cambridge: Mediaeval academy of America, 1954.

Pelliot, P., Tängrim> Tärim, *T'oung Pao* 37, 1944.

Pelliot, P., *Notes on Marco Polo* I, Paris, 1959.

Pelliot, P. - L. Hambis, Historie des campagnes de Gengis Khan. Cheng-wu Ts'in-Tcheng Lou, Leiden: E. J. Brill, 1951.

Pinder-wilson, R. H. and George T. Scanlon, Glass Finds from Fustat, *Journal of Glass Studies*, Vol. xv, 1973.

Piotrovsky, Mikhail, *Lost Empire of the Silk Road -Buddhist Art from Khara Khoto(X XIIIth？）*, Electa: Thyssen Bornemisze Foundation, 1993.

Pritsak, O., Die karachaniden, *Der Islam* Bd. 31, 1953.

Rtveladze, E., *Catalogue of Antique and Medieval Coins of Central Asia* III, Tashkend: the National Bank for Foreign Economic Activity of the Republic of Uzbekistan, 2000.

Soper, Laurence Sickman-Alexander, *The Art And Architecture of China*, Puffin, 1971.

Sundermann, W.-P. Zieme, Sogdisch-Türkische Wortlisten, *Scholia. Beiträge zur Turkologie und Zentralasieskunde(Festschrift A. Von Gabain zum 80. Geburstag am 4,Juli 1981 dargestell von Kollegen.Freunden und Schulern)*,Wiesbaden, 1981.

Tekin, Talat, *Irk Bitig. The Book of Omens*, Wiesbaden: Harrasowitz Verlag, 1993.

Thilo, Th., Ein Chinesischer Turfan-text aus der Zeit der Qara-Qitay, *Scholia. Beiträge zur Turkologie und Zentralasienkunde. A. von Gabain zum 80. Geburtstag am 4. Juli 1981*, Wiesbaden, 1981.

WANG, Ding, Ch 3586-ein khitanisches Fragment mit uigurischen Glossen in der Berliner Turfansammlung,Desmond Durkin-Meisterernst, Simone-Christiane Rashmann, Jens Wilkens, Marianne Yaldiz, Peter Zieme (eds.), *Turfan Revisited-The First Century of Research into the Arts and Cultures of the Silk Road*, Edited by Dietrich Reimer Verlag, Berlin, 2004.

Wittfogel, K. A.. & Feng Chia-sheng,*History of Chinese Society:Liao(907—1125)*, Philadelphia, 1949.

Yule, H., *Cathay and the Way Thither: Being a Collection of Medieval Notices of China Vol. I-VI*, London, 1913.

Yule, H., *The book of see Marco Polo the Venetian concerning the kingdoms and marvels of the East*, Vol. 1, London, 1903.

Zieme, P., *Religion und Gesellschaft im Uigurischen Königreich von Qočo. Kolophone und Stifter des alttürkischen buddhistischen Schrifttums aus Zentralasien* (= Rheinisch-Westfälischen Akademie der Wissenschaften Bd. 88), Kleve,1992.

Бартольд, В. В., *Совретенное состояние и ближайщие задачи изуччения истории турецких народностей*, Баку, 1926.

Бартольд, В. В., *Сочинения* II-III, Москва, 1964.

Бартольд, В. В., *Сочинения* V, Москва, 1968.

Кычанова, Е. И., Чжурчжэни в XI в. Материалы для этнографического исследования, *Древняя Сибирь. Вып 2.Сибирский археологический сборник*, Новосибирск: Наука, Сиб. отд-ние, 1966.

Киселев, С.В., *Древняя история Южнои͐ Сибири*, Москва: Издательство Академии Наук СССР, 1951.

Малов, С. Е., *Памятники Древнетюркской Письменности. Тексты и исследования*, М.-Л., 1951.

Мушкетов, И. В., *Туркестан. Геологические и орографические описания по данным, собраному во времени путешествий с 1884 до 1880 года, Вып. I*. Санкт-Петербург 1886 г.

Мсдведев, В. Е., *Культура амурскихИжуражэней*, Новосирск, 1977.

Худяков, Ю.С., *ПамятикиуйгурскойкультурывМонголии, ЦентральнаяА зияисоседниетерриториивсредниевека*, Новосибирск, 1990.

后　记

本书所含十九章文字,系由二十二篇论文组成,有的单独构成一章,有的由两篇组合为一章,大多已公刊过,这些文字,除独立完成者外,大部分与弟子合作完成,另有三篇与学界同仁合作撰写,兹简列于下:

第一章《契丹族源传说借自回鹘论》,原刊《历史研究》2002 年第 2 期,第 150—153 页。

第二章《论回鹘文化对契丹的影响》,原刊李兵主编《辽金史研究》,北京:中国文化出版社,2003 年,第 46—67 页。

第三章《回鹘与辽上京》,原刊辽上京契丹·辽文化研究学会编《首届辽上京契丹·辽文化学术研讨会论文集》,海拉尔:内蒙古文化出版社,2009 年 6 月,第 128—139 页。

第四章《西瓜由高昌回鹘入契丹路径问题考辨》,与弟子程嘉静博士、郎娜尔丹硕士合撰,原刊沙武田主编《丝绸之路研究集刊》第 7 辑,北京:商务印书馆,2017 年,第 267—279 页。

第五章《论辽朝的西疆经略》,与好友邓浩教授合撰,原刊《社会科学辑刊》1998 年第 4 期,第 107—111 页。

第六章《辽朝与大食帝国关系考论》,与弟子陈爱峰博士合撰,原刊《河北大学学报》(哲学社会科学版)2007 年第 5 期,第 36—39 页。

第七章《耶律大石征服东部喀喇汗王朝史事新探》,与著录弟子葛启航合撰,原刊任爱君主编《契丹学研究》第 2 辑(待刊)。

第八章《耶律大石对西喀喇汗王朝的征服》,与著录弟子葛启航合撰(未刊)。

第九章《西辽在西伯利亚南部活动觅踪》,与著录弟子葛启航合撰(未刊)。

第十章《契丹媵婚制考略》,与同窗好友孟凡云教授合撰,刊于《黑龙江民族丛刊》2001 年第 4 期,第 94—98 页。

第十一章《辽朝经幢及相关问题初探》,与弟子朱满良硕士合撰,原刊吕建福主编《密教研究》第 4 辑,《密教文物整理与研究》,北京:中国社会科学出版社,2015 年,第 149—179 页。

第十二章《考古资料所见辽代之文殊信仰考屑》,与弟子程嘉静博士合撰,原刊《内蒙古社会科学》2020 年第 1 期,第 67—73 页。

第十三章《陕西岐山女真遗民完颜氏世系碑及相关问题》,与弟子王小红博士合撰,由两篇论文组合而成,分别为《陕西岐山女真遗民完颜氏世系碑文考释》,原刊《吉林大学社会科学学报》2020 年第 1 期,第 190—199 页;《陕西岐山女真遗民完颜氏世系碑再探》,原刊《宝鸡文理学院学报》(社会科学版)2020 年第 6 期,第 5—10 页。

第十四章《甘肃榆中女真遗民的调查与研究》,与弟子王小红博士合撰,原刊《青海师范大学学报》(社会科学版)2021 年第 2 期,第 70—76 页。

第十五章《辽金佛教与西夏佛教之关联》,系由两篇论文组合而成,分别为《西夏与辽金间的佛教关系》,独撰,原刊杜建录主编《西夏学》第 1 辑,银川:宁夏人民出版社,2006 年,第 31—35 页;《辽朝佛教在西夏境内的流播与影响》,与程嘉静博士合撰,原刊杜建录主编《西夏学》2021 年第 1 期,第 249—262 页。

第十六章《黑水城出土夏金榷场贸易文书研究》,与弟子陈爱峰博士合撰,原刊《中国史研究》2009 年第 2 期,第 77—99 页。

第十七章《辽鎏金双龙银冠及其所反映的辽与敦煌之关系》,与杜斗城师合撰,原题《辽鎏金双龙银冠之佛学旨趣——兼论辽与敦煌之历史文化关系》,原刊《北方文物》1999 年第 2 期,第 21—25 页。

第十八章《辽朝东北亚丝路及其贸易考实》，与弟子程嘉静博士合撰，原刊《河南师范大学学报》（哲学社会科学版）2019年第5期，第99—106页。

第十九章《"黑龙江"名称溯源兼及民族语文对历史研究之贡献》，系由两篇论文组合而成，独撰分别为《"黑龙江"名出阿尔泰语考》，原刊《语言与翻译》2000年第3期，第52—54页；《民族语文与民族史研究》，原刊《郑州大学学报》（哲学社会科学版）2008年第1期，第120—122页。

这里谨对上述诸位合作者表示衷心的感谢。同时，还要感谢辽史研究专家、赤峰学院契丹辽文化研究院院长任爱君教授慷慨赐序，其高远的见解发人深省，其深情厚谊令人感念。序中多有奖掖之语，乃本人今后努力之方向。内蒙古社会科学院辽史研究新锐康建国副研究员细心校对了书稿，大到文句瑕疵，小到标点断句，具体到引文核对，尤其是内蒙古等地的地名变化，辽辖区的历史地理变迁，这些易于被忽略的问题，皆不惮其烦，一丝不苟，发现了不少问题并予以纠正，使本书避免了很多讹误。内蒙古赤峰日报社记者李富先生慷慨解囊，提供不少图片，为拙作增辉，其情可感。这里谨对上述三位内蒙古的朋友表示衷心的感谢。

杨富学

2021年10月10日